中国科学院规划教材

# 新编大学体育与健康教育教程

主　编　刘芬梅　吴玉华　康辉斌
副主编　曾纪荣　徐　欣　肖　锋

科学出版社
北　京

## 内 容 简 介

本书以教育部颁布的《全国普通高等学校体育课程教学指导纲要》为依据,结合《中共中央国务院关于加强青少年体育增强青少年体质的意见》(中发〔2007〕7号)和2006年年底全国学校体育工作会议精神编写,理论上着重培养大学生进行体育锻炼的意识,实践中深入浅出地传授给大学生一些实用的运动方法。

本书主要对大学体育教育、健康教育、体育锻炼与健身、营养与健康、大学体育文化、校园体育竞赛、大学生体质健康标准的相关知识进行阐述,着重培养学生走进阳光地带、参与体育运动的意识。另外介绍了田径、排球、篮球、足球、乒乓球、网球、羽毛球、健美操、武术、跆拳道、休闲体育及客家体育等较为实用的项目。

本书适合作为高等学校公共体育教材,也可供体育爱好者学习参考。

**图书在版编目(CIP)数据**

新编大学体育与健康教育教程 / 刘芬梅,吴玉华,康辉斌主编.
—北京:科学出版社,2015
 ISBN 978-7-03-045445-4

Ⅰ. ①新… Ⅱ. ①刘… ②吴… ③康… Ⅲ. ①体育-高等学校-教材②健康教育-高等学校-教材 Ⅳ. ①G807.4

中国版本图书馆CIP数据核字(2015)第192075号

责任编辑:滕亚帆  李淑丽 / 责任校对:张凤琴
责任印制:赵 博 / 封面设计:华路天然工作室

**科 学 出 版 社** 出版
北京东黄城根北街16号
邮政编码:100717
http://www.sciencep.com

**新科印刷有限公司** 印刷
科学出版社发行 各地新华书店经销

\*

2015年8月第 一 版　开本:787×1092 1/16
2016年8月第二次印刷　印张:18
字数:480 000

**定价:39.00元**
(如有印装质量问题,我社负责调换)

# 本书编委会

**主　编**　　刘芬梅　　吴玉华　　康辉斌
**副主编**　　曾纪荣　　徐　欣　　肖　锋
**参　编**　　冯赣梅　　赖水香　　徐启刚
　　　　　　　施倍华　　黎冬梅　　屈文倩
　　　　　　　李晓平　　叶新平　　黄　超
　　　　　　　王美芝

# 前　　言

　　高校体育教育是高等学校教育的重要组成部分，是实现学校教育总体目标的重要环节和有效途径，如何提高高校体育教育质量，是当前乃至今后体育教育工作的重中之重。学校体育工作的根本目的是坚持以素质教育为主题，贯彻"健康第一"的指导思想，面向全体学生，全面提高学生的身心健康水平。大学体育作为学校体育的重要组成部分，是落实《国家学生体质健康标准》，广泛开展"全国亿万学生阳光体育运动"的重要阶段和途径。如何鼓励学生走向操场、走向大自然、走到阳光下，如何确保学生每天锻炼一小时，则是目前大学体育教学改革的重要课题。"教什么"、"怎么教"等教学内容及教学方法的研究，历来是教学改革的中心。

　　本书以教育部颁布的《全国普通高等学校体育课程教学指导纲要》为依据，结合《中共中央国务院关于加强青少年体育增强青少年体质的意见》（中发〔2007〕7号）和2006年年底全国学校体育工作会议精神编写，理论结合实践，合理选择教学内容，理论上着重培养大学生进行体育锻炼的意识，实践中深入浅出地传授给大学生一些实用的运动方法，为大学生形成"健康第一"思想及"终身体育"意识，真正掌握一至两项实用运动技能奠定坚实的基础。

　　本书以大学生的身体活动为核心，基于学生的终身发展，力求通过身体活动来实现高校大学生个体健康发展的生活方式以及社会的良性发展；以"健康第一"为指导思想，反映最新的体育教育教学改革实践和研究成果，突出了基础性、实用性和针对性的特点。

　　本书主要阐述大学体育教育、健康教育、体育锻炼与健身、营养与健康、大学体育文化、校园体育竞赛、大学生体质健康标准的相关知识，着重培养学生走进阳光地带、参与体育运动的意识。另外介绍了田径、排球、篮球、足球、乒乓球、网球、羽毛球、健美操、武术、跆拳道、休闲体育及客家体育等最实用的项目。在较少的篇幅中将学生最需要掌握的东西介绍给他们，为学生真正掌握一至两项体育技能提供扎实的理论指导。

　　由于编者水平有限，书中不妥之处在所难免，恳请广大同行批评指正。

刘芬梅<br>2015年6月25日

# 目　　录

**第一章　大学体育教育** ························································· 1
　第一节　大学体育的现状、功能和特点 ································· 1
　第二节　大学体育的目的和任务 ········································· 3
　第三节　大学体育教育的基本途径 ······································ 4
　思考题 ········································································ 6

**第二章　大学生的健康教育** ·················································· 7
　第一节　健康新观念 ························································ 7
　第二节　健康的标准和自我评测 ········································· 9
　第三节　影响健康的因素 ················································· 12
　第四节　增进健康的途径 ················································· 14
　思考题 ······································································· 17

**第三章　科学的体育锻炼** ···················································· 18
　第一节　体育锻炼的原则 ················································· 18
　第二节　体育锻炼的方法 ················································· 20
　第三节　运动疲劳的产生与恢复 ········································ 22
　第四节　常见运动损伤的预防与处理 ·································· 27
　第五节　锻炼计划的制订 ················································· 32
　思考题 ······································································· 36

**第四章　运动营养与健康** ···················································· 37
　第一节　营养素与食物 ···················································· 37
　第二节　身体成分 ·························································· 41
　第三节　运动中的能量代谢 ·············································· 42
　第四节　平衡膳食 ·························································· 44
　思考题 ······································································· 46

**第五章　体育文化** ······························································ 47
　第一节　校园体育文化 ···················································· 47
　第二节　奥林匹克文化 ···················································· 52
　思考题 ······································································· 61

**第六章　校园小型体育竞赛的组织** ········································ 62
　第一节　体育竞赛的种类 ················································· 62
　第二节　球类运动竞赛的组织与编排 ·································· 63
　第三节　田径运动竞赛的组织与编排 ·································· 66
　思考题 ······································································· 68

## 第七章　大学生体质监测 ················································ 69
第一节　《国家学生体质健康标准》简介 ···························· 69
第二节　《国家学生体质健康标准》实施方案和测试办法 ········· 72
第三节　《国家学生体质健康标准》测试方法和注意事项 ········· 76
思考题 ································································· 80

## 第八章　田径 ································································ 81
第一节　田径运动概述 ·············································· 81
第二节　短距离跑基本技术 ········································· 82
第三节　中长跑基本技术 ············································ 84
第四节　跳高基本技术 ·············································· 85
第五节　跳远基本技术 ·············································· 87
第六节　推铅球基本技术 ············································ 90

## 第九章　排球 ································································ 92
第一节　排球运动概述 ·············································· 92
第二节　排球基本技战术 ············································ 93
第三节　排球运动简易规则解析 ···································· 98

## 第十章　篮球 ······························································· 101
第一节　篮球的起源与发展 ········································ 101
第二节　篮球基本技战术 ··········································· 102
第三节　篮球运动简易规则解析 ··································· 110

## 第十一章　足球 ··························································· 113
第一节　足球运动概述 ············································· 113
第二节　足球基本技战术 ··········································· 114
第三节　足球运动简易规则解析 ··································· 121

## 第十二章　乒乓球 ························································ 126
第一节　乒乓球运动概述 ··········································· 126
第二节　乒乓球基本技战术 ········································ 127
第三节　乒乓球运动简易规则解析 ································ 133

## 第十三章　网球 ··························································· 136
第一节　网球运动概述 ············································· 136
第二节　网球基本技战术 ··········································· 136
第三节　网球运动简易规则解析 ··································· 141

## 第十四章　羽毛球 ························································ 144
第一节　羽毛球运动概述 ··········································· 144
第二节　羽毛球基本技战术 ········································ 144
第三节　羽毛球运动简易规则解析 ································ 152

## 第十五章　健美操 ························································ 154
第一节　健美操运动概述 ··········································· 154
第二节　健美操基本运动及组合 ··································· 155
第三节　时尚健美操套路 ··········································· 162

## 第十六章　武术 …… 166
### 第一节　武术运动概述 …… 166
### 第二节　武术基本功 …… 166
### 第三节　简式太极拳 …… 169

## 第十七章　跆拳道 …… 178
### 第一节　跆拳道运动概述 …… 178
### 第二节　跆拳道基本技战术 …… 179
### 第三节　跆拳道运动简易规则解析 …… 185

## 第十八章　休闲体育 …… 188
### 第一节　游泳 …… 188
### 第二节　登山 …… 204
### 第三节　街舞 …… 208
### 第四节　体育舞蹈 …… 210
### 第五节　定向运动 …… 215
### 第六节　轮滑运动 …… 220
### 第七节　拓展训练 …… 225

## 第十九章　客家体育 …… 229
### 第一节　客家体育概述 …… 229
### 第二节　龙舟 …… 231
### 第三节　舞龙 …… 237
### 第四节　舞狮 …… 245
### 第五节　荡秋千 …… 249
### 第六节　踩高跷 …… 255
### 第七节　扭秧歌 …… 263
### 第八节　竹篙火龙 …… 264
### 第九节　九狮拜象 …… 267
### 第十节　爬竿 …… 269
### 第十一节　打陀螺 …… 272
### 第十二节　滚铁环 …… 276

# 第一章 大学体育教育

## 第一节 大学体育的现状、功能和特点

大学体育是对日趋成熟的青年学生进行身体教育和思想教育的特殊学科。因此，它以参与、实践身体运动为基本表现形式，并且通过锻炼过程中的运动强度和运动量对人体产生影响，产生新的刺激，使人的机体在不断适应的过程中提高潜能，促进健康和增强体质。

### 一、大学体育的发展现状

我国高校体育教育的目标经历了从技能到体质再到健康的演变过程。随着《全民健身计划纲要》（以下简称《纲要》）的颁布和实施，再一次为各高校的体育教育提出并重申了新的学校体育教育的任务和目标。《纲要》提出的总目标和对高校体育教育的要求，高校体育任务是：增强学生体质，提高健康水平。培养学生对体育的兴趣和掌握体育知识、技能和培养学生良好的品德、行为和发展学生的个性。提高部分有竞技才能学生的运动成绩等。体育教学指导思想的原则将朝着"育身"与"育人"的双育方向发展。因此高校体育教学的目标由传授运动技能向促进学生身心健康方向发展。

随着科学技术的发展、社会的进步，人们的思想观念也发生了深刻的变化。以健身为主、娱乐为主、休闲为主、兴趣为主的多种课余体育活动逐渐成为当代大学生追求自我健身的时尚。随着高校改革的不断深入，体育课教学把终身体育的思想贯穿给每个学生，注意培养学生的体育意识和体育文化素养。

### 二、大学体育的功能

#### （一）大学体育的教育功能

体育是学校教育不可缺少的组成部分，高等教育阶段是大学生身体定型发展的关键时期，也是其身体素质发展的敏感时期，因此，教育学生认识体育、参与体育过程具有广阔的发展空间。学校应采取各种体育形式，对学生进行思想品质、道德情感的教育，培养学生的体育能力，鼓励学生从事体育锻炼，使他们在掌握体育知识的同时促进其身体发育和智力发展，丰富他们的大学生活内涵。在体育实践中培养学生的道德行为规范和社会活动意识，使其形成自尊、自爱、自强不息的精神，从而达到育"体"、育"心"全面发展的目标。这是大学体育教育的特殊功能。

### （二）大学体育的健身功能

经常参加体育运动，能改善一个人的体形、体质和体能，增进健康，为保持良好的学习状态打下坚实的基础。因此，经常参加体育锻炼应该成为每一个大学生的自觉行为。从生物学的观点来看，一个人虽然受遗传的影响很大，但后天锻炼对遗传变异起到良好的促进作用。科学锻炼可以促进学生的健康发展，改变体形，提高人的健康状况，增强人体对外界的适应能力，达到增强体质、增进健康的目的。

### （三）大学体育的政治功能

体育不仅有教育功能、健身功能，而且具有其特殊的政治功能。由于体育能够营造良好的人际关系，体育与人的生活息息相关的社会性特征决定了体育在表达国家意志、显示力量、宣传民族团结和爱国主义精神方面都有独特的作用。在高校，体育是构建和谐校园的重要手段，其不仅能展示当代大学生的精神风貌，而且体现党和国家对增强学生体质的特殊要求，如《学校体育工作条例》、《大学生体育合格标准》等既表现出国家对大学生的要求，也反映了国家对大学生的殷切期望。

### （四）大学体育的娱乐功能

现代社会，工作节奏加快，生活质量提高，体育以多种形式进入寻常百姓家已成为现实。现代高校，学生学习紧张，脑力强度加大，作为一种调节身心和积极性的休息方式，体育活动、体育欣赏、体育娱乐的需求日益增加，并且向着"服务育人、健康育人"的目标转化。毫无疑问，松弛紧张的情绪，消除疲劳，激情澎湃地对抗，充实欢乐的余暇，享受体育，领略体育专门为之提供的快慰和娱乐感，这是任何一门学科都无法给予的。正如现代奥林匹克运动会（以下简称奥运会）创始人顾拜旦在他的名作《体育颂》中热情赞颂的那样："啊！体育，你就是乐趣！想起你，内心充满欢喜，血液循环加剧，思路更加开阔，条理更加清晰。你可使忧伤的人散心解闷，你可使快乐的人生更甜蜜！"体育是一种最积极、最健康的娱乐方式，它能使人合理充实地度过余暇，促进身心健康。

## 三、大学体育的特点

大学体育以大学生为对象，对其进行健康运动的教育；以身体练习为基本手段，对人的有机体的物质与能量代谢产生刺激和积极性影响。它通过运动形式寻求变化。

大学体育的运动过程既是一个参与、实践的过程，更是一种经受运动考验（即量与强度刺激），承受生理和心理负荷，引发生理机能和心理状态变化的健康运动过程。

大学体育是针对青年学生的健康状态进行"适应性反应"训练的典型，在特殊的人文环境、体育环境里锻炼人的身体和意志品质，是培养大学生综合素质的突破口。

同时，大学体育还是一种健康向上的运动，具有顽强拼搏、团结奋进的行为特征，是校园精神文明建设的重要内容。目前，大学体育以专项课为基本教学形式，辅以选修课、保健课，以"健身育人"为宗旨，向着"学习、锻炼、健康、快乐"的方向发展。

## 第二节 大学体育的目的和任务

### 一、大学体育的目的

根据我国社会主义事业对当代大学生身心发展的要求，我国大学体育的培养目的是：使学生了解和掌握体育与健康的基本知识；培养学生终身体育意识和体育能力；养成体育锻炼的良好习惯，增进身心健康；形成科学的体育素养和体育生活方式，使之成为国家和社会所需要的全面发展的高级专门人才。

### 二、大学体育的任务

大学体育的目的是通过完成以下五方面的任务来实现的。

#### （一）增强学生体质，促进学生身心健康

增强学生体质是大学体育的首要任务。体质的增强，除了意味着骨骼、肌肉、内脏各器官和系统的增强之外，更意味着大脑机能的改善。它反映为中枢神经系统对机体发展、发育和人体运动的控制力，神经系统各器官机能的支配力，大脑皮层对各器官活动的协调力等。个体生命的健康存在是保证人全面发展的物质基础，而人的一切活动都是在大脑的指挥下实现的。人的一切正常活动都是大脑相应部位正常反应的结果，人的一切不正常活动都是大脑相应部位异常反应的结果，而人的大脑反应的病态和终止也就意味着人的个体行为的障碍和生命的结束。体质的增强还包括大脑灵活性和协调性的提高。体育活动对大脑的锻炼有独到的作用，这一点在当今知识信息时代的背景下更显得重要。全面增强学生体质有赖于有目的、有组织的系统运动和练习，要在学生生长发育良好的前提下，使其实现体姿健美；在其机体结构全面发展的基础上，发展学生的"自稳态"；增强其免疫力，促使学生精力充沛，生命力旺盛。

#### （二）促使学生努力掌握体育的基本知识、基本技术和基本技能

通过"三基"知识的学习，教会学生科学的身体锻炼方法，培养学生终身参加体育锻炼的兴趣、能力和习惯。这是在科学的指导下，学生掌握知识和技能、养成良好习惯以及发展智力的过程。引导学生正确地从事运动和身体锻炼，必须经过一个由感知到理解，再到巩固和应用的过程。在此过程中的一个重要的转折点便是智力和体力相结合，它不仅表现在运动及身体锻炼中，而且表现在它们的结果上。高等学校体育应充分体现智力和体力的结合以及理论知识和实践能力的科学结合。

#### （三）培养学生的道德品质

在体育教育过程中对学生进行共产主义道德品质的教育，绝不是运动及身体锻炼与政治口号的生硬结合，而是要通过运动及身体锻炼来对学生进行知、情、意、行的教育，最终提高学生的思想品德修养。在此过程中要特别注意培养学生参与和完成运动及身体锻炼的毅力。同时，学生的行为是受其自身理想、信念和情操所支配的，因此在大学体育教育过程中应十分注意培养学生高尚的道德品质，通过发展学生的精神品质来更有效地完成体育教育的

任务。

### （四）培养学生审美和创造美的能力

体育与美，自古以来就紧紧相连。运动是力和智慧的结合，身体锻炼是意念和形体的统一。人可以用自身的"造型"来表现对客观世界的认识，并通过"造型"达到增强其功能的效果。在运动及身体锻炼中，学生通过韵律体操、竞技体育、基本体操等运动来表现"造型"的艺术美，而美的心灵、美的情操都是通过学生美的举止、美的造型来表现的。因此，大学体育应十分注意培养学生高尚的情操，使其"外在美"与"内在美"很好地统一起来。

### （五）培养高水平的运动员

大学应该多出人才，出好人才，这其中当然也包括出优秀的体育人才，出世界冠军。体育与运动早已被视为"科技水平的橱窗"。当今的世界纪录和世界冠军都是多学科成果的结晶，对运动员的体力和智力水平提出了很高的要求。我们应该充分发挥高校在师资、器材、设施和多学科交叉方面的优势，充分认识大学生的心理、生理特征和体力、智力优势，把部分有运动天赋和运动才能的大学生培养成为高水平的运动员，这是时代赋予高等学校的新的使命。

## 第三节 大学体育教育的基本途径

国家为我们规定了为社会主义现代化事业培养德、智、体全面发展的建设者和接班人的培育目标。但是，高等教育和高等学校体育的目的与任务都不会自动实现，必须通过多种多样的组织形式为其提供具体途径，并实施相应的教学计划才能实现。

在我国，大学体育教育过程有以下几种基本组织形式。

### 一、体育课程

体育课程是我国高等学校教学计划的重要组成部分，被视为学校体育教育的中心环节，也是大学体育教育最基本的组织形式。它为确保大学体育目的和任务的圆满实现提供了具体途径。

新中国成立以来，我国高等学校均设置了体育课程，国务院教育部批准颁发的《学校体育工作条例》、《全国普通高等院校体育课程教学指导纲要》均明确规定："普通高等学校的一、二年级必须开设体育课程……对三年级以上的学生开设体育选修课程。"这一规定为加强大学体育课程建设提供了人、财、物、时间、信息等方面的重要保证，有力地推动了我国大学体育课程建设。

通过体育课程这种特殊的组织形式，学生可以逐步树立正确的体育观念，了解体育的基本知识，掌握锻炼身体的基本技术，形成较强的体育意识，增强自身的体育能力，培养自觉并坚持参加身体锻炼的兴趣和习惯，接受潜移默化的良好品德教育，增强审美和创造美的能力，深刻领会体育教育与成才的内在联系，从生存、发展、享受等不同层次需要上理解体育给自身和国家、民族带来的好处，学以致用，勇于实践，充分理解体育课程目标与大学体育目标的一致性，把握参与体育课程学习的良好时机，努力完成体育课程的各项任务，自觉地使体育与运动进入自己的生活，为成才和奉献打下坚实的物质基础。

## 二、课余体育活动

课余体育活动是大学体育课程的延续和补充，是学校体育教育过程中不可分割的环节，为实现大学体育的目的和任务提供了又一重要途径。课外体育教学是学校体育的基本形式，其目的在于增强学生体质，培养学生自觉锻炼身体的习惯，同时可以陶冶学生情操，丰富学生的文化生活，发展学生的个性，这对于完成本课程教学任务具有潜移默化的作用。

我国各高等学校都十分重视根据本校的实际情况和传统特点，因人、因时、因地制宜地开展多种多样的课余体育活动，这对巩固和提高体育课程教学效果、增强学生体质、提高文化学习质量、丰富校园文化生活、增强集体凝聚力等都起到了良好的促进作用。改革开放以来，许多高校更加重视为课余体育活动注入时代气息，在内容和形式上均有较大突破，已经收到了令人满意的效果。其主要有以下几种形式。

### （一）早操

早操即清晨运动，是每天起床后坚持的室外活动，是大学生合理的作息制度中的重要组成部分。大学生坚持做早操，不仅是锻炼意志，养成良好的卫生习惯，促进身体健康的良好措施，也是每天从事脑力劳动的准备活动，它可以使神经兴奋，活跃生理机能，形成良好的生理状态。早操活动时间一般以15~20分钟为宜，形式可以是集体组织与个人活动相结合，内容多以健身跑、广播操、打拳、健美操以及各种身体素质锻炼为主。

### （二）课间活动（课间操）

课间活动是课间休息时所进行的有益于身心健康的体育活动。一般为个人活动，如走步、肢体活动操、功能性体操（如防治脊柱弯曲操）和提高身体素质的简单练习等。在上下午的1、2节课和3、4节课之间的20分钟休息时，也可以班级为单位集体做广播体操。充分利用课间休息时间活动身体，进行积极休息，对消除学生大脑皮层的疲劳，适时地转移大脑的优势兴奋过程，调节情绪，促使学生能更加精神饱满地进行学习等，都是很有好处的。

### （三）课外体育锻炼

课外体育锻炼是大学生结束一天的课程学习后，利用课余时间，进行有目的、有计划、有组织的体育活动。搞好课外体育锻炼，可以使大学生增强体质、陶冶情操、丰富知识，达到身心完善、精神饱满的目的，它不仅是大学体育过程的重要方面，也是大学占领学生课余思想阵地，丰富校园文化生活，建设精神文明的重要手段之一。课外体育锻炼时间一般在1小时左右，形式以班集体、单项体育协会组织为主，也可以结合个人锻炼，还可结合小型多样的竞赛活动。各校还可以从实际出发，因人、因地、因时制宜地开展活动。

### （四）课余体育训练与体育竞赛

课余体育训练与体育竞赛是高校利用课余时间对部分身体素质较好并有体育专长的大学生进行系统训练的一种专门教育过程，是实现大学体育目的的重要组织形式之一，有助于提高我国大学生的运动技术水平。参加不同层次的竞赛，还能为学校培养一支体育骨干队伍，有利于推动学校群众性体育活动的开展。因此，《学校体育工作条例》规定："学校应当在体育课教学和课外体育活动的基础上，开展多种形式的课余体育训练，提高学生的运动技术水平。"并强调:"普通高等学校经国家教育委员会批准,可以开展培养优秀体育后备人才的训练。"原国家教育委员会、国家体育运动委员会(现教育部和体育总局)于1986年11月发布《关于开展课余体育训练,提高运动技术水平的规划》文件以后,开始在大学试办高水平运动队。目前全国有很多大学组办了各个项目的高水平运动队。一些中学也试办传统体育项目,同大学挂钩,形成一条龙试办高水平运动队。

### (五)全校性的运动会和体育节

一年一度的校田径运动会和体育文化节把各个高等学校的体育教育推到了年度高潮。以运动会为舞台给全校师生公平竞争的机会,在拼搏中找寻个人的成功,在竞争中增强集体的凝聚力,每一次校运动会和体育文化节的成功,都给学校带来了新的活力。

近年来,我国大学中的一些有远见卓识的领导人,在加深对教育和体育的本质与功能的认识之后,明智地做出决定,在自己学校的校历中,安排为期十天至半个月的体育节,全校动员,宗旨明确,内容丰富,情趣高雅,组织严密,效果良好,有如盛大节日一般。

### (六)野外活动

野外就是指山、河、湖、海、草原、天空等自然环境,野外活动就是指在这种自然环境中开展的各种活动的总称,由活动环境、活动主题、活动内容构成。野外活动的地域主要可分为陆域、水域、空域。根据活动的范围其可分为陆地运动、水上运动、冰雪运动、空中运动;根据活动的性质其还可分为竞技性活动、健身娱乐性活动、教育活动。国内外的实践和研究表明,野外活动是一项具有陶冶情操、强身健体、消除疲劳等效能,深受青少年和广大人民群众喜爱,并为其他运动所不能替代的有益活动。其活动特点决定了它对青少年的教育意义,因而已成为发达国家学校教育的内容和终身体育不可缺少的部分。所以也应把推广野外活动列入我国学校体育内容之中,使其在促进社会主义精神文明建设,培养青少年爱国主义、集体主义精神,以及提高整个国民素质等诸多方面发挥积极作用。

## 思考题

### 一、问答题

1. 简述我国大学体育的目的和任务。
2. 试述我国高校设立体育课的意义。

### 二、讨论

结合大学生自身体育教育的实际情况,谈谈如何提高大学生参加体育锻炼的兴趣。

# 第二章
# 大学生健康教育

## 第一节　健康新观念

### 一、健康理念的发展

随着人们对健康的认识不断更新和发展，健康概念的内涵和外延也在不断发展和深化。长时间以来人类对健康的认识一直是无病即健康，把健康含义仅局限在身体是否健全方面。我国传统的中医理论以阴阳、五行学说，提出了"阴平阳秘，精神乃至""天人合一"的整体观，进而把人的健康与人自身的阴阳协调和自然环境的阴阳协调联系起来。随着社会发展和科学进步，人类对健康的认识不断发展，许多学者根据自身对健康的认识提出不同的解释。如日本学者认为吃得快、便得快、睡得快、说得快，即为健康。美国学者贝克尔认为健康是"一个有机体或者有机体的部分处于安宁状态，它的特征是机体有正常的功能、没有疾病。"

心理功能低下的状态称作"第三状态"，也称"亚健康状态"或"灰色状态"。亚健康状态是近年来医学界提出的新概念，一般指机体虽无明显疾病，却呈现出活力下降，适应能力有不同程度减退的一种生理状态。专家认为，亚健康状态包括不良的心理行为、不振的精神面貌、对社会的不适应以及身体各部位的某种不适等。亚健康虽然不是疾病，却是现代人身心不健康的表现。由于亚健康是健康与疾病的交接地带，是健康与疾病相互转化的中介点，是一种不稳定的平衡，一旦环境稍有变化或精神受到某种刺激，这种平衡就极易被破坏。

根据对2.3万人的调查，18～40岁的人随着年龄增长，身心轻度失调呈缓慢上升趋势，而到了40岁以上，潜临床状态的比例陡然攀高，55岁前后进入潜临床状态的明显增多，65岁以上的人即使没有明确的病变存在，大多数人也处于生理性衰老状态，后者也可看作亚健康的一类特殊表现类型。这告诉我们，亚健康状态在中年以后变得明朗化，滑向疾病的步伐迅速加快。因此我们必须提高对亚健康的认识，防止和减缓亚健康的出现。

亚健康产生的根源，首先，是对健康没有正确的认识，降低了对威胁自身健康的各种因素的应激反应能力；其次，是由于不良的生活习惯、疲劳、社会和工作造成的精神压力等原因造成的。当知道自己处于亚健康状态时，既不要掉以轻心，也不要过分紧张，应当积极应对。

## 二、健康五要素

美利坚大学的国家健康中心提出了一个与健康三维观相似的健康定义,即个体只有身体、情绪、智力、精神和社会五个方面都健康(也称健康五要素),才称得上真正的健康,或称之为完美状态。目前,也常用完美一词替代健康。

### (一)身体健康

身体健康不仅指无病,而且还包括体能,后者是一种满足生活需要和有足够的能量完成各种活动任务的能力。具备这种能力,就可以预防疾病,增进健康,提高生活质量。

### (二)情绪健康

情绪涉及我们对自己的感受和对他人的感受。情绪健康的主要标志是情绪的稳定性,所谓情绪稳定性是指个体应对日常生活中人际关系和环境压力的能力。当然,生活中偶尔的情绪高涨或情绪低落均属正常现象,关键是在生活的大部分时间里要保持情绪稳定。

### (三)智力健康

智力健康是指在长期的学习和生活中,大脑始终保持活跃的状态。有许多方法可以使大脑活跃和敏捷,如听课、与朋友讨论问题和阅读报刊书籍等。努力学习和勤于思考还能使自己有一种成就感和满足感。

### (四)精神健康

精神健康对于不同宗教、文化和国籍的人意味着不同的内容,主要包括正确理解生活的基本目的以及关心和尊重所有的生命体。

### (五)社会健康

社会健康是指个体与他人及社会环境相互作用时具有和谐人际关系和实现社会角色的能力,此能力将使人在交往中有自信感和安全感,少生烦恼,心情舒畅。

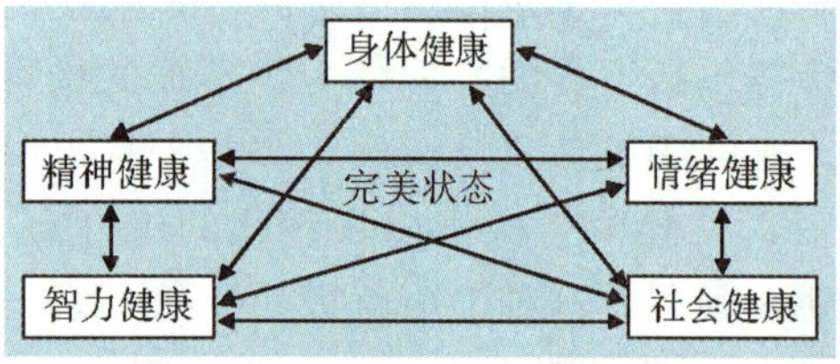

图 2-1 健康五要素之间的关系

健康的五个要素相互联系、相互影响(图2-1)。例如,身体不健康会导致情绪不健康;缺乏精神上的健康会引起身体、情绪和智力的不健康等。

在人的生命长河的不同时期,健康的某一要素很难说会比另一些要素起更重要的作用,但持久地忽视某一要素就可能存在潜在的健康危险。只有每一种健康要素平衡地发展,人才称得上处于完美状态,才能真正健康和幸福地生活,并享受美好的人生。

完美状态或健康状态是通过健康的生活方式来形成和保持的,后者包括有规律的体育锻炼、营养均衡、消除不良习惯(如抽烟、酗酒和滥用药物等)以及控制精神压力等。不管你目前的健康状况如何,都应该形成健康的生活方式,从而达到完美状态。怎样才能形成健康的生活方式呢?先要清楚自己目前的生活方式,然后再通过自己的努力去改变生活方式中的不良之处。

## 三、身心关系

概括地讲,健康诸因素之间的关系实际上是身心之间的关系。近30年来的研究表明,人的生理和心理之间存在着相互作用的关系。生理健康(即身体健康)有助于心理健康,例如,塔科(Turker)于1990年的研究显示,生理健康水平较高的被试者,其心理抑郁水平较低。同样,人体生理方面的疾病或异常情况会引起心理或行为方面的病症,例如,病菌的侵入使得大脑中枢神经受到损伤,患者会神志不清,其对空间、时间和人物的定向能力将大为减退,记忆、推理和计算能力明显下降。又如,甲状腺的主要功能是控制人体的新陈代谢,甲状腺素分泌过多会使人体的新陈代谢速度加快,个体便会产生紧张反应,表现为肢体颤动、情绪激动、注意力难以集中、焦虑不安和失眠等;反之,当甲状腺素分泌不足时,新陈代谢的速度减慢,患者的心理活动趋于迟钝,具体表现为反应缓慢,记忆力减退,且有抑郁倾向。

心理健康也同样影响着生理健康,古人云:怒伤肝,喜伤心,思伤脾,忧伤肺,恐伤肾。我国著名的心理学家潘菽教授曾指出:"事实表明,不仅有害的物质因素能造成各种各样的身体疾病和精神疾病,有害的心理因素也同样可以起到这样的作用。所谓心身疾病或心理生理疾病或如大家所熟悉的医源性疾病,就是明显的不良心理因素造成的。"根据美国某综合性医院门诊部对前来就诊的病人进行研究的报告,65%的病人的疾病与社会逆境引起的压抑有关,35%的病人在很大程度上是由于情绪不好而引起疾病的。英国的一位医生曾调查了250名癌症患者,发现其中有156人在患病前经受过重大的精神打击,由此得出结论:压抑情绪易生癌。

综上所述,生理健康与心理健康的确是相互影响、相互作用的。生理健康是心理健康的基础,心理健康有助于生理健康。只有这两个方面保持和谐统一,才能真正达到健康的状态。

体育锻炼既是一种身体活动,也是一种心理活动。因此,体育锻炼不仅有助于身体健康,而且对心理健康也有着积极的作用。

# 第二节 健康的标准和自我评测

## 一、健康的标准

从健康的概念演变可以看到,健康包括了身体、心理、社会和道德四个方面,世界卫生组织对健康的标准做了最具代表性的表述,提出了健康的14个标准:

(1) 有足够充沛的精力,能从容不迫地应付日常生活和工作压力而不感到过分紧张;
(2) 处事乐观,态度积极,乐于承担责任,不论事情大小都不挑剔;
(3) 善于休息,睡眠良好;
(4) 应变能力强,能适应外界环境的各种变化;
(5) 能抵抗一般性的感冒和传染病;
(6) 体重得当,身体匀称,站立时头、肩、臂的位置协调;
(7) 反应敏锐,眼睛明亮,眼睑不发炎;
(8) 牙齿清洁,无空洞、病感、出血现象,齿龈颜色正常;

（9）头发有光泽，无头屑；

（10）肌肉和皮肤富于弹性，走路轻松、协调；

（11）道德高尚，有良好的公德，有道德修养；

（12）对自己、对他人的健康负责，工作、生活、娱乐等以不影响、不损害他人利益和健康为前提；

（13）不侵占、偷窃他人的钱财、物品及研究成果；

（14）不吸毒，不淫乱。

## 二、健康和自我检测与评价

### （一）健康的自我检测

（1）体重。其基本稳定，一个月内体重增减不超过4千克，超过者为不正常。

（2）体温。其基本在37℃左右，每日的体温变化不超过1℃，超过1℃为不正常。

（3）脉搏。其每分钟在75次左右，一般不少于60次，不多于100次，否则为不正常。

（4）呼吸。正常成年人每分钟呼吸次数为16～20次，呼吸次数与心脏跳动次数的比例为1∶4，每分钟呼吸次数少于10次或者安静时多于24次为不正常。

（5）大便。其基本定时，每日1～2次，若连续3天以上不大便或1天4次以上为不正常。

（6）进食量。每日进食量保持在1～1.5千克，连续一周每日进食超过平常进食量的3倍或少于平常进食量的1/3为不正常。

（7）尿量。一昼夜的尿量在1500毫升左右，连续3天24小时内尿量多于2500毫升，或1天内尿量少于500毫升，为不正常。

（8）月经周期。成年女性月经周期在28天左右，超前推后15天以上为不正常。

（9）睡眠。每日能按时起居，睡眠6～8小时，若不足4小时或每日超过15小时为不正常。

### （二）健康的自我检测指标

（1）年龄。每年得1分，如果你60岁就得60分。

（2）体重。正常体重值等于自己的身高减去100厘米，超过标准每千克减5分，低于标准每千克加5分。如你的身高为170厘米，体重为75千克，就得负25分。

（3）吸烟。不吸烟者得30分，每天吸1支烟减1分。假如你每天吸一盒烟，就从总分中减20分。

（4）耐力。如果你每天从事耐力性有氧代谢体育活动（健身走、跑、游泳、骑自行车、跳旋律健美操、跳舞等），得30分。如每周参加4次活动，加上15分。倘若根本不从事任何耐力性练习，就得负10分。假若很少从事任何体育活动或体力劳动，就从总分中减20分。

（5）安静时的脉搏。每分钟低于90次，每少搏1次得1分。如每分钟脉搏率为76次，即得14分。

（6）运动后的脉搏。慢跑2分钟后，休息4分钟。假如脉搏率恢复到安静时的水平，得30分；如果比安静时多10次，得20分；多15次得10分；多20次得零分。

通过以上检测，如果总分达不到20，其健康状况值得重视，必须求医诊治；假如总分在 21～60 分，要注意减去多余脂肪，限制吸烟，增加运动量或体力活动量；假如总分在 60～100 分，说明其健康状况较好，可以更多地从事一些体育运动；若超过 100 分，说明其健康状况相当良好。

### （三）简易健康测试法

（1）常吃蔬菜吗？
（2）每天吃肉吗？
（3）吸烟吗？
（4）每天喝 100 克以上的酒吗？
（5）喜欢吃咸的菜吗？
（6）喜欢吃甜食吗？
（7）常吃焖熏食品吗？
（8）看到肉、鱼、蛋等美餐，是否感到食欲增加？
（9）登高或俯视时，是否感到心慌腿软？
（10）学习、工作、劳动一天后，晚上能否很快入睡？
（11）每天小便次数是否很多，小便时有痛感或憋不住的情况吗？
（12）指甲、眼结膜是否显得淡白，经常头晕耳鸣吗？
（13）是否有头颈变粗、容易出汗、情绪激动的现象？
（14）是否常咳嗽、痰多或胸疼？
（15）身上的黑痣是否迅速增大或破溃出血？
（16）身体是否不断消瘦？
（17）是否容易牙出血、鼻出血及出现青紫块？
（18）是否饭前洗手？
（19）是否有每天大便的习惯？
（20）是否每天运动？
（21）是否每天早晚刷牙？
（22）每次感冒，是否必须服药？
（23）按时打预防针吗？
（24）按时透视胸部吗？

评分标准：

（1）、（8）、（10）、（18）、（19）、（20）、（21）、（23）、（24）题答案为是，其他为否。

与以上答案相符的得 1 分，不相符的得 0 分。合计得分为 20～24 分表示身体优良；15～19分表示身体良好；10～14 分表示身体一般；5～9 分表示身体较差。

### 三、增进健康的注意事项

（1）有规律地进行锻炼；
（2）营养膳食平衡（多吃蔬菜、水果、谷物、低脂肪和低热量食物）；
（3）维持适当的体温；
（4）每晚睡眠七八个小时，每天适当休息或放松；

（5）积极、乐观、向上的心态；
（6）不吸烟，不吸毒；
（7）适度饮酒；
（8）有保护、安全的性行为；
（9）定期进行健康牙科检查，采取医学养生法；
（10）与周围的人友好相处。

## 第三节　影响健康的因素

人的健康和疾病首先受到生物的、遗传的因素影响，但是在现代社会，越来越多的环境、社会、心理和生活方式等因素已对健康形成很大影响和制约。

### 一、生物学因素

人体是一个极为复杂的有机体。在影响和制约人体健康的诸多生物学因素中，主要有遗传和心理两种因素。

#### （一）遗传因素

遗传是指自然生物通过一定的生殖方式，将遗传物质从上一代传给下一代的生物现象。在遗传物质传给后代的同时，亲代的许多隐性或显性的疾病也传给了后代。现代医学发现，遗传病有5000多种，不仅种类多，而且发病率高。毫无疑问，每个人的健康都或多或少地受到遗传和进化的影响或制约，众多疾病的发生都有一定的遗传因素作用。

近期的研究进展表明，遗传倾向不仅在普遍认为的先天性缺陷或遗传性疾病中起着重要作用，而且在后天的常见病，例如冠心病、高血压、糖尿病、某些癌症和常见的精神障碍中也起着重要作用。遗传因素可能会使这些疾病提前发生。例如，老年痴呆最常见的阿尔茨海默病，就是在家族中遗传。现在还不能肯定癌症是否也会遗传，但是多达10%～25%的乳腺癌和结肠癌病例显示与遗传因素有关。以往人们普遍认为冠心病是由环境因素引起的，最近对家族史的研究揭示了冠心病有遗传倾向。糖尿病例中约85%都为非胰岛素依赖性糖尿病（2型糖尿病），这种糖尿病也有很强的家族遗传倾向。

#### （二）心理因素

**1. 消极的心理因素能引起多种疾病**

我国古代哲学家范缜提出："形存则神存，形谢则神灭。"这句话强调了身体是心理的载体。我国古代经典中医医书《黄帝内经·素问》中就有"怒伤肝，悲胜怒；喜伤心，恐胜喜；思伤脾，怒胜思；忧伤肺，喜伤肾"的记载，可见身体与心理之间的平衡与和谐对人的身体健康至关重要。现代医学心理学的研究也证实了许多疾病的发生、发展与心理因素有关，如心血管疾病、高血压、肿瘤等。大量的临床实践也证明，消极的情绪（如悲伤、恐惧、紧张、愤怒、焦虑等）能引起各器官系统的功能失调，导致失眠、心动过速、血压升高、尿急、月经失调等症状。在我国癌症普查中还发现心理因素与食道癌、宫颈癌有着密切关系。

**2. 心理因素在治疗中的作用**

心理因素在治疗中的作用主要表现在两个方面：一方面，在疾病治疗中要打消顾虑，树立与疾病作斗争的坚强信念，积极与医护人员配合，以保证治疗效果；另一方面，对由心理因素、情绪因素引发的疾病要坚持"心理治疗"，即消除致病的消极心理因素。

## 二、生活环境因素

### （一）自然环境

自然环境是指人类周围的客观物质世界。由化学因素、物理因素、生物因素等构成自然环境的因素。它包括人类赖以生存的自然环境如空气、阳光、水、土壤等，也包括人类生活必需的物质如粮食、水果、蔬菜、肉类等。自然环境在为人类的生活提供有利的因素的同时，也会给人类带来危害，直接或间接的影响人体健康。

**1. 自然环境对人体健康的正面影响**

自然环境中的化学因素如铁、碘、铜、锌、氟等，通过水、土壤和食物供给人体，调节人体的生理功能，是保证人体健康的必要条件。空气、阳光、水等物理因素对机体的良性刺激，有利于人体的新陈代谢，促进人体生长发育，如阳光浴是利用阳光的紫外线杀菌。生物因素中的动物、植物、微生物等在自然界的物质循环和能量转换中直接影响着人体健康，如土壤中的氨化微生物可将含氮有机物分解为对人体无害的氨和铵盐。

**2. 自然环境对人体健康的负面影响**

自然环境在给人体提供营养物质的同时，也会传播对人体健康有害的物质。随着社会不断进步和发展，现代工业产生的有些化学物质进入环境，对生活环境造成极大的破坏，如空气污染、水污染等，严重影响了人体的健康。物理因素的利用，如果对强度、剂量和作用的时间等掌握不得当，就会对人体造成危害，甚至引发疾病。如高温中暑、紫外线皮肤炎、噪声污染等。生物因素中的有些微生物，如细菌、病菌、真菌、寄生虫等是人类致病的主要因素，它们通过空气、水、土壤、食物等环境条件传播、极大的危害人体健康。

### （二）社会环境

社会是人类生存和发展的最基本、最重要的环境。人们一方面享受着社会生产的成果，如科技的进步、工业的发展使人们有了丰富的物质文明；另一方面社会生产的发展也会对人体健康造成危害，如现代工业发展的同时所带来的废水、废气、废渣、噪声等。社会生产发展的加速，也带来了越来越多的影响人体健康的问题。

## 三、行为与生活方式因素

生活方式是指在一定环境条件下所形成的生活意识和生活行为习惯的统称，包括人的"衣、食、住、行"，以及工作、生活、娱乐、社交等活动方式。生活方式对健康影响很大，并具有潜袭性、累积性和广泛性的特点。国内外大量研究表明，在现代社会里，不良的生活方式和有害的健康行为习惯已经成为危害人们健康、导致疾病的原因，如吸烟、酗酒、缺乏锻炼、不良饮食习惯是致使人群高血压、冠心病、糖尿病等"现代生活方式病"的患病率不断增高的危险因素。1992年WHO估计，从全球看，因生活方式原因导致疾病，发达国家为 70%～80%，发展中国家为 40%～50%。

### 四、卫生保健服务因素

保健是包括对疾病患者进行治疗在内的康复训练、普查疾病、促进健康、预防疾病、预防伤残以及健康教育等一系列活动的总和。显然，健全的社会保健制度是维护和促进人体健康的重要保障。

社会保健制度涉及多个方面，而其中最重要的是建立和健全初级卫生保健制度。初级卫生保健制度是最基本的卫生保健制度，它的特点是能针对本区域人群中存在的主要卫生问题，相应地提供增进健康、预防疾病、治疗伤病以及促进身心健康等方面的卫生服务。例如，开展针对性的健康教育，提供安全饮用水和基础卫生设施，改善食品供应及合理营养，开展妇幼保健和计划生育，以及对地方病的预防和控制，对常见病和外伤的妥善处理，对主要传染病的免疫接种，提供基本药物等。这样，就使所有个人和家庭在能接受和能提供的范围内，享受到基本的卫生保健。

### 五、体育锻炼因素

人体在适宜的运动过程中，机体将产生一系列适应性的良性变化而达到健身防病的目的。然而，如果运动量过大，则可能因身体承受不了而导致伤害；如果运动量过小，又达不到刺激体内各组织器官的目的，无法提高其生理功能。因此，体育锻炼要想获得理想的健身效果，必须注意科学性。

## 第四节  增进健康的途径

### 一、饮食习惯与健康

饮食是人最重要、最普通的一种行为，但有相当一部分大学生缺乏科学的饮食方法。一部分学生对饮食不甚关注，抱着无所谓的态度，个别学生长期不吃早餐；另一部分学生则过分讲究，片面听信广告，结果顾此失彼，营养结构失调，事与愿违；还有一部分学生经常纵欲进食，造成消化系统功能紊乱，影响了身体的正常生长发育。因此，要保证身体健康发展，必须培养良好的饮食习惯，改变下列不良的饮食行为。

#### （一）无节制饮食方式

忍饥挨饿或暴饮暴食都十分有害。饥饿多半是因为睡懒觉，错过了早餐时间而空腹去上课，或夜间看书、学习过久造成饥饿；暴饮暴食则多发生在亲朋好友聚会、过生日等场合。早餐不吃就去上课，随着大脑和其他器官功能活动所需能量的消耗，血糖就会下降。当血糖含量降低到每100毫升血液中不足45毫克时，就会严重影响脑组织的功能活动，全身乏力，注意力分散。暴饮暴食会使消化器官的功能发生紊乱，从而使机体代谢功能失去平衡。长期下去，这两种情况都会引起许多疾病。

#### （二）盲目节食

这种情况女生多于男生，她们的主要目的是减肥。限制饮食虽然可以使人消瘦，但体内的营养物质也随之匮乏，势必出现种种功能障碍或疾病，轻则头昏眼花、四肢乏力，重则出现贫血、低血糖、月经失调等情况。如果所摄取的热量仅能维持其生存，而不能满足生长发育的需要，就会使身体发育受到影响，造成终身遗憾，有的同学甚至影响了学业。如果过于肥胖，也应制定科学的饮食方法，坚持体育锻炼，才能达到美体健身的效果。

### （三）偏食

一部分大学生片面认定某些食物是高营养食物而长期偏食，导致营养摄入不均衡。如有的学生不吃肉，结果身体不能及时补充蛋白质，造成发育迟缓或发育不良；有的学生不吃蔬菜，引起多种维生素和矿物质的缺乏，这给成年后患高血压、高血脂、动脉硬化留下了隐患。

### （四）不卫生的"共餐"

"共餐"是一种落后的饮食习惯，虽然其在一定程度上能增进感情、交流思想，但极易传播疾病，明显弊大于利。我国传统的"共餐"多局限于一家人中，大学生历来是分餐的，但近些年，大学生"共餐"现象明显增加，"共餐"是传染肠道疾病和肝病的重要途径。共用餐具与"共餐"具有同样的危害。

## 二、生活模式与健康

生活模式是指一天内休息、饮食、工作和学习、体育锻炼等各项活动的时间安排。科学的生活模式有利于机体各种生理功能的发挥，有利于身体健康，也有利于提高学习和工作效率。大学生的生活要有一定规律，就一天来说，起床、吃饭、学习、工作、休息、运动，都要有规律地安排好，按规定的时间进行。讲求良好的生活模式，对于每个大学生来说都十分重要。

### （一）养成良好的睡眠习惯

睡眠是保证大学生健康的先决条件之一。因为在睡眠过程中，内分泌系统释放的生长素比平时多3倍。这些生长素可以作用于全身的组织细胞，促进它们的生长发育，对骨骼生长的促进作用尤其明显。如果睡眠不足，就会出现烦躁、易怒、食欲减退、体重减轻、生长发育缓慢的后果，还会引起睡眠困难、不易入睡、夜间易醒等现象。

### （二）积极参加体育活动，增强社会适应能力

积极参加体育活动，能促进人的交流能力，通过活动过程中的团结协作，能增进同学之间的友谊，加强人与人之间的沟通，尤其是课外体育活动。体育课外活动是高校体育教育的第二课堂，充分利用好这个平台，是学校创建校园文化乃至和谐校园的重要途径。良好的体育课外活动帮助学生实践自我教育、自我管理、自我服务和建立起良好的自我评价体系，更是学生提高素质，培养综合能力和增强社会适应力的重要场所。

### （三）加强社会适应教育，提高社会适应能力

大学阶段是学生们彻底脱离家庭、全面走向社会的开始，大学是连接家庭和社会的桥梁。在这一阶段，大学生必须完成从基本理念认知到实际生活观念准则形成、从基础知识训

练到职业技能培养的重要转化，还要学会独立进行自身心理调整以及处理复杂人际关系，并能从家庭、学校中相对单纯的角色扮演过渡到胜任在社会系统中的自我定位与发展，凡此种种，需要高等院校担负起教育、引导和支持的重大责任。在我们的教育体系中，需要增加社会适应性教育这一环节和内容。要有效引导学生对具有特殊性的中国国情进行学习、认识和理解，尤其是要学生了解社会发展实际，清醒地认识自我，在此基础上帮助学生形成正确的价值观、职业观，做好择业、就业准备。大学生活，应成为造就大学生成熟社会角色的重要经历。

### 三、纠正不良行为和习惯

在影响大学生健康成长的诸多因素中，个人行为习惯对健康的影响至关重要。个人行为习惯包括饮食起居、生活习俗及各种嗜好等，其均为满足某种生理需求和心理需求而逐渐形成的一种自我行为方式。对于不良的行为习惯，特别是吸烟、酗酒、吸毒、不安全的性行为，大学生要格外警惕。

#### （一）酗酒

在大学生中过量饮酒是比较常见的。酒的主要成分是酒精（乙醇），如果大量饮用，会危害人体的细胞，对身体产生破坏作用，直接影响身体健康。酒精对心脏的危害较大，长期过量饮酒会使心脏失去正常的弹性而增大。医学上所说的"啤酒心"，指的就是长期过量饮用啤酒，使心脏扩大而形成的心脏变形。另外，酒精对神经系统也有危害，有的人饮酒后变得非常"健谈"，就是中枢神经系统在酒精的作用下失去调节功能的表现。酒精还会使血液中的脂肪物质沉淀在血管壁上，使血管变窄，血压升高，增加心脏的负担。大学生饮酒过量可造成脑供氧不足，记忆力减退，严重影响其学习和生活。

#### （二）吸烟

世界卫生组织曾把吸烟称为"20世纪的瘟疫"，是21世纪人类面临的两大公害之一。大量的调查研究表明，吸烟是目前危害人类健康的一个重要因素。吸烟能诱发和加重多种疾病，降低人体的健康水平，甚至缩短人的寿命。吸烟的危害在于香烟中含有大量的有毒物质，这些有毒物质中危害最大的是烟碱（尼古丁）、焦油和微尘，其中烟碱是神经系统和血液循环系统的杀手；焦油则与喉痛、口腔癌、食管癌、胃癌，特别是肺癌关系密切；微尘则会刺激气管黏膜，引发咽喉炎、咳嗽、支气管炎和声带沙哑等疾病。吸烟不仅危害自身，同时也危害他人，被动吸烟的危害不亚于主动吸烟。

#### （三）性行为

性传播疾病是指以性接触为主要传播途径的一组传染性疾病，俗称性病。目前国际上被列为性病的病种逾20种，我国重点防治的性病有8种，即淋病、梅毒、生殖器疱疹、非淋菌性尿道炎、尖锐湿疣、软下疳、淋巴肉芽肿和艾滋病。引起性病的病原体有多种，包括病毒、衣原体、支原体、细菌、螺旋体和原虫等。当性病患者与健康人进行性接触时，病原体很容易侵入健康人体而致其感染。但有些病原体还可通过非性接触途径传染，如通过被病原体污染的毛巾、内衣、便器、浴盆、注射器针头等，或通过输血、注射血制品、接受器官或组织移植而感染。此外，某些性病还可以在妊娠和分娩过程中，由母亲传给胎儿或新生儿。

性发育是青春期的核心，是青少年生理成熟的基础，因而也是健康的基础。性意识、性欲望等是每个正常人都有的心理活动。大学生应把握好心理活动与性行为之间的准则和道德规范，树立良好的恋爱观和性道德观。现代社会文明把性道德提到了相当的高度，男女之间的爱情是人生经历中一件美好的事情，爱情同样需要讲究道德。然而，据有关调查表明，在大学生中，对待两性关系态度不严肃，性关系混乱的现象还是存在的。这对大学生的身体和心理健康有很大危害，将影响人的心理和人格的成长，影响其学习乃至今后的工作和婚姻。因此，对大学生应加强性道德教育，提高其性道德水平，使其树立良好的恋爱观、道德观及人生观。

### （四）吸毒

毒品主要包括鸦片、吗啡、大麻、可卡因、海洛因、冰毒以及其他可致人成瘾的麻醉药品。

自20世纪80年代中期以来，世界又面临一种新型毒品——"非法合成药物"的威胁，其中尤以安非他明类兴奋药的滥用最为普遍。

吸毒可直接抑制机体免疫系统的功能，破坏神经系统的功能；吸毒可以使人的心理发生扭曲，使人失去应有的人格、自尊等心理品质；吸毒还是艾滋病、性病等传染性疾病传播的途径。吸毒不仅危害身体健康，还会败坏社会风气，破坏社会伦理、道德和秩序，危害社会安定，因此，吸毒被称为新型社会瘟疫。

## 思考题

### 一、问答题

1. 试述影响人体健康的因素。
2. 简述体育锻炼对人体健康的重要意义。

### 二、讨论

根据大学生所处的生活和学习环境，谈一谈在促进自身健康方面需要做出哪些努力。

# 第三章 科学的体育锻炼

## 第一节 体育锻炼的原则

体育锻炼的原则是体育锻炼客观规律的反映，是体育练习者从事体育锻炼实践并达到理想效果所必须遵循的基本准则。随着体育锻炼实践的有关理论和科学研究的不断发展，对体育锻炼原则的研究和阐述也日趋完善。

### 一、自觉积极性原则

自觉积极性原则主要是指参加体育锻炼者，有目的、有意识、自觉、积极地从事体育锻炼，相信"生命在于运动"的科学道理。体育锻炼是一个自我锻炼，自我完善，克服自身惰性，战胜各种困难的过程。只有明确体育锻炼的目的，才能激发和发展自身对体育锻炼的兴趣，兴趣是认识某种事物、从事某种活动的倾向，兴趣得到满足，就会体验到自身内心的愉快，就会自然自觉地参与体育锻炼，因此，培养体育锻炼的兴趣也是贯彻自觉积极性原则的重要措施。

### 二、全面性原则

全面性原则是指体育锻炼应全面发展身体的各个部位、各器官系统的机能、各种身体素质和活动能力，追求身心的和谐发展。

人体是由各个局部构成的一个整体。身体的各个局部均按"用进废退"的规律发展，体育锻炼能促进新陈代谢的普遍旺盛，调动各系统、组织、器官和谐发展，使身体达到相对的完善和完美状态。由于在人生命的各个阶段其对全面锻炼有不同的需要，所以可提出不同的要求。尤其是在生长发育阶段，更应贯彻全面锻炼原则，为促进身体的正常生长发育打下基础。

贯彻全面性原则，应注意以下两点。

#### （一）全面发展

身心的全面发展，要从适应环境、抵抗疾病的能力、改善机体形态、提高人体机能功效、调节情绪、提高心理素质、丰富文化生活等方面着手。

### （二）全面考虑

针对个人的实际情况，有目的、有选择地从事简单易行、富有实效的锻炼方法，并应根据体育锻炼的要求，合理控制锻炼的量和强度，以收到良好的锻炼效果。

体育锻炼的内容应根据不同年龄、不同季节、不同阶段予以适当的调整，同时要针对自身薄弱部位采取"抑其过而补其不足"的锻炼原则和方法，促进身体各个部位机能和各种身体素质的全面提高。

## 三、经常性原则

经常性原则是指体育锻炼必须持之以恒，使之成为日常生活中的重要内容。体育锻炼的直接作用是促进体内异化作用的加强，继而获得同化作用的加强，加快体内物质的合成，从而使机体内部的物质得到补充、增加和积累。这个变化过程的首要条件在于保持体育锻炼的时间、强度、次数的衔接性和连续性，如果间隔时间过长，中断过久，已经获得的效果就会消退甚至消失。

贯彻经常性原则，应注意以下两点。

### （一）合理安排锻炼间隔

体育锻炼的效果并非一劳永逸，如果锻炼间隔时间过长，锻炼的效果就不明显。因此，每次锻炼的间隔安排要合理，要有长期计划和短期安排，计划安排要考虑身体适应运动负荷的能力。一般情况下，轻微的运动安排的间隔时间短；强度大的运动安排次数可少些，间隔时间可稍长些。

### （二）锻炼要持之以恒

人所共知，体育锻炼可以强身健体，但是体育锻炼对人体的积极作用绝非一日之功即可奏效。日积月累、持久锻炼，健身益心的效果才能显著，体育锻炼的兴趣才能逐渐养成，从而达到愉快身心的目的。

## 四、从实际出发原则

从实际出发原则是指体育锻炼的目的、内容的选择、运动负荷的安排，都要与自身的年龄、性别、生活习惯、体质状况、体育基础、学习的专业，以及体育锻炼的场地器材和当地的季节气候相结合，寻求符合自身体育锻炼的基本途径，以达到促进健康，增强体质的目的。贯彻从实际出发原则，首先要学习有关的体育知识，明确锻炼目的，选择和安排体育锻炼的内容、时间、运动负荷等。其次要研究认识自身的健康状况，遵循人体的生理规律和生理特征，以及人体适应环境的基本规律，从不同的主客观条件出发，逐渐走上健康健身之路。

## 五、循序渐进原则

循序渐进原则主要是指在安排锻炼内容、难度、时间及负荷等方面要根据身体发展的规律和超量负荷原理，有计划、有步骤地逐步提高要求，使人体不断适应的同时，体质逐步得到增强。

首先，运动负荷要循序渐进。进行体育锻炼的过程，是人体对内外环境变化适应的过程，是一个缓慢的由量变到质变的过程。运动负荷的增加要由小到大，逐步提高，体育锻炼的开始阶段或中断锻炼后恢复锻炼时，强度宜小，时间宜短，不要急于求成。当机体对一定运动负荷产生适应后这种负荷对机体的刺激会变小，因此，要适当增加练习时间和练习次数，让机体产生新的适应，使自己的运动水平不断提高。

其次，练习内容上也应循序渐进。练习内容要由简到繁，在动作要求上应由易到难，逐渐加大难度，应首先考虑简单易行、容易收到锻炼效果的项目和内容，在每次练习时，也应先从动作简单，强度不大的内容开始练习，然后逐渐增加动作难度和运动负荷，体育锻炼只有遵循人体生理、心理发展的基本规律，根据自己身体健康状况，科学地安排适宜的运动负荷和练习内容，才能收到良好的锻炼效果。

### 六、遵循规律、自我保健的原则

要取得良好的锻炼效果，必须遵循锻炼的科学规律，同时加强自我监督、自我保健。锻炼时，要做好准备活动和整理活动，注意定期体检和运动安全，养成讲究运动卫生、科学锻炼的良好习惯。尤其是女大学生在月经期间，要更加注意灵活安排锻炼的内容和运动负荷。自我保健、自我监督在体育锻炼中尤为重要。加强自我保健能够减少不必要的运动损伤。自我监督能及时掌握自身的身体变化、疲劳程度、健康状况、计划的完成情况和锻炼效果等信息，使锻炼更有针对性。

## 第二节　体育锻炼的方法

体育锻炼的方法是根据人体的发展规律，运用各种身体练习和自然因素以发展身体的途径和方式。体育锻炼方法是贯彻体育锻炼原则、达到体育锻炼目的的途径。

### 一、体育锻炼的一般方法

#### （一）重复锻炼法

重复锻炼法是指按一定的负荷标准，多次重复进行某项练习。重复的次数和时间是决定健身效果的关键。确定和调节重复的次数和时间，应考虑项目特点。运用重复锻炼法时要注意克服厌倦情绪，防止机械呆板。

#### （二）间歇锻炼法

间歇锻炼法是指进行重复锻炼时两次之间有合理的休整，它是提高锻炼效果的一种常用的锻炼方法。

间歇锻炼的间歇时间长短主要以运动负荷价值阈为准。一般地说，负荷超过上限时，间歇时间应长些，以防止负荷继续上升，造成过多的体力消耗；负荷低于下限时，间歇时间应短些，密度应大些。后次锻炼应在前次锻炼的效果未减退时进行，倘若间隔时间过长，在前次锻炼效果消失后再进行锻炼，就失去了间歇的意义。

#### （三）变换锻炼法

变换锻炼法是指在锻炼过程中，采取变换环境、变换条件、变换要求等手段，以提高锻炼效果的一种方法。

采用变换锻炼法可以有效地调节生理负荷，提高锻炼情绪，强化锻炼意志，克服疲劳和厌倦情绪。

### （四）循环锻炼法

循环锻炼法是指把各种类型的动作、具有不同练习效果的手段，组成一组锻炼项目，按一定顺序循环往复地进行锻炼的方法。这种方法具有综合锻炼的效果。

循环锻炼法所安排的各个练习点，其内容搭配要选用已经掌握的简单易行的动作，同时应规定好练习的次数、规格和要求。由于各点的动作及使用器械不同，练习时花样翻新、交替进行，可激发兴趣，减轻疲劳，提高运动密度，有显著的健身效果。采用循环锻炼法要强调动作的质量，防止片面追求运动密度和数量的倾向。

## 二、提高身体素质的方法

### （一）发展力量素质的方法

力量是指肌肉紧张或收缩时所表现出来的一种能力，力量素质是身体素质的基础。发展力量素质应根据目的的不同而采取不同的方法，一般情况下，发展绝对力量采用重量大、组数多、次数少的方法，发展速度力量采用中重量、中次数、组数少的方法，发展小肌肉群力量和力量耐力采用重量小、组数少、次数多的方法。

### （二）发展耐力素质的方法

耐力素质是有机体长时间工作时克服疲劳及疲劳后快速恢复的能力。按运动的外在表现可分为速度耐力、力量耐力、一般耐力，按所影响的器官分为心血管耐力和肌肉耐力，按能量供应特点分为有氧耐力和无氧耐力。练习时，应强调意志品质、呼吸深度和呼吸方法。

（1）发展有氧耐力的方法：发展有氧耐力主要是提高心肺功能。运动时间要求在15分钟以上（至少为5分钟），负荷强度应达到所能承受最大强度的80%左右（心率大约在150次/分钟）。经常采用持续负荷（包括连续负荷法和交替负荷法两种）方法，如跑步、跳绳、原地跑、球类、自行车、溜冰、划船等，锻炼时应注意逐渐增加运动强度和密度。

（2）发展无氧耐力的方法：发展无氧耐力对短距离后程跑的能力有明显的效果。锻炼时应采用强度大的练习，心率应控制在160次/分钟以上。注意应在医务监督下进行锻炼。

### （三）发展速度素质的方法

速度素质是指人体快速运动的能力，速度可分为反应速度、动作速度、移动速度。各种速度素质练习，都应在体力充沛、精力饱满的情况下进行。

（1）反应速度：对外界刺激反应的快慢。利用信号让练习者作出相应反应是常用的方法。

（2）动作速度：完成某一动作的快慢。减小练习难度法（如顺风跑、下坡跑等）、加大难度法（如跳高前的负重跳等）和时限法（按一定节拍或跟随别人较快的节奏来改变自己的动作节奏或速度）是常用的发展动作速度的方法。

（3）移动速度：单位时间内位移的距离。发展的方法有最大速度跑、加快动作频率和发展下肢爆发力量等。

### （四）发展灵敏素质的方法

灵敏素质是指在多变的运动环境中迅速改变身体位置的能力。发展的方法有在跑跳中迅速、准确、协调地完成各种动作、各种综合练习、各种变换方向的追逐性游戏及球类活动等。

### （五）发展柔韧素质的方法

柔韧素质是指关节活动的幅度及肌肉、肌腱韧带等软组织的伸展能力。一般采用静力性拉长肌肉和结缔组织的方法发展柔韧素质。静力性练习要求保持8～10秒，重复8～10次，如压、搬、劈、蹦、体前屈、转体、绕环等动作，并以感到酸、胀、痛为限。控制在5～30次的动力性拉伸练习（如踢腿、摆腿、甩腰等），也是发展柔韧素质的方法之一。发展柔韧素质应将静力与动力、主动与被动练习相结合，坚持细水长流，勿用力过猛。

## 三、利用自然力锻炼的方法

利用自然因素锻炼身体的方法，是指人体为了适应外界环境的变化，利用自然条件进行身体锻炼，以提高适应能力和增进健康、增强体质的锻炼方法。

### （一）日光浴

日光浴的好处有很多，因为紫外线能刺激人体的造血机能，使血液中的红细胞增多，皮肤里麦角固醇转为维生素D，促进钙和磷的吸收利用。经常坚持日光浴能使人体血管扩张，血流加快，血液循环得到改善，增强机体调节体温的能力。

### （二）空气浴

让皮肤广泛接触新鲜空气，利用气温、气流和温度形成对人体的刺激，通过神经反射作用，达到改善体温调节能力的目的，从而提高机体的适应能力。空气中含有带负电荷的"阴离子"，而新鲜空气中氧气丰富，阴离子浓度高，对身体各器官、系统特别是神经系统有良好的刺激作用，可改善血液循环，提高新陈代谢，增强机体的抵抗能力，预防呼吸系统的各种疾病，但要注意的是，遇到恶劣天气时不要勉强坚持。

### （三）冷水浴

冷水浴是利用水的温度及机械和化学作用对人体的刺激达到锻炼目的的一种方法，主要是用冷水擦身、冲洗、淋浴和游泳等。由于水的导热性比空气强，水温越低，身体热量散发得越快，人体对冷水刺激的反应就越强。冷水浴能改善各器官、系统的机能，增强体质，对一些慢性病患者抵抗疾病、恢复健康是很有帮助的。

以上各种锻炼方法在实际运用中可以相互补充、交替结合，但应有主有从。

# 第三节　运动疲劳的产生与恢复

疲劳是人们都经历过的一种生理现象。从1880年生理学家莫索研究人类的疲劳开始，到现在为止，对人类疲劳的研究已经过了一个多世纪。通过不断的研究，人们对疲劳的认识也得到了不断地深化和提高。

## 一、运动疲劳的产生

运动疲劳是指人体在运动过程中，运动能力及身体功能暂时下降的正常生理现象。运动后出现的正常疲劳对身体并无损害，而且它是对身体的一种保护性信号，或称保险阈，提示人们注意不要过度疲劳。

疲劳是由多方面的原因引起的。例如，体内能源物质消耗过多会引起疲劳；肌肉运动收缩时产生的某些代谢产物的积聚会引起疲劳；长时间工作，大脑神经细胞转为抑制会引起疲劳；长时间运动时出汗过多，体内水、盐代谢紊乱及内环境稳定性失调等也会引起疲劳。

生理学家通过研究发现，运动疲劳是一个综合性的复杂过程，它与人体多方面的因素及生理变化有关。

### （一）运动能力与身体素质的变化是导致运动疲劳的因素

人体的运动能力与身体素质和身体各器官、系统功能紧密相关。身体素质就是人体各器官、系统的功能在肌肉工作中的综合反映。各器官功能的下降，必然影响运动能力与身体素质。例如，长时间肌肉活动导致肌肉功能下降时，力量与速度等必然也会下降，于是在完成各种运动练习时，往往会感到力不从心而觉得疲劳；在耐力性运动中，如果心肺功能下降，承受耐力负荷的能力当然会降低，机体就会产生疲劳，从而降低工作能力。

### （二）体内能源贮备的减少和身体各器官功能的降低是导致疲劳的重要原因

不少实验研究表明，当人体从事运动导致疲劳时，往往伴随着体内能源物质消耗较多的现象，如快速运动2～3分钟至非常疲劳时，肌肉内的磷酸肌酸（CP）可降低至接近最低点；而长时间的持续运动中，由于糖的大量消耗，肌糖原及血糖含量均在大幅度下降。能源贮备的消耗与减少，会引起各器官功能的降低，加上肌肉活动时代谢产物的堆积及水、盐代谢变化等影响，机体工作能力就会下降，从而出现疲劳。

### （三）精神意志因素也与疲劳密切相关

当身体疲劳达到一定程度时，往往主观上会出现疲劳的感觉，这种疲劳感也可以说是疲劳的主观信号。而运动中人体各器官、系统的活动都是在神经系统的指挥下完成的，神经系统功能的降低，以及神经细胞抑制过程的加强都会使疲劳加深。此时人的情绪意志状态与人体功能潜力的充分动员关系极大。事实上，人体往往在感到疲劳时，机体尚有很大功能潜力，能源物质远未耗尽，良好的情绪意志因素可起到动员机体潜力、推迟疲劳发生的作用。因此，进行运动时，应该全身心投入，保持积极高涨的运动情绪，这对推迟疲劳发生，提高锻炼效果有重要的作用。

体育锻炼的项目多种多样，不同运动项目导致疲劳的原因的侧重面会有所不同。如短距离跑项目，导致疲劳的原因可能主要是大脑运动区域神经细胞的保护性抑制；缺氧程度较深的中距离跑项目，导致疲劳的主要原因可能是代谢产物堆积过多及内环境稳定性失调；超长距离跑等耐力项目，则可能主要是体内能源物质消耗过多而引起疲劳。

## 二、运动疲劳的分类

运动疲劳根据运动方式的不同、产生部位的不同、产生机体的不同可以分为多种,其主要分类方法包括以下几种。

### (一)按疲劳产生的部位划分

按疲劳产生的部位划分,其可分为脑力疲劳和体力疲劳。

脑力疲劳是指由于运动刺激使大脑皮层细胞工作能力下降,大脑皮层出现广泛性抑制而产生的疲劳。如在周期性耐力运动(长跑等)过程中,由于运动时的单调刺激,在体力尚未明显下降时,大脑细胞的工作能力已开始下降,并引起整个身体机能下降,当改变刺激形式时,脑细胞及整体工作能力均有所恢复。脑力疲劳往往同时伴有心理疲劳,如长期从事高强度训练或运动时一次强烈的不良刺激,都会给大脑皮层带来不良影响,从而影响身体工作能力。

体力疲劳是指由于从事身体训练,身体工作能力下降而产生的疲劳。在体育活动中体力疲劳非常普遍,如剧烈运动后出现的肌肉酸痛、周身乏力、工作能力下降等均属体力疲劳症状。

### (二)按身体整体和局部划分

按身体整体和局部划分,其可分为整体(全身)疲劳和局部(器官)疲劳。整体疲劳是指全身运动使全身各器官机能下降而导致的疲劳,如马拉松跑、激烈的足球比赛等可造成全身身体机能下降。局部疲劳是指身体某一局部进行运动使该局部器官机能下降而导致的疲劳,如前臂负重屈伸运动可造成前臂肌肉力量下降,负重深蹲导致下肢肌群疲劳等。整体疲劳和局部疲劳存在着密切的关系,一般来说,局部疲劳可以发展为整体疲劳,而整体疲劳往往包含着以某一器官为主的局部疲劳。

### (三)按身体各器官划分

**1. 骨骼肌疲劳**

由于运动引起的骨骼肌机能下降称为骨骼肌疲劳。如力量训练后肌肉收缩力下降、肌肉僵硬、肌肉酸痛等,在体育活动中骨骼肌疲劳最为常见。

**2. 心血管疲劳**

由于运动引起的心脏、血管系统及其调节机能下降称为心血管疲劳。心血管系统是机体对疲劳较为敏感的机能系统,不同强度和时间的运动都可能引起心血管系统疲劳,如运动后心电图S-DT段不降、T波倒置、心输出量减少,以及舒张压升高、心率恢复速度较慢等都是心血管系统疲劳症状。

**3. 呼吸系统疲劳**

运动引起的呼吸机能下降等称为呼吸系统疲劳,呼吸系统疲劳在一般运动中不常见,多出现在长时间运动或憋气用力后,并伴随着心血管系统疲劳。如剧烈运动时呼吸表浅、喘不过气、肺功能下降等都是呼吸系统疲劳症状。

## （四）按运动方式划分

**1. 快速疲劳**

由于短时间、剧烈运动引起的身体机能下降称为快速疲劳。100 米跑运动员在不足 10 秒的时间里身体机能立刻极度下降，400 米跑的运动员在不足 1 分钟的时间里机体极度疲劳等都属快速疲劳。快速疲劳产生快，消除也相对较快，在高强度运动中一般易出现快速疲劳。

**2. 耐力疲劳**

由于小强度、长时间运动引起的身体机能下降称为耐力疲劳。马拉松跑、越野滑雪、长距离游泳等可产生耐力疲劳，耐力疲劳的发生较缓慢，恢复时间也相对较长。

## 三、运动疲劳的判断

判断是否出现运动疲劳可参照表 3-1。

表 3-1 疲劳程度的标志

| 内容 | 轻度疲劳 | 中度疲劳 | 非常疲劳 |
| --- | --- | --- | --- |
| 自我感觉 | 无任何不舒服 | 疲乏、腿痛、心悸 | 除疲乏、腿痛和心悸外，尚有头痛、胸痛、恶心（甚至呕吐）等征象，这些征象持续时间相当久 |
| 面色 | 稍红 | 相当红 | 十分红或者苍白，有时呈紫蓝色 |
| 排汗量 | 不多 | 甚多，特别是肩带部分 | 非常多，尤其是整个躯体部分。在颞部以及汗衫和衬衣上可出现白色盐迹 |
| 呼吸 | 中度加快 | 显著加快 | 显著加快，并且表浅（其中有少数深吸气出现），有时呼吸节律紊乱 |
| 动作 | 步态轻稳 | 步伐摇摆不稳 | 摇摆现象显著，在行进时掉队，出现不协调的动作 |
| 注意力 | 比较好，能正确执行指示 | 执行口令不正确，改变方向时发生错误 | 执行口令缓慢，只有大声口令才能接收 |

## 四、消除疲劳的措施

锻炼后产生的运动疲劳如得不到及时的消除，体力恢复不充分，势必影响继续锻炼及工作和学习的精力。因此，在产生运动疲劳之后，采用得当的措施加速疲劳的消除是非常重要的。

### （一）整理活动

整理活动是消除疲劳、促进体力恢复的一种良好方法。剧烈运动后进行整理活动，可使心血管系统和呼吸系统仍保持在较高水平，有利于乳酸的排除；同时让肌肉及时得到放松，可避免由于局部循环障碍而影响代谢过程及因此造成的恢复过程延长。

一般整理活动应包括慢跑、深呼吸、体操、肌肉放松练习及静力牵张练习。其中静力牵张练习可以缓解运动后产生的延迟性肌肉酸痛和肌肉僵硬，使肌肉放松，并可加强骨骼肌蛋白质的合成过程，促进骨骼肌疲劳的消除，对预防运动损伤的发生有良好作用。

## （二）睡眠

锻炼导致身体疲劳之后，保证良好而充足的睡眠是使身体得到恢复的重要措施。因为睡眠时人体各器官、系统活动下降到最低水平，物质代谢减弱，能量消耗仅维持基础代谢水平，这时的合成代谢有所加强，运动时消耗的能源物质逐渐得以恢复。同时，睡眠对大脑皮质细胞来说也是一种保护。大脑皮质细胞比较脆弱，容易因长期兴奋而产生过度消耗，睡眠能防止大脑皮质细胞机能过度消耗，并能促进人体器官机能的恢复。另外，身体劳累之后，坐下或躺下安静地休息也有助于疲劳的消除。

## （三）适宜运动

生理学家很早就发现，当局部肢体疲劳之后，可通过另一部分肢体肌肉的适当活动来加速已疲劳肌肉的体力恢复，称为活动性休息。之后很多生理实验研究进一步证实，当局部疲劳后，可利用未疲劳的另一些肌肉进行一些适当活动，借以促进全身的代谢过程，加速疲劳的消除。这是因为体内消除疲劳的主要承担者是血液循环，通过血液循环可以补充氧气及其他营养物质，并排除废物，而积极性消除疲劳的方法就是积极促进重点转换部位的血液循环。疲劳后的放松活动、按摩、淋浴等都属于积极性消除疲劳的手段，可以达到活动性休息的目的。另外应注意，为积极性休息安排的练习活动强度要小，时间要短，这样在神经细胞内产生的兴奋才能集中，对疲劳的神经细胞方可起到负诱导作用，使后者抑制加深，促进恢复。由于静止性休息和积极性休息对消除疲劳都有良好的效果，因此应该将两种方法结合起来使用。在保证睡眠的情况下，采用积极性休息效果会更好。

## （四）沐浴

沐浴是消除疲劳的一种最简单的方法，如果水温适宜，它可以加速人体新陈代谢，调节机体，使机体兴奋。国外有人做过测试，运动员在集训期间进行一天的训练后，在沐浴前每100毫升血液中平均有30毫克乳酸；同样在43℃的水中，泡洗5分钟后出浴的运动员乳酸浓度几乎没有变化，而泡洗10分钟后出浴的运动员乳酸降低了7～8毫克，如再泡30分钟后，血液中的乳酸就恢复到疲劳前的水平。人体疲劳时还常常表现为肌肉酸痛，而温水浴可对副交感神经产生刺激，可以起到镇静作用。当然，对水的温度每个人的适应能力不同，一般来说，若能忍受温度高些的热水浴，则更能降低血液中的乳酸浓度，但如果人沐浴时间过长，水的温度过高，反会因消耗大而造成疲劳，因此要根据自己的具体情况，进行适当控制。另外，水的浮力作用还可以使身体变轻，对缓解肌肉的紧张程度也有一定的效果。

## （五）合理补充营养

在运动疲劳后，饮食中要有较充分的糖和蛋白质补充。如果是长时间的锻炼，体内能源供给有较大的部分来自脂肪，这类耐力性运动疲劳后，应根据负荷的程度适当食用一些脂肪类食品。此外，疲劳后要注意维生素和无机盐的补充，维生素C、维生素$B_1$、维生素$B_2$、维生素A、维生素E等对疲劳的消除有重要作用。同时，各种高能运动饮料及一些营养补剂等对体力恢复也是有益的。

### （六）心理调节

情绪因素对疲劳的消除也有不容忽视的作用。积极向上、乐观愉快的情绪有助于加速疲劳的消除，如欣赏优美动听的音乐，做些自我心理控制与放松调节等，对体力恢复都有促进作用。

值得注意的是，单独采用以上任何一种方法消除运动疲劳，其效果都不够理想，必须根据每个人的具体情况，对以上方法加以综合运用，才能获得较好的消除疲劳的效果。

## 第四节 常见运动损伤的预防与处理

### 一、运动损伤的预防

#### （一）预防运动损伤的意义

参加体育锻炼是为了增强体质，提高健康水平，更好地为祖国建设贡献力量。但是，在体育锻炼时，如果不重视运动损伤的预防工作，不采取积极的预防措施，就可能发生各种伤害事故，轻者影响学习和工作，重者则造成终身残疾甚至危及生命，对个人、家庭和社会都会带来极大的损失。因此，积极预防运动损伤对推动全民健身运动、体育教学和运动训练都具有重要的意义，对提高全民素质和运动技术水平也具有积极的作用。

#### （二）做好准备活动与整理活动

体育运动过程是人体由静态到动态再到静态的变化过程，准备活动和整理活动就是实现这种变换的过渡手段。

（1）准备活动。体育锻炼前进行充分的准备活动对于体育锻炼者来说是非常重要的，有些学生就是由于不重视准备活动而出现各种运动损伤，不仅影响锻炼效果，更影响锻炼兴趣，甚至会对体育锻炼产生畏惧和厌烦。做好准备活动能起到以下作用：克服机体的生理惰性；加速肌肉组织的新陈代谢，提高氧的利用率；调节心理状态，提高神经系统的兴奋性；预防运动损伤。

（2）整理活动。整理活动是人体由运动状态过渡到相对安静状态的活动过程，它是促进体力恢复的一种有效手段。整理活动的作用：一是有助于人体机能尽快恢复常态；二是有助于偿还氧债。整理活动应侧重于全身性放松。特别是剧烈运动后，一定要进行全身放松活动，以免身体受到损伤。整理活动后，还要注意保暖，防止感冒。

#### （三）了解运动与饮食的关系

（1）运动后不宜立即进餐，应使得心肺功能稳定下来，胃肠道机能逐渐恢复后再用餐。这段时间一般为半小时，如果在下午进行较为剧烈的体育锻炼，间隔的时间应该更长。还应注意的是，由于运动后易产生饥饿感，用餐时不要狼吞虎咽，更不能暴饮暴食。

（2）饭后不宜立即进行剧烈运动。饭后立即进行剧烈运动，不仅易产生消化不良，还会引起腹痛、恶心等症状，甚至造成胃下垂等疾病。因此，吃饭与运动之间要有一定的时间间隔，一般在饭后半小时方可进行运动；剧烈运动或比赛最好安排在饭后 1.5 小时，缺乏体育锻炼或体质较弱的人，吃饭与运动之间的时间应更长些。

(3) 空腹不宜进行长时间的剧烈运动。长时间剧烈运动要消耗大量能量，而能量主要来自体内血糖的氧化。造成空腹进行长时间剧烈运动，无充足的血糖补充，易发生低血糖症状。

## 二、常见运动损伤的处理

### （一）软组织损伤

软组织损伤可分为开放性损伤和闭合性损伤两类。前者有擦伤、撕裂伤、刺伤等，后者有挫伤、肌肉拉伤等。

**1. 擦伤**

（1）原因与症状：因运动时皮肤受挫致伤。如跑步、打球时摔倒，体操运动时身体擦摩器械受伤，伤后皮肤出血或组织液渗出。

（2）处理：小面积擦伤，用红药水涂抹伤口即可。大面积擦伤，先用生理盐水洗净，然后涂抹红药水，再用消毒布覆盖，最后用纱布包扎。

**2. 撕裂伤**

（1）原因与症状：在剧烈运动时，受到突然强烈的撞击，容易造成肌肉撕裂。肌肉撕裂包括开放性和闭合性两种，常见的有眉际撕裂、跟腱撕裂等。开放伤顿时出血，周围肿胀，闭合伤触及时有凹陷感和疼痛感。

（2）处理：轻度开放伤，用红药水涂抹伤口即可；裂口大时，则需止血和缝合伤口，必要时还要注射破伤风抗毒血清，以防破伤风症。如果是肌腱撕裂，则需要手术缝合。

**3. 挫伤**

（1）原因与症状：因撞击器械或练习者之间相互碰撞而造成挫伤。单纯挫伤在损伤处出现红肿，皮下出血并有痛感。当内脏器官受伤时，则出现头晕、脸色苍白、心慌气短、出虚汗、四肢发凉、烦躁不安甚至休克的症状。

（2）处理：在 24 小时内实行冷敷或加压包扎，抬高患肢。24 小时后，方可按摩或理疗。进入恢复期后可进行一些力所能及的功能性锻炼。如果怀疑有内脏损伤，在做临时性处理后，应该马上送医院检查和治疗。

**4. 肌肉拉伤**

（1）原因与症状：通常在外力的直接或间接作用下，肌肉过度主动收缩或被动拉长时均可引起肌肉拉伤。特别是运动之前准备活动做得不充分，运动中动作不协调，以及肌肉弹性、伸展性、肌力差者更易拉伤。肌肉拉伤后，伤处肿胀、压痛、肌肉痉挛，触诊时可摸到硬块。肌肉拉伤严重时则为肌肉撕裂。

（2）处理：轻者可即刻冷敷，局部加压包扎，抬高患肢；24 小时后可按摩或理疗。如果肌肉重度拉伤或完全断裂者，在加压包扎急救后，要立即送医院进行手术治疗。

**5. 刺伤和切伤**

如在田径运动中被钉鞋或标枪刺伤，滑冰时被冰刀切伤，或练武时被器械划伤，其处理方法与撕裂伤基本相同。

## (二) 关节扭伤、韧带损伤

关节扭伤、韧带损伤主要是由间接外力作用引起的一种闭合性损伤。在外力作用下，关节发生超常范围的运动，关节内、外韧带受到过度的或猛烈的牵拉而造成损伤。

**1. 指间关节扭伤**

（1）原因与症状：手指受到侧方外力冲击而致。如在篮球、排球运动中，由于传、接球技术动作错误或手部过于僵直、过于放松时而被球撞击，致使手指侧副韧带或关节囊损伤。受伤后，关节疼痛、肿胀、压痛、活动受限，伸屈不灵活。如果关节变形，明显肿胀，触摸时剧痛，则可能是关节脱位。

（2）处理：轻度挫伤，可冷敷或轻度拔伸牵引，轻捏数次，然后用粘膏、胶布将受伤指与靠近的健指相固定，第三天开始练习主动屈伸活动，外擦舒活酒或红花油。如关节脱位，应立刻到医院就诊复位。

**2. 肩关节扭伤**

（1）原因与症状：一般因肩关节用力过猛以及反复劳损所致，也有的是因技术动作错误，违反解剖学原理而出现伤害。投掷、体操、排球扣球和大力发球时常出现这类损伤。其症状有压痛、酸痛，急性期有肿胀，慢性期三角肌可能出现萎缩，肩关节活动受限。

（2）处理：单纯韧带扭伤，可采用冷敷和加压包扎；24小时后可采用理疗、按摩和针灸治疗。出现韧带断裂时，应立即送医院进行手术缝合和固定处理。当肩关节肿胀和疼痛减轻后，可适当进行功能性锻炼，但不宜过早活动，以防转入慢性病症。

**3. 膝关节侧副韧带损伤**

（1）原因与症状：膝关节内侧韧带损伤是膝关节弯曲时，小腿突然外展外旋或足和小腿固定时，大腿突然内收内旋所致。膝关节外侧韧带损伤是膝关节弯曲时，小腿突然内收内旋，或足固定时，大腿突然外展外旋所致。半月板伤是膝关节在屈伸过程中同时有膝关节的扭转、内外翻动所致。韧带损伤后，膝关节肿胀、疼痛，扭伤部位有压痛，周围肌肉痉挛，活动受限，膝关节不敢用力伸展，轻度跛行。若膝侧韧带完全断裂时，伤部可触及韧带断裂的凹陷，功能完全丧失。半月板受伤时，膝内常伴有清脆的响声。

（2）处理：轻度损伤，可局部外敷伤药，内服消肿止痛药。肿痛减轻后，再进行按摩、理疗、针灸。部分韧带撕裂者，早期局部冷敷，加压包扎，抬高患肢，固定膝部，内服止痛药；48小时后可进行按摩、理疗、外敷或内服中药。韧带完全断裂者，一旦确诊，应尽早进行手术缝合。手术后要积极进行功能性锻炼，促使早日康复。

**4. 髌骨劳损**

（1）原因与症状：髌骨具有保护股骨关节面，维护环节外形，传递股四头肌力量的作用，是维持膝关节正常功能的主要结构。髌骨劳损多是膝关节长期负担过重或反复损伤积累而成的，也可由一次直接外力撞击致伤。如篮球滑步急停，跳高、跳远踏跳不合理，二人对抗或摔倒撞击等，都可导致髌骨损伤。

（2）处理：采用中药外敷、针灸、按摩等。平时加强膝关节肌群力量练习，如采用高位静力半蹲，每次保持3～5分钟。当病情好转后，可逐渐增加静力半蹲时间，每日做1～2次。

**5. 踝关节扭伤**

（1）原因与症状：运动中跳起落地时失去平衡，使踝关节过度内翻或外翻所致。在准备活动不充分、场地不平坦的情况下，更容易造成这类损伤。其主要症状为伤处疼痛、肿胀，韧带损伤处有明显压痛和皮下淤血。

（2）处理：踝关节受伤后，应立即冷敷，用绷带固定包扎，并抬高患肢。24小时后根据伤情采取综合治疗，如外敷伤药、理疗、按摩等，必要时进行封闭疗法。伤后尽量少走路，待病情好转后再进行功能性练习。对严重患者，可用石膏固定。

**6. 急性腰伤**

（1）原因与症状：运动时，身体重心不稳定或肌肉收缩不协调时可引起腰部扭伤；多数是因为腰部受力过重或脊柱运动时超过了正常的生理活动范围。例如，在挺身式跳远中突然展体过大，举重上挺时过分挺胸塌腰，都有可能造成腰部扭伤。损伤后，当场疼痛，出现腰肌痉挛和活动受限。损伤部位有压痛点，感觉酸、胀、痛、硬，而且疼痛范围较大，有时疼痛可牵涉到臀部和大腿后外侧。行走时，要弯腰、提臀、挺胸。

（2）处理：腰部急性扭伤后，让患者平卧，一般不应立即搬动。如有剧烈疼痛，则要用担架抬送医院诊治。处理后，应卧硬板床或腰后垫一个枕头，使肌肉、韧带处于放松状态，也可针灸、外敷伤药或按摩。

## （三）关节脱位

关节脱位是指关节面失去了正常的连接关系，也称脱臼。

**1. 原因与症状**

运动中发生的关节脱位，一般是由于间接外力撞击所致。如摔倒时用手撑地可引起肘关节或肩关节脱位。严重的关节脱位，会伴有关节囊撕裂，甚至损伤神经。关节脱位后，常出现畸形。由于关节周围软组织损伤、出血、压迫或牵扯神经，其会引起局部疼痛、压痛和关节肿胀，丧失正常的活动功能，甚至发生肌肉痉挛等现象。如肩关节脱位时出现"方肩"，肘关节脱位时鹰嘴向后突出。

**2. 处理**

关节发生脱位后应立即在脱位所形成的姿势下固定伤肢。如果没有夹板，可用纸板、绷带或布巾将伤肢固定在本人的躯干或健肢上，防止震动，随后及时进医院治疗。必须指出，如果没有把握做好整复处理时，切不可随意做整复手术，以免加重损伤，增加痛苦。

## （四）脑震荡

**1. 原因与症状**

脑震荡是指头部受到外力打击或撞击后，使大脑管理平衡的膜半规管、椭圆囊、球囊等感受器功能失调，引起大脑暂时的意识和功能障碍。如在运动中两人头部相撞、撞击硬物或从高处跌下时头部着地等，都可能造成脑震荡。致伤后，患者出现神志昏迷、脉搏徐缓、肌肉松弛、瞳孔稍大、神经反射减弱或消失等症状；清醒后，患者常有头痛、头晕、恶心、呕吐感，表现出情绪烦躁、注意力不易集中、耳鸣、失眠、记忆力减退等。

**2. 处理**

伤后立即让患者平卧，头部冷敷；若有昏迷，即指压人中、内关、合谷穴；若呼吸发生障碍，则立即进行人工呼吸。上述处理后，如出现反复昏迷或耳鼻口出血，两瞳孔放大，且不对称时，表明病情严重，应立即护送医院治疗。在运送途中，要让患者平卧，头部固定，谨防颠簸。

脑震荡一般都可自愈，无需住院，但要注意休息和必要的药物治疗，保持情绪稳定，减少脑力劳动。

在恢复过程中，可定期或不定期地做脑震荡痊愈试验，以检查康复状况。其方法是：闭目，单腿站立，两臂平举，如果能保持平衡，表明脑震荡已基本治愈。这时，可适当参加体育锻炼，但要避免滚翻和旋转性动作，以防复发。

## （五）骨折

骨或骨小梁的连续性（或完整性）发生断裂称为骨折。骨折分为完全性和不完全性两种。

**1. 原因与症状**

运动中，身体某部位受到直接或间接的暴力撞击和牵拉时，均可造成骨折。

1）骨折的原因

直接暴力：骨折发生于暴力直接作用的部位。例如，在踢球时，小腿被踢，可出现胫骨骨折；跌倒时膝盖直接撞击地面易引起髌骨骨折。

间接暴力：也称传达暴力，在接触暴力撞击较远的部位发生骨折。如摔倒时用手或直臂撑地，跌倒时的前冲惯力所引起的地面反作用力沿肢体向上传导，可引起舟骨或桡骨远端、尺骨与桡骨以及肱骨骨折。这是最常见的骨折机制。

牵拉暴力：肌肉猛烈收缩或韧带突然紧张而引起附着部的撕脱骨折。如股四头肌猛烈收缩可引起髌骨或胫骨粗隆的撕脱性骨折。

在运动中，常见的骨折有手骨骨折、锁骨骨折、肋骨骨折、髌骨骨折、头部骨折、颈椎骨折、脊柱骨折等。

2）骨折的症状

发生骨折后，患部由疼痛到剧烈疼痛，活动肢体更会疼痛难忍，随后出现肿胀和皮下淤血，这是由于骨和周围软组织的血管破裂所致。若骨折的部位表浅，软组织较薄，血肿会渗入皮下，形成青紫色的皮下淤斑，亦可因血液沿肌间隙向下流注，造成远离骨折处出现淤斑。肢体功能发生障碍，失去正常的活动能力，这是因患处疼痛、产生肌肉痉挛、骨杠杆作用破坏和周围软组织损伤，致使患肢不便站立、行走或活动。此种症状属轻微骨折，多是不完全性骨折。

完全骨折时，骨折部位常出现变形，使骨折断端移位，出现伤肢缩短、侧突成角或旋转畸形；若四肢长骨完全骨折时，骨折处会出现类似关节的异常活动，移动肢体时因断端相互摩擦而产生骨擦声，这是完全性骨折的特有征象。严重骨折时，因为疼痛、出血和神经损伤，患者常伴有发烧、口渴、恶心，直致发生休克等全身性症状。所以，在检查和救护时一定要谨慎小心，决不可去有意寻找异常活动和倾听骨擦声，以免再度加重损伤和增加伤员的痛苦。

**2. 处理**

骨折是一种严重的运动损伤，急救处理时要小心谨慎，贯彻急救原则。

1) 防治休克

严重骨折、多发性骨折或同时合并其他损伤的患者，易发生休克。处理时要注意预防休克，若出现休克时，必须先抗休克，再处理骨折。方法是点按人中穴，并进行对口人工呼吸或心脏胸外按压。

2) 现场固定

骨折后及时固定，可避免断端移动，防止损伤加重，减轻患者疼痛，便于伤员转送。因此，未经固定不可随意移动伤员或转动伤肢，尤其是大腿、小腿、腰部和脊柱骨折的伤员。若伴有伤口出血时，应同时施行止血和包扎。

注意事项：固定骨折时，夹板的长短、宽窄要适宜，要使骨折处上下两个关节都固定，若无夹板时，可用树枝、竹片等代用品；夹板要用绷带或软布包垫，夹板的两端、骨突部和空隙处用棉花或软布填充，防止引起压迫性损伤；肢体明显畸形而影响固定时，可将伤肢沿纵轴方向稍加牵引后再固定；束扎夹板的绷带或软布条应缚在骨折处的上下段；固定要牢靠，松紧度要适中，过松则失去固定作用，过紧会压迫神经血管，因此四肢骨折固定时应露出指（趾）端，若发现指（趾）苍白、发凉、发麻、疼痛或呈青紫色时，应立即松解夹板，重新固定；上肢骨折固定后，用悬臂带把患臂挂于胸前，下肢骨折固定后，可把患腿和健腿捆在一起；固定后应尽快将伤员送到医院检查治疗，争取及早整复。

总之，在处理各种运动损伤时，一要了解损伤情况，二要迅速止血、止痛，三要对损伤部位进行固定和包扎。

下面是几种常见骨折的固定方法。

前臂骨折：将两块有垫夹板分别放在前臂的掌侧和背侧，前臂处中间位，屈肘90°，用3～4条宽带缚扎夹板，再用大臂带把前臂挂在胸前。

手腕部骨折：将一块有垫夹板放在前臂和手的掌侧，手握棉团或绷带卷，再用绷带缠绕固定，然后用大臂带把患臂挂在胸前。

小腿骨折：将两块有垫夹板放在小腿的内、外侧，两块夹板上至大腿中部，下至足部，用4～5条宽带分别由膝上、膝下及踝部缚扎固定。

足踝部骨折：取一块直角夹板置于小腿后侧，用棉花或软布在踝部和小腿下部垫妥后，用宽带分别在膝下、踝上和足部缚扎固定。

## 第五节　锻炼计划的制订

### 一、长期锻炼计划的安排

体育锻炼只有持之以恒，才能获得理想的健身效果。因此，锻炼者在体育锻炼前，应根据自身条件、健身目的，做出一个长期稳定又切合实际的持续锻炼的科学安排。在安排持续性体育锻炼时，应考虑锻炼者的健身目的、身体条件、年龄以及季节、周期和阶段等多方面的因素。

#### （一）根据健身目的科学安排体育锻炼

个体进行体育锻炼往往有着较明显的健身目的，这是科学安排长期体育锻炼的重要依据。就总体而言，人们参加健身活动，既有高远的目的，也有直接的目的。从前者而言，它以满足长期的生物、心理、社会需要为前提条件，而直接的目的，则既是具体健身活动的动因，又决定着体育锻炼的安排方式。如果是为了一般性的增强体质，提高和保持健康水平，那么，安排体育锻炼的内容就比较灵活一些，如跑步、打球、练习太极拳等，时间亦可长可短。如果是为了提高肌肉力量，发展肌肉块，就应以力量和体型锻炼的手段、方法为主，并注意与其他机能锻炼配合进行。增加肌肉力量也要有较明确、科学的目标。制定目标时要留有余地，不可定得过高。如果目标定得过高，势必导致单方面的强化锻炼，对身体全面锻炼不利。因为肌肉体积增长过快，不仅对肌肉本身不利，也会破坏机体的协调发展。以减肥为主要目标而进行的体育锻炼，应该以有氧运动为主，运动的时间相对较长，使体内多余的脂肪充分消耗，女性为保持优美的体型所进行的体育锻炼，应该多安排健美操、舞蹈等运动。

## （二）根据季节特点科学安排体育锻炼

不同季节的气候条件对安排体育锻炼也有影响，锻炼者应考虑季节气候的变化，合理安排锻炼内容，并应注意季节交替时体育锻炼内容的更替与衔接。

（1）春季锻炼。俗话说："一年之计在于春。"春季是体育锻炼的重要时节，春季时节科学地从事体育锻炼，可为一年的体育锻炼和身体健康打下良好的基础。经过寒冷的冬季，身体各器官的功能包括运动器官的功能都处于较低的水平，肌肉、韧带也较为僵硬。所以，春季体育锻炼主要是为了加强体内的新陈代谢，逐渐提高各器官的机能水平。体育锻炼的内容应以有氧运动为主，运动强度要逐渐增加，运动形式多为长跑、骑自行车、跳绳、爬山、郊游、球类等。在春季进行体育锻炼时，要做好准备活动，充分伸展僵硬的韧带、肌肉，以减少运动损伤，要注意及时增减衣服，防止感冒。同时，要早睡早起，坚持参加户外运动，选择地点时要注意避开风沙晨雾。

（2）夏季锻炼。夏季天气炎热，给体育锻炼带来很大的不便，但如果夏季停止体育活动又破坏了体育锻炼的连续性。另外，夏季体育锻炼能有效地提高机体调节体温的能力。所以，夏季既要坚持体育锻炼，又要掌握好锻炼的内容和时间。夏季最理想的运动是游泳，这项运动不仅可以提高身体机能，同时又可防暑解热，但并不是所有的人都有条件或适合进行游泳运动。夏季可选择的体育锻炼项目还有慢跑、散步、打太极拳、打羽毛球等。夏季进行体育锻炼时，最好安排在清晨或傍晚进行，运动量和强度均要小些。运动后要注意及时补充水分，以防身体脱水和中暑。但运动后不宜大量饮水或喝大量的冰冻饮料，可适当喝一些盐开水。锻炼场地最好选择通风庇荫处，必要时可戴上遮阳帽。

（3）秋季锻炼。秋季秋高气爽，是体育锻炼的大好时节。体育运动中许多重大的国际比赛都安排在秋季进行，说明秋季适合体育活动的开展。秋季可开展球类运动、长跑、武术、骑自行车等多种多样的运动。一些冬季锻炼项目，如冬泳、冷水浴等，也应该从夏末开始准备，以便使身体有一个适应过程。秋季进行体育锻炼时，由于昼夜温差，早晚气温较低，锻炼时要注意及时增减衣服。此外，秋天天气干燥，锻炼前后要多补充水分，以保持黏膜的正常分泌和呼吸道的湿润。

（4）冬季锻炼。冬季参加体育锻炼，不仅可以提高身体的一般健康水平，更重要的是可以提高身体的御寒能力，预防各种疾病的发生。所谓"冬练三九"就是这个意思。冬季体育锻炼的内容非常丰富，一般人可进行长跑、踢球、拔河等；少年儿童可选择跳绳、踢毽子、跳橡皮筋等；老年人可选择慢跑、打太极拳、做广播操等。北方可练习滑雪、滑冰；南方可进行越野跑、爬山等。冬季锻炼时由于身体的生理惰性较大，肌肉组织容易受伤，因此要做好准备活动，运动最好采用口鼻呼吸的方式。吸气时，口不要张得太大，防止冷空气直接刺激口腔黏膜。在运动负荷安排上，负荷量可稍大，强度要小，以有氧运动为主要方式。

## 二、体育锻炼活动的安排

体育锻炼实际是以每天为单元进行的。一般情况下，可每天或隔天进行一次体育活动。每次体育锻炼课（活动）安排得是否科学，将直接影响体育锻炼的效果。锻炼活动的安排包括选择锻炼时间、确定活动内容、确定运动强度与时间、安排好准备活动与整理活动等。

### （一）选择锻炼时间

一天中什么时间锻炼最为适当，这个问题过去很少涉及，在健身科学急剧发展的今天，它已经成为影响锻炼效果的一个重要问题。

有研究认为，高强度运动可在饭后两小时进行，中度运动可在饭后一小时进行，轻度运动可在饭后半小时进行。据此可推导出几个运动的时间段。

早晨时间段：晨起～早餐前；

上午时间段：早餐后两小时～午餐前；

下午时间段：午餐后两小时～晚餐前；

晚间时间段：晚餐后两小时～睡觉前。

日本的一项研究在对照了早和晚两组慢跑参加者的血液状况后发现，清晨机体的血液黏滞度增高6％，而傍晚血小板的数量降低20％。结论是，早晨跑步会增加血管栓塞的可能性。美国的一项研究结果也表明晨练会导致心脏病患者和隐性心脏病患者的"发作高峰"。

现代运动生理学的研究表明，人体体力的最高点和最低点受机体"生物钟"的控制，一般都在傍晚达到最高峰。例如，最大摄氧量的顶点在下午6时，心脏跳动和血压的调节以下午5～6时最为平衡，而机体嗅觉、触觉、视觉等也在下午5～7时最为敏感。因此，傍晚锻炼的效果较好。

另外，人体在下午4～7时体内激素调整和酶的活性也处于良好状态，机体适应能力和神经的敏感性也最好。所以，专家们提倡傍晚锻炼。但在晚间时间段内，如进行高强度运动时，也会使交感神经兴奋，妨碍入睡等。由此看来，选择哪个时间段和何种运动方式，要根据每个人的具体情况及生活习惯来决定。

**1. 清晨锻炼**

许多人喜欢在清晨进行体育锻炼，首先，清晨空气新鲜，清晨锻炼有助于排出体内的二氧化碳，吸入更多的氧气，有利于体内的新陈代谢；其次，清晨起床后大脑皮层处于抑制状态，通过体育锻炼，可适当提高大脑皮层的兴奋性，有利于一天的学习和工作。此外，清晨锻炼时，凉爽的空气刺激呼吸道黏膜，可增强机体的抵抗力。

然而，清晨锻炼强度如果过大，易使交感神经过于兴奋，这种急速变化可使机体产生一系列的心理抑制并影响全天的精神状态，对工作和学习不利。另外，这个时间内血糖正处于较低水平，运动会消耗大量的血糖，容易导致低血糖症状发生。因此，清晨锻炼时运动负荷不能过大，以免造成机体不适。有高血压和心脏病史的锻炼者尤其要加强医务监督。为防止机体的血液黏滞度增加，锻炼前可适当饮水。此外，对于工作和学习紧张，习惯于晚起床的人来说，没有必要强迫自己每天早晨进行锻炼。

**2. 下午锻炼**

从生理角度来说，下午人往往处于机能能力的高峰期，其又是许多疾病的"安全期"，是比较理想的锻炼时间。它主要适合于有一定空余时间的人进行体育锻炼,特别适合于大、中、小学的师生。经过一天的紧张工作后,下午进行一定强度的体育锻炼,不仅可以增强体质,而且可使身心得到调整。下午进行体育锻炼时,运动强度可大一些,青年学生可以打球、组织球类比赛,老年人可以打门球、跑步。医学研究表明,心血管的发病率和心肌劳损的发生率均在上午8～12时最高。由此看来,心血管病人的锻炼时间,以安排在下午最为安全。

**3. 傍晚锻炼**

傍晚也是锻炼的大好时间,特别是对那些清晨和白天工作、学习十分繁忙的人来说尤其如此。傍晚进行适当的体育锻炼,既可以强身健体,又可帮助机体消化吸收。傍晚运动的主要形式有散步、打羽毛球等,也可扭大秧歌、跳集体舞等。傍晚进行体育活动的时间可长可短,但一般不要超过1小时,运动强度也不可过大,心率应控制在120次/分钟左右。强度过大的运动会影响胃肠道的消化和吸收。同时,傍晚锻炼结束与睡前的间隔时间要在1小时以上,否则会影响夜间的休息。

## (二) 确定活动内容

在进行体育活动时,要根据个人的兴趣,选择好活动项目内容,这是保证活动有效的必备条件。确定活动内容时要考虑以下两个方面:其一是自身条件,如年龄、性别、身体能力和健康状况等。青少年活泼好动,可以选择强度较大,带有游戏性质的活动项目,如打篮球、踢足球、爬山、游泳、健美操等活动;中老年身体机能较差,应选择活动量相对较小,不容易出现运动损伤的活动项目,如散步、慢跑、气功、太极拳等。为预防和治疗某些疾病而进行的康复性体育活动,则应根据锻炼者的身体状况选择锻炼项目。其二是要考虑锻炼的环境条件,如充分利用庭院、公园、山水、体育场地选择适合自己的活动项目。锻炼者还应根据不同的季节、气候条件确定体育锻炼项目,如冬季可以进行长跑、足球、滑冰等活动,夏季可进行游泳、篮球、排球等活动。总之,活动项目可多样化,以期对身体产生全面的影响。

## (三) 确定运动强度与时间

为增强体质而进行的体育锻炼主要是为了提高人的健康和体质水平,所以体育锻炼的运动强度不宜过大,特别是中老年人和体育康复者更应如此。为加大锻炼效果,可用延长练习时间的办法增加运动总负荷。要在对自身状况分析研究的基础上,确定出运动适宜的心率值,以此作为锻炼运动强度,运动时尽可能多地稳定在这一水平上。

但也应当看到,并不是运动一开始就能达到预定的运动强度,根据人体生理活动能力变化的规律,在运动开始后的一段时间内,运动强度要有一个逐步提高的过程。这是由于内脏器官的生理惰性要比运动器官的惰性大,从而造成内脏器官与运动器官的不协调所致。接着,内脏器官的生理惰性逐渐被克服,机能能力得到充分发挥,并与运动器官的活动相一致,运动强度就可保持在预先确定的水平上,并能维持一段时间。体育锻炼中确定运动强度的最简单的办法是规定体育锻炼时的脉搏数(以次/分钟为单位来表示)。尽管不同年龄和机能状况的人在体育锻炼时的最佳脉搏有所不同(这是确定运动处方时要考虑的),但对一般体育锻炼者来说,体育锻炼时的脉搏可控制在140次/分钟以内。经过一段时间的锻炼,由于能量物质的消耗和代谢产物未及时排出体外,机体工作能力逐渐降低,运动强度亦应逐渐降低，最终恢复到安静状态。

锻炼时间的安排应与运动强度成反比。如果体育锻炼时的运动强度相对较小，运动的持续时间则应相对较长，至少应在半小时以上。

值得注意的是，在运动中如果安排一次或几次"冲击式"运动强度，这时运动强度可比预定强度高出10%左右。尽管此时机体会感到一定的疲劳，但它对打破"习惯性负荷"，超过原有的负荷界限有利，最终会对提高机体能力有利。但在冲击式强度后要立即降低强度，使机体有一个缓冲和调整的时间。

### （四）安排好准备活动与整理活动

人体机体活动能力的变化规律告诉我们，在一个完整的锻炼程序中，在开始时有一个准备和调遣阶段，在结束时也有一个整理和放松阶段，这就有必要安排好准备活动与整理活动。

在每次体育锻炼之前都要进行充分的准备活动。通过准备活动既可以提高锻炼效果，又可以减少运动损伤。准备活动的目的在于使机体逐步进入运动状态，进一步提高中枢神经系统的兴奋性，使其达到适宜的水平。准备活动可分一般性和专项性两种。一般性准备活动是在正式练习前进行的活动量较小的全身性体育锻炼，运动形式主要是慢跑，同时可做一些伸展性体操和牵拉性练习，使身体各器官充分活动开，为即将进行的体育锻炼做好准备。准备活动时间一般为5～10分钟，天气冷时准备活动时间可长一些，天气热时可短一些。如果活动形式是散步，则可以不做准备活动。专项性准备活动主要指一些与活动项目相似的准备活动内容。专项性准备活动的时间不要太长，但活动的质量要高。准备活动不仅要使身体机能进入最佳状态，而且也要使心理活动达到最佳水平。准备活动结束时，应保证身体和心理的全部投入，即跃跃欲试状态。

运动锻炼后的整理活动有助于加速代谢产物的清除，加快体力恢复，以及防止运动锻炼后昏厥乃至死亡。人体进行一定强度的运动时，大部分血液集中到运动肢体特别是下肢，此时如果停止运动，下肢肌肉就有大量血液淤滞，而无足够的血液流回心脏参加循环，从而导致躯干和大脑暂时性贫血，出现"重力性休克"的一系列症状。

整理活动的内容大致有四类：一是1～2分钟的缓步慢跑或步行；二是下肢柔软体操和全身的伸展体操；三是下肢肌肉群的按摩或自我抖动肌肉的放松动作；四是呼吸练习和放松气功。根据美国学者福斯克所确定的原则，整理活动的安排顺序要与准备活动完全相反。这样，整理活动可先慢跑或步行，然后再做专门性的放松练习或呼吸练习。

### 思考题

**一、问答题**

1. 试述如何进行科学的体育锻炼。
2. 造成运动损伤的主要原因是什么？

**二、讨论**

根据科学锻炼的原则与方法，结合自己的实际情况，制订一份健身锻炼活动的计划。

# 第四章
# 运动营养与健康

## 第一节 营养素与食物

### 一、糖类

糖类也称碳水化合物，是一些含碳、氢、氧的物质，分为单糖（包括葡萄糖、半乳糖、果糖）、双糖（包括蔗糖、麦芽糖、乳糖）和多糖（包括淀粉、糖原、纤维素和果胶）。碳水化合物源自糖和淀粉，谷类产品（如麦片、面包、米、面粉）、水果、蔬菜、牛奶和豆类中含有大量的糖和淀粉，是人体碳水化合物的基本来源。

#### （一）糖类的营养功能

（1）提供热能。糖易于氧化，能迅速氧化分解，供给人体热能，每克糖氧化可放出16.74千焦的热量，是机体热能的主要来源，而且在有氧或无氧条件下都能分解释放出热能，这对从事体育运动的人是非常重要的。在剧烈运动中，机体常处于氧债状态，短时间高强度运动所需的热能，几乎全部由糖供给。

（2）构成机体的重要物质，参与许多生命过程。糖蛋白是细胞膜的组成成分之一，核糖和脱氧核糖是核酸及核蛋白的重要成分。

（3）保护肝脏。糖与蛋白质结合成糖蛋白，保持蛋白质在肝脏内的储备；糖可增加肝糖原的存储，维护和加强肝脏功能；葡萄糖醛酸直接参与肝脏的解毒功能。

（4）供给脑部及身体各部分营养。大脑重量约占体重的2%，而能量消耗占全身基础代谢的20%。脑组织中无能量储备，全靠血糖供应能量。大脑每天需要糖100～120克，血糖水平正常才能保证大脑的正常生理功能。当血糖降低到正常值以下时，脑组织可能因供能物质不足而发生头晕、昏厥等低血糖现象。

（5）促进蛋白质的吸收与利用。糖对于蛋白质在体内的代谢过程有着重要作用。当糖与蛋白质同时食用时，有利于氨基酸的活化及蛋白质的合成，此种作用即为糖节约蛋白质的作用。

#### （二）糖类与运动

人体内糖的主要储备形式是糖原，肌糖原约350克，可提供5850千焦的热能；肝糖原

70~90克，可提供1170~1505千焦的热能；血糖总量约20克，可提供334.4千焦的热能。体内糖原储量与运动能力成正比关系。运动前和运动中合理地补充糖，可以减少糖原消耗，提高血糖水平，有利于提高运动能力。运动后补充碳水化合物可促进糖原储备的恢复。据研究，运动后即刻摄入果糖对肝糖原的恢复效果较好，葡萄糖与蔗糖对肌糖原储备在24小时后仍保持较高水平。

## 二、脂肪

脂肪是油和脂的总称。脂肪的主要来源包括动物油脂（如猪油、牛油、肉）、植物油脂（如菜籽油、花生油、果仁）、蛋类和奶类。

### （一）脂肪的营养功能

（1）供给人体热量。每克脂肪氧化可产生37.62千焦的热量，是蛋白质和糖类产生的热量的两倍多。体内摄入的多余的热量以脂肪的形式存储，成为机体的"燃料库"。

（2）构成体内细胞。脂肪是构成细胞的重要成分。

（3）帮助维生素溶解。维生素A、维生素D、维生素E和维生素K是脂溶性维生素，只有脂肪存在时才能被人体吸收利用。

（4）保护内脏器官，形成皮下脂肪以维持体温。脂肪组织在体内的存在（皮下、内脏和关节周围）有储存热能、调节体温和维持脏器的作用。

（5）增加食物的美味和饱腹感受。脂肪可使食物酥软、香脆，增进食欲；脂肪在胃中滞留时间较长，因而有较长时间的饱腹感。

### （二）脂肪与运动

脂肪是长时间运动的主要能源，但必须在氧充足的情况下，一般是在运动强度小于最大耗氧量的55%时，脂肪酸才能氧化供能。锻炼水平与氧化脂肪的能力有关，通过锻炼，可以改善体内脂肪代谢酶的活性，从而提高氧化脂肪的能力。

## 三、蛋白质

蛋白质是组成人体的主要成分之一，是生命的基础。除水以外，蛋白质在人体细胞中的含量比其他任何成分都高。蛋白质的主要来源有牛奶、鸡蛋、肉类、豆类和鱼。

### （一）蛋白质的营养功能

（1）构成机体、修补组织。蛋白质是构成细胞的主要成分，占细胞内固体成分的80%以上，约占成人体重的18%。肌肉、血液、骨、软骨、皮肤等都由蛋白质参与组成。人体的肌肉、血液、皮肤、毛发等都是由蛋白质形成的。

（2）调节生理功能。人体内的酶、激素、抗体等也都直接或间接地来自于蛋白质。

（3）供给能量。每克蛋白质在机体内氧化可释放出16.74千焦的热能，供代谢所需。人体每天所需要的热量有11%~14%来自蛋白质。

### （二）蛋白质与运动

影响人体运动能力的许多体内因素，如肌肉收缩、氧的运输与储存、物质代谢与生理机能的调节等，都与蛋白质有密切关系。运动使机体对蛋白质的需求量增加，若蛋白质摄入不足，不仅影响体育锻炼效果，而且会导致运动性贫血。但是，如果摄入蛋白质过多，不仅对肌肉壮大和提高肌肉功能没有良好作用，而且对正常代谢也有不良影响。

蛋白质与体内生理功能有关，有维持酸碱平衡的作用。蛋白质中的某些氨基酸是制造能量物质（CP）和神经介质（乙酰胆碱）的重要成分。此外，对代谢过程具有催化和调节作用的酶和激素、承担氧运输的血红蛋白等具有特殊功用的物质都由蛋白质构成。蛋白质虽然不是人体的主要能源物质，但由于机体内旧的或已经破坏的蛋白质发生分解，其在分解代谢过程中将释放出部分能量。此外，每天由食物提供的过量蛋白质也将被分解并氧化，从而释放出能量。

### 四、矿物质

矿物质包括不同的金属与非金属元素。对人体较重要的矿物质可分为三种，即钙、磷和铁。钙的主要来源是牛奶、蛋、绿叶蔬菜、豆类和硬壳果；磷的主要来源是蛋、鱼、肉类、豆类和牛奶；而铁的主要来源则是肝、蛋黄、肉类、谷类、坚果和绿叶蔬菜。

人体内所含矿物质元素的种类很多，总量占体重的 5%～6%，其中含量较多的钙、磷、钠、钾、氯、硫、镁 7 种元素，称为常量元素。含量较少的铁、碘、氟、硒、锌等元素，称为微量元素。

#### （一）矿物质的营养功能

（1）构成机体组织的材料。如钙、磷、铁是骨骼、牙齿的重要成分，如表 4-1 所示。

表 4-1　矿物质钙、磷、铁的主要生理功能

| 钙 | 磷 | 铁 |
| --- | --- | --- |
| 促进体内钙化 | 组成细胞核蛋白质 | 防止贫血 |
| 节制心肌伸缩 | 构成柔软组织 | 增进氧的运送 |
| 调节其他矿物质的平衡 | 保持酸碱平衡 | |
| 帮助血液凝结 | | |

（2）调节生理功能。一些矿物质是酶的活化剂。
（3）矿物质还参与调节体液平衡以及维持机体的酸碱平衡。

#### （二）矿物质与运动

人体在每天的物质代谢中都有一定量的矿物质排出体外，因而必须从食物中得到补充，以保持体内的动态平衡。若不能得到满足，体内的代谢和生理机能就会受影响，甚至发生疾病。但摄入过多也会对人体有害，因此必须适量。人体所需的矿物质，多数在正常膳食下都能得到满足。

### 五、维生素

维生素是维持生命的微量元素，是人类食物中不可缺少的物质，如果缺少会导致维生素缺乏症。

维生素有如下几个方面的特点：

（1）外源性。即人类自身体内无法合成，只能从食物中获取。

（2）多样性。维生素的种类很多，来源也很多，目前已知的有三十多种，对人体的功用也各不相同。

（3）微量性。维生素在饮食中所占的比例只有十万分之几，但它的确是维持生命所必不可少的要素。

（4）特异性。如果缺乏，往往要产生特异的病症，如缺乏维生素A而产生眼干燥症和夜盲症，缺乏维生素C而产生坏血病。一些不能再生的组织（如角膜、神经组织、钙化的骨）一旦出现维生素缺乏症，其遭到损害的后果将无法弥补。所以提醒人们应注意经常从食物中获取各种足量的维生素。

各种食物所含维生素的种类和数量的差异很大，而且有的维生素性质很不稳定，容易在食物加工和烹调过程中受到破坏。因此，合理地选择食物，正确地加工和烹调，对保证人体获得必要的维生素是很重要的。当膳食中维生素长期不足和缺乏时，可能会引起代谢紊乱或缺乏症。

## （一）维生素的营养功能

**1. 维生素A**

维生素A能维持正常视力。维生素A是眼内感光物质的主要成分，对维持正常视力有重要作用。若维生素A缺乏，则感光物质合成将受到影响，在黄昏和光线较暗时会失去正常视力，这称为"夜盲症"。

**2. 维生素$B_1$**

维生素$B_1$在能量代谢和糖代谢生成ATP（三磷酸腺苷）的过程中起着重要作用。缺乏时，其代谢物丙酮转化为乳酸，乳酸堆积会导致疲劳，影响正常神经活动和传导，并使消化功能和食欲受到影响。研究表明，维生素$B_1$对运动员的肌肉耐力有直接影响。维生素$B_1$的主要食物来源为粗粮（米、面、花生、核桃、芝麻和豆类）。

**3. 维生素$B_2$**

维生素$B_2$与人体细胞呼吸有关，因此，在有氧耐力运动中起着重要作用。它还是糖酵解酶的有效功能物质，所以对无氧运动也有作用。维生素$B_2$主要集中在少数食物中，以肝、肾含量最丰富，牛奶、黄豆和绿叶菜中也较多。

**4. 维生素$B_6$**

维生素$B_6$作用于蛋白质和氨基酸代谢，促进糖原、血红蛋白、肌红蛋白和细胞色素合成，并是糖原合成和分解过程中糖原磷酸化酶的一种成分。体育运动加强了维生素$B_6$的代谢途径，因此经常锻炼的人对其需求量会增加。

**5. 维生素C**

维生素C是一种重要的抗氧化剂。大运动量训练会使人体维生素C的代谢加强。运动后补充维生素C有利于减轻疲劳，缓解肌肉的酸痛，增强体能及保护细胞免于自由基损伤，但不宜过量补充。

**6. 维生素 E**

维生素 E 是一种重要的抗氧化营养素，有消除自由基、减少脂质氧化的作用。有研究表明，增强维生素 E 可防止细胞膜磷脂的氧化，从而有助于运动期间保护血红球的完整性。运动后补充维生素 E 有提高最大吸氧量、减少氧债和血乳酸的作用。

### （二）维生素与运动

维生素对人体的运动十分重要，各种维生素都参与体内物质代谢和能量转换，调节广泛的生理和其他过程，维持机体的正常活动。

## 六、水

水是人体中含量最多的营养素，占人体体重的 60%～70%，是人体除氧气之外最重要的营养物质。人体器官都含有水分，如血液含水分约 83%，心脏含水分约 79%，肝脏含水分约 70%，骨骼也含有约 30% 的水分。

### （一）水的营养功能

（1）水是细胞和体液的重要成分。

（2）水是很好的润滑剂。水的黏度小，可使摩擦面润滑，减少损伤，对体内各关节、肌肉、呼吸道等处都起到润滑剂的作用。

（3）帮助体内消化、吸收、循环及排泄等。

（4）保持和调节体温。水的比热高，能吸收较多的热量，以保持体温不至于发生明显的波动。如人体可通过排汗带走大量热量，有效地维持正常体温。

（5）保持脏器的形态和机能。体内水与蛋白、黏多糖和磷脂等相结合而形成胶体，使脏器维持一定的形态和坚固性。

### （二）水与运动

水与运动的关系非常密切，从某种意义上说，水承载了人类的全部生命运动。

人体的需水量取决于排出水量。每日摄入的水量应与机体经过各种途径排出的水量保持动态平衡。1500 毫升是成年人一般情况下每天对水的最低生理需求量。高温或运动等导致出汗多时，供水量应相应增加。少年儿童生长发育迅速，组织细胞增长时需蓄积水分，同时由于物质代谢旺盛，排出代谢废物需要较多水分，因而其需水量相对较高。

此外，老年人机体组织中的水分较少，也容易发生缺水，老年人应注意补充饮料或常喝粥，以保持体内充足的水分。水的来源包括直接饮用的水、食物中含有的水，以及蛋白质、脂肪和碳水化合物在体内代谢产生的水分。在摄取水时，除考虑水量需满足机体需要外，还应注意水的卫生状况，必须饮用清洁卫生的水，以保证身体健康。

总之，上述六种基本营养素是人类生存、发展必不可少的营养物质，也是人类身心健康的重要基石。

## 第二节 身体成分

身体成分是指身体中脂肪和非脂肪部分的组成。总体重中体脂的比例被称为体脂百分比。体重中非脂肪部分又被称做瘦体重或去脂体重，包括肌肉、软组织、骨骼、结缔组织等。对于身体成分的测量要比简单地称体重烦琐得多，但是如果要精确地测定某人与健康有关的体重的增加或减少，对身体成分的评估又是极其重要的。

脂肪存在于所有体细胞中，然而有一种特别的细胞专门贮存脂肪，被称为脂肪细胞。体脂具有保护组织器官及贮存能量的作用，一般来讲，人类体脂分布在腹部的较多，女性在臀部和大腿部较男性有更多的脂肪。

有两种因素决定了身体脂肪的数量，即脂肪细胞的数量和脂肪细胞的体积。脂肪细胞在出生前增加，出生后增生至青春期为止。儿童时期的肥胖被认为是有较多的脂肪细胞所致。同样，青少年在青春期的超重通常也与脂肪细胞增多有关。以前认为成年人的脂肪细胞数量相对恒定，但近来研究表明，成年人的脂肪细胞在某种条件下也可能增加。除了脂肪细胞数量，该细胞的体积大小也与贮存和释放甘油三酯的多少有关。脂肪细胞贮存较多的甘油三酯就会造成总体重中的脂肪比例增加，脂肪细胞由于不断贮存甘油三酯而使其自身变得肥大，其过程一般止于成年之初。在此之后其自身的大小变化便成为机体能量平衡的结果。如果从食物中摄入的热能高于机体需求，超出部分便转化成脂肪存于脂肪细胞中，从而造成身体臃肿。当贮存在脂肪细胞中的脂肪作为能源底物提供能量时，脂肪细胞便释放脂肪而变得皱缩。

与传统观念不同的是，从出生到青春期的发育过程中，身体的脂肪不宜过多，因为儿童时的身体脂肪往往决定少年甚至成年时的身体脂肪含量。有证据显示，肥胖儿童比正常儿童的成年肥胖发生率高出三倍。儿童时期的肥胖主要是脂肪细胞的增加，而成年时的肥胖主要是脂肪细胞自身肥大的结果。由此可见，少年儿童的身体脂肪组成对成年后的身体成分构成具有重要影响。

成人的体脂分布与遗传激素的分泌有关。近来的一些研究表明，体脂主要存在于腹部而不是臀部，这可能对健康更加不利。很多大腹便便的男性比臀部肥胖的男性更容易患心脏病、高血压以及糖尿病。女性成年人的体脂分布常见于臀部、大腿上部和上肢背面，而腹部的分布却显得相对较为适中。由于激素的作用，女性身体脂肪的分布总体上较男性更趋于躯干的下面。减轻体重或者通过体育锻炼消耗体脂主要是针对蜂窝状组织，即臀部、大腿上部、上臂等部位的体脂。

## 第三节　运动中的能量代谢

### 一、运动时能量的来源

人体运动时，需要有能量供应，人体活动的直接能量来源于ATP的分解，而最终的能量来源于糖、脂肪和蛋白质的氧化分解。

#### （一）糖

糖是人体内最主要的能源物质，主要以血糖和肝糖原形式存在，机体60%的热能都是由糖来提供的。短时间、高强度运动时，机体所需能量的绝大部分是由糖氧化供给的；长时间、低强度运动时，其能量是由糖逐渐变成脂肪供给的。糖还有调节脂肪代谢和节约蛋白质供能的作用。脂肪在体内的完全氧化，必须有糖的参与才能完成。而在糖代谢受阻的情况下，由于脂肪大量分解以保证供能，会引起脂肪分解的中间产物（酮体）的大量堆积，严重时将导致中毒。所以，糖代谢正常时，可减少脂肪的分解；糖供应充足时，可减少蛋白质的分解供能。

### （二）脂肪

脂肪是含能量最多的物质。人体内脂肪储量很大，脂肪最主要的功能就是氧化供能，也是长时间肌肉运动的主要能源。脂肪所提供的不饱和脂肪酸是细胞膜、酶、线粒体及脂蛋白的重要组成成分。另外，它还有促进脂溶性维生素的吸收和利用的作用。脂肪是脂溶性维生素 A、维生素 D、维生素 E、维生素 K 及胡萝卜素的溶剂。缺少食物脂肪的摄入会降低体内脂溶性维生素的含量，有可能导致此类维生素缺乏症。分布于皮下组织和内脏周围的脂肪起着热垫和保护垫的作用，既能防止散热，又能缓冲机械撞击，防止内脏和肌肉损伤。

### （三）蛋白质

蛋白质是生命的基础，是修补、建造和再生组织的主要材料。一切酶都是由蛋白质组成的，肌肉收缩、神经系统的兴奋传递等都与蛋白质有关。蛋白质参与各种生理和机能的调节，分解时产生能量，是体内能量的来源之一。

## 二、人体运动时的三大供能系统

### （一）ATP-CP 系统

ATP-CP 系统是由 ATP 和 CP 组成的供能系统。ATP 在肌肉内的储量很少，若以最大功率输出，其仅能维持 2 秒左右。肌肉中 CP 的储量为 ATP 的 3~5 倍。CP 能以 ATP 分解的速度最直接地使之再合成。剧烈运动时，肌肉内的 CP 含量迅速减少，而 ATP 含量变化不大。ATP-CP 系统供能总量少，持续时间短，功率输出快，不需氧，不产生乳酸等物质。ATP-CP 系统是一切高功率能量输出运动项目的供能基础，数秒钟内要发挥最大能量输出的运动项目只能依靠 ATP-CP 系统。

### （二）乳酸能系统

乳酸能系统是指糖原或葡萄糖在细胞质内无氧分解生成乳酸的过程中，再合成 ATP 的能量系统。由于该系统产生乳酸，并扩散进入血液，所以血乳酸水平是衡量乳酸能系统供能能力的最常见指标。乳酸是一种强酸，当其在体内聚积过多，超过了机体缓冲及耐受能力时，会破坏机体内环境酸碱度的稳定，也会限制糖的无氧酵解，直接影响 ATP 的再合成，导致机体疲劳。乳酸能系统供能的意义在于保证 ATP-CP 系统最大供能后仍能维持数十秒快速供能，以应付机体的需要。该系统是一分钟以内要求高功率能量输出运动的供能基础。

### （三）有氧氧化系统

有氧氧化系统是指糖、脂肪和蛋白质在细胞内彻底氧化成水和二氧化碳的过程中，再合成 ATP 的能量系统。该系统是通过逐步氧化、逐步放能，再合成 ATP 的。其特点是 ATP 的生成总量很大，但速率很慢，需要氧的参与，不产生乳酸类的副产品。有氧氧化系统是进行长时间耐力活动的物质基础。

### 三、运动时对糖和水的补充

#### （一）糖的补充

运动时能量消耗多，运动前应以糖类食品作为膳食的主要成分。运动前1.5~2小时服糖的效果最好。因为这种服糖方式，在运动开始前已完成肝糖原合成过程，在运动开始后，肝糖原被动员进入血糖供给能量，保持较高的血糖水平。在长时间的运动中饮用低糖度的饮料对运动有利。

#### （二）水的补充

水主要储存在肌肉、皮肤、肝脏、脾脏等组织器官中。人在运动时会大量排汗，水就从这些组织器官中进入血液，保持水的平衡。但必须注意，运动员不能由于有渴的感觉而暴饮，这样会对心脏造成有害的影响。在人体进行运动时，水的补充量要大于平常的饮用量，并且还要在补充水中加入适量的盐和无机盐等，以维持体内的多种平衡，维持人体正常的生理机能。

## 第四节 平 衡 膳 食

饮食是人最重要、最经常的一种行为，但有相当部分的学生缺乏科学的饮食方法。一部分学生对饮食不甚关注，抱着无所谓的态度；另一部分学生则过分讲究，片面理解一些格言，听信广告，结果顾此失彼，事与愿违；还有一部分学生经常纵欲进食，造成消化系统功能紊乱，影响了身体的正常生长发育。因此，要保证身体健康发展，必须培养良好的饮食习惯。

### 一、平衡膳食的概念及原则

平衡膳食是指膳食中的食物种类齐全、数量适当、营养素之间的比例合理，并且与身体消耗的营养素保持相对的平衡。因此，平衡膳食要求每日膳食中的各种营养素都应品种齐全、比例恰当；所提供的热量和各种营养素符合人体每天的生理、学习、劳动的需要，对于学生还包括生长发育的需要。那么，怎样才能做到平衡膳食呢？那就是要根据人体每天的生理、学习、劳动等的需要量，摄入相等数量的热量和蛋白质、脂肪、维生素、矿物质、水等各种营养素。概括来说，平衡膳食应做到以下原则。

#### （一）保持三大营养成分供热的最佳比例

每日饮食中三大营养成分所提供热量的最佳比例：50%的热量应来自碳水化合物，20%应来自蛋白质，30%应来自脂肪。这条原则简称为50∶20∶30最佳热量来源比例原则。

#### （二）合理安排一日三餐

一日三餐的食物分配应与学习、运动和休息相适应，高蛋白质食物应在学习、运动和工作前摄取，不应在睡眠前摄取，这是因为蛋白质消化比较慢，会影响睡眠。

### 1. 早餐

其热能摄入占全天的 25%～30%，蛋白质、脂肪食物应多一些，以便满足上午学习、工作的需要。有些同学早餐分配偏低，仅占全日总热能量的 10%～15%，甚至不吃早餐，这与上午学习、工作的热能消耗是很不适应的，既影响健康，又影响学习效果。

### 2. 午餐

其热能摄入占全天的 40%，糖、蛋白质和脂肪的供给均应增加，因为既补偿饭前的热能消耗，又储备饭后学习、运动和工作的需要，所以在全天各餐中应占热能最多。

### 3. 晚餐

其热能摄入占全天的 30%～35%，多供给含糖多的食物为宜。所以晚餐可多吃些谷类、蔬菜和易消化的食物，富有蛋白质、脂肪和较难消化的食物应少吃。大学生晚餐后，仍有晚自习，用脑时间较长，所以晚餐不可减量。

## （三）食物要力求多样化

因为任何一种食物都不能包含机体所需要的全部营养物质，为了保证营养充足、均衡，进食食物要力求多样化，而绝不能偏食。

## （四）节食减肥不可压缩维生素的摄入

为减肥而进行节食，不要压缩含有丰富维生素的食物的摄入，如水果和蔬菜。为了促进沉积脂肪燃烧和防止肌肉总量减少，同时还要参加运动锻炼。

## （五）大运动量时的饮食

参加耐力性运动的人，当运动量较大时，可适当补充一些碳水化合物食物。一般的健身运动，则只需多加一杯低糖饮料即可。

# 二、大学生常见的不良饮食习惯

## （一）纵欲式的进食方式

大学生有时暴饮暴食，有时忍饥挨饿。饥饿多半是因为睡懒觉，错过了早餐时间而空腹去上课，或夜间看书、学习过久；暴饮暴食则多发生在亲朋聚会、过生日、野餐等场合。早餐不吃就去上课，随着大脑和其他器官机能活动所需能量的消耗，血糖就会下降。当血糖含量降低到每 100 毫升血液中不足 45 毫克时，就会严重影响脑组织的机能活动，全身乏力，注意力分散。暴饮暴食会使消化器官的功能发生紊乱，从而使机体代谢功能失去平衡，产生许多疾病。

## （二）盲目节食

这种情况女大学生多于男大学生，她们的主要目的是减肥。限制饮食虽然可以使人消瘦，但体内的营养物质也随之越来越匮乏，势必出现种种功能障碍或疾病，轻则头昏眼花、四肢乏力，重则出现贫血、低血糖、月经失调等情况。有的学生明知道过分限制饮食对身体有害，但仍乐此不疲，甘愿付出巨大代价。这就不是单纯的缺乏知识，而涉及现代大学生的心态问题。如由于"肥胖恐惧"心理导致的饮食紊乱,其不良后果包括病理性肥胖及危险的体重过低,表现为神经性厌食和饥饿症。这些人对于形体瘦弱表现为一种病理性的需要,他们摄入的热量仅能维持其生存,而不能满足生长的需要,甚至还会严重影响其学业,造成终身遗憾。

### (三)追求高蛋白、高脂肪饮食

许多学生盲目追求西餐中的高能、高蛋白饮食,大量食用牛奶、鸡蛋、面包,向欧美模式靠拢。其实东西方饮食习惯的差异历时已久,东方式饮食所含的能量和蛋白质,虽比西方饮食明显低,但东方人的体型和需求也小,体内酶含量和消化液分泌量已与饮食结构适应。如果我们盲目模仿,很容易造成消化不良和营养素的失衡。现在西方发达国家已经认识到,营养过剩会引起心血管病、结肠癌、糖尿病、胆结石病等许多所谓的"富裕病"。东西方饮食模式各有利弊,彼此可以取长补短,但需根据自身体质状况逐渐适应,并以科学的分析监测来指导,这样才能使饮食科学化、合理化。

### (四)偏食

一部分大学生片面认定某些食物是高营养食物而长期偏食,导致营养摄取不平衡和一些营养元素缺乏。如有的学生不肯吃肉,结果身体不能及时补充蛋白质,造成发育迟缓或发育不良。有的学生不吃蔬菜,引起多种维生素和矿物质的缺乏,这给成年后患高血脂、高血压、动脉硬化留下了隐患。特别是一些女同学因为怕胖,这也不敢吃,那也不敢吃,结果面黄肌瘦,弱不禁风,学习时注意力不能集中,精力不充沛。

### (五)偏爱营养补品

很多大学生听信广告对营养补品作用的夸大,甚至以此代替食品,认为营养补品可以补救一切的营养缺乏。其实,营养补品仅仅提供一小部分营养素,而且只能对缺乏某些营养素的人起作用。至于补药,其不是人人皆宜的强化剂,更不能替代食物。

## 思考题

### 一、问答题

1. 简述大学生常见的不良饮食习惯。
2. 谈一谈运动时对糖和水的补充。

### 二、讨论

根据学生自身的实际情况,讨论如何进行合理的营养。

# 第五章 体育文化

## 第一节 校园体育文化

### 一、校园体育文化概述

"校园体育文化"是在 20 世纪 90 年代初期提出的一个概念,它源于 20 世纪 80 年代"文化热"背景下对"体育文化"与"校园文化"的进一步探讨,是校园文化与体育文化相互融合后,整合出的一种新的文化现象。它是整个体育文化体系的一部分,也是整个教育文化体系的一部分。

校园体育文化是指校园内所呈现的一种特定的体育文化氛围。它是学校的师生员工在体育教学、健身运动、运动竞赛、体育设施建设等活动中形成和拥有的所有的物质和精神财富,以及体育观念和体育意识;它是以学生为主体,以课外体育文化活动为主要内容,以校园为主要空间,以校园精神为主要特征的一种群体文化。校园体育文化这一具有深刻内涵和丰富外延的独特社会文化现象,和校园德育、智育、美育文化等一起构成了校园文化群,又与竞技运动文化、大众体育文化一起组成了广义的体育文化群。作为社会文化的形态之一,校园体育文化具有强烈的个性,它来源于社会大文化,以社会文化为背景,滋生于社会,而又不同于社会文化,因而具有自己的特殊功能。校园体育文化的灵魂与核心是校园精神,校园精神是深层次的群体意识,又是群体的向心力与凝聚力,是校园群体共同的价值认同、价值取向、心理特征、行为方式。高校校园体育文化是挖掘大学生潜能的广阔天地,是最受大学生青睐的一枝夺目的奇葩,是大学生个体社会化进程中的助动力。

#### (一) 校园体育文化的结构

校园体育文化的结构是校园体育文化系统得以在发展过程中保持整体性并具有巨大功能的内在根据,它同时也决定着校园体育文化的特征。对于校园体育文化的构成要素,研究者基本持相同观点,但对于要素的组合方式则各抒己见,从而产生了诸多校园体育文化结构。综合研究者所提出的观点,我们认为校园体育文化的结构由四个层面构成:

第一层是体育物质层,是校园体育文化的基础,是满足校园体育文化的主体,是进行体育实践活动的重要保障,主要包括体育设施、器材、体育雕塑、体育服装和各种体育形态等。

第二层是体育制度层，指对大学体育起规范作用的各种学校体育法规和条例、学校制定的有关体育规章制度，及各项体育运动的裁判规则等，它们在一定范围内对校园体育文化主体的体育行为具有一定的强制性。此外，其还包括大学校园内的体育部（课部）、体育协会、运动队、体育俱乐部等各种体育组织。校园体育文化的制度层是关键，对其他三层起纽带作用。它是校园体育文化系统中最具权威的因素，并决定着校园体育文化的整体性质。

第三层是体育行为层，指师生员工在体育实践活动中以约定俗成的方式构成的体育行为规范，主要以体育习惯来体现，还包括体育情趣、体育风尚等。

第四层是体育精神层，主要包括体育思维方式、体育审美情趣和体育价值观念，其中体育价值观念是校园体育文化的核心。它决定着校园体育文化的发展目标。

一般来说，校园体育文化的主体的体育行为除受来自外界的种种有形的、物质的（体育设施等）、他律的、带有强制性的制约外，还受种种无形的、非物质的、自律的和不带任何强制性的内在良知（体育道德观念、体育价值观念、体育审美观念）的制约。

### （二）校园体育文化的特征

校园体育文化的特征包括身心双育性、活动竞争性、娱乐性、趣味性、育人性、健身性、主体性、公正性、开放性、历史起源和时代超前性、融合性、方向性、高层性、精神陶冶性、情感激励性、流行性、艺术性、计划性等。

从所列举的众多特征和功能中我们不难发现，上述特征和功能是一般文化、校园文化、体育文化的特征和功能的复合体。排除多种分类方法与分类标准的干扰，从校园体育文化的结构来看，可总结得出以下特征及功能：育人性、健身性、娱乐性、规范性、开放性；教育功能、健身功能、凝聚功能、娱乐功能、规范约束功能、心理疏导功能和窗口功能。而从文化角度分析，校园体育文化具有传承性、民族性、导向性、多样性等特征。

**1. 传承性**

我国校园体育文化的传承性，从其内容和所涵盖的思想上，都体现了时代的鲜明特征，从清末西方体育文化的涌入，到"五四"运动与中国近代教育文化以及马克思主义文化的交融，甚至从改革开放以来的当代体育文化的方方面面，都可以看到校园体育文化的传承痕迹，就校园发展的大环境而言，中国传统体育文化仍是强大的内源因素。

**2. 民族性**

多民族组成的中国传统体育具有丰富多彩的形式和内容，如汉族的武术、导引养生术，蒙古族的摔跤、射箭，朝鲜族的荡秋千、跳板，回族的扔石锁、拔河，苗族的赛龙舟等，几乎所有的民族都有自己的传统体育项目。随着学校体育工作的逐步深入，各民族传统体育项目在各自特殊的地域和受众人群基础上，使校园体育文化得到广泛的传播和发展。体育文化的传播并不是强调体育教学模式的一致性，而是强调保持和发扬民族传统体育的同时，把具有特色和代表意义的体育项目作为传播民族体育文化的核心内容，多层面、多角度地构筑传播民族传统体育文化的平台。

**3. 导向性**

在西方发达资本主义国家，其校园体育文化在强调健康与进取的同时，更注重个性与竞争意识的培养。中国近代校园体育文化被赋予了鲜明的"强国护种"的政治目的，如著名教育家徐一冰就认为"强国之道,首重教育,教育之本,体育为先"。新中国成立以后,特殊的国际国内环境使得国防和生产服务成为校园体育的基本目标,"锻炼身体,保卫祖国"、"锻炼身体,建设祖国"口号的提出和"劳卫制"的推行鲜明地体现了这一点。20世纪90年代以来,我国改革开放的逐步深入,以及东西方体育文化的广泛交流,给我国校园体育文化提供了较大的发展空间,校园体育文化通过多种形式,充分体现"健康第一"、"快乐体育"的主旨,其思想在顺应素质教育的大背景下成为校园体育文化的指针。

**4. 多样性**

校园体育文化的宗旨主要是培养学生的体育精神、体育意识和体育技能,提高其体育文化素养,增进学生的身心健康,并在此宗旨的指导下开展多种多样的校园体育文化活动。

健身性与文化性相结合——体育健身与文化的价值。

民族性与世界性相结合——发扬民族体育文化,将之推向世界,成为人类的共同财富。

实践性与知识性相结合——在实践中体验体育的乐趣和价值。

### (三)校园体育文化的功能

目前有关校园体育文化功能的论述主要有导向功能、教育功能、凝聚功能、激励功能、娱乐功能、规范约束功能、调控功能、创造功能、科学文化传递功能、促进功能、心理疏导功能、辐射功能、窗口功能、个性塑造功能等。校园体育文化最突出的功能有以下几个方面。

**1. 健身健心功能**

健康是人生发展的基本要素,一切的成就与财富都始于健康的身体和健康的心理。世界卫生组织关于健康的概念认为,只有躯体健康、心理健康、社会适应良好、道德健康,其才是完全健康的人。健身健心功能是校园体育文化的第一重要功能,这种功能的显现是通过身心的交互作用实现的。一方面,体育锻炼过程中给予人体各器官系统一定强度的刺激,使机体在形态结构、生理机能等方面发生一系列的适应性反应,从而对机体产生积极的影响,并能有效地促进人的身体健康;另一方面,许多学生选择体育活动方式,并将其作为娱乐消遣的生活方式之一固定下来,让身体的生物学改造(即器官的运动和锻炼)和心理的调适在健康的方式中实现。

**2. 教育导向功能**

良好的校园文化可以形成良好的教风、学风、校风。"风以化人"就是指校园文化对人的熏陶和影响的潜移默化和持久稳定性。高校校园体育文化不仅能对当代大学生起到身心俱健的功能,而且有利于大学生意志的磨炼和人格的塑造,对自我意识强烈的当代青年,正可以起到环境育人的效果。校园体育文化作为社会文化的亚文化,建立起学生与社会的桥梁,使受教育者能在这种模拟的文化氛围中摸索,以提高自身的社会意识与社会情感,促进个体社会化,促进人际交往,培养其社会活动能力,使其在步入社会后能很快适应社会的需要,得到社会的认可,推动社会的进步。

**3. 娱乐调节功能**

娱乐与健康是新世纪学校体育的走向。高校体育文化通过娱乐的形式表现出来,可以活跃教师和学生的生活,调节紧张、单调的生活节奏,增添生活的情趣。娱乐同时也在提高人们的艺术欣赏能力,提高人的文化素质,娱乐性是高校校园体育文化教育功能的延伸。

**4. 激励凝聚功能**

高校校园体育文化的核心是校园精神，生活在校园体育文化氛围中的大学生对学校的优良体育传统和光荣历史会产生荣誉感和责任感；同时这种精神又是一种黏合剂，激励大学生产生一种内在的向心力和凝聚力及对学校的认同感和归属感。

**5. 美育陶冶功能**

体育以身体活动为特殊手段，通过动作展示具体形象，身体美与运动美、自然美与艺术美的有机结合，能给人以美的享受。在多姿多彩的高校校园体育文化活动中，各种运动项目、身体练习、体育竞赛与表演，以至体育摄影、体育雕塑、体育建筑等，都可以使大学生得到美的感染和陶冶，获得体育美的情感体验，从而培养学生健康的审美意识，提高学生鉴赏美、创造美和表现美的能力。

## 二、高校校园体育文化对大学生的影响

现代教育理论认为，现代教育的目标就是把"自然人"培养为"社会人"。教育是实现人的社会化的基本途径之一。高等教育是教育的最高层次，担负着为社会培养高级人才的重任。高校体育作为高等教育的重要组成部分，是有组织、有计划、有目的地促进大学生全面发展，增强大学生身体素质，传授锻炼身体的知识技能，促进大学生身体健康，培养其道德和意志品质，使其能有效模拟社会角色的教育过程。其在大学生社会化的过程中起着最基础的作用，是其他任何教育形式所不能替代的。大学校园文化活动尤其是体育文化活动的蓬勃开展，对于提高大学生的体育素养，拓宽学生们的视野，培养大学生的角色意识，完善大学生的社会化进程定会产生重大的影响。

### （一）校园体育文化积极促进大学生体质的增强和智力的发展

大学阶段依然是大学生身体发育的重要阶段。营造良好的体育文化环境，让更多的大学生参与到体育运动中来，不仅有利于增强大学生的体质，也可以促进大学生的智力发展。

### （二）校园体育文化积极影响大学生的人格塑造和个性发展

大学阶段是大学生人格形成的关键时期。此时的青年个性独立意识强，父母及社会对大学生的期望值高，社会竞争赋予同辈之间的竞争压力大。大学生容易出现角色认同的混淆、情绪情感上的困惑、思维认知上的叛逆、行为上的或退缩或攻击、道德上的堕落等。因此，美国著名心理学家艾瑞克逊把青年时期称之为心理危机时期。大学是青年大学生走向社会、磨炼人格的最后舞台，大学校园环境对大学生的个性发展起着举足轻重的作用。校园文化尤其是活力四射的校园体育文化对大学生的人格塑造和个性发展有着重要作用。

### （三）通过强健大学生体魄为大学生的人格发展奠定基石

体育运动具有强健体魄的功能。强健的体魄既是人格构成的要素，又是人格品质发展的基础。一般说来，身体健康者，往往精力充沛、乐观自信、热情活跃、心理承受能力强；而身体衰弱者，精神往往萎靡不振，情绪悲观消沉、敏感、易激动、冷漠、自卑、孤僻，心理承受能力低。因此，身体与心理存在着相互影响、相互制约的关系。健康的体魄不仅能为人格健全与发展奠定基石，而且能积极影响人格发展。早在1917年，蔡元培先生就指出学校

教育是"养成完全人格",而"完全人格首在体育",深刻阐明了体育在人格塑造中的地位。斯巴达教育强调体育优先,提出"健康精神寓于健康身体",其中蕴含了深刻的哲理,至今仍给人以深思与启迪。在21世纪,随着经济的发展,物质生活的提高,人们越来越感觉到健康的重要性,大学生处在这样的校园环境中,又有着得天独厚的运动条件,加上大学营造的浓厚的体育文化氛围,吸引着当代大学生积极参与到体育运动、竞赛、体育观赏等各种各样的体育活动之中。大学生只有拥有健康的体魄,才能为进一步的人格塑造奠定基础。

### (四)通过弘扬体育精神与培养体育道德来塑造大学生的良好品德

体育精神,是一种具有代表性的人文精神,它不仅是体育运动这一类文化现象的灵魂,而且已成为一种超越体育领域之外的人类精神,是人类社会进步与超越的精神动力。普通高等学校的体育文化始终是以学生为主体,在多样化的体育文化活动中让学生自觉并自然地接受积极健康的人文熏染,为充分地对学生进行人格重塑搭建平台、形成载体。

校园体育文化的重要任务就是培养体育精神。校园体育活动既是展示体育精神与体育道德的舞台,又是培养体育精神、体育道德的沃土。体育精神可以包括以下五方面:勇敢顽强的拼搏精神,发展自我的超越精神,"费厄波赖"的竞争精神,团结一致的协作精神,对真、善、美的追求精神。体育道德主要包括文明礼貌、尊重他人、遵守规则、公平竞争。体育精神与体育道德是时代与社会所倡导的精神与道德,其内涵丰富,博大精深,充分完整地体现在人格品质的各个方面,这正是体育文化的魅力所在。因而,弘扬体育精神、培养体育道德的过程实质是人格塑造与锤炼的过程。

### (五)校园体育文化积极影响大学生的心理健康

大学生作为中国社会中文化层次较高的群体,一向被认为是最活跃、最健康的群体之一。然而,面对现代社会竞争的日益激烈,过多、过快的变化使许多大学生开始感到不知所措,产生了心理上的不适应。据统计,大学生中因心理健康问题退学的人数占整个退学人数的30%左右,而且这一数字呈逐年递增的趋势。而通过身心健康的交互作用,实现校园体育文化,对大学生心理健康有积极的促进作用。从人的身体健康与心理健康的关系来说,身体健康是心理健康的基础,而心理健康即是身体健康的重要体现。健康的心理可以维持和增进人的正常情绪,维持人的正常生理状况,能使人适应环境和社会的各种变化的刺激。

## 三、如何建设校园体育文化

一种观念认为建设校园体育文化的措施和途径有:加强媒体宣传力度;重视课外体育活动;组织体育知识讲座;组织观摩体育比赛;组织体育知识竞赛;加强学校运动队建设。另外一种观念认为应建设有特色的校园体育文化等。如徐林认为校园体育文化建设的基本要求有:加强领导,提高认识;提高师资素质,发挥教师主导作用;加强舆论宣传,创设体育锻炼的良好氛围;完善规章制度,改善物质条件。

还有一种观念认为高校校园体育文化的建设应把追求知识、崇尚科学作为宗旨;要把培养全面发展和适应现代化建设要求的人才作为方向;要发挥体育教师的主体作用,调动广大学生的创造性和主动性;倡导"自我健康投资",建立积极的余暇体育消费观。

从以上三种观点可知,校园体育文化的建设从本质上来说都是围绕着校园体育文化的四个层面展开的。但由于各个学校的类型、规律、办学条件、师生结构不同,加上学校所处的地区、环境、地理、气候的差异，任何学校在建设校园体育文化时，都应以学生为主导，以社会需要为主导，根据自己的具体情况，围绕校园体育文化的四个层面来建设有自己特色的校园体育文化。另外，还应建立一套科学的校园体育文化评价体系，使校园体育文化建设在不断的反馈中得以完善。

## 第二节　奥林匹克文化

### 一、奥林匹克运动的发展

奥林匹克运动，是在奥林匹克主义指导下，以体育运动和四年一度的奥林匹克庆典为主要活动内容，以促进人的生理心理和社会道德全面发展，沟通各国人民之间的相互了解，在全世界普及奥林匹克主义，维护世界和平为目的的国际运动。奥林匹克运动包括以奥林匹克主义为核心的思想体系、以国际奥林匹克委员会（简称国际奥委会）、国际单项体育联合会和各国或地区奥委会三大支柱为骨干的组织结构体系和以奥运会为周期性高潮的活动内容体系。

#### （一）古代奥林匹克运动会的起源

古希腊位于巴尔干半岛南端的欧、亚、非三洲交界处，气候温和，希腊人以参与户外体育活动为最大乐趣。据《荷马史诗》记载，早在氏族公社时期，古希腊人在播种收获、婚丧嫁娶、宗教祭祀等社会活动中，就常有各种竞技活动，如角斗、掷石饼、赛跑、跳跃、拳击和舞蹈等，为后来奥运会的产生奠定了基础。古代奥林匹克运动会的起源与古希腊共和国的社会情况有着密切的关系。前9～前8世纪，希腊共和国氏族社会逐步瓦解，城邦制的奴隶社会逐渐形成，建立了200多个城邦。城邦各自为政，无统一君主，城邦之间战争不断。为了应付战争，各城邦都积极训练士兵。斯巴达城邦儿童从7岁起就由国家抚养，并从事体育、军事训练，过着军事生活。战争需要士兵，士兵需要强壮身体，而体育是培养能征善战士兵的有力手段。战争促进了希腊体育运动的开展，古奥运会的比赛项目也带有明显的军事烙印。连续不断的战事使人民感到厌恶，普遍渴望能有一个赖以休养生息的和平环境。后来斯巴达王和伊利斯王签订了"神圣休战月"条约。于是，为准备兵源而发起的军事训练和体育竞技，逐渐变为和平与友谊的运动会。

**1. 古代奥运会的历史**

古奥运会每四年一届，从前776年有文字记录的第一届奥运会到393年，历时1169年，共举行了293届，经过了产生、发展和衰落几个阶段。古奥运会是人类体育文化宝库的一颗明珠，它的活动内容、形式、传统与精神体系，对世界体育的发展产生了深刻的影响。按其起源和盛衰，大致分为三个时期：

（1）前776～前388年，成立及发展。前776年，伯罗奔尼撒的统治者伊菲图斯，努力使宗教与体育竞技合为一体。它不仅革新宗教仪式，还组织大规模的体育竞技活动，并决定每四年举行一次。时间定在闰年的夏至之后。所以前776年的古代奥林匹克运动会就正式载入史册，成为第一届古代奥运会。

（2）前388～前146年，开始衰落。由于斯巴达和雅典之间长期的伯罗奔尼撒战争（前431～前404年），希腊国力大减，马其顿逐渐吞并了希腊。这一时期古奥运会精神已大为褪色，并开始出现职业运动员。

（3）前 146～394 年，古奥运会由衰落走向毁灭。2 世纪后，基督教统治了包括希腊在内的整个欧洲，倡导禁欲主义，主张灵肉分开，反对体育运动，使欧洲处于一个黑暗时代。522 年、511 年接连发生的两次强烈地震，使奥林匹亚遭到了彻底毁灭。就这样延续了 1000 余年的古奥运会不复存在了，繁荣的奥林匹亚变成了一片废墟。

**2. 古代奥运会的特色**

古代奥运会有三大特色。第一，古代奥运会以祭神为主，内容丰富多彩，是形式多样的全希腊综合盛会。第二，古代奥运会是希腊各民族文化的一部分，它起到了团结各族人民、维护国家统一、减少和制止战争的积极作用，与政治有着极为密切的关系。第三，由古希腊的风俗习惯、艺术风格、地理环境和物质生产等因素决定，"赤身运动"是它的一大特色。另外，古希腊奥运会的规则规定：禁止女子参加和参观比赛，违反者要受到极刑处置。

## （二）近现代奥林匹克运动会

从 18 世纪开始，许多国家的学者相继考察奥林匹亚，并在 1766 年发现首批遗迹。19 世纪初，复活奥林匹克精神、复兴奥运会的呼声日益高涨，许多国家和地区先后多次举行了奥运会，为现代奥运会的恢复奠定了基础。当然，我们不会忘记为恢复奥运会出力最多、贡献最大的法国教育家皮埃尔·德·顾拜旦男爵（1863—1937 年）。他在 1883 年提出举行世界性比赛；1889 年明确提出举行现代奥运会的想法，并在国内外广泛宣传；1892 年正式提出举行现代奥运会的建议。顾拜旦的努力终于有了结果，1894 年 6 月 16 日，12 个国家的 79 名代表在巴黎举行"国际体育运动代表大会"，成立了国际奥林匹克委员会（奥林匹克委员会以下简称奥委会）。国际奥委会决定从 1896 年起"每隔 4 年，按古希腊奥运会传统，举办大型运动会，以促进体育发展和加强各民族在该领域的接触。该运动会将邀请所有文明民族参加"。于是，中断了 1500 多年的古代奥运会，终于在新的历史条件下，以新的面貌出现了。从 1896 年第 1 届现代奥运会开始，到 2004 年为止共举行了 28 届，但因第一、二次世界大战的影响停止了第 6、12、13 届夏季奥运会，实际上只举行过 25 届。

夏季奥运会，简称奥运会，为有别于冬季奥运会，又称为夏季奥运会，每四年举办一届。夏季奥运会沿袭古代奥运会旧制，不管运动会举行与否，届次照算。自 1896 年在雅典举行第 1 届奥运会起，到 2004 年雅典奥运会止，共 28 届。因两次世界大战，实际只举行了 25 届，2008 年的第 29 届奥运会在我国首都北京举行。

冬季奥运会的比赛项目都和冰雪有关，所以有人称之为"白色奥运会"。自 1924 年在法国夏蒙尼举行第 1 届冬季奥运会起，至 2006 年在意大利都灵举办冬季奥运会止，共举办了 20 届。冬季奥运会每四年举办一届，按实际举行次数计算届次。为了使冬、夏两季奥运会不在同一年举行，第 17 届冬季奥运会改在 1994 年举行，会期原为 12 天，从第 15 届起改为 16 天。

伤残人奥运会是根据奥林匹克宗旨所创设的由伤残者运动员参加的奥运会。奥林匹克运动的宗旨在于向所有的人开放，吸收一切人参加。根据这一宗旨，在 1960 年第 17 届奥运会之后，在罗马举办了第 1 届伤残人奥运会，并成立了国际伤残人奥委会（IPC），获得了国际奥委会的承认。其每四年一届，与奥运会同年举行，一般是在夏季奥运会闭幕后举行。1988 年汉城奥运会之后，伤残人奥运会更趋于正规化，决定每届伤残人奥运会在夏季奥运会的同一奥运城市并使用夏季奥运会的体育设施举行。

### （三）奥林匹克运动的思想体系

奥林匹克运动是在奥林匹克主义指导下，以体育运动和四年一度的奥林匹克庆典为主要活动内容，促进人的生理、心理和社会道德全面发展，沟通各国人民之间的相互了解，在全世界普及奥林匹克主义，维护世界和平的国际社会运动。奥林匹克运动包括以奥林匹克主义为核心的思想体系，以国际奥委会、国际单项体育联合会和各国或地区奥委会三大支柱为骨干的组织结构体系和以奥运会为周期性高潮的活动内容体系。

**1．奥林匹克主义**

1) 奥林匹克主义的中心思想是人的和谐发展

奥林匹克运动是在资本主义产生和发展的条件下兴起的，工业革命使人类社会发生了一系列深刻变化，在短短100年间创造出了比历史上全部生产总和还要多的财富。但工业化社会的生产方式和生活方式，对人的生理、心理和社会道德都提出了严峻的挑战。人的全面发展问题成为亟待解决的具有时代性的社会问题。奥林匹克主义就是将解决这一社会问题作为自己的基本立足点，所以奥林匹克运动具有现实意义，反映了时代和社会的需要。

2) 体育运动是实现人的和谐发展的重要途径

要使人得到全面和谐的发展，需要具体的途径。奥林匹克主义选择的具体途径是体育运动。《奥林匹克宪章》明确指出：奥林匹克主义的宗旨是使体育运动为人的和谐发展服务，以促进建立一个维护人的尊严的、和平的社会。

3) 体育运动必须与教育、文化相结合

奥林匹克主义提倡通过教育来改革社会，这对人类社会的进步具有积极意义。奥林匹克主义将教育作为核心内容并置于首要地位，以奥林匹克运动这一特殊形式去教育全世界青年，在参与竞技运动的过程中，锻炼并提高身体的、精神的和社会的各种品质。为了取得更好的教育效果，奥林匹克主义主张竞技运动与文化紧密结合，文化形式与体育运动的结合可以提高竞技运动的层次。

4) 奥林匹克选手的榜样作用

奥林匹克运动的主要对象是全世界的青少年。青少年是社会中最活跃、保守思想最少，也是最不稳定的社会群体，是人类社会的未来。这一群体有极大的可塑性和模仿力，他们羡慕英雄、崇拜英雄，而且渴望成为英雄。奥林匹克主义将树立"良好的榜样"作为一种重要的教育方式，力图使全世界的青少年通过对优秀奥运选手的学习，取得良好的教育效果。一百多年来，奥运大赛上俊杰辈出，他们不畏艰难、不怕挫折的顽强拼搏精神，成为激励广大青少年的巨大精神力量。

**2．奥林匹克运动的宗旨**

（1）以竞技运动为基础，促进人类身心的健全发展。

（2）通过运动竞赛的方式教育青年建立彼此间的友谊和了解，借以创造更幸福与更和平的世界。

（3）在世界各地推广奥林匹克原则，以增进国际间的友谊。

（4）集合全世界的运动员，参加四年一届的奥运会。

**3．奥林匹克精神**

《奥林匹克宪章》指出，奥林匹克精神就是互相了解、友谊、团结和公平竞争的精神。

奥林匹克运动是国际性的运动，奥运会是全世界各国运动员的大聚会。这种空前规模的大聚会，不可避免地会遇到各种文化之间的差异问题，从某种意义上来说，四年一届的奥运会是将世界上所有的文化面对面地集中在一个狭小的空间和时间范围内。奥林匹克精神强调友谊、团结、相互了解，其目的就在于它为奥林匹克运动提供了一种必不可少的文化氛围和精神境界，从而使人们可以比较容易地跨越文化心理上的障碍，学会容忍、欣赏和借鉴别的文化，以促进文化的世界性交流与交融。只有在这种氛围中，人们才有可能摆脱各自文化所带来的种种偏见，看到人类文化百花齐放、千姿万态的壮丽图景；才能跳出各自狭小的民族局限，去认识和理解自己民族以外的事物，领悟各个民族都具有的神奇的想象力和巨大的创造力。

**4. 奥林匹克格言及有关标志**

"更快、更高、更强"这句奥林匹克运动格言，充分表达了奥林匹克运动不断进取、永不满足的奋斗精神。它既是指在竞技场上面对强手时，发扬大无畏的精神，敢于斗争，敢于胜利；也是指对自己永不满足，不断战胜自己，向新的极限冲击；同时还鼓励人们应该在自己生活的各个方面不断地超越自己，不断更新，永远保持蓬勃的朝气。

"重要的是参与，而不是取胜"是奥运会中广为流传的名言，它说明了训练、竞技过程比其结果更为重要。奥林匹克运动主要的意义是重在参加，而非获胜，在参加的过程中充分体现自己的价值，正如人生的真谛不在于征服，而在于自我努力及奋斗的过程。

奥林匹克的标志是：5个奥林匹克环套接组成，可以是单色或多色，其颜色为蓝、黄、黑、绿、红。奥林匹克标志代表着五大洲和全世界的运动员在奥运会上相聚一堂。

奥林匹克的会旗是：白底、无边、中央绘有5色的奥林匹克标志。

## （四）奥林匹克运动与现代体育的关系

奥林匹克运动与现代体育之间存在着相互促进、共生共荣的关系。一方面，奥林匹克运动拓宽了现代体育运动的思想内涵，为现代体育在全世界的普及提供了切实有效的途径，大大加快了现代体育的发展进程，使之形成了今天这种多层次、多类别的国际性合作组织机构。奥林匹克运动对现代体育思想的影响集中体现在奥林匹克主义、宗旨与精神中，奥林匹克运动的发展对现代体育思想的影响主要有以下几方面：

首先，奥林匹克运动普及了一种新的体育观念。奥林匹克运动以一种直观、形象和规模巨大的方式，使这种思想深入到地球的每一个角落，即将体育运动与文化和教育融为一体，使身、心和精神方面均衡地结合。在奥林匹克运动的推动下，越来越多的人接受了"体育是健康生活方式的重要内容"这一重要思想。其次，奥林匹克运动加深了人们对现代体育丰富的教育价值的认识。人们对体育运动可以增强人的奋斗和不断进取的精神，可以培养人们对于真善美的追求，可以增进人与人之间的平等、团结和友谊等，都有了更加广泛而深刻的认识。最后，奥林匹克运动的反种族隔离斗争和对于妇女体育的提倡，以及对现代经济、文化和科技发展的巨大促进作用等，都丰富和深化了人们对于现代体育的政治、经济、社会功能和体育在维护人类尊严与正义方面的作用的认识。

另一方面，正是现代体育的蓬勃兴起和迅速发展，才使得奥林匹克运动在思想上、组织上和活动内容上日益成熟起来，进一步促进了现代体育的飞速发展。

现代体育对奥林匹克运动的影响主要有以下几方面：

（1）现代体育发展了奥林匹克运动的思想体系。例如，"公平竞赛"、"更快、更高、更强"等格言,都是在现代体育的发展和影响下逐渐形成的。

(2) 现代体育丰富了奥林匹克活动的内容。随着现代体育的发展,在奥林匹克范围内,竞赛、人员交流、科学活动、体育政策协调等方面的多种合作,以及奥林匹克宣传教育活动、大众体育活动等,越来越丰富多样。

(3) 现代体育的发展促进了奥林匹克组织体系的完善。国际奥委会、国际单项体育联合会、各国或地区奥委会——奥林匹克运动的三大组织支柱,是在现代体育发展的直接作用下形成的。这三者之间分工合作的组织结构关系,也是在现代体育国际化和体育关系复杂化的进一步发展过程中逐渐成熟的。

## 二、奥林匹克运动文化

### (一) 奥林匹克文化的概念及内涵

奥林匹克运动是国际文化运动。奥林匹克文化是指奥林匹克运动的全部思想和活动内容,它有广义和狭义之分。广义的奥林匹克文化包括古代奥林匹克的传统、现代奥林匹克运动的指导思想、奥林匹克主义、奥林匹克运动所提倡的奥林匹克精神、现代奥林匹克创始人顾拜旦所追求的奥林匹克理想、《奥林匹克宪章》的基本原则和各项具体规定、奥运会的仪式和各项文化艺术活动等。狭义的奥林匹克文化是指与奥林匹克有关的文化艺术活动,如奥林匹克标志、奥林匹克旗帜、奥林匹克格言、奥林匹克徽记、奥林匹克会歌、奥运会火炬、奥运会开闭幕式的各项仪式和奥运会期间举行的文化艺术表演、科学报告会以及新闻传播等。广义的奥林匹克文化作为一种竞技运动文化,由三个层次组成,即深层结构、中层结构、表层结构。奥林匹克文化的深层结构:与奥林匹克有关的哲学思想、价值判断、审美观、意识形态等构成的思想体系,其功能是决定奥林匹克文化具体形态的存在依据、发展原则和发展方向。奥林匹克文化的中层结构:由一系列与体育有关的制度和组织要素构成的组织体系。奥林匹克文化的表层结构:表现为奥林匹克文化的外部形态和外部特征,如具体的健身行为、运动竞赛、竞技体育设施的设计等。总之,奥林匹克文化是体育运动与文化和教育相融合的产物,其以体育为载体,以教育为核心,并逐渐发展成为多元的世界先进文化的一部分。奥林匹克文化是激励人们拼搏进取,奋力向上,维护人的尊严,推动社会和平进步的文化。

要想了解奥林匹克文化的内涵,首先要了解文化的精神、主义与理想的相互关系。文化尽管是一个多义的概念,但其基点是反映人的思想,精神则是对文化的提炼。主义与精神是不同角度的提法,其内涵是一致的。理想是人们追求的目标,精神则是理想的具体体现。由此说来,奥林匹克文化的内涵主要体现为一种思想、精神或主义,不同的角度有不同的侧重或提法。体育活动中蕴涵着丰富的、人类普遍认可的价值观念。奥林匹克运动发展到今天,已经不再仅仅是一般意义上的体育活动了,它把体育所富有的内涵加以提炼、总结和升华,归纳出"奥林匹克主义"、"奥林匹克精神",并在奥林匹克运动中努力加以实践。奥林匹克运动是人们学习奥林匹克主义及奥林匹克精神的永恒的学校,人们将它视为生活原则,并进一步发展到体育以及其他社会生活的各个领域。奥林匹克文化的内涵主要体现在以下六个方面:和谐发展、团结友谊、公平竞争、重在参加、奋力拼搏、为国争光。

## （二）奥林匹克运动的文化特征

**1. 鲜明的象征性**

顾拜旦曾多次说过，奥林匹克运动是"一个伟大的象征"。的确，奥林匹克运动标志着人类社会的团结、进步、友谊。在奥林匹克运动中有一系列独特而鲜明的象征性标志，如奥林匹克标志、格言、奥运会会旗、会歌、会徽、奖牌、吉祥物等。这些标志有着丰富的文化含义，形象地体现了奥林匹克思想的价值取向和文化内涵；用一些简明洗练的艺术形象符号，表达奥林匹克思想的基本点；将抽象的概念变为可见的、可听的、可触的物质文化，反映了人们对奥林匹克运动认识的深化。

（1）奥林匹克标志。蓝、黄、黑、绿、红互相套接的五环代表着五大洲的团结和全世界的运动员在奥运会上相聚一堂。今天奥林匹克五环已经成为世界和平、民族团结的象征。

（2）奥林匹克圣火。火代表着生命、热情和蓬勃的朝气，而在古希腊奥林匹亚遗址点燃的圣火，象征着发祥于古希腊的文明之光，仍然照耀着人类前进的道路，激励着人类追求光明，追求理想，朝着崇高的目标不断进取。圣火的传递，也象征着奥林匹克精神的传递。

（3）奥运会会标。历届奥运会会标不仅是奥运会举办地点和举办时间的记录，而且还有更多的含义，如1984年洛杉矶奥运会以"运行之星"为会标，图案中处于动态的星在运动中画出了13条平行的虚线，这既代表美国立国时最初的13个州，又代表着在奥运会赛场上运动员以公正、平等的精神，你追我赶的场面。五星的红、白、蓝三色，则是美国国旗的颜色。

（4）奥运会吉祥物。奥运会吉祥物始于1968年法国格勒诺布尔第10届冬季奥运会，这个称为雪士（schuss）的半人半物的卡通型滑雪小人儿形象，夸张的硕大脑袋和细巧而坚硬的身体，象征一个有着坚强意志的小精灵。schuss的原意是"高速滑雪"。

奥林匹克的这些象征性的标志、图案、物品，已经成为广为流传的"国际语言"，以其独特而鲜明的形象将奥林匹克运动印入世界上无数人的心中。

**2. 浓郁的艺术性**

顾拜旦曾经指出，传统的大众节日庆典往往缺乏高雅的情趣。为了避免奥林匹克运动也出现这种情况，在奥林匹克运动的各种活动，特别是在奥运会中，人们运用了各种艺术手段，使这些活动达到极高的审美意境，洋溢着浓郁的艺术气息。

**3. 内涵的丰富性**

由于奥林匹克运动力图从不同的角度和不同的层次去挖掘、展示人类社会中一切美好的东西，如人的身、心的全面发展，社会的进步与国际间的团结、友谊等，这就使它具有丰富的文化内涵，涉及从物质文明到精神文明、从个体到社会、从具体到抽象的各个方面。于是，各种文化形式和艺术手段都在奥林匹克运动中找到了自己的用武之地，成为这一恢宏的社会文化运动的组成部分。在奥林匹克运动里，人们看到的是一个五彩缤纷的艺术天地，这里有气势磅礴的奥林匹克建筑和形象生动的绘画、雕塑等视觉艺术，有旋律起伏的声乐、器乐等听觉艺术，有文学、诗歌等想象艺术，有戏剧、歌舞等综合艺术。

所以，奥林匹克运动综合反映了人类文明，并推动着人类文明的进步。

## （三）奥林匹克仪式与文化

在奥林匹克运动的诸多活动中，奥林匹克仪式集中地体现了奥林匹克文化的各种特征，因此，它成为奥林匹克文化中独具特色和魅力的组成部分，吸引了几十亿人的注意，产生着巨大的影响。奥林匹克仪式主要是围绕着奥运会进行的，有圣火的传递、开幕式、闭幕式、授奖仪式等，其中开、闭幕式最为引人注目。

**1. 奥林匹克仪式的文化功能**

顾拜旦认为，只有把现代奥运会办成一个神圣的体育祭坛，办成一个与多种文化形式融为一体的盛大的文化节日，才能发挥奥运会应有的作用。为了实现这一目标，他强调现代奥运会应当体现出美和尊严两个含义。他指出："任何一个研究过古奥运会的人都会发现其深远影响的两个基本原因是美和尊严。如果现代奥运会要产生我们期望的影响，它也应该显示出美，激发出人们的崇敬——一种能无限制地超越我们今天最重要的体育竞赛所表现出的所有的美和尊严。"在这种思想的指导下，奥运会逐渐形成了一整套特有的恢宏庄严、华彩而凝重的传统仪式。

奥林匹克仪式的主要作用在于为这一盛会创造一种崇高而神圣的意境。意境是艺术的灵魂，在这个境界中，人的意识达到物我一体化，我进入景，而景化为我，使主体意识感受到自由、美好，并使主体意识得到升华，或从繁杂的现实生活中解脱出来，或以更坚强、更合理的态度对待现实生活。

**2. 奥运会开、闭幕式的文化意义**

奥运会的开、闭幕式是一种文化艺术的创造，是奥林匹克运动奉献给人类文明的一件瑰宝，有极强的艺术魅力，如2004年雅典奥运会的开幕式吸引了全世界37亿电视观众的目光。奥运会的开、闭幕式不仅对奥运会，而且对整个奥林匹克运动都有极重要的意义。正如1984年洛杉矶奥运会开、闭幕式的组织者所说的，开幕式能够为即将开始的奥运会定下基调，勾画出趋势；闭幕式则可以把奥运会参加者及全世界的观众的情绪推向欢庆的高潮。开、闭幕式是一场盛大的演出，庄严、隆重，充满激情，令人振奋，有极大的号召力。所以奥运会的开、闭幕式有一种非凡的感人力量。奥运会开、闭幕式是举办国文化的集中表现。

## 三、奥林匹克运动与国际体育文化的产生

奥林匹克运动作为联系体育文化的民族性与国际性的一座桥梁，促进了民族间体育文化的交流与融合。文化传播往往伴随并促进文化的增值，所以，奥林匹克运动既丰富了各民族的体育文化的内容，又促进了融会各民族优秀体育文化精粹的国际体育文化的形成。

从运动实践层面看，奥林匹克运动不但推进了现代体育在全球范围内的交流和普及，而且已经成为国际性的一种标准和典范。被纳入奥运会的运动项目的国际性得到人们的承认，进而在世界范围内获得更大的发展。柔道、跆拳道等由原来纯属民族的体育文化形式发展成为奥运会项目的过程，以及其他许多项目力争成为奥运比赛项目的情况，都表明了这一点。

从体育方法和组织层面看，奥林匹克运动促进了国家间的相互了解和借鉴，如前苏联、东欧国家和中国对于体育俱乐部制的借鉴，西方国家对于集中管理体制的某些吸收、学习等，都表明了这种交流与融合过程的存在。

在体育思想和体育科学理论交流方面，奥林匹克运动更是表现出它无与伦比的巨大影响力。从奥林匹克运动创始人的经历中可以看到这种文化交融的影响。顾拜旦年轻时曾经认真研究过西班牙籍的法国体育家阿莫洛斯和瑞士教育家裴斯塔洛齐等的著作，以及德国的奥林匹亚文物展和英国的业余竞技，这些都给他留下了深刻的印象。正是在各国文化的影

响下，顾拜旦萌生了按照古代奥运会的方式组织国际运动会的思想。在奥林匹克运动中，任何国家的体育科学成就都会很快成为各国体育科学的共同财富。

总之，奥林匹克运动与文化，特别是与精神文化的结合是奥林匹克思想体系的基本立足点之一，奥林匹克运动与现代文化的各个方面都有密切的联系。这种联系不但有利于各民族文化的交流与融合，而且有利于民族间的相互理解与合作，尤其是大学体育教育和教学对奥林匹克运动和其他文化形式的发展有不可忽视的影响。

### 四、高校奥林匹克文化体育教材化的现实意义

随着奥林匹克运动与中国文化的交流与融合，人们对奥林匹克运动的认识已不再停留在奥运会这种外在的表现形式上，而是逐渐深入到了思想、道德、文化等奥林匹克的本质内涵上。无论是人们对奥林匹克的关注程度，还是中国在申办奥运过程中所做出的所有努力，都充分说明了中国对奥林匹克运动内涵的理解在不断加深，或者说奥林匹克理想和奥林匹克精神与人们的现实生活已经联系在了一起。随着北京2008年奥运会的成功举办，这一趋势越发明显，并和学校体育的发展紧密地联系在一起。学校传播奥林匹克文化，一方面有利于奥林匹克运动持续、健康地发展，另一方面也是21世纪中国学校体育发展的需要。21世纪学校体育教育的要求决定了学校体育发展的多元化、社会化的趋势，学校体育教育需要有更深刻的文化内涵，需要有更深厚的文化氛围，更需要培养出能够适应社会发展需要的高素质人才，而奥林匹克文化在学校的传播恰恰有利于学校体育的社会化发展，它的作用和影响是巨大而深远的。奥林匹克运动对我国学校体育思想的影响日趋明朗化，它在以其特有的丰厚的文化底蕴推动中国学校体育发展的同时，也必将为21世纪世界文化的交流与传播做出新的贡献。奥林匹克文化体育教材化是传播奥林匹克文化和促进学校体育发展的一种有效的方式，也是奥林匹克文化传播的一种发展趋势。

### （一）高校奥林匹克教育的内容

**1. 知识教育**

古代奥运会给我们留下了大量的精神知识财富，这也正是激发现代奥运会创始人顾拜旦恢复奥林匹克运动的根源。现代奥运沧桑百年，它和整个世界的风云变幻息息相关，一部现代奥运史，也是现代文明史的一个侧面。历届奥运会不仅记录着一部近代体育史，同时也记录着百年来政治、经济、文化、科技的发展史；尤其是每届奥运会像一面镜子，反映了当时的国际形势，许多历史事件也都使人从中获得国际知识。了解奥运会，熟知奥林匹克，将使人的知识领域、思维体系更加完善。

**2. 理想教育**

奥林匹克理想是什么呢？可以说奥林匹克理想就是奥林匹克主义所追求的目标。"奥林匹克主义"是顾拜旦体育思想体系的核心之一。前苏联体育界人士认为"奥林匹克主义是一个确定奥林匹克运动内容的由哲学、道德、伦理和组织原则构成的综合体，它是以竞技运动普遍的、文化的和人道主义的价值为基础的，奥林匹克主义不仅是使人和谐发展的工具，也是加强和平、友谊和相互了解的工具"。

这种说法点明了奥林匹克所期望达到的理想层面和高超境界，也是从世界文明到民族发展、从国家兴盛到个人健全所追求的伟大目标。

### 3. 精神教育

古代奥运会已形成了一种奥林匹克精神，成为一种比较原始的价值体系和教育体系。如以"神圣休战"为象征的追求人类和平与友谊的精神，以平等条件进行的公平竞争精神，以追求人体完美的健美的教育观，以表现自我的奋进精神，这一切只有在了解了古希腊的奥林匹克历史后，我们才能真正体会现代奥林匹克运动的继承性和奥林匹克的价值观。而现代奥运会在创立之初，即力求用体育运动的国际聚合形式来摆脱机械社会给人们带来的精神桎梏，从而达到肉体与精神的全面和谐发展。

奥林匹克教育的知识、理想、精神三方面的内涵，也正是培育当代青少年健康成长的要素，是高校包括体育在内的各方面教育所期望达到的至高境界。奥林匹克教育在全世界、全社会展开的同时，更需关注学校这片广大青少年的成长之园。

在现代社会里，大学被誉为人类社会发展的"动力站"。知识的保存、传授、传播、应用与创新，文明的传承与进步，人才的发掘与培育，科学的发现与技术的更新，社会的文明与理智，不同文化间的交流与沟通，无不以大学为基础。

大学的使命之一是文化的传承。文化是一种生命的信念，一种带有时代特征的信念。没有文化的生活是有缺陷的生活，是遭到破坏的、不真实的生活。奥林匹克是人类创造的最为灿烂的竞技文化、体育文化和身体文化，世界上任何一个大学都不应对这种文化熟视无睹。因为身体是人类拥有这个世界的总的媒体。由于现代社会中，人的片面发展在很大程度上是由人们的生活方式造成的。因此，要使人的身、心得到全面的均衡发展，也必须从生活方式入手，通过切实可行的途径，改善人们的生活方式，从根本上解决问题。因此奥林匹克主义明确地宣布它是一种"人生哲学"，旨在创造一种使人全面发展的"生活方式"。

大学是开展奥林匹克教育的重要阵地。在大学中开展奥林匹克教育，不仅可以普及奥林匹克知识，传播奥林匹克精神，推动奥林匹克运动的发展，而且可以丰富大学体育教学内容，促进德育、智育、体育的有机结合，寓教于体，提高学生的素质。《奥林匹克宪章》第4章讲到"国家奥委会的使命和职责"时，明确指出："在全国体育活动范围内，宣传奥林匹克主义的基本原则，尤其是在学校和大学的体育教学中促进传播奥林匹克主义。"

大学的特殊地位和大学生的特殊作用表明，在大学开展奥林匹克教育，对传播奥林匹克精神、发扬中华民族的先进文化、吸收外国的优秀文化、建设反映时代特征的有中国特色的社会主义新文化、促进人的和谐发展和社会进步具有重大意义。因此，大学应成为奥林匹克教育的重要阵地。

2008年北京奥运会的举办，极大地推动了中国高等体育教育改革的进程，极大地推进了奥林匹克文化在高等学校的传播与发展。作为一个里程碑，2008年奥运会迎来了中国高等体育教育面向世界体育的一次剧烈变革。

### (二) 高校奥林匹克文化体育教材化的策略

#### 1. 选择科学合理的奥林匹克文化素材

选择科学合理的奥林匹克文化素材，要符合教材的思想性、教育性、趣味性要求。首先要明确体育素材和体育教材的具体含义。体育素材是指对身心发展具有潜在意义的、未经总结和提炼（加工和处理）的、保持原有性质的原始材料。其有两层含义：一是它的内容来源于体育外部环境，是与体育活动相关的、有联系的日常生活知识和技能；二是它的内容来源于体育内部环境,是在长期体育运动实践活动中总结和确定了的体育运动知识体系、技能和技术体系。前者是纯粹的"体育素材",而后者则是学校体育教育中的"体育素材"。体育教材是指受体育本质所决定的和受学校体育教育内容所客观制约的,并在认真地、严格地加工与处理原有体育素材的基础上,筛选出的那部分具有现实意义和可用价值的体育教学材料。体育教材体系内容应充分体现科学性与思想性的有机统一、知识与能力的有机统一、身体与心理的有机统一原则。一是教材往往是一种科学信息加工与处理过程之后的结果,既有来源于客观的事实信息体,同时又依附于理性思维的营造组合,而绝非单纯地依附于粗浅的感性和基本的事实,应讲求科学意义上的实效性。二是其必须是一种有助于构建能力和累积知识的载体,使能力、知识的获取在步骤、方式、技术的特殊作用下实现,应讲求科学意义上的可操作性。三是在知识和能力体系融合的前提下,以思想、形态、观念、规范为表达形式,应讲求科学意义上的理念性、思辨性。

**2. 将奥林匹克文化全方位地教材化**

将奥林匹克文化全方位地教材化,指的是将奥林匹克运动的全部思想和活动内容教材化。按照前文的界定,奥林匹克文化由三个层次组成,即深层结构、中层结构、表层结构,其不仅将运动项目搬入学校体育教材,更将奥林匹克文化的多层次科学地融入了体育教材,实现奥林匹克的人、器材、场地、项目等多方面的教材化,实现奥林匹克文化的广泛传播与发扬,实现奥林匹克文化与学校的有效衔接,实现奥林匹克文化与学校体育的有效衔接,最终实现奥林匹克文化对人的教育。

总之,奥林匹克教材内容要图文并茂,以利于吸引学生的兴趣。奥林匹克运动的知识容量大,有很强的文化内涵,要采用多种呈现方式以改善学生的学习方式。结合教材的特点,除了正文中配有大量的图片来吸引学生,改善学生的学习方式以外,还应采用相关链接、思考与分析、艺术欣赏、知识窗等多种栏目分别呈现有关内容,帮助学生更好地进行奥林匹克运动的学习。在体育教材中,除增加奥林匹克文化的理论知识的教学外,在以奥林匹克项目为主的竞技项目中也要融入丰富的奥林匹克思想,其不仅仅是简单的拿来主义,更重要的是理解和运用奥林匹克深刻的文化内涵,从而促进人的全面和谐发展。

 **思考题**

**一、问答题**

1. 简述高校校园体育文化对大学生的影响。
2. 简述奥林匹克运动与现代体育的关系。

**二、讨论**

讨论如何丰富当代大学生的体育文化生活,提高大学生的体育素养。

# 第六章
# 校园小型体育竞赛的组织

## 第一节 体育竞赛的种类

体育竞赛的分类方法有很多，按竞赛任务的不同可以分为综合性竞赛和单项竞赛两类。

### 一、综合性竞赛

综合性竞赛一般称为运动会或综合性运动会。它包括若干个运动项目的比赛，其任务是全面检查各项运动普及与提高的情况，广泛总结和交流经验，推动体育运动的发展，最典型的如奥运会。此外，亚运会、全国运动会、全国大学生运动会等也都属于综合性竞赛。这种竞赛比赛项目多、规模大，组织工作也比较复杂。

### 二、单项竞赛

单项竞赛以单独进行某一项目的比赛为内容，一般又可分为以下几种。

#### （一）锦标赛

其是为检查、总结某一体育运动项目的开展情况和教学训练经验，确定冠军和名次，促使该项运动不断发展而举行的单项比赛，如各个单项的世界锦标赛、全国大学生篮球锦标赛等。有时也叫冠军赛或杯赛，如戴维斯杯网球赛、世界杯足球赛、全国田径冠军赛等。

#### （二）邀请赛和友谊赛

其是由一个或几个单位、学校或国家，邀请其他单位、学校或国家参加的竞赛，目的是为了增进友谊和团结、互相学习、共同提高某项运动水平。各种访问比赛一般都属友谊赛。

#### （三）对抗赛

其是两个以上实力相近的单位或国家联合举办的比赛，目的是交流经验、切磋技艺、取长补短、共同提高。

#### （四）等级赛

其是按运动员的不同技术水平分别举行的比赛，如田径、游泳、体操等项目，以及按运动员等级组织的比赛和球类项目的等级联赛等。其主要目的是鼓励和促进运动员提高运动水平，争取升级。

### （五）测验赛

其是为了达到一定的标准或了解运动员成绩提高的情况而组织的比赛，如体育锻炼标准测验赛等。这类比赛一般可不计名次，但应记录测验成绩。

### （六）选拔赛

其是为了发现和挑选运动员、组织或补充代表队、准备参加上一级的竞赛而举行的比赛，如学校的新生乒乓球选拔赛、篮球选拔赛等。

### （七）及格赛

一般是在参赛人数过多，有可能影响正式比赛的正常进行时，先举行及格赛，达到预定标准者，才能参加正式比赛。这种比赛的主要目的就是要淘汰一定数量的参赛者，如田径跳高比赛的及格赛等。

### （八）表演赛

其是为了宣传体育运动、扩大影响而举办的比赛。这种比赛注重技术的充分发挥，一般不计名次，是一种带有示范性、娱乐性的比赛。

### （九）通讯赛

其是指用通信方式组织的比赛，凡是可以计量（时间、距离、重量、环数）的项目都可采用，如全国研究生田径通讯比赛等。其优点是组织工作较简便，节约经费和时间；缺点是运动员没有临场互相学习的机会，比赛条件也不尽相同。

高等院校除了可以组织上述比较正规的比赛以外，还可以开展一些技术难度不大、规则简单、形式灵活、对场地器材要求不高、容易组织和便于经常举行的各种非正规比赛，以便吸引更多的人参加经常性的体育锻炼，如跳绳比赛、拔河比赛、冬季长跑比赛等。

## 第二节 球类运动竞赛的组织与编排

在组织篮球、排球、足球、乒乓球及羽毛球等球类比赛中，一般采用淘汰赛和循环赛两种形式进行。

### 一、淘汰赛

淘汰赛也称淘汰制，是令参加者按一定的组合进行比赛，逐步淘汰失败的参加者，使胜利者按预定的程序表进入下轮比赛，最后决定有限名次。其组合方式有单淘汰、双淘汰和落选淘汰等多种。

#### （一）单淘汰

单淘汰，即失败一次则失去继续比赛的资格。

## （二）双淘汰

双淘汰又称两败淘汰，即连续失败两次则失去继续比赛的资格。

## （三）落选淘汰

落选淘汰，即对失败者另行组织比赛，再做一次淘汰，使失败者增加比赛的机会。

## （四）单淘汰号码位置数的确定和轮数、场数、轮空数的计算

单淘汰赛号码数的确定即号码位置数的确定，以便于计算比赛的轮数、场数和轮空数。其原则是根据参加比赛的人数或队数，选择最接近的较大的2的乘方数作为号码位置数。常用的号码位置数有8、16、32、64、128。

下面介绍单淘汰赛轮数、场数和轮空数的计算。

**1. 轮数的计算**

轮数＝选用号码位置数对2的乘方数。

例如，8个队参加比赛，选用号码位置数为8，$8=2^3=3$（轮）（图6-1）；13个队参加比赛，选用号码位置数为16，$16=2^4=4$（轮）。

**2. 场数的计算**

场数＝参加队数－1。

例如，8个队参加比赛，则8－1＝7（场）；13个队参加比赛，则13－1＝12（场）。

**3. 轮空数的计算**

轮空数＝稍大于参加比赛队数的2的乘方数－参赛队数。

例如，参加比赛队数是7，而比7大的2的乘方数是8，则轮空数是8－7＝1。编排秩序册时，如果是一个队轮空，一般是把轮空队排在最后（图6-2）；如果是几个队轮空，一般把轮空队分别排在各个区域，使各个区域队的机会尽可能均等。

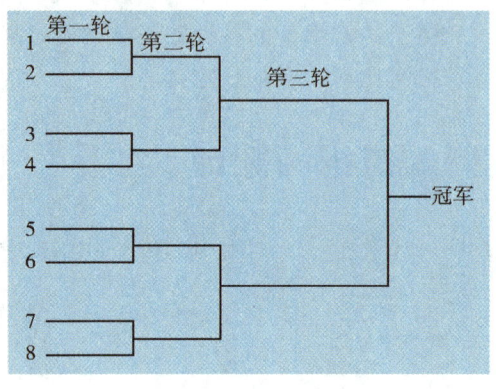

图 6-1

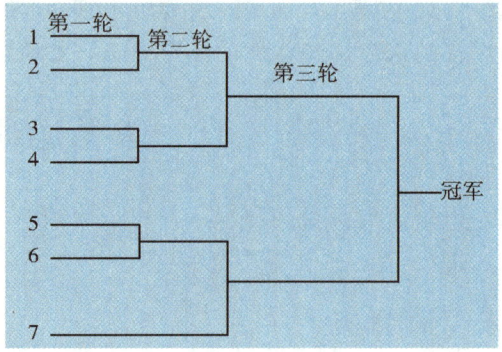

图 6-2

## （五）附加赛

单淘汰只能确定冠军和亚军，其他的名次均为并列，仍需进行比赛才能排定各个名次，这时就需要进行附加赛，即每一轮胜者与胜者、负者与负者之间进行比赛，直至排出所有名次。附加赛的编排顺序如图6-3所示。

## （六）双淘汰

双淘汰是指参加比赛队失败两次才被淘汰。双淘汰的编排方法与单淘汰相同。以 8 个队参加比赛为例，编排方法如图 6-4 所示。

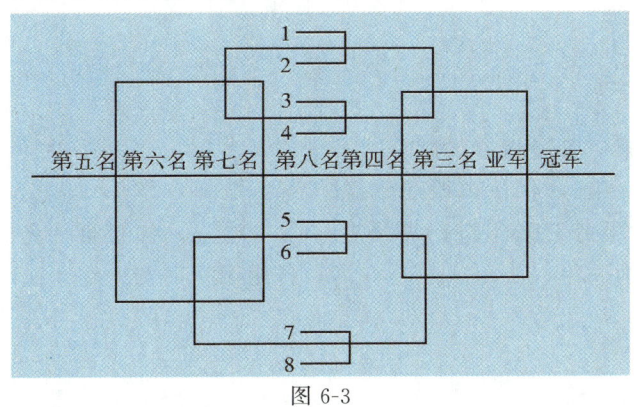

图 6-3

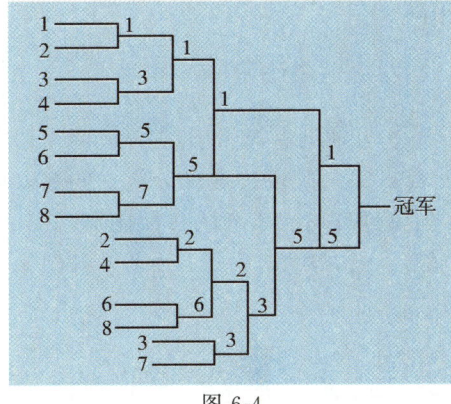

图 6-4

## 二、循环赛

循环赛也称循环制，分为单循环、双循环和分组循环。

## （一）单循环

单循环是指所有参加队在比赛中都能相遇一次。

（1）比赛轮次的计算。

若参赛队数为偶数，则轮次＝队数－1。

例如，6 个队参加比赛，其轮次＝6－1＝5（轮）。

若参赛队数为奇数，则轮次＝队数。

例如，5 个队参加比赛，其轮次为 5 轮。

（2）比赛场数的计算。其公式如下：

$$场数 = \frac{队数（队数-1）}{2}$$

例如，有 10 个队参加比赛，求比赛场数。代入上面的公式，得

$$\frac{10（10-1）}{2} = \frac{90}{2} = 45（场）$$

（3）单循环比赛程序。

6 个队参加比赛时，其比赛程序如表 6-1 所示。

表 6-1　比赛程序表

| 第一轮 | 第二轮 | 第三轮 | 第四轮 | 第五轮 |
| --- | --- | --- | --- | --- |
| 1—5 | 1—4 | 1—3 | 1—2 | 1—6 |
| 6—4 | 5—3 | 4—2 | 3—6 | 2—5 |
| 2—3 | 6—2 | 5—6 | 4—5 | 3—4 |

## （二）双循环

双循环，即参加比赛的队先后进行两次单循环的比赛方法。这种方法使参加的队均能相遇两次，最后按各队在全部比赛中胜负场数的积分多少决定名次。其编排方法与单循环相同。

## （三）分组循环

分组循环一般将比赛分成两个阶段。第一阶段将参加队分成若干组，各组按单循环进行比赛；第二阶段按名次分组（同名次的为一组），仍按单循环比赛。

例如，有12个队参加比赛，第一阶段可分三个组进行循环赛。第二阶段，各组第一名为第一组，决出1、2、3名；各组第二名为一组，决出4、5、6名；各组第三名为一组，决出7、8、9名。

## 三、混合赛

混合赛也称混合制，即同时采用淘汰赛和循环赛进行比赛。混合赛一般分两个阶段，第一阶段分组淘汰（或循环），第二阶段则采用循环制（或淘汰制）。

## 四、比赛的组织

无论采用哪种比赛形式，都要进行组织。在组织比赛时，可按以下步骤进行：
(1) 制定比赛规程。
(2) 印制比赛所用表格。
(3) 编排比赛秩序册。
(4) 组织比赛。
(5) 宣布比赛结果、发奖。

# 第三节　田径运动竞赛的组织与编排

## 一、编排前的准备工作

(1) 学习竞赛规程及田径规则，了解开、闭幕式约占用的时间，实际竞赛时间，参加单位、组别、项目，场地器材情况，裁判人数及水平，准备用具和用表等。
(2) 根据规程审查报名单，如有错误，及时纠正和解决。
(3) 编排运动员姓名号码对照表。
(4) 统计各项参加人数、兼项人数、各单位参加人数。
(5) 填写"竞赛成绩记录卡片"，供分组时使用。

## 二、竞赛分组编排

### （一）竞赛分组编排原则

**1. 径赛**

(1) 根据各项目参加人数、赛次及各赛次录取名额和方法、直弯道数及裁判分组情况，拟订分组计划。

（2）分组时每组人数尽量均衡，避免同一单位运动员排在同一组里。

（3）如按成绩录取参加下一赛次，尽量将成绩好和成绩差的运动员搭配编组。如按名次录取参加下一赛次，则将成绩好的运动员平均分配到各组内。如没有报名成绩，而且人数较多，可按斜线顺序或蛇形顺序编组。

（4）分道跑项目应将成绩好的组排在第二或第三组。1500米以上项目分组决赛时，一般将成绩好的运动员排在第一组。长距离项目比赛，每组应控制在20人以内。

（5）确定预赛道次时，由编排人员在监督下抽签排定，并印入秩序册。以后的赛次由运动员在检录处按规定抽签排定。

**2. 田赛**

（1）一般不分组，比赛的顺序由编排人员在监督下抽签排定，并印入秩序册。

（2）参加人数较多的项目，可在正式比赛前举行及格赛。

**3. 全能运动**

（1）全能运动径赛项目有800米和1500米，各组安排人数不少于5人，其他各项每组3～4人为宜，但任何项目每组不得少于两人。道次由运动员在检录处抽签排定。

（2）全能运动田赛项目不分组，比赛顺序除第一项由编排人员在监督之下抽签排定外，其他各项由运动员当场抽签确定。

### （二）填写各种竞赛分组表

按抽签排定的顺序，抄写各项分组道次（顺序）、号码、姓名、单位对照表，填写径赛记录表、田赛远度和高度成绩记录表。

## 三、竞赛秩序编排

竞赛编排是否合理，直接影响整个竞赛的进行和运动员运动水平的发挥。

### （一）各项竞赛时间的估算

先估算整个比赛（除开、闭幕式等占用的时间之外）时间，再估算各项比赛所需时间，一般可作如下估算，如表6-2所示。

表6-2　各项竞赛时间的估算方法

| 项目 | 每组时间/分钟 | 项目 | 每组时间/分钟 |
| --- | --- | --- | --- |
| 100米或200米 | 4～5 | 跳高 | 8×总人数 |
| 800米 | 6～8 | 跳远、铅球等 | 3×（总人数＋8） |
| 1500米和各项接力 | 8～10 | 铁饼 | 4×（总人数＋8） |
| 3000米 | 15～20 | 标枪 | 5×（总人数＋8） |
| 5000米和各项跨栏 | 20～25 | 撑竿跳高 | 14×总人数 |

经过估算，若时间不够，应考虑增加时间或减少赛次。

### （二）竞赛秩序的编排原则

（1）在各赛次间，应按下列最低标准给予运动员休息时间：200米及200米以下45分钟，400～1000 米 90 分钟，1000 米以上 3 小时或不在同一天举行，全能项目 30 分钟。

（2）按兼项的一般规律，对某些项目应分开编排，以减少兼项的冲突。一般兼项规律为：100 米和 200 米，100 米和 4×100 米接力，跳远和 100 米，200 米和 400 米，400 米和 400 米栏、4×100 米接力，400 米和 800 米，800 米和 1500 米，1500 米和 3000 米、5000 米，跳远和三级跳远，铅球和铁饼等。

（3）性质相近的项目，要注意其先后的顺序，如先铅球后铁饼、先跳远后三级跳远等。

（4）不同组别的同一项目，最好衔接进行。

（5）各种跨栏项目不宜排在一起进行，一般安排在每一单元的第一项或最后一项，也可安排在长距离跑的后面。

（6）短距离多赛次项目，最好上午预赛，下午复赛、决赛，一天或一单元结束一项。

（7）编排时应将决赛项目和精彩项目分开排列。田赛场地布局要照顾观众，防止过于集中。

（8）每一单元的比赛，尽可能使田、径赛同时结束。

（9）应先编排径赛项目，再编排田赛项目。

### 四、编印秩序册

秩序册一般包括以下内容：大会主席团名单、组织机构名称和名单、裁判员（分工）名单、竞赛规程、各单位名单（号码对照表）、竞赛秩序、各项竞赛分组、运动会记录表、场地平面图等。

### 五、竞赛期间的编排记录公告工作

竞赛期间，编排记录组收到各项各赛次结果后，应立即排出下一赛次的分组分道表，将各项决赛结果准确地填入总记录表和团体总分表，并核对、记录全能运动的成绩和得分，及时整理每天或每单元比赛成绩的有关资料和公告有关成绩，统计团体总分和有关资料。

## 思考题

### 一、问答题

1. 简述校园小型体育竞赛的种类。
2. 田径比赛中径赛分组的编排原则是什么？

### 二、讨论

如何提高球类比赛的组织与编排效率？

# 第七章 大学生体质监测

## 第一节 《国家学生体质健康标准》简介

### 一、《国家学生体质健康标准》的发展历程

《国家学生体质健康标准》（以下简称《标准》）是由教育部、国家体育总局共同制定的一项重要的体育制度，教育部和国家体育总局在总结《国家体育锻炼标准》的成功经验和充分调查研究的基础上，经过多次科学研究和论证，于 2002 年 7 月颁布了《学生体质健康标准（试行方案）》，从 2002 年新学年开始，作为《国家体育锻炼标准》的组成部分，在全国大中小学校开始试行。2007 年根据《学生体质健康标准》试行 5 年来的实际情况和在调研中所发现的问题，对《学生体质健康标准（试行方案）》进行了修订和完善，并定名为《国家学生体质健康标准》。2014 年又针对 2007 版《标准》在实施过程中发现的问题，进一步修订和完善，并于 2014 年 7 月颁布了《国家学生体质健康标准》（2014 年修订版）。

《标准》是《国家体育锻炼标准》的有机组成部分，是《国家体育锻炼标准》在学校的具体实施，是国家对学生体质健康方面的基本要求。《标准》从身体形态、身体机能、身体素质和运动能力等方面综合评定学生的体质健康水平，是促进学生体质健康发展、激励学生积极进行身体锻炼的教育手段，是学生体质健康的个体评价标准，也是学生毕业的基本条件之一。《标准》适用于全日制小学、初级中学、普通高中、中等职业学校和普通高等学校的在校学生。

### 二、《国家学生体质健康标准》名称含义诠释

《国家学生体质健康标准》的内涵是测量学生体质健康状况和锻炼效果的评价标准，是国家对不同年龄段学生体质健康方面的基本要求，是学生体质健康的个体评价标准。健康的概念包括身体健康、心理健康和社会适应。《国家学生体质健康标准》涵盖的是与学校体育密切相关的学生身体健康范畴。为了界定它的内涵，又避免与三维的健康概念相混淆，故将"体质"作为"健康"的定语以示其内涵。

《国家学生体质健康标准》名称的外延涉及它的教育和激励功能、反馈功能和指导锻炼功能。

（1）教育和激励功能：《标准》是促进学生体质健康发展、激励学生积极进行身体锻炼的教育手段。所选用的指标可以反映与身体健康关系密切的身体成分、心血管系统功能、肌

肉的力量和耐力以及关节和肌肉的柔韧性等要素的基本情况。《标准》的实施将使学生和社会能够对影响身体健康的主要因素有一个更加明确的认识和理解，引导和帮助学生去积极追求身体的健康状态，实现学校体育的目标。《标准》实施办法还规定，对达到合格以上等级的学生颁发证章，以激发学生对体育锻炼的内在积极性。

（2）反馈功能：《标准》是学生体质健康的个体评价标准，并规定了各校应将每年测试的数据按时上报至国家学生体质健康标准数据管理系统（网址中文域名：学生体质健康网，英文域名：www.csh.edu.cn），该系统具有按各种要求进行统计、分析、检索的功能，并定期向社会公告。该系统为学生及家长提供了在线查询和在线评估服务，向学生提供了个性化的身体健康诊断，使学生能够在准确了解自己体质健康的基础上进行锻炼。该系统还可以为各级政府机关、教育行政部门、学校提供翔实的统计和分析数据，使之了解学生的体质健康状况，及时采取科学的干预措施。

（3）指导锻炼功能：新的《标准》增加了一些简便易行、锻炼效果较好的项目并提高了部分锻炼项目指标的权重，对引导学生进行体育锻炼具有较强的实效性；同时，通过国家学生体质健康标准数据管理系统，学生还可以查询到针对性较强的运动处方，用于自身因地制宜地进行体育锻炼，提高身体健康水平。

### 三、制定和实施《国家学生体质健康标准》的目的与意义

**1. 贯彻落实"健康第一"的指导思想**

学校教育，特别是学校体育直接肩负着"增强学生体质"和"促进学生健康"的使命。《国家学生体质健康标准》是积极贯彻落实《中共中央国务院关于深化教育改革全面推进素质教育的决定》所提出的"健康体魄是青少年为祖国和人民服务的基本前提，是中华民族旺盛生命力的体现，学校教育要树立健康第一的指导思想，切实加强体育工作"这一思想的重大举措，也是深化学校体育教学改革、促进素质教育的重要步骤。《标准》是学生体质健康的个体评价标准和学生是否能够毕业的基本条件之一，是激励学生积极参加体育锻炼、促进学生体质健康发展的一种教育手段，引导广大青少年学生努力拥有健康的体魄和健全的人格，将"健康第一"的指导思想落到实处，充分发挥学校体育在素质教育中的作用。

**2. 树立健康新理念**

《标准》的贯彻和实施，强调的是促进学生身体的正常生长和发育，促进形态机能的全面协调发展，促进身体健康素质的全面提高和激励学生主动自觉地参加经常性的体育锻炼。有利于学生乃至全社会对健康概念的重新认识，建立符合现代社会发展的体质健康的新理念，认识到身体成分、身体形态、身体机能、身体素质和运动能力是影响人体健康水平的重要因素。

**3. 发展并完善学生体质健康评价体系**

《标准》是在认真总结了《国家体育锻炼标准》、《大学生体育合格标准》执行过程中所取得的成绩和存在问题的基础上，根据学生体质调研所反映出来的体能素质和心肺功能下降等现状，参考国际上有关研究的成功经验和先进做法，建立的以健康素质为主要指标的新的评价体系。这种新的体质健康评价体系有利于科学、综合地评价学生个体的体质健康状况，对每一名学生的体质健康状况进行监控和及时反馈，激发学生自觉地参加体育锻炼，培养终身追求健康生活方式的行为和习惯。

《标准》针对过去体育教育中不科学、不完善、不合理的观念和方法，例如：单纯用身

体运动素质的测试指标来反映学生健康水平、在体育教学中测什么教什么的应试教育倾向等，制定出符合时代发展需要，集科学性、合理性、可操作性为一体的学生体质健康评价体系。《标准》的实施将会促进学生积极锻炼，不断纠正和改变目前学生体质健康状况出现的突出问题，从而使学生拥有健康的体魄和健全的人格，将"健康第一"的指导思想落实到实处，充分发挥学校体育在素质教育中的作用。

### 4. 充分发挥评价的激励功能

评价实质上就是一种判定目标达到程度的过程。当前我国学校教育正在贯彻落实"健康第一"的指导思想，学校体育课教学正在从"技能教学"向全面增进学生身心健康素质的方向转化，《标准》作为一项评价制度，就是要与体育课程目标保持一致，使评价有利于转变传统的体育教学思想、教学内容和教学手段，并起到积极的导向作用。《标准》的评价是激励学生积极参与体育锻炼的教育手段。它不是以鉴别学生体质健康的优劣和选拔运动员为目的。而是通过个体评价，清晰地显示出学生个体的差异，反馈给学生、教师和家长，使学生知道自身还存在哪些不足，应该怎样努力达到目标。如在评价指标上充分考虑了不同个体之间的差异，肺活量、握力等都采用了指数法进行评价，排除了不同个体因体重差异造成的影响和潜在的消极因素。因此，《标准》除了直接提供锻炼的方法和手段以外，还可以帮助学生监测自己的体质与健康状况的变化程度，形成正确的体育意识和态度，加深学生对体育锻炼促进身心健康价值的认识，这些都有助于学生有的放矢地设定自己的锻炼目标，有针对性地制订切实可行的锻炼计划，进而全面增进学生的体质健康水平，发展学生对体育的情感、态度和价值观，有利于培养学生终生的体育锻炼习惯。

### 5. 增强学生强身健体的责任感

《标准》采用登记卡记录每一位学生的体质健康状况，归档保存，并放入学生的成长记录袋，以强化学生的健康意识和社会责任感的培养，促进学生的发展；同时，填补了学生档案中只有德育和智育材料而缺乏学生体质健康状况材料的空白。

### 6. 满足社会发展对人体健康的需要

现代文明在带给人们充分物质享受的同时，也给人类的健康带来了新的威胁。由于精神紧张、营养过剩、运动不足、环境污染等因素引发的非传染性疾病在全球不断蔓延，处于"亚健康状态"的人群不断地扩大。关爱生命、追求健康是现代人渴望的目标。实施《标准》对于唤起学生的健康意识、改变学生不良的生活习惯和生活方式、促进学生健康的成长必将起到积极的作用。《标准》是激励学生积极进行体育锻炼的教育手段，而不是为了甄别和选拔优秀体育运动员。《标准》采用的是个体评价指标，针对身体形态、身体机能、身体素质和运动能力设置了专门的测评项目，有些项目还具有简便易行、锻炼身体实效性较强等特点，能够帮助学生发现自身的不足或个体差异，并通过测评促进学生积极参加体育锻炼，通过锻炼改善体质健康状况。促进身体全面发展，成为具有正确的体育意识和健康生活方式的高素质的建设者，使学校体育在促进国民健康素质方面起到应有的作用。

## 第二节 《国家学生体质健康标准》实施方案和测试办法

### 一、实施方案

根据教育部的要求，为做好《国家学生体质健康标准》（以下简称《标准》）的测试工作，特制定本实施方案：

**1. 组织领导**

成立以主管体育工作的校领导为组长的《标准》实施领导小组，组员由教务处、体育部、学生处、校医院负责同志组成，共同组织实施。

**2. 组织分工**

（1）组长负责《标准》测试的全面领导工作。

（2）体育部负责对学生进行《标准》的测试，对测试数据资料进行统计、分析以及数据资料的上报工作。

（3）教务处主要负责课时安排、各方协调等工作。

（4）学生处主要负责《标准》的宣传、检查和评比，并将《学生体质健康标准登记表》在毕业时放入学生档案。

（5）校医院主要负责医务监督、指导测试。

**3. 实施计划**

（1）一、四年级学生在该学年第一学期进行《标准》测试。

（2）二、三年级学生在该学年第二学期进行《标准》测试。

（3）测试不及格的学生下一学期按学校规定的时间进行补考。

（4）申请免予测试的学生提前办理相关手续。

**4. 等级评定与奖惩**

各个测试项目的得分之和为《标准》的最后得分，根据最后得分评定等级：90.0分及以上为优秀，80.0～89.9分为良好，60.0～79.9分为及格，59.9分及以下为不及格。学生毕业年级的等级评定，按毕业当年的成绩和其他学年平均成绩（各占50%）之和评定。

学生测试成绩评定达到良好及以上者，方可参加评优与评奖；成绩达到优秀者，方可获体育奖学分。测试成绩评定不及格者，在本学年度准予补测一次，补测仍不及格，则学年成绩评定为不及格。普通高中、中等职业学校和普通高等学校学生毕业时，《标准》测试的成绩达不到50分者按结业或肄业处理。

**5. 建立"学生体质健康测评室"**

在《标准》实施领导小组的领导下，由体育部负责建立"学生体质健康测评室"，体育部派专人负责测评室的管理和测试工作。

## 二、测试办法

### (一)《标准》测试的目的

通过《标准》的测试,可以使学校和广大学生清楚地了解自己体质与健康的状况,帮助学生监测自己体质健康的变化,有的放矢地设定自己的锻炼目标,有针对性地选择锻炼的方法和手段,制定切实可行的锻炼计划,进而全面增进体质健康水平。

### (二)《标准》评价指标和测试项目

本标准的学年总分由标准分与附加分之和构成,满分为120分。标准分由各单项指标得分与权重乘积之和组成,满分为100分。附加分根据实测成绩确定,即对成绩超过100分的加分指标进行加分,满分为20分;加分指标为男生引体向上和1000米跑,女生1分钟仰卧起坐和800米跑,各指标加分幅度均为10分(表7-1)。

表 7-1

| 测试对象 | 单项指标 | 权重(%) |
|---|---|---|
| 大学各年级 | 体重指数(BMI) | 15 |
| | 肺活量 | 15 |
| | 50米跑 | 20 |
| | 坐位体前屈 | 10 |
| | 立定跳远 | 10 |
| | 引体向上(男)/1分钟仰卧起坐(女) | 10 |
| | 1000米跑(男)/800米跑(女) | 20 |

注:体重指数(BMI)=体重(千克)/身高$^2$(米$^2$)。

### (三)《标准》测试评分标准

#### 1. 男生各单项指标评分表(表7-2)

表 7-2

| 等级 | 单项得分 | 肺活量(毫升) | | 50米跑(秒) | | 坐位体前屈(厘米) | | 立定跳远(厘米) | | 引体向上(次) | | 1000米(分·秒) | | 体重指数(BMI)(千克/米$^2$) | 单项得分 | 等级 |
|---|---|---|---|---|---|---|---|---|---|---|---|---|---|---|---|---|
| | | 大一大二 | 大三大四 | 大一大二 | 大三大四 | 大一大二 | 大三大四 | 大一大二 | 大三大四 | 大一大二 | 大三大四 | 大一大二 | 大三大四 | | | |
| 优秀 | 100 | 5040 | 5140 | 6.7 | 6.6 | 24.9 | 25.1 | 273 | 275 | 19 | 20 | 3'17" | 3'15" | 17.9~23.9 | 100 | 正常 |
| | 95 | 4920 | 5020 | 6.8 | 6.7 | 23.1 | 23.3 | 268 | 270 | 18 | 19 | 3'22" | 3'20" | | | |
| | 90 | 4800 | 4900 | 6.9 | 6.8 | 21.3 | 21.5 | 263 | 265 | 17 | 18 | 3'27" | 3'25" | | | |
| 良好 | 85 | 4550 | 4650 | 7.0 | 6.9 | 19.5 | 19.9 | 256 | 258 | 16 | 17 | 3'34" | 3'32" | ≤17.8 | 80 | 低体重 |
| | 80 | 4300 | 4400 | 7.1 | 7.0 | 17.7 | 18.2 | 248 | 250 | 15 | 16 | 3'42" | 3'40" | 24.0~27.9 | | 超重 |

续表

| 等级 | 单项得分 | 肺活量（毫升） | | 50米（秒） | | 坐位体前屈（厘米） | | 立定跳远（厘米） | | 引体向上（次） | | 1000米（分·秒） | | 体重指数（BMI）（千克/米²） | 单项得分 | 等级 |
|---|---|---|---|---|---|---|---|---|---|---|---|---|---|---|---|---|
| | | 大一大二 | 大三大四 | 大一大二 | 大三大四 | 大一大二 | 大三大四 | 大一大二 | 大三大四 | 大一大二 | 大三大四 | 大一大二 | 大三大四 | | | |
| 及格 | 78 | 4180 | 4280 | 7.3 | 7.2 | 16.3 | 16.8 | 244 | 246 | | | 3'47" | 3'45" | | | |
| | 76 | 4060 | 4160 | 7.5 | 7.4 | 14.9 | 15.4 | 240 | 242 | 14 | 15 | 3'52" | 3'50" | | | |
| | 74 | 3940 | 4040 | 7.7 | 7.6 | 13.5 | 14.0 | 236 | 238 | | | 3'57" | 3'55" | | | |
| | 72 | 3820 | 3920 | 7.9 | 7.8 | 12.1 | 12.6 | 232 | 234 | 13 | 14 | 4'02" | 4'00" | | | |
| | 70 | 3700 | 3800 | 8.1 | 8.0 | 10.7 | 11.2 | 228 | 230 | | | 4'07" | 4'05" | | | |
| | 68 | 3580 | 3680 | 8.3 | 8.2 | 9.3 | 9.8 | 224 | 226 | 12 | 13 | 4'12" | 4'10" | | | |
| | 66 | 3460 | 3560 | 8.5 | 8.4 | 7.9 | 8.4 | 220 | 222 | | | 4'17" | 4'15" | | | |
| | 64 | 3340 | 3440 | 8.7 | 8.6 | 6.5 | 7.0 | 216 | 218 | 11 | 12 | 4'22" | 4'20" | | | |
| | 62 | 3220 | 3320 | 8.9 | 8.8 | 5.1 | 5.6 | 212 | 214 | | | 4'27" | 4'25" | | | |
| | 60 | 3100 | 3200 | 9.1 | 9.0 | 3.7 | 4.2 | 208 | 210 | 10 | 11 | 4'32" | 4'30" | ≥28.0 | 60 | 肥胖 |
| 不及格 | 50 | 2940 | 3030 | 9.3 | 9.2 | 2.7 | 3.2 | 203 | 205 | 9 | 10 | 4'52" | 4'50" | | | |
| | 40 | 2780 | 2860 | 9.5 | 9.4 | 1.7 | 2.2 | 198 | 200 | 8 | 9 | 5'12" | 5'10" | | | |
| | 30 | 2620 | 2690 | 9.7 | 9.6 | 0.7 | 1.2 | 193 | 195 | 7 | 8 | 5'32" | 5'30" | | | |
| | 20 | 2460 | 2520 | 9.9 | 9.8 | −0.3 | 0.2 | 188 | 190 | 6 | 7 | 5'52" | 5'50" | | | |
| | 10 | 2300 | 2350 | 10.1 | 10.0 | −1.3 | −0.8 | 183 | 185 | 5 | 6 | 6'12" | 6'10" | | | |

**2. 女生各单项指标评分表（表7-3）**

表7-3

| 等级 | 单项得分 | 肺活量（毫升） | | 50米（秒） | | 坐位体前屈（厘米） | | 立定跳远（厘米） | | 一分钟仰卧起坐（次） | | 1000米（分·秒） | | 体重指数（BMI）（千克/米²） | 单项得分 | 等级 |
|---|---|---|---|---|---|---|---|---|---|---|---|---|---|---|---|---|
| | | 大一大二 | 大三大四 | 大一大二 | 大三大四 | 大一大二 | 大三大四 | 大一大二 | 大三大四 | 大一大二 | 大三大四 | 大一大二 | 大三大四 | | | |
| 优秀 | 100 | 3400 | 3450 | 7.5 | 7.4 | 25.8 | 26.3 | 207 | 208 | 56 | 57 | 3'18" | 3'16" | 17.2~23.9 | 100 | 正常 |
| | 95 | 3350 | 3400 | 7.6 | 7.5 | 24.0 | 24.4 | 201 | 202 | 54 | 55 | 3'24" | 3'22" | | | |
| | 90 | 3300 | 3350 | 7.7 | 7.6 | 22.2 | 22.4 | 195 | 196 | 52 | 53 | 3'30" | 3'28" | | | |
| 良好 | 85 | 3150 | 3200 | 8.0 | 7.9 | 20.6 | 21.0 | 188 | 189 | 49 | 50 | 3'37" | 3'35" | ≤17.1 | 80 | 低体重 |
| | 80 | 3000 | 3050 | 8.3 | 8.2 | 19.0 | 19.5 | 181 | 182 | 46 | 47 | 3'44" | 3'42" | 24.0~27.9 | | 超重 |
| 及格 | 78 | 2900 | 2950 | 8.5 | 8.4 | 17.7 | 18.2 | 178 | 179 | 44 | 45 | 3'49" | 3'47" | | | |
| | 76 | 2800 | 2850 | 8.7 | 8.6 | 16.4 | 16.9 | 175 | 176 | 42 | 43 | 3'54" | 3'52" | | | |
| | 74 | 2700 | 2750 | 8.9 | 8.8 | 15.1 | 15.6 | 172 | 173 | 40 | 41 | 3'59" | 3'57" | | | |
| | 72 | 2600 | 2650 | 9.1 | 9.0 | 13.8 | 14.3 | 169 | 170 | 38 | 39 | 4'04" | 4'02" | | | |
| | 70 | 2500 | 2550 | 9.3 | 9.2 | 12.5 | 13.0 | 166 | 167 | 36 | 37 | 4'09" | 4'07" | | | |
| | 68 | 2400 | 2450 | 9.5 | 9.4 | 11.2 | 11.7 | 163 | 164 | 34 | 35 | 4'14" | 4'12" | | | |
| | 66 | 2300 | 2350 | 9.7 | 9.6 | 9.9 | 10.4 | 160 | 161 | 32 | 33 | 4'19" | 4'17" | | | |
| | 64 | 2200 | 2250 | 9.9 | 9.8 | 8.6 | 9.1 | 157 | 158 | 30 | 31 | 4'24" | 4'22" | | | |
| | 62 | 2100 | 2150 | 10.1 | 10.0 | 7.3 | 7.8 | 154 | 155 | 28 | 29 | 4'29" | 4'27" | | | |
| | 60 | 2000 | 2050 | 10.3 | 10.2 | 6.0 | 6.5 | 151 | 152 | 26 | 27 | 4'34" | 4'32" | ≥28.0 | 60 | 肥胖 |

续表

| 等级 | 单项得分 | 肺活量（毫升） | | 50米（秒） | | 坐位体前屈（厘米） | | 立定跳远（厘米） | | 一分钟仰卧起坐（次） | | 1000米（分·秒） | | 体重指数(BMI)（千克/米$^2$） | 单项得分 | 等级 |
|---|---|---|---|---|---|---|---|---|---|---|---|---|---|---|---|---|
| | | 大一大二 | 大三大四 | 大一大二 | 大三大四 | 大一大二 | 大三大四 | 大一大二 | 大三大四 | 大一大二 | 大三大四 | 大一大二 | 大三大四 | | | |
| 不及格 | 50 | 1960 | 2010 | 10.5 | 10.4 | 5.2 | 5.7 | 146 | 147 | 24 | 25 | 4′44″ | 4′42″ | | | |
| | 40 | 1920 | 1970 | 10.7 | 10.6 | 4.4 | 4.9 | 141 | 142 | 22 | 23 | 4′54″ | 4′52″ | | | |
| | 30 | 1880 | 1930 | 10.9 | 10.8 | 3.6 | 4.1 | 136 | 137 | 20 | 21 | 5′04″ | 5′02″ | | | |
| | 20 | 1840 | 1890 | 11.1 | 11.0 | 2.8 | 3.3 | 131 | 132 | 18 | 19 | 5′14″ | 5′12″ | | | |
| | 10 | 1800 | 1850 | 11.3 | 11.2 | 2.0 | 2.5 | 126 | 127 | 16 | 17 | 5′24″ | 5′22″ | | | |

**3. 加分指标评分表（表7-4）**

表 7-4

| 加分 | 男　生 | | | | 女　生 | | | | 加分 |
|---|---|---|---|---|---|---|---|---|---|
| | 引体向上（次） | | 1000米（分·秒） | | 一分钟仰卧起坐（次） | | 800米（分·秒） | | |
| | 大一大二 | 大三大四 | 大一大二 | 大三大四 | 大一大二 | 大三大四 | 大一大二 | 大三大四 | |
| 10 | 10 | 10 | −35″ | −35″ | 13 | 13 | −50″ | −50″ | 10 |
| 9 | 9 | 9 | −32″ | −32″ | 12 | 12 | −45″ | −45″ | 9 |
| 8 | 8 | 8 | −29″ | −29″ | 11 | 11 | −40″ | −40″ | 8 |
| 7 | 7 | 7 | −26″ | −26″ | 10 | 10 | −35″ | −35″ | 7 |
| 6 | 6 | 6 | −23″ | −23″ | 9 | 9 | −30″ | −30″ | 6 |
| 5 | 5 | 5 | −20″ | −20″ | 8 | 8 | −25″ | −25″ | 5 |
| 4 | 4 | 4 | −16″ | −16″ | 7 | 7 | −20″ | −20″ | 4 |
| 3 | 3 | 3 | −12″ | −12″ | 6 | 6 | −15″ | −15″ | 3 |
| 2 | 2 | 2 | −8″ | −8″ | 4 | 4 | −10″ | −10″ | 2 |
| 1 | 1 | 1 | −4″ | −4″ | 2 | 2 | −5″ | −5″ | 1 |

## （四）《标准》评定等级

根据《标准》要求，测试评价指标进行百分制记分，各个测试项目的得分之和为《标准》的最后得分，根据最后得分评定等级，如表7-5：

表 7-5

| 得　分 | 等级 |
|---|---|
| 90.0分以上 | 优秀 |
| 80.0～89.9分 | 良好 |
| 60.0～79.9分 | 及格 |
| 59.9分及以下 | 不及格 |

每学年评定一次成绩并记入《学生体质健康标准登记卡》，学生毕业年级的等级评定，按毕业当年的成绩和其他学年平均成绩（各占50%）之和评定。

## （五）奖励和降低分数的办法

### 1. 奖励分数

奖励分数：属于下列情况之一者，奖励 5 分，不同项可累计加分：
（1）早操、课外活动出勤率达到 98% 以上，并认真锻炼者。
（2）获等级运动员称号者。
（3）参加校级以上（含校级）体育比赛获名次者。
（4）学生体育干部在组织各项体育活动中，工作认真负责者。

### 2. 降低分数

降低分数：对体育课、课外体育活动、早操无故缺勤，一年累计超过应出勤次数 1/10 或因病、事假缺勤，一年累计超过 1/3 者，其《标准》成绩应记为不及格，该学年《标准》成绩最高分记为 59 分。

## （六）免予执行《标准》的规定

学生因病或残疾可向学校提交暂缓或免予执行《标准》的申请，经医疗单位证明，体育教学部门核准，可暂缓或免予执行《标准》，并填写《免予执行＜国家学生体质健康标准＞申请表》（附表 7），存入学生档案。确实丧失运动能力、被免予执行《标准》的残疾学生，仍可参加评优与评奖，毕业时《标准》成绩需注明免测。

# 第三节 《国家学生体质健康标准》测试方法和注意事项

本节对《标准》中各个测试项目的测试目的、方法和参加测试的注意事项逐一进行介绍，使同学们对《标准》的测试工作有所了解。

## 一、身高、体重

### 1. 测试目的

测试学生身高，与体重测试相配合，评定学生的身体匀称度，评价学生生长发育及营养状况的水平。

图 7-1

### 2. 测试仪器

身高体重智能测试仪（图 7-1）。

### 3. 测试方法

受测者刷卡后，赤足以立正姿势按身高体重仪底板所画双脚方向站于仪器上（上肢自然下垂，足跟并拢。足尖分开约成 60 度角）。足跟、骶骨部及两肩胛区与立柱相接触，躯干自然挺直，头部正直，耳屏上缘与眼眶下缘呈水平位，然后按确认键开始测试。

### 4. 测试注意事项

（1）身高体重仪应选择平坦靠墙的地方放置。
（2）刷卡后受测者必须先站好才能按确认键。

（3）严格掌握"三点靠立柱"、"两点呈水平"的测试姿势要求。

（4）水平压板与头部接触时，头顶的发结要放开，饰物要取下。

（5）测量身高体重前，受试者应避免进行剧烈的体育活动和体力劳动。

## 二、肺活量

### 1. 测试目的

测试学生的肺通气功能。

### 2. 测试器材

智能肺活量测试仪（图7-2）。

### 3. 测试方法

房间要求通风良好，使用干燥的一次性吹嘴（非一次性吹嘴，注意消毒后必须使其干燥再使用）。

被测试者面对仪器站立，将吹嘴按导管卡槽方向装好，先刷卡后，按确认键开始测试，以中等速度和力度匀速吹气效果最好。测试时被测试者进行一到两次较平日深一些的呼吸动作后，更深地吸一口气（要学会深吸气，避免耸肩吸气，应该像闻花式的慢吸气），向吹嘴处慢慢呼出直至不能再呼出气体为止，测试时不得中途二次吸气。吹气完毕后，液晶屏上最终显示的数字即为肺活量毫升值。每位受试者测两次，中间仪器会自动提示不需要任何操作，并自行判别记录两次测试数据中较高的值。

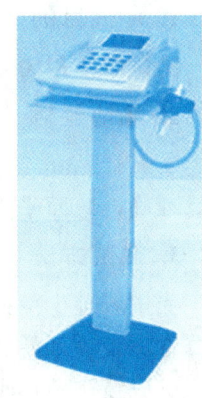

图7-2

### 4. 测试注意事项

（1）智能肺活量测试仪的计量部位的通畅和干燥是仪器准确的关键，应避免口水或杂物堵住气道。

（2）每天测试完毕后用干燥棉球及时清理和擦干导管内部，严禁用水、酒精等液体冲洗气导管内部。

（3）吹嘴消毒后必须哄干方能使用。

（4）定期校对仪器。

## 三、50米跑

### 1. 测试目的

测试学生速度、灵敏素质及神经系统灵活性的发展水平。

### 2. 场地器材

50米直线跑道若干条，地面平坦，地质不限，跑道线要清楚。发令旗一面，口哨一个，秒表若干块（一道一表）。秒表使用前，应用标准秒表校正，每分钟误差不得超过0.2秒。

### 3. 测试方法

受试者至少两人一组进行测试。站立式起跑，受试者听到"跑"的口令后开始起跑。发令员在发出口令的同时要摆动发令旗。计时员视旗动开始计时，受试者躯干部位到达终点线的垂直面停表。以秒为单位记录测试成绩，精确到小数点后一位。小数点后第二位数按非"0"时则进1，如10.11秒按10.2秒记录之。

**4. 测试注意事项**

（1）受试者测试时最好穿运动鞋或平底布鞋，可以赤足，但不得穿钉鞋、皮鞋、塑料凉鞋测试。

（2）发现有抢跑者要当即召回重新起跑。

（3）如遇风时一律顺风跑。

## 四、800 米跑或 1000 米跑

**1. 测试目的**

测试学生耐力素质的发展水平，特别是心血管呼吸系统的机能及肌肉耐力。

**2. 场地器材**

400 米、300 米、200 米田径场跑道，地质不限，也可以使用其他不规则场地，但必须丈量准确，地面平坦。秒表若干块，使用前需要校正，要求同 50 米跑测试。

**3. 测试方法**

受试者至少两人一组进行测试。站立式起跑，受试者听到"跑"的口令后开始起跑。计时员看到旗动开始计时，当受试者躯干部位到达终点线的垂直面时停表。以分、秒为单位记录测试成绩，不计小数。

**4. 测试注意事项**

（1）如果在非 400 米标准场地上进行测试，测试人员应向受试者报告剩余圈数，以免跑错距离。

（2）测试人员应确认受试者身体符合长跑要求无过往病史，并告知受试者在跑完之后应保持站立并缓慢走动，不要立刻坐下，以免发生意外。

（3）受试者测试最好穿运动鞋或平底布鞋，但不得穿钉鞋、皮鞋、塑料凉鞋测试。

## 五、坐位体前屈

**1. 测试目的**

测试学生在静止状态下的躯干、腰、髋等关节可能达到的活动幅度，主要反映这些部位关节、韧带和肌肉的伸展性和弹性及学生身体柔韧素质的发展水平。

**2. 场地器材**

智能坐位体前屈测试仪（图 7-3）。

图 7-3

**3. 测试方法**

受试者刷卡并按确认键后，脱鞋坐在连接于测试仪的软垫上，两腿伸直，不可弯曲，脚掌紧贴在测量计垂直平板上，两手并拢，两臂和手伸直，渐渐使上体前屈，用两手中指尖轻轻推动标尺上的游标前滑（不得有突然前伸动作），直到不能继续前伸时为止。测试计的脚蹬纵板内沿平面为 0 点，向内为负值，向前为正值。

记录以厘米为单位，取小数点后一位。如为正值则在数值前加"＋"符号，负值则加"－"

符号。

**4. 注意事项**

(1) 测试前,受试者应在平地上做好准备活动,以防拉伤。
(2) 测试时,应将膝盖部固定死,如发现两腿弯曲或两上臂突然前伸时应重做。
(3) 身体前屈两臂向前推游标时两腿不能弯曲。

## 六、仰卧起坐（女）

**1. 测试目的**

测试学生腹肌耐力。

**2. 场地器材**

垫子若干块（或代用品），并铺放平坦。

**3. 测试方法**

受试者全身仰卧于垫上，两腿稍分开，屈膝呈 90 度角左右，两手指交叉贴于脑后，另一同伴压住其踝关节，以便固定下肢。受试者起坐时两肘触及或超过双膝为完成一次。仰卧时两肩胛必须触垫。测试人员发出"开始"口令的同时开表计时，记录 1 分钟内完成的次数。1 分钟到时，受试者虽已坐起但肘关节未达到双膝者不计该次数，精确到个位数。

**4. 注意事项**

(1) 如发现受测者借用肘部撑垫或臀部起落的力量起坐时，该次不计数。
(2) 测试过程中，观测人员应向受测者报数。
(3) 受测者双脚必须放于垫上。

## 七、引体向上（男）

**1. 测试目的**

测试学生的上肢肌肉力量和耐力的发展水平。

**2. 场地器材**

高单杠或高横杠，杠粗以手能握住为准。

**3. 测试方法**

受试者跳起双手正握杠，两手与肩同宽成直臂悬垂。静止后，两臂同时用力引体（身体不能有附加动作），上拉到下颔超过横杠上缘为完成一次。记录引体次数。

**4. 注意事项**

(1) 受试者应双手正握单杠，待身体静止后开始测试。
(2) 引体向上时，身体不得做大的摆动，也不得借助其他附加动作借力引体。
(3) 两次引体向上的间隔时间超过 10 秒终止测试。

## 八、立定跳远

**1. 测试目的**

通过测量立定跳远距离，反映人体的协调性和股、腿等部位的爆发力。

## 2. 场地器材

智能立定跳远测试仪（图 7-4）。

## 3. 测试方法

受试者刷卡后，站立在测试垫起跳线后（女生起跳线为前面一条），两脚自然分开，脚尖不得踩线，按"测试"键，受试者两脚原地同时向前起跳，不得有垫步和连跳动作，落地后应从正前方走出测试垫，不得踏踩测试垫两边的测量杆，测试成绩显示机箱上，测试完毕。

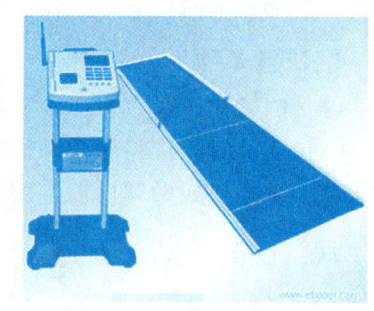

图 7-4

## 4. 注意事项

（1）受试者要选择正确的起跳线。

（2）起跳前双脚不能越过起跳线。

（3）跳完后必须从前面走出去，不能回头或是踩到两侧感应标杆上。

**思考题**

### 一、问答题

1. 实施《国家学生体质健康标准》的目的和意义有哪些？
2. 简述肺活量的测试方法及注意事项。

### 二、讨论

结合自身参加《国家学生体质健康标准》的测试实践，谈一谈自己的体会。

# 第八章 田　径

## 第一节　田径运动概述

　　田径运动是人们用于竞技和健身的走、跑、跳、投的身体运动，可以分为走、跑、跳跃、投掷和全能五个部分。其中以时间计算成绩的竞走和跑的项目称为径赛；以高度和远度计算成绩的跳跃、投掷项目称为田赛；由跑、跳、投部分项目组成的、用评分办法计算成绩的组合项目称为全能运动。

　　田径运动是一项古老的体育运动，在原始社会，人类为了生存，在进行渔猎或与猛兽搏斗时，要走、跑相当的距离，跳跃各种障碍和投掷石块、长矛等，由于日常生活中不断重复这些动作，逐步形成了快速奔跑、跳跃、投掷等技能，并有意识地把这些技能传授给下一代。公元前776年，在希腊奥林匹亚村举行了第1届古代奥运会，短跑被列为比赛项目。以后逐渐有了长跑、跳远、掷铁饼、掷标枪等项目，这是有组织的田径运动竞赛的开始。1896年，在希腊雅典举行了第1届现代奥运会，田径项目是比赛的核心，体现出"更快、更高、更强"的现代奥林匹克格言。

　　中国的田径比赛是在奥林匹克运动的直接推动下逐渐形成的。新中国成立前，由于国民党统治者不关心人民健康，经济落后，体育得不到提倡，田径运动发展缓慢，运动水平低。新中国成立后，中国的田径运动迅速普及，其水平迅速提高，特别是改革开放以后，中国田径运动的发展进入了一个新的发展时期。1984年第23届奥运会上，跳高运动员朱建华获得男子跳高铜牌。1988年第24届奥运会上，李素梅获得女子铅球铜牌。1992年第25届奥运会上，陈跃玲获得女子10公里竞走金牌，实现了中国在田径奥运史上金牌零的突破。1993年第4届田径锦标赛上，王军霞、曲云霞、刘冬分别获得10000米、3000米、1500米的冠军。2000年第27届悉尼奥运会上，王丽萍获得女子20公里竞走金牌。2004年第28届雅典奥运会上，邢慧娜获得女子10000米金牌，刘翔获得男子110米跨栏金牌并平了世界纪录、打破了奥运会纪录。

　　20世纪80年代中期，中国取代日本成为亚洲田坛第一强国。1990年第11届北京亚运会上，中国取得了29枚金牌，到2002年第14届亚运会，中国已经4次蝉联亚运会田径比赛金牌总数第一名，7次蝉联亚洲田径锦标赛金牌总数第一名。中国在亚洲田坛的地位更加巩固。

## 第二节　短距离跑基本技术

短距离跑是田径运动径赛项目中距离最短、速度最快、人体运动器官和内脏器官在大量缺氧情况下完成的极限强度的周期性运动项目，包括400米及以下的各种距离跑和接力跑。短距离跑全程技术可分为起跑、起跑后的加速跑、途中跑、终点跑和弯道跑五个部分。

### 一、起跑

短跑的起跑采用蹲踞式，并使用起跑器。安装起跑器的目的是使两脚有牢固的支撑，形成良好的预备姿势，以便能获得较快的起跑速度。

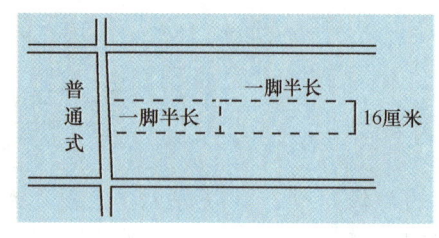

图 8-1

起跑器的安装取决于个人的身高、肢体长度、速度、力量等因素。起跑器支撑面的倾斜角度：前起跑器为40°～50°，后起跑器为60°～65°。两起跑器中轴线之间宽度为15～20厘米。根据起跑器与起跑线以及两起跑器间距离的不同，有多种安装起跑器的方法。比较常用的前起跑器距起跑线以及前后起跑器之间距离均为1.5个脚掌长度（图8-1）。

起跑过程包括各就位、预备、鸣枪（或跑）三个环节。

### 二、起跑后的加速跑

起跑后立即转入加速跑。加速跑距离一般为20米左右，用13～15步跑完。起跑出发的第一步为3.5～4个脚长，第二步4～4.5个脚长，以后逐渐有节奏地加大步幅，达到自己最高速度的95％时，步长趋向稳定。加速跑时，两臂应积极摆动，两腿依次用力蹬地，上下肢协调配合，以迅速获得速度。在加速跑初期，上体有一定的前倾，但七八步以后，随着步长和步频的不断增加，上体逐渐抬起，直到发挥最高速度转入途中跑（图8-2）。

图 8-2

## 三、途中跑

途中跑是全程中最长的一段距离，是短跑的主要部分。它的任务是：在不降低步频的前提下增加步长，在适宜的步幅上求得高频率，以继续发挥和保持高速。途中跑的步伐是一个不断重复的周期性动作。在跑的一个周期中，当身体重心移过支撑点以后，就开始后蹬。后蹬是跑的周期中的一个重要阶段，后蹬从髋关节发力开始，当身体重心远离支撑点时，迅速有力地蹬伸膝关节和踝关节，最后用脚趾蹬离地面。在后蹬结束时，髋、膝、踝三个关节迅速伸直，使后蹬的反作用力有效地通过身体重心，更快地推动身体向前运动（图 8-3）。

图 8-3

## 四、终点冲刺

终点冲刺是全程跑的最后一段，技术上和途中跑基本相同。终点冲刺应力求保持正常动作，最后一步以胸领先向前急剧前倾上体，或侧向终点撞去。这个动作虽不能加快整个身体的向前运动，但可以使躯干早越过终点垂直面。终点冲刺时需要加强两臂的用力摆动，但不要仰头举臂，冲过终点后也不要立即停止跑动，以免跌倒受伤，或产生重力性休克现象。

## 五、弯道跑

200 米和 400 米跑，有一半以上距离是在弯道上跑进的。所以，我们必须了解弯道跑的技术特点。起跑器应安装在跑道的右侧靠近外分道线处（图 8-4）并正对弯道切线方向。起跑时，左手撑在起跑线 5~10 厘米处，为了便于加速，起跑后开始的一段距离应沿着切线方向直线跑进，然后再转入弯道跑。为了克服向前做直线运动的惯性，弯道跑时必须改变跑时的身体姿势、脚后蹬和手臂摆的方向。跑时应向左前方倾体，后蹬时右脚用前脚掌内侧，左脚用前脚掌外侧着地（图 8-5）。

图 8-4

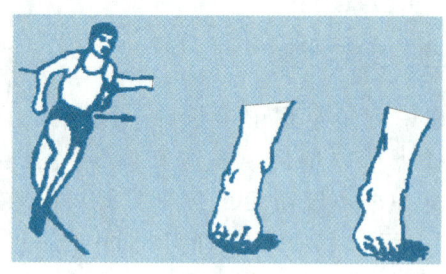

图 8-5

## 第三节　中长跑基本技术

中、长距离跑（简称中长跑）是 800～10 000 米距离的跑，是以有氧代谢为主的耐力性和周期性的运动项目。中跑对速度、耐力要求较高，长跑则是以耐力为主的项目。中长跑是一项具有较大健身价值的运动项目，对人们的呼吸系统、血液循环系统、运动肌肉骨骼系统等都有很大的锻炼作用。中长跑各个项目的完整技术均分为起跑、起跑后的加速跑、途中跑和终点跑等主要技术环节。

### 一、起跑

中长跑采用站立式起跑，起跑前先做 1～2 次深呼吸，然后站在起跑线后 3 米的集合线处听候起跑口令。听到"各就位"口令后，慢跑或走到起跑线后，两脚前后开立，将有力腿的脚放在起跑线的后沿，另一脚放在距离前脚跟约一脚长的地方，两脚左右间隔约半脚长。两腿弯曲，上体前倾，体重落在前脚上，后脚用前脚掌着地。两臂在体前自然下垂或前腿异侧臂在前、同侧臂在后。身体保持平稳，注意听枪声。

听到枪声后，两腿用力蹬地，后腿蹬地后迅速前摆，两臂配合腿部动作，快速、有力地摆动，使身体快速向前冲去。

### 二、起跑后的加速跑

加速跑时，上体前倾较大，两腿交替跑进速度较快，摆臂、摆腿和后蹬都应迅速而积极，在较短时间内达到预定的速度。无论是在弯道还是在直道上起跑，都应按跑道内突沿切线方向朝前跑进。加速跑的距离，根据项目的距离长短、个人特点与临场比赛情况而定。

### 三、途中跑

后蹬阶段是途中跑技术的主要环节。后蹬动作应迅速而积极，依次伸展髋、膝、踝三个关节，后蹬角度一般为 55°左右。

当支撑腿后蹬的同时，摆腿前摆。前摆时，小腿应自然放松，依靠大腿的前摆动作，膝关节领先并带动髋部向前上方摆出。

支撑腿离地后，人体即进入腾空阶段。因此，蹬离地面的支撑腿应该放松，依靠后蹬反作用力的惯性和大腿的向前动作，使小腿折向大腿，形成膝关节弯曲，大、小腿折叠动作。

当摆动腿前摆结束时，大腿开始向下运动，膝关节随之自然伸直，前脚掌在离身体重心投影点的前方约一脚到一脚半处着地。前脚掌着地后，膝关节稍稍弯曲，进入垂直支撑时，再过渡到全脚掌着地。着地时，脚尖应向前，两脚足迹内缘要在一条线上。

中长跑时，上体接近垂直或稍前倾，头部正直，胸部正对前方并微向前挺，整个躯干姿势自然而不僵硬。摆臂时，肩部要放松，两臂弯曲，肘关节约成90°角，两手半握拳，前后自然摆动。前摆时稍向内，后摆时稍向外。

中长跑时，呼吸要有一定的频率和深度，还须与跑的步伐相配合。一般是跑2～3步一呼气，跑2～3步一吸气。随着跑速的加快和疲劳的出现，呼吸频率也会加快，可采用一步一呼、一步一吸。

### 四、终点跑

终点跑是指临近终点时的冲刺跑。运动员要以顽强的意志，加快摆臂，加强腿部蹬摆，全力跑到终点。终点冲刺跑的距离应根据项目、训练水平、战术要求、个人特点和临场情况而定。通常800米可在最后约300米，1500米在最后约400米，3000米以上在最后400米或更长一些距离进行冲刺跑。

## 第四节　跳高基本技术

跳高是通过一定的技术动作，以克服人体自身重量、征服垂直高度为目的的运动项目，也是人的基本能力之一。练习跳高能有效地增强下肢力量，提高弹跳力，发展速度、灵敏等身体素质；培养勇敢、顽强、果断等优良品质和积极进取、奋发向上的精神。在跳高技术发展的一百多年里，曾经出现过跨越式、剪式、滚式、俯卧式、背越式五种姿势。从1968年出现背越式跳高后，背越式跳高技术就一直主宰着世界跳高运动，是目前国际比赛所采用的主要跳高方法，本节主要介绍背越式跳高技术。

背越式跳高是运动员经过一段直线与弧线助跑后，以外侧脚起跳，以摆动臂领先，随后以头、肩、腰、髋、两大腿、小腿和脚依次仰卧旋转过杆，用肩、背着海绵垫的一种跳高技术。背越式跳高技术分为助跑、起跳、过杆和落地四个相互连接的有机整体。

### 一、助跑

助跑的目的是为了获得必要的水平速度，在起跳前及时地调整动作结构和节奏，并取得合理的身体内倾姿势，为起跳和顺利的越过横杆创造条件。

**1. 助跑的方法**

背越式跳高采用直线加弧线助跑。大多采用8～12步。

直线助跑采用逐渐加速的方式，要求提高身体重心，支撑腿充分后蹬，跑3～4步。进入弧线后，以外侧脚的前脚掌内侧、内侧脚的前脚掌外侧着地，脚着地点靠近身体重心投影点，整个身体外侧的摆动幅度大于内侧，身体呈内倾姿势。助跑最后一步，两脚的连线与横杆垂直面约成20°～30°夹角。

**2. 助跑弧线的丈量方法**

助跑弧线的丈量可采用最简单的走步丈量法。即从起跳点开始，沿横杆平行线向助跑走五步，然后转90°向助跑起点走六步，将此点作为直线与弧线的交点，接着再向前走七步，

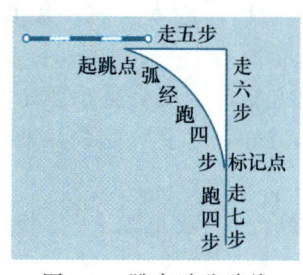

图 8-6　跳高助跑路线

作为助跑的起点。将助跑起点与直弧线交点连接起来就是助跑的直线段，大约跑四步；将直弧线交点与起跳点连起来，形成助跑弧线，大约也是四步。丈量好助跑路线后，还要经过反复的助跑调整后，才能确定出适合的助跑路线（图 8-6）。

## 二、起跳

起跳技术起跳的任务是迅速地改变人体的运动方向，并获得尽可能大的反复的助跑，调整垂直速度，同时还要产生一定的旋转动力，保证过杆动作的顺利完成。起跳是跳高技术的关键环节。

助跑最后一步摆动腿支撑过垂直部位后，起跳脚积极踏向起跳点，起跳腿以大腿带动小腿积极下压做向下的扒地动作。着地时以起跳脚的外侧脚跟部接触地面，继而通过脚外侧滚动至全脚掌，脚尖朝向弧线的切线方向，随着身体由内倾转为垂直，迅速地完成缓冲和蹬伸动作。蹬伸动作依次由髋、膝、踝顺序用力。蹬伸结束时，三关节充分蹬直，即借助于弧线助跑和身体由内倾转为竖直的作用，提高起跳的向上效果和身体攻向横杆。

在起跳过程中，摆动腿和两臂应协调摆动，在起跳腿进行有力蹬伸的同时，两臂配合腿部积极摆动，提肩拔腰，使身体向上腾起。

## 三、过杆和落地

过杆是最终决定跳高成败的重要环节。人体腾空后，身体转为背对横杆的姿势，当头和肩越过横杆后，及时仰头、倒肩和展体，两小腿稍后收，积极挺髋，两手放在体侧，身体形成背弓姿势。当臀部过杆后，及时低头含胸，上甩小腿，使身体依次越过横杆。过杆后，用肩、背依次落于海面包上。这时注意不要做大的团身抱膝动作，以免两腿撞击脸部。

## 四、背越式跳高的技术掌握

**1. 学习和掌握助跑与起跳技术（图 8-7）**

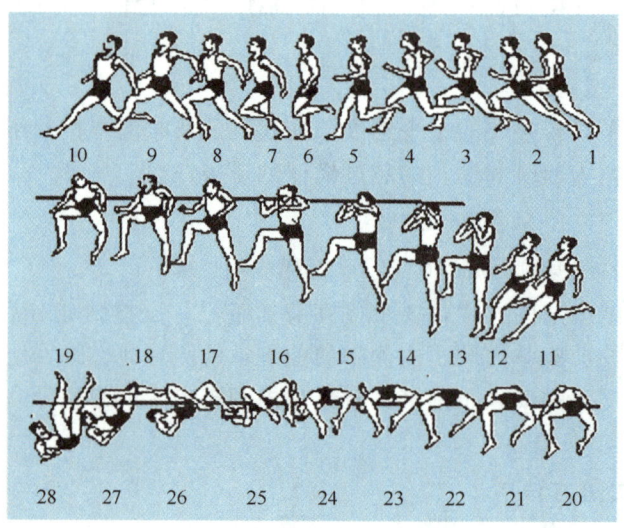

图 8-7　背越式跳高完整技术图解

(1) 原地练习：起跳腿在前蹬地，双臂向上摆起同时摆动腿屈膝上提，提肩拔腰。

(2) 上步练习：①摆动腿在前，起跳腿沿弧线上一步起跳，摆动腿和两臂配合起跳腿的动作积极摆动向上跳起。②沿弧线助跑上步起跳。

(3) 助跑练习：①沿不同半径的圆圈练习助跑；②由直线跑入弧线练习；③助跑全程练习。

**2. 学习过杆技术**

(1) 站在海面包一侧，做原地倒肩挺髋练习（图 8-8）。

(2) 原地双脚起跳，做挺髋倒肩练习（图 8-9）。

(3) 助跑 3～5 步起跳做倒肩挺髋的练习。

(4) 助跑 3 步起跳过杆练习。

(5) 全程助跑过杆练习。

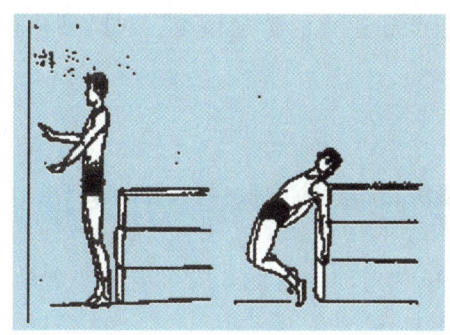

图 8-8

图 8-9

## 第五节　跳远基本技术

跳远是人体通过快速助跑和有力起跳，采用合理的空中姿势和动作，使身体腾越水平距离的运动项目。经常练习跳远可以有效地发展速度、下肢力量、灵敏等身体素质，提高神经系统和心血管系统的功能，培养勇敢、顽强、果断等优良品质。跳远的完整技术是由助跑、起跳、空中动作和落地四个部分组成的。

### 一、助跑

助跑的主要任务是通过助跑获得可控制的最大水平速度，准确地踏上起跳板，为起跳做好准备。

#### （一）助跑的距离和步数

优秀运动员的助跑距离一般为男子 35～45 米，跑 18～24 步；女子 30～40 米，跑 16～22 步。助跑的距离和步数，应根据运动员发挥速度的快慢能力和训练水平的高低而定。能较快发挥速度的运动员，其助跑距离和步数可相应地减少；反之，则应适当增加。

#### （二）助跑的方法

助跑的起动方式有两种：一种是从静止状态开始助跑，采用两腿前后分开的"站立式"

或两腿微屈、两脚左右分开的"半蹲式"静止姿势。另一种是行进间开始助跑，先走几步或跑几步踏上助跑的起跑点，然后再开始加速助跑。

助跑的加速方式也有两种：一种是积极加速，在加速过程中通过以加快步频为主，同时相应增加步长的方法来积极加速，一开始就用力跑，步频始终很高。另一种是逐渐加速，这种方式和一般的加速跑相似，开始步频较低，在逐渐加大步长的基础上同时提高步频。

助跑的最后几步是跳远技术的关键环节，在助跑的最后阶段，为了准备起跳，助跑的节奏稍有变化，主要是倒数第2步的步长稍有增加，身体重心稍有下降。最后一步由于加快起跳腿的放脚动作，步长比倒数第2步又稍短20厘米左右，从而形成加速的助跑节奏，使身体重心升高进入起跳。

## 二、起跳

起跳是改变人体运动方向的主要技术环节，主要任务是充分利用助跑取得水平速度，创造必要的垂直速度，以获得尽可能大的腾起初速度和适宜的腾起角度。起跳动作包括放脚、缓冲和蹬伸三个阶段。

### （一）放脚

在助跑最后一步，为了加快着板动作，起跳腿抬得比短跑低一些，采用"扒地"式的着地动作，足跟与足掌几乎同时接触地面。此时，躯干与地面夹角为90°～107°，小腿与地面夹角约为65°，膝关节为175°～178°。起跳脚积极、主动地着地，既可以减小着地时的冲撞力，又为着地后快速前移身体做准备。

### （二）缓冲

在起跳脚着地的瞬间，助跑速度的惯性和身体重力对起跳腿产生了很大的压力，迫使起跳腿的髋、膝、踝三个关节很快地弯曲缓冲。膝关节角一般为140°～150°。在起跳腿弯曲缓冲的过程中，髋部迅速前移，并带动摆腿积极折叠前摆。两臂配合腿的动作继续摆动，起跳腿同侧臂自体后向前摆动，异侧臂自体前向后摆。上体保持较直的姿势，使身体重心处于相对较高的位置。

### （三）蹬伸

当身体重心及时而准确地移压到起跳腿上时，起跳腿就快速用力地蹬地，充分蹬直髋、膝、踝三个关节，同时摆动腿以髋发力带动大小腿成折叠状，以膝领先，快速而协调地向前上方摆动，摆至大腿成水平。两臂协调一致地配合腿的动作向前上方摆动，摆至上臂与肩平时，要有意识地做"突停"。蹬伸动作结束时，起跳腿髋、膝、踝三个关节充分蹬伸，蹬地角约为75°，摆动腿的大腿接近抬平，小腿自然下垂，上体和头部保持正直，两臂摆出体侧上方。整个蹬伸动作应做到快速积极和充分有力。

## 三、空中动作

跳远腾空阶段的任务是维持身体平衡，为合理、完善的落地动作创造有利条件。

起跳腾空后，摆动腿屈膝前摆，摆至大腿接近水平位置，起跳腿自然、放松地在身体后面，这一起跳结束时身体姿势在空中的延续称为"腾空步"。

"腾空步"以后的空中姿势有三种：蹲踞式、挺身式和走步式。

### （一）蹲踞式

在"腾空步"基础上，摆腿的大腿继续高抬，两臂向前摆动；在跳跃距离 1/3～1/2 时，起跳腿向前上方提举并与摆动腿靠拢，形成空中蹲踞姿势。然后两腿屈膝进一步向胸部靠近，准备下落着地。"腾空"后两臂上举，以加大上肢与身体重心之间的距离，加长旋转半径，从而减小身体前旋的角速度，然后两臂下落。落地前上抬大腿，前伸小腿，当脚跟一触及沙面即屈膝缓冲向前跪，两臂经体侧摆到体后。

### （二）挺身式

"腾空步"后，下放摆动腿，伸髋，向前送髋，摆动腿与身后的起跳腿靠拢。两臂在"腾空步"开始时一前一后摆动，当摆动腿放下时，两臂也同时下落，然后摆动腿继续向后运动，两臂外展，肩和头也同时做稍向后运动，并挺胸送髋使躯干微成反弓形。继而收腹举腿，两臂上举，准备做落地动作。落地动作前两膝向胸前靠拢，小腿和两臂前伸，增加落点的远度。接着两臂引向体后，以便两脚着地后两臂迅速前摆，协助身体重心移过落点。

### （三）走步式

起跳腾空后，摆动腿下落并向后摆动，同时起跳腿屈膝前摆，在空中完成一个自然的换步动作，成为起跳腿在前、摆动腿在后的空中动作。

空中换步时，要注意保持跑动的自然动作，以大腿带动小腿走动，摆动的动作幅度要大。空中完成一次换步动作称为两步半走步式。空中完成两次换步动作称为三步半走步式。

走步式摆臂动作有两种，一种是与下肢动作配合的自然前后摆动，另一种是与下肢协调配合的直臂绕环动作。

## 四、落地

落地阶段的任务是在身体不后倒的前提下，尽量获得较大的落地距离。

即将落地时，两腿膝关节伸直，脚尖勾起，两臂在体后。脚跟接触沙面后，两腿迅速屈膝，两臂积极前摆，使身体重心迅速移过落点，避免后倒坐于沙坑。

## 五、挺身式跳远技术的掌握（图 8-10）

图 8-10

### 1. 助跑结合起跳练习

（1）两脚前后站立，摆动腿在前，起跳腿前迈积极蹬地，摆动腿屈膝向前上方摆起，同时双臂上提肘至肩部时制动，起跳腿充分蹬伸，在空中形成"腾空步"姿势，反复练习。
（2）面向沙坑，助跑 2～3 步，起跳成腾空步后摆动腿先着沙坑。
（3）半程助跑，起跳成腾空步后落入沙坑（摆动腿先着地）。
（4）全程助跑练习。

### 2. 空中挺身练习

（1）原地模仿空中挺身动作。原地向上做好腾空步姿势，接着摆动腿大腿积极下压，小腿向后下方摆动与起跳腿并拢，双臂配合腿的动作做绕环摆动成挺身动作。
（2）站在沙坑边，双脚原地起跳，在空中做挺身展髋和两臂摆动动作，双脚落地。
（3）面向沙坑，助跑 3～4 步起跳，下方摆动腿成挺身动作，双脚落地。

## 第六节　推铅球基本技术

推铅球是单手持球置于肩上锁骨处，在直径 2.135 米的投掷圈内通过滑步或旋转，集中全身的力量，以最快的出手速度将铅球推出，以获得尽可能远度的投掷项目。推铅球技术可分为滑步推铅球技术和旋转推铅球技术两大类。滑步推铅球技术又可分为侧向滑步推铅球技术和背向滑步推铅球技术，本节主要介绍背向滑步推铅球技术。

背向滑步推铅球的完整技术包括握持球、滑步、转换、最后用力和维持身体平衡五个部分。

### 一、握持球

#### （一）握球方法

五指自然分开，把铅球放在靠近食指、中指和无名指的指根处，拇指扶在球体侧面，掌心空出，手腕背屈。

#### （二）持球方法

握好铅球后，将铅球持于肩轴线前，抵住或靠近颈部或下颌，头部略向右转，拇指处在肩的上面，其余四指大体上处在球体的侧面，掌心向内，右臂屈肘，肘部略低于肩或与肩平，躯干保持正直，左臂前上举。

### 二、滑步

背向滑步推铅球的滑步技术包括预备姿势、团身动作和滑步动作三个环节。

#### （一）预备姿势

背对投掷方向，持球贴近投掷圈的后沿站立，两脚前后开立，相距 20～30 厘米，身体重心落在右脚掌上，左脚置于右脚跟后方，上体保持正直，两眼平视，两肩与地面平行。

#### （二）团身动作

运动员站稳后，向前屈体待接近与地面平行时，屈膝下蹲，同时头部和左腿向弯曲的右腿靠拢,完成团身动作。

### (三) 滑步动作

滑步时髋部开始向投掷方向平移,当身体重心超过右腿支撑点时,左大腿带动小腿以脚跟为力点向抵趾板方位积极摆插;右腿积极向投掷方向用力蹬伸的同时,大腿主动内收、提拉。身体在左右腿的摆蹬用力下形成一个低腾空形态,躯干保持前倾姿势,左臂伸向投掷反方向的后下方,眼看投掷反方向的后下方。当右腿蹬直、右脚跟(右脚掌)即将离地时,两大腿的夹角约为125°,躯干与右大腿的夹角约为80°。

## 三、转换(过渡)

在低腾空的下落阶段,右腿积极内收、提拉,超过投掷圈圆心10~30厘米处,以右脚前脚掌内侧着地,右脚尖与投掷方向成135°角左右,右腿弯曲,右膝关节在135°左右。右脚着地后,立即向投掷方向前下方用力转动右髋,带动右腿向投掷方向转蹬。左腿在插向抵趾板时,以前脚掌为力点伸踝外翻,带动大腿、小腿外展,以左脚掌内侧为力点着地。左脚外展,与投掷方向夹角约为30°,左脚的脚尖与右脚的脚跟在一条直线上,左膝角约160°。身体重心落在弯曲的右腿上。躯干保持前倾姿势,与地面夹角约为45°,左臂伸向投掷反方向的后下方,眼看投掷反方向的后下方。

## 四、最后用力

完成转换动作后,左脚一着地即开始了最后的用力动作。左臂屈肘,积极快速地向左前上方弧形运动,在左臂的积极引领下,躯干开始逐渐抬起,同时右髋向投掷水平方向的前下方快速转动用力,在髋的作用下右腿积极转蹬用力,保持一定弯曲程度并向前运动。由右脚掌内侧开始转动向前并滑动,躯干稍有抬起。此时,以左脚着力点到左膝、左髋、左侧躯干、左肩,形成与之对抗的左侧支撑轴。

左臂继续向投掷方向弧线运动停至身体左侧,并固定左肩和左侧支撑轴。左臂大小臂夹角约为90°,左手掌心朝向投掷方向。在左侧支撑轴的对抗作用力下,右髋向投掷水平方向的前下方继续转动用力,带动右腿继续向投掷方向转动蹬伸,足跟转向投掷反方向。右脚向投掷方向移动两脚间距离的1/3。右髋、右腿的运动,推动右侧躯干抬起,向投掷方向转动,抬头挺胸,眼睛看前上方。右臂屈肘外展,朝向投掷反方向并略低于肩,将铅球用力顶在颈部,形成最后用力出手前的良好的超越器械姿势。

在形成良好的超越器械姿势的前提下,继续积极蹬伸右腿,使身体重心由低向高、由右向左移动,左侧支撑轴中的左腿用力撑蹬,右肩在胸的带领下向投掷方向积极运动,躯干转成正对投掷方向。头部转向左侧,右肩高于左肩,以大臂带动小臂呈匀加速的形式将铅球沿38°~42°的出手角度将球推出。在投掷臂伸直的同时手腕背屈,使铅球从指根向指尖滚动,当铅球离手瞬间,在指屈的作用下最后以右手中指指尖为力点作用在铅球的几何重心上,用力将铅球拨送出去。

## 五、维持身体平衡

铅球出手后,为了避免犯规,应迅速弯曲双腿,降低身体重心,左右腿及时换步,维持身体平衡。

# 第九章 排 球

## 第一节 排球运动概述

排球运动是由两支人数相等的球队,在中间隔一网的规定场地两边,从发球开始,之后双方在规则允许的动作范围内运用垫球、传球、扣球、拦网等技术动作,进行攻防对抗,使球不落在本方场区内的球类运动。

1895年,美国马萨诸塞州霍利沃克城的基督教青年会干事威廉·摩根创造了一种较为和缓、运动量适中的运动方式。他根据人们的需要,在体育馆内挂上网球网子,用篮球内胆在球网上空来回打,这就是排球运动最早的雏形。由于篮球内胆太轻,不易控制;篮球和足球太重,容易挫伤手指、手腕。于是摩根找到当时美国较大的斯伯丁体育用品公司,要求他们设计一种用软牛皮包制的球,这种球既不伤手指,又不会一打就跑。斯伯丁公司按摩根的设计要求制作了与现代排球相近的,外表是皮制的,内装橡皮胆的球,圆周为63.5～68.5厘米,重量为255～340克。今天排球的大小和重量就是据此演变而来的。

事后摩根把这种运动形式取名为"Mintonette",即"小网子"的意思。1896年,在美国马萨诸塞州斯普林菲尔德基督教青年会体育指导大会上进行了最早的"小网子"比赛。当时观看比赛的春田市的哈尔斯戴特博士发现这种打法和网球有些相似,因而建议把这一运动命名为"Volleyball",即"空中飞球"之意。这一建议形象地概括了排球运动的性质,得到了摩根及参赛者的一致同意。从此,"Volleyball"就一直被沿用至今。

1947年,国际排球联合会成立,总部设在瑞士洛桑。1964年排球被列入奥运会正式比赛项目。国际排球联合会管辖的世界性比赛有奥运会排球赛、世界排球锦标赛、世界杯排球赛以及世界青年排球锦标赛。

1905年,排球运动传入我国,并经历了16人制、12人制、9人制、6人制的演变过程。1914年,我国正式举行了16人制排球比赛。1930年,排球被正式列入全国运动会比赛项目。

在我国,排球是三大球中的"后起之秀",兴起时间晚,但发展较快。中国女排运用"快速反击"、"位置差"、"单脚起跳背飞"等新技术,从1981年到1986年连续五次获得世界大赛冠军(被誉为"五连冠"),大大振奋了中华民族精神,确立了中国女排的世界霸主地位,同时也开创了现代排球的新纪元。时隔17年之后,在2003年的世界杯上,中国女排再一次问鼎世界冠军,震惊了世界排坛。在 2004 年希腊雅典奥运会上,中国女排以顽强的斗志力克群雄,重温旧梦,再次夺得世界冠军,又一次证明了中国女排的实力。

排球运动不仅能提高人的速度、弹跳力、耐力、柔韧性和灵活性等素质和运动能力,而且能使人体各器官、系统的机能得到改善,增强人的体质。排球运动是集体运动项目,通过训练和比赛,能使人的心理素质、思想修养以及行为作风都受到集体主义的教育。

## 第二节　排球基本技战术

### 一、基本技术

#### (一) 准备姿势和移动

准备姿势和移动是排球运动中运用最多的两项基本技术,它是完成传、发、扣、拦各项击球技术的前提和基础,并对各项技术动作起着重要的串联作用。

**1. 准备姿势**

准备姿势和移动是排球运动中各项技术的基础技术。准备姿势是移动的基础,只有准备姿势正确才能及时、快速向各个方向移动。依据完成各项技术动作的需要,可分为一般准备姿势(稍蹲)、后排防守准备姿势(半蹲)和前排保护准备姿势(低蹲);移动的目的是为了迅速地接近球,取好人与球的合理位置。它是完成各项技术的重要条件,同时也是连接攻防技术的重要环节。常用的移动步法有:并步、跨步、垫步(跨跳步)、滑步、交叉步、跑步和后退步等。

动作要领:两脚左右开立与肩同宽,一脚在前,两膝微屈,身体重心位于两脚之间,并稍靠近前脚,后脚跟稍提起,上体稍前倾,两臂放松,自然弯屈置于腹前。两眼注视球并兼顾场上各种情况,两脚保持微动状态(图 9-1)。

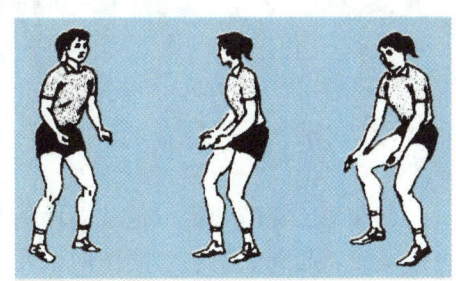

图 9-1

**2. 移动**

移动的目的是为了及时接近球,保持好人与球的位置关系以便击球,同时也是为了迅速占据场上的合理位置。可以说,排球运动中的移动是排球比赛的灵魂和关键。

根据来球的方向、速度、性能和落点的不同,应采用不同的移动方法,采用较多的移动方法有并步法、滑步法、交叉步法等。

(1) 并步法的动作要领:当来球距身体一步左右时适合采用这种方法。移动时,前脚先向前或向两侧迈出一步(步幅大小根据情况而定),同时后脚向前用力蹬地。或向两侧用力蹬地,当前脚落地后,后脚迅速跟上,成接球前的准备姿势。

(2) 滑步法的动作要领:当球距身体较远时,可用滑步法移动。移动时,两膝弯曲,两前脚掌用力蹬地,重心向侧移动,移动方向一侧的脚先向侧方迈出一步,另一脚迅速滑动跟上,成准备姿势。如果距离较远,可用连续滑步。

(3) 交叉步法的动作要领:当来球在体侧或体前侧距离较远时,可采用交叉步法。若向右移动,身体稍向右转,左脚从右脚前面向右交叉迈出一大步,然后右脚再向右边跨出一步，落在左脚的侧面，同时身体转动对准来球方向，保持传球前的准备姿势。若向左移动，动作方向相反。

### (二) 垫球

垫球主要用于接发球、接扣球、接拦回球，有时也用来组织进攻。接发球和接扣球是组织进攻的基础，是比赛中争取少失分、多得分，转被动为主动的重要技术。

垫球技术可分为正面双手垫球、跨步垫球、体侧垫球、低姿垫球、背垫、单手垫、侧卧垫、滚翻垫、鱼跃垫等多种方法。

动作要领：以双手垫球为例。移动对准来球，成半蹲姿势站立。当球接近腹前时，两手掌根紧靠，两手手指重叠，合掌互握，两拇指平行，手腕下压，两臂外翻成一平面（图 9-2）。

当球飞至腹前一臂距离时，两臂夹紧伸直插到球下，配合向前上方蹬地、跟腰抬臂动作，随之身体重心向前上方移动，迎击来球，击球点保持在腹前，以前臂腕关节以上 10 厘米左右处击球后下部，将球垫出（图 9-3）。

图 9-2

图 9-3

### (三) 发球

发球是比赛的开始，也是进攻的开始，高质量的发球可以破坏对方的战术组成，也可以直接得分，起到先发制人的作用。发球的方法可分为正面下手发球、侧面下手发球、正面上手发球等。

#### 1. 正面下手发球

动作要领：面对球网两脚前后开立，左脚在前，两膝微屈，上体稍前倾，重心偏于右脚，左手持球于腹前。发球时将球抛起在体前右侧，离手约 20 厘米高。抛球前，右臂伸直，以肩为轴向后摆动。击球时，右脚蹬地，身体重心随着右手向前摆动击球移至前脚上，在腹前以手掌击球的后下方。手触球时，手指、手腕紧张，手成勺形。击球后，迅速进入场地（图 9-4）。

图 9-4

## 2. 侧面下手发球

动作要领：左肩对网，两脚左右开立，与肩同宽。两膝微屈，上体前倾，重心落在两脚之间，左手持球于腹前。发球时，左手把球平稳地抛送于胸前，距身体约一臂远。离手约 30 厘米高。在抛球的同时，右臂摆至右侧后下方，接着利用右脚蹬地向左转体的力量带动右臂向前上方摆动，在腹前用全掌击球的右下方（图 9-5）。

图 9-5

## 3. 正面上手发球

动作要领：面对球网两脚自然开立，左脚在前，左手托球于身前，用抬臂和手掌平托上送，将球平稳地垂直抛于右肩的前上方，高度适中。在抛球的同时，右臂抬起，屈肘后引，肘与肩平，抬头、挺胸、收腹，上体稍向右侧转动，身体重心移至右脚上。击球时，利用蹬地上体向左转动，同时收腹带动手臂挥动，在右肩上方伸到手臂的最高点，用全掌击球的中下部。击球时，手腕主动做推压动作，使击出的球呈上旋飞行（图 9-6）。

图 9-6

## （四）传球

传球是组织战术的基础，主要用于衔接防守和进攻。传球方法有正传、背传、侧传和跳传四种。

动作要领：以正面双手传球为例。迅速移动正对来球，采用稍蹲姿势，双手自然抬起置于脸前。当球接近额前时，开始蹬地、伸膝、伸臂，两手微张从脸前向前上方迎球，在额前上方约一球处击球。其主要靠伸臂并配合蹬地的力量，以手指手腕的弹力将球传出（图 9-7）。

当手触球时，两手自然张开成半球状，手腕后仰，以承担球的压力。两拇指相对，接近"一"字形，两手之间有一定距离。用拇指内侧、食指全部、中指的二三指节触球，无名指和小指辅助控制球的方向，两肘适当分开（图 9-8）。

图 9-7

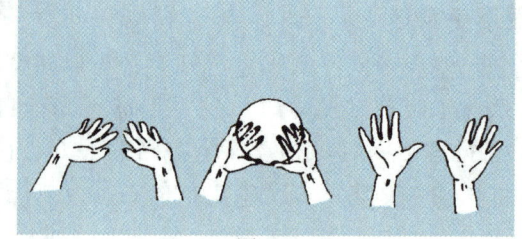
图 9-8

### （五）扣球

扣球是完成接发球进攻和防守反击的最后一击，是最有效、最积极的进攻方法，是得分、得发球权的主要手段。强有力的、富有战术意识的扣球，往往使对方难以防守和组织反击，迫使对方处于被动挨打的境地。优秀运动员的扣球水平体现在高度高、力量大、速度快、变化多、技巧性强、效果好等几个方面。

扣球技术分为正面扣球、调整扣球、勾手扣球、扣快球、自我掩护扣球和单脚跳起扣球等。

动作要领：以正面扣球、两步助跑扣球为例。扣球助跑前采用稍蹲姿势，两臂自然下垂。助跑时，左脚先向前迈出一步，接着右脚再迅速跨出一大步，左脚及时跟上，踏在右脚之前，两脚尖稍向右转。在助跑跨出最后一步的同时，两臂绕体侧向后引，左脚在上踏制动过程中，两臂自后积极向上摆动，随后双脚蹬地向上起跳。起跳后，挺胸展腹，上体稍向右转，右臂屈肘向后上方抬起，身体成反弓形。挥臂时，以转体、收腹动作发力，依次带动肩、肘、腕各关节成鞭甩动作向前上方挥动。击球时，五指微张呈勺形，以全手掌包满球，在最高点击球的后中部，同时主动用力屈腕屈指向前推压，使扣出的球加速上旋。当扣球动作完成后，以前脚掌先着地再过渡到全脚掌着地，同时顺势屈膝、收腹，以缓冲下落力量（图 9-9）。

图 9-9

## 二、基本战术

排球战术可以分为个人战术和集体战术两大类。

场上的比赛无外乎接发球进攻与防守反攻，关于排球战术的介绍，我们将重点放在这两部分，下面对其进行逐一讲解。

### （一）接发球进攻战术

接发球进攻战术可简称为"一攻"战术。一攻的好坏，直接关系到能否得分，要尽力使一传到位,取得主动权。"一攻"战术主要有"中一二"、"边一二"和"后排插上"三种形式。战术形式是固定的,但战术变化却是灵活的。每一种战术形式可以采用多种多样的战术变化,而各种战术变化又可以运用适合自己的某种战术形式。

**1. "中一二"进攻战术**

(1) 接发球站位:当对方发球时,本方接发球站位方法如图 9-10 所示。当二传队员轮到 2 号或 4 号位时,可以在对方发球后换到 3 号位(图 9-11、图 9-12)。

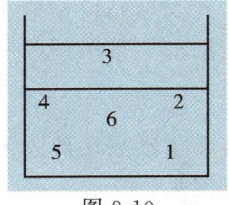
图 9-10
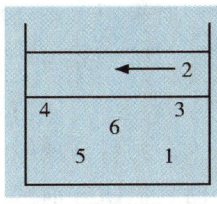
图 9-11
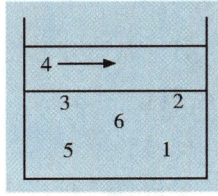
图 9-12

(2) 基本打法:由前排中间的 3 号位队员作二传,把球传给两边的 2 号或 4 号位队员进攻,这种进攻的组织形式称做"中一二"进攻阵形。其主要战术变化形式有:扣球队员通过二传队员传出集中、拉开、背传等各种球,采用斜线助跑、直线助跑和跑步中并步起跳扣球等。

(3) 特点:其优点是一传到位较容易,有利于组织进攻,适合初学者采用;二传距一传近,容易传球。缺点是战术变化少,对方容易识破意图。

**2. "边一二"进攻战术**

(1) 接发球站位:当对方发球时,本方接发球站位方法如图 9-13 所示。当二传队员轮到 4 号或 3 号位时,可以在对方发球后换到 2 号位(图 9-14、图 9-15)。

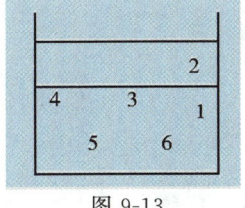
图 9-13
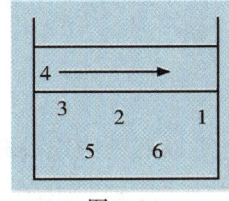
图 9-14
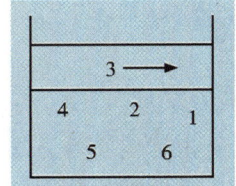
图 9-15

(2) 基本打法:由前排 2 号队员作二传,把球传给 3 号或 4 号队员进攻,这种进攻的组织形式称为"边一二"进攻阵形。其主要战术变化形式有:除包括"中一二"战术形式变化外,还可以组织"前交叉"、"快球掩护拉开"、"快球掩护夹塞"、"梯次掩护扣球"、"短平快掩护拉开"等战术变化。

(3) 特点:其优点是右手扣球者在 3、4 号位,比较顺手,战术变化多。缺点是一传垫球距离较远,不宜到位。

**3. "后排插上"进攻战术**

"后排插上"战术形式,即二传手的位置不是在前排,为了进攻的需要,在对方发球后立即从后排插到前排,把球传给前排的三名队员的进攻形式。这是现代排球战术的主要形式,为一般强队所普遍采用。

这一战术的优点是保持前排三人进攻,能充分利用球网的全长组织进攻;采用这种形式战术变化多，进攻突然性大，但对插上队员要求较高。

## （二）防守反攻战术

接扣球的防守与组织反攻是密不可分的，只有防守成功才能有富有成效的反攻。防守反攻需要前排拦网与后排防守的整体配合，一般分为不拦网、单人拦网和双人拦网。

**1. 不拦网防守阵形**

在对方进攻较弱，没有必要进行拦网时采用。该阵形与5人接发球站位相似，前排队员撤到进攻线后，准备防守和反攻；后排队员防后场球；二传留在网前，接吊球和网前球。

**2. 单人拦网防守阵形**

当对方扣球威胁不大、路线变化不多、轻打吊球较多时，可以主动采用此阵形。拦网队员拦扣球的主要进攻路线，其他队员及时后撤防守前区或保护拦网人。

**3. 双人拦网防守阵形**

当对方水平较高、进攻力量较强、进攻路线变化较多时采用此阵形。其分为"心跟进"和"边跟进"两种。

（1）"心跟进"。当对方经常采用打吊结合，本方拦网能力强，能封住后排中场时采用。对方4号或2号位队员进攻时，本方2、3号位（或3、4号位）队员拦网，后排中的6号位队员在拦网队员之后进行保护，其余队员组成弧形防守。

（2）"边跟进"。当对方进攻较强，战术变化多，吊球较少时采用。对方4号进攻时，前排2、3号位队员组成双人拦网，其余队员组成半圆弧形防守。

## 第三节　排球运动简易规则解析

### 一、发球犯规的判断

**1. 正确的发球**

发球队员击球前在本方端线后，也可以有助跑或跳起，一手将球抛起，用另一只手（张开或握拳）或手臂的任何部位将球击出。

**2. 发球犯规**

（1）击球时脚踏及端线或踏出两边线的延长线。

（2）未将球抛起或未使球清晰离手即击球。

（3）双手击球或用单手将球抛出、推出，以及用臂以外的身体部位击球。

（4）发球队员未能在裁判员鸣哨后8秒内将球发出。

（5）发球队进行个人或集体发球掩护。

（6）发球队的队员站在场外或踏出场区界线。

（7）发球次序错误。

**3. 发球失误**

（1）发出的球触及任何物体或发球队的队员，球没有过网。

（2）发出的球触及标志杆，未从过网区域越过。

（3）发出的球触及本方队员或落在对方场外地面上。

**4. 重新发球**

（1）第一裁判员没鸣哨已将球发出。

（2）双方队员同时犯规时。

## 二、持球、连击的判断

**1. 持球**

击球时没有将球清晰地击出或触球时有较长时间的停留（如捞棒、推掷、携带等），则判为持球犯规。判断持球的主要依据是接触球是否有较长时间的停留。根据比赛队水平可适当放宽，但前后尺度须一至，双方一样。

**2. 连击**

一名队员连续击球两次或球连续触及他的身体不同部位，则造成连击犯规（拦网除外）。但在第一次击球时，除上手传球外，允许身体不同部位在同一击球动作中连续触球。

## 三、网上球的判断

**1. 过网击球**

在对方场区空间内击球为过网击球犯规。判断过网击球犯规的依据是击球点是否在对方场区间，如击球点在本场区上空，击球后随球过网是允许的。

**2. 触球出界**

其是指球触及拦网队员的手后出界。

**3. 触网**

比赛进行中，队员触及 9.50 米以内的球网或标志杆，则判为触网犯规。如果扣球队员将球击在网上，由于球的压力使球网触及对方队员，不应判对方队员触网犯规。双方队员同时触网，应判对方触网犯规。

**4. 过网拦网**

对方完成进攻性击球以后，过网拦网是允许的。但是在对方击球前和击球时不允许过网拦网。

## 四、过中线犯规的判断

比赛进行中，队员整个脚或身体的任何部分越过中线触及对方场区时为过中线犯规。但队员的一只脚或双脚越过中线触及对方场区的同时，脚的一部分还接触中线或置于中线的上空是允许的。

## 五、界内球和界外球的判断

**1. 界内球**

球落在场区以内（包括场地界线）的任何地面上，以球的整体垂直投影线为准。沾边算界内球。

**2. 界外球**

球的整体垂直投影未落场地内。另外，球触及标志杆，从标志杆延长线高度上空，以及从标志杆外过网，应判为界外球。

## 六、暂停与换人

只有在比赛成"死球"时，经教练员或场上队长请求，裁判员才允许暂停或换人。

每局中，每队可以暂停两次，每次暂停的时间为 30 秒。暂停时间从裁判员鸣哨开始计算。

每一局可以替换六人次（一名队员下场、另一名队员上场为一人次）。

每局开始上场的队员，只能退出比赛一次。在同一局中，他再次上场比赛时，只能回到该局中替换他的人的位置。自由球员不受限制。

# 第十章 篮 球

## 第一节　篮球的起源与发展

篮球运动是指两队在规定的场地内，通过集体配合，用手把球投进对方防守的球篮，从而得分的对抗性球类运动。

篮球起源于美国，是 1891 年美国东部马萨诸塞州斯普林菲尔德市（春田市）基督教青年会训练学校体育教师詹姆士·奈史密斯博士发明的。1904 年，在第 3 届奥运会上第一次进行了篮球表演赛。1908 年，美国制定了全国统一的篮球竞赛规则，并用多种文字出版，发行于全世界。这样，篮球运动逐渐传遍美洲、欧洲和亚洲，成为世界性的运动项目。

1932 年，国际篮球联合会成立，总部设在德国慕尼黑。1936 年，第 11 届奥运会把男子篮球列为正式比赛项目，并统一了世界篮球竞赛规则。1976 年，第 21 届奥运会上女子篮球才被正式列为比赛项目。国际篮球联合会管辖的主要世界性比赛有奥运会篮球赛、世界篮球锦标赛、世界篮球俱乐部锦标赛和国际篮联钻石杯赛。

篮球运动于 1896 年前后由天津中华基督教青年会传入中国。1914 年，第 2 届全国运动会上男子篮球被列为正式比赛项目。1930 年，第 4 届全国运动会上女子篮球才被列为正式比赛项目。中国男子篮球队于 1913～1934 年共参加了 10 届远东运动会，其中在 1921 年上海举行的第 5 届远东运动会上获得了冠军。此外，他们还参加过 1936 年举行的第 11 届奥运会篮球赛和 1948 年举行的第 14 届奥运会篮球赛。

新中国成立后，篮球运动蓬勃发展。我国篮球实行等级联赛制度，运动技战术水平迅速提高，跃进到世界前列，在国际上享有较高声誉，在国际重大比赛中都取得了骄人的战绩。如 1992 年第 25 届奥运会上女子篮球获得了亚军。

在现代篮球运动中，美国篮球运动发展得最快，NBA 代表了世界的最高水平，被称为篮球艺术的欣赏。我国以 CBA 的水平最高，并涌现出姚明、巴特尔等世界级的优秀选手。而 CUBA 则是我国高校最高级别的比赛，它一方面丰富了大学生的业余生活，另一方面给热爱篮球的大学生提供了一个展示篮球天赋的舞台。

## 第二节 篮球基本技战术

### 一、基本技术

#### (一) 篮球进攻技术

**1. 移动技术**

1) 起动

起动时,身体重心向跑动方向移动,后脚或异侧脚的前脚掌突然有力地蹬地,同时上体迅速前倾或侧转,手臂协调地摆动,充分利用蹬地的反作用力迅速向跑动方向迈出。

动作要领:移重心,猛蹬地,快跨步,快频率。

2) 侧身跑

跑动时,转体,侧肩,面向球,两手成接球状,脚尖朝前进方向。

动作要领:上体侧转,自然跑动。

3) 变向跑

由右向左变向时,右脚前脚掌落地并左转,同时脚内侧蹬地,左脚加速向左前方迈出,同时上体左转,移动重心加速跑进(由左向右变向时则相反)。

动作要领:蹬地有力,变向突然、快速。

4) 急停

(1) 跨步急停:先向前跨出一大步,全脚掌着地并稍外展。第二步小,由前脚掌内侧抵地,身体稍内转,两膝弯屈,上体前倾,重心落在两脚间,两臂屈肘于体侧,保持平衡。

图 10-1

动作要领:第一步要用脚外侧着地,同时屈膝,重心后仰。第二步用前脚掌内侧蹬地制动,控制重心。

(2) 跳步急停:单脚或双脚起跳,上体稍后仰,双脚同时落地,屈膝降重心,两臂屈肘,保持平衡(图 10-1)。

动作要领:落地时上体稍后仰,全脚掌着地,迅速降重心。

5) 转身

转身时以中枢脚的前脚掌为轴,重心移至中枢脚上,用转动腰胯带动和移动脚的前脚掌内侧蹬地,使身体改变方向,转身后重心落在两脚间,两臂屈肘于体侧。

前转身:移动脚向中枢脚前的方向跨步使身体改变方向。

后转身:移动脚向中枢脚后的方向跨步使身体改变方向。

动作要领:中枢脚前掌用力碾地,同时蹬地转胯移动重心,上体稍正,重心要平稳。

6) 滑步

(1) 侧滑步:向某一方向侧滑步时,该侧脚向该方向跨出一步;落地的同时,另一脚前脚掌内侧迅速用力蹬地,并贴着地面滑动,靠近先移动的脚,两臂自然展开。

动作要领:屈膝降重心,身体不要起伏,两脚不交叉,眼平视对手。

(2) 前滑步:前脚向前跨出一小步的同时,后脚前脚掌内侧用力蹬地,向前滑半步,成前后开立姿势（后滑步动作相反）。前脚同侧臂前上举，另一臂向侧张开（图10-2）。

图 10-2

动作要领：上体向前，移动平稳，重心落在两脚之间。

### 2. 传、接球技术

1）双手胸前传球

身体成基本站立姿势，双手持球于胸腹之间。传球时，用脚蹬地，身体重心前移的同时，前臂迅速向传球方向伸出，拇指下压，手腕由内向外翻转，食、中指用力拨球，将球传出（图10-3）。

图 10-3

动作要领：持球动作正确，全身协调用力，食、中指拨球。

2）单手肩上传球

以右手传球为例。双手持球于胸前，两脚平行开立；传球时，左脚向传球方向迈出半步，同时右肩打开，引球至右肩上方，肘外展，手腕后仰，左肩对着传球方向，重心落在右脚上；右脚蹬地转体，前臂迅速向前挥摆，手腕前屈，食、中指拨球，将球传出。

动作要领：肩关节充分外展，传球时，肘关节领先，挥臂、扣腕动作连贯。

3）双手胸前接球

两眼注视来球，两臂迎球伸出，双手手指自然分开，拇指相对成八字形，其他手指向前上方伸出，两手成一圆形。当手指触球时，两手将球握住，两臂顺势屈肘后引缓冲来球的力量，两手持球于胸腹之间，保持身体平衡（图10-4）。

图 10-4

动作要领：伸臂迎球，后引缓冲，衔接下一动作。

### 3. 投篮技术

1）原地单手肩上投篮

以右手投篮为例。右手屈腕持球于肩上，左手扶球左侧，右臂屈肘朝里，前臂与地面接近垂直，两腿微屈，右脚在前，身体重心落在两脚上，目视瞄篮点；投篮时，脚蹬地伸展腰腹，右臂抬肘向前上方伸直，手腕前压，使球从食、中指指端离手。

动作要领：蹬地、展腹、抬肘、伸臂、压腕、拨球协调用力。

2）双手胸前投篮

双手持球于胸前，双肘自然下垂，两脚自然开立，两膝微屈，重心落在两脚之间；投篮时，下肢蹬地发力，两臂向前上方伸展，前臂内旋，拇指下压，手腕前屈，食、中指将球投出。

动作要领：屈肘下垂，腰腹伸展，用力均衡，动作协调。

3）行进间单手肩上投篮

以右手投篮为例。右脚向前跨出一大步的同时接球，左脚迅速跟上跨出第二步。全脚掌着地，积极起跳，右腿屈膝上抬，同时举球于肩上，跳至最高点时，右臂向上伸展，屈腕拨球，将球投出（图10-5）。

图 10-5

动作要领：第一步大，第二步小，垂直上跳，最高点柔和出手。

4）行进间单手低手投篮

以右手投篮为例。右脚跨出一大步的同时接球，左脚接着跨出一小步并用力蹬地起跳，右脚屈膝上提，双手持球上举。当身体接近最高点时，左手离球，右手掌心向上托球并充分向篮圈方向伸直，接着屈腕，食、中指用力拨球，通过指端将球投出。

动作要领：节奏清楚，起跳充分，身体伸展，指腕上挑，动作柔和、协调。

5）原地跳起单手肩上投篮

以右手投篮为例。双手持球于胸前，两脚平行开立；起跳时两脚迅速屈膝，降低重心，两脚掌用力蹬地，向上跳起，双手举球至右肩上方，右手托球，左手扶球；当身体接近最高点时，左手离球，右臂向前上方伸直，用手指、手腕的力量将球投出。

### 4. 运球技术

1）原地高运球

两腿微屈，五指自然张开，以手指、手掌按拍球的上部（掌心不触球），球的落点在脚外侧，高度及腰。

动作要领：以肘关节为轴，肩放松，手臂随球上下移动。

2）原地低运球

两脚前后开立，屈膝降重心，含胸直腰，运球手法、球的落点同高运球，高度及膝。

动作要领：手腕、手指短促、用力拍球。

3）运球急停急起

在快速运球中利用跨步急停法，迈出第一步的同时按拍球的上方，突降重心。急起时，蹬地迅速起动，推拍球的后上方（图10-6）。

图 10-6

动作要领：停得稳，起得快，控制好球。

4）体前变向换手运球

以从右向左变向为例。运球接近防守变向时，右手按拍球的右后上方，将球拍至左侧前方，同时右脚向左前方跨出，上体左转，压肩侧身保护球，然后换左手运球加速突破防守（图10-7）。

图 10-7

动作要领：变向时重心降低，转体探肩，蹬跨突然，护球加速。

**5．持球突破技术**

1）交叉步持球突破

以右脚作中枢脚为例。两脚左右开立，两膝稍屈，身体重心降低，持球于胸腹之间；突破时，左脚前脚掌内侧迅速蹬地，上体稍向右转，左肩向前下压，重心向右前方移动，左脚向右侧前方跨出，将球引于右侧，接着运球，中枢脚蹬地向前跨出，迅速超越防守（图10-8）。

图 10-8

动作要领：假动作逼真，后蹬有力，起动迅速，动作连贯。

2）同侧步持球突破

以左脚作中枢脚为例。突破时，左脚内侧蹬地，右脚迅速向对手左侧跨出，同时向右侧转体探肩，重心前移，球移至右手并推放球于右脚斜前，左脚迅速跨步抢位，加速超越对手。

动作要领：起动突然，跨步与推放球快速连贯，不要走步。

### （二）篮球防守技术

个人防守是队员合理运用脚步移动和手臂动作积极抢占有利位置，阻挠和破坏对手进攻意图和行动，并以争夺控制球权为目的的一种基本技术。它是个人防守技术的综合运用，又是全队防守战术配合的基础。

个人防守技术可分为防无球队员、防有球队员等。

**1. 防无球队员**

其要求包括：

（1）要占据有利的防守位置，做到"内紧外松，近紧远松，松紧结合"。

（2）要防止对手摆脱，做到积极封堵，限制对手向有威胁的区域随意移动，阻止其在自己的投篮点内得球。

（3）要及时果断地进行协防，提高整体防守的有效性。

其方法包括：

（1）位置的选择。应站在对手与篮之间偏有球的一侧，离球近则近，离球远则远，人球兼顾。

（2）防守姿势。在强侧或离球近时，采用面向人侧向球的步法；当遇到弱侧或离球远时，采用面向球侧向人的步法。

（3）防守移动队员。要判断其意图，运用各种步法抢占有利位置，并注意球的位置，人球兼顾。

**2. 防有球队员**

其要求包括：

（1）要占据对手与球篮之间的有利位置（即三点成一线）。

（2）要观察判断对手的进攻意图，合理地运用防投、运、突、传等技术。

（3）要及时发现对手的进攻技术特点，以便有针对性地防守。

（4）在对手运球停止时，立即上前封堵。

其方法包括：

（1）位置的选择。离篮远则远，离篮近则近。根据对手的技术特点和防守战术的需要调整自己的位置。

（2）防守动作，如图10-9所示。

图 10-9

## 二、基本战术

### （一）攻防战术基本配合

战术基本配合是指两三人所组成的简单配合方法，它是组成全队攻防战术的基础。

**1. 传切配合**

传切配合是指进攻队员之间利用传球、切入等技术组成的简单配合。

示例 1：如图 10-10 所示，④传球给⑤后，立刻摆脱对手向篮下切入，接⑤传来的球投篮。

示例 2：如图 10-11 所示，在⑤与⑥互相传球之际，④乘对手不备之机，突然空切篮下，接外围同伴的传球，然后投篮。

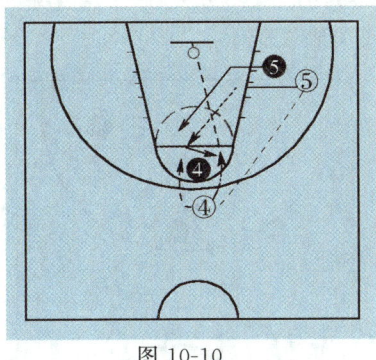
图 10-10

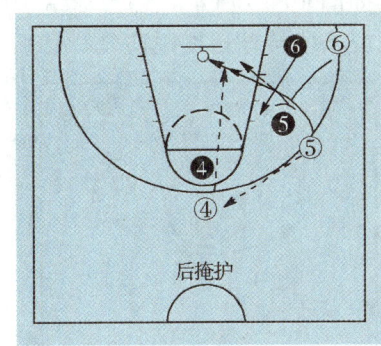
图 10-11

**2. 突分配合**

突分配合是指持球队员突破后，利用传球与同伴配合的方法。

示例：如图 10-12 所示，⑤突破后，遇到迎上补防，立刻把球传给切入篮下的⑦，⑦接球后投篮或与其他同伴配合。

**3. 掩护配合**

掩护配合是指进攻者以合理的行动，用身体挡住同伴防守者的通路，为同伴摆脱防守，创造接球和投篮机会的一种配合方法。

1）前掩护

前掩护是指掩护队员站在同伴的防守者前面，用身体挡住防守者向前移动的路线，使同伴借机摆脱防守的一种配合方法。如图 10-13 所示，④传球给⑤后，先做向篮下切入的假动作，然后突然跑到身后，形成前掩护，⑤接球后投篮或做其他进攻动作。

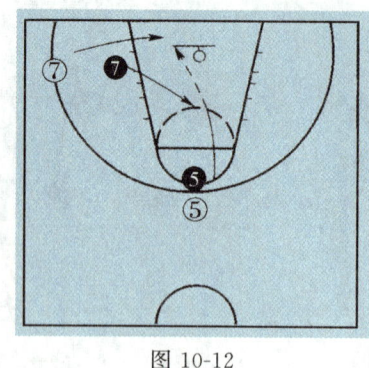
图 10-12

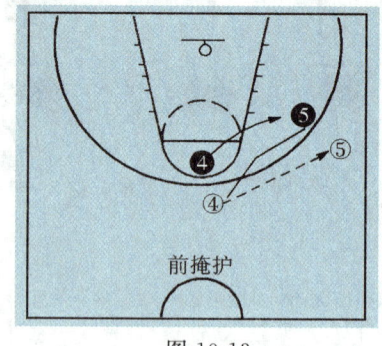
图 10-13

2）后掩护

后掩护是指掩护队员站在同伴的防守者身后，挡住他的移动路线，使同伴借以摆脱防守的一种配合方法。如图 10-14 所示，⑤传球给④的同时，⑥到身后做掩护，⑤传球后先做切入的假动作，然后利用同伴的后掩护摆脱防守，切入篮下，接④的传球投篮，⑥及时转身跟进。

### 4. 策应配合

策应配合是指进攻队员背对篮或侧对篮接球，以他为枢纽，与同伴相配合而形成一种里应外合的配合方法。

示例：如图 10-15 所示，⑤传球给④后，利用假动作摆脱防守，上提到外策应位置接④的传球做策应，④传球后摆脱防守，然后接球投篮或突破上篮。

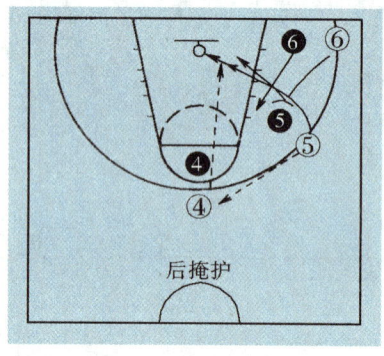
图 10-14

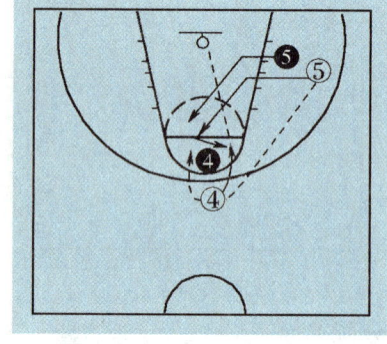
图 10-15

## （二）攻防战术的整体配合

### 1. 快攻与防守快攻

1）快攻

快攻是指由防守转入进攻时，以最快的速度、最短的时间，在人数上造成以多打少的优势，或在人数相等以及人数少于对方的情况下，乘对方立足未稳，果断而合理地进行的一种快速进攻战术。

长传快攻是队员在后场获球后，几个队员在快速奔跑过程中运用短而快的传接球，迅速推进过中场迫近对方篮下进行攻击的一种配合。

快攻战术的结构分为发动与接应、推进、结束三部分。

（1）发动与接应：发动是快攻战术的前提，接应有固定接应和动机接应两种。

（2）推进：紧接第一传的配合，是快攻的桥梁。

(3)结束：指快攻进行的前场最后完成攻击所运用的配合。

2）防守快攻

防守快攻是指在由攻转防的过程中，队员有组织地运用个人战术和几个人之间的协同配合，主动堵截对手，积极抢、断球，破坏其快攻战术，为减缓控制对手进攻的速度，以达到稳定防守，迅速组织起各种不同形式的全队防守战术的目的。其方法和手段是：提高进攻成功率，积极拼抢前场篮板球，封堵快攻第一传和截断接应。

**2. 半场人盯人防守与进攻半场人盯人防守**

1）半场人盯人防守

半场人盯人防守是指在篮球比赛中由进攻转入防守时，全队有组织地迅速退回后场，在半场范围内进行盯人防守的一种全队战术。

其基本要求包括：

(1) 防守队应根据双方队员的身高、位置和技术水平，合理地进行防守分工，尽量与对手力量相当。

(2) 由进攻转入防守时，要迅速退回后场，找到自己的对手，积极抢、断球，夹击和补防。

(3) 防守有球队员要逼近对手，主动攻击球，积极封盖投篮，干扰传球。

2）半场人盯人防守战术方法

半场人盯人防守战术方法是根据半场人盯人防守战术的特点，从每个队员的具体实际出发，综合运用传接球、投篮、运球、突破等个人技术动作，及传切、掩护、策应等几个人之间的战术基本配合，所组成的一种全队进攻战术。其共分为三个阶段：

第一阶段为准备阶段，即推进前场，快速落位，做好进攻部署阶段，避免中场停球。

第二阶段为发动阶段，即运用战术配合投篮攻击阶段，注意队形的合理变化。

第三阶段为结束阶段，即完成配合投篮攻击阶段，投篮后，有组织地争夺前场篮板球和调整位置，保持攻守平衡。

**3. 区域联防与进攻区域联防**

1）区域联防

区域联防是指由进攻转入防守时，防守队员退回半场后，各按分工负责防守一定的区域，严密防守进入本区域的球和进攻队员，并与同伴协同防守，形成一定的队形，有机地组成集体防守战术。其特点是：位置较为固定，分工明确，有利于组织抢后场篮板球和发动快攻，但容易在局部区域被对方以多打少。

区域联防的常用形式有"2—1—2"、"2—3"、"3—2"等阵容。

其战术要求包括：

(1) 根据攻守双方的特点合理布置队形。一般是把快速灵活、善于抢断的队员放在外防区，把身材高大、力量好、补防意识强、可控制篮板球的队员放在内线防区。

(2) 5个队员要积极协同配合，以球为主，人球兼顾，有球紧、无球松，整体队形随球的转移而及时调整。

(3) 要充分利用关门、夹击、补防等防守配合，严防背插、溜底线和突破等攻击性较强的进攻配合。注意保护中锋。

2）进攻区域联防

进攻区域联防是指根据对方防守的队形和本队的特长所采用的进攻配合战术。其常用形式有"1—2—2"、"1—3—1"、"2—1—2"、"2—3"等。

其战术要求包括：

（1）快攻是进攻区域联防的有效方法之一。进攻争取在对方尚未退回后场并组织好防守队形之前，积极发动快攻。

（2）进攻队应针对防守队形，采用插空站位的进攻队形。

（3）进攻是要利用各种配合声东击西、内外结合地攻击，借以打乱防守队形，创造投篮机会。

（4）要积极争抢前场篮板球并随时准备退守。

## 第三节　篮球运动简易规则解析

### 一、比赛时间

比赛应由 4 节组成，每节 10 分钟。在第 1 节和第 2 节之间，第 3 节和第 4 节以及每一决胜期之前应有 2 分钟的休息时间。第 2、3 节之间休息 15 分钟。

### 二、暂停

在前 3 节的每节中，每队可准许 1 次要登记的暂停，第 4 节中准许两次登记的暂停，每一决胜期准予 1 次要登记的暂停，每次暂停时间为 1 分钟。

### 三、替换

替换队员必须做好准备后，亲自到记录台前报告，然后坐在替补队员席上，经临场裁判准许后，方可进入场地替换。遇到下列机会时，记录台鸣笛通知临场裁判：请求暂停已准许时；宣判了死球时；宣判了犯规时；队员受伤不能继续比赛时；掷界外球的球队允许换人时（另一方也可以请求换人），但跳球的队员不能由其他队员替换，除非是他受伤了。

### 四、违例

**1. 队员出界和球出界违例**

当队员身体的任何部分接触界线上或界线外的地面，或接触界线上、界线上方或界线外的除队员以外的任何物体时，即是队员出界。

球出界，即当球触及：

（1）在界外的队员或任何其他人员。

（2）界线上、界线外的地面，界线上方或界线外的任何物体。

（3）篮架、篮板背面、篮板上方或篮板后面的任何物体。

**2. 带球走违例**

比赛中持球队员超出规则限制的范围移动，则判其带球走违例。确定中枢脚是判断持球队员是否带球走的关键。

队员双脚着地接到球，可以用任一脚作中枢脚。一脚抬起的一刹那，另一脚便成为中枢脚。

**3. 拳击球和脚踢球违例**

当在跳球或双方争夺球的过程中出现拳击球时，应立即宣判违例。在比赛时，如果出现脚或腿偶然地碰到球，则不算违例。

### 4. 干扰球违例

在投篮时，当球在飞行中下落，并完全在篮圈水平以上时，进攻和防守队员都不可触及球；在投篮中，当球碰击篮板后完全在篮圈水平面以上不可触球。当投篮的球触及篮圈时，进攻和防守队员不得触及球篮和篮板。不管是在投篮后、跳球拍击球后或是在传球后，进攻和防守队员都不得从下方伸手穿过球篮并触及篮圈水平面以上或篮圈上的球。如进攻队员违反此规定，不管是否投中均无效，由对方在罚球线的延长线部分掷界外球；如防守队员违反此规定，无论中篮与否，根据投篮地点判给投篮得 2 分或 3 分。

### 5. 球回后场违例

某队控制前场活球，该队的队员不得使球回他的后场。

在比赛中裁判员如发现前场的控球队员使球进入后场，不要急于鸣哨，要给对方队员获球机会，只有待同队队员触及球时，才可以宣判该队球回后场违例。

### 6. 违犯时间规则的违例

（1）3 秒违例。某队在场上控制球且比赛计时钟正在走动时，该队员不得在对方的限制区内停留超过 3 秒，否则为 3 秒违例。

（2）5 秒违例。罚球队员可处理球时在 5 秒内未将球投篮出手；掷界外球队员可处理球时在 5 秒内未使球离手；持球队员在场内被严密防守时（在正常的一步内），5 秒内未能传、投、滚或运球。

（3）8 秒违例。当一名队员在后场控制活球时，该队必须在 8 秒内使球进入前场，否则应判违例。当球触及前场或球触及有部分身体接触前场的队员时，即算球进入某队的前场。

（4）24 秒违例。2003 年 10 月 1 日，中国篮球协会对 24 秒做出新的规定，目的是使规则更加合理，保证比赛流畅，加快比赛的进程，与 NBA 的规则接轨。

投篮的球，球在空中，24 秒钟响，投中有效。球碰篮圈，没有投中球是活球，没有违例发生，比赛不中断，信号应忽略，并且比赛应继续进行。24 秒从某队控制球开始重新计算（原规则是违例）。

任一队控制球或双方队都没有控制球时，24 秒钟发出了错误的信号，没有违例发生，信号应被忽略，球仍是活球，并且比赛应继续。

24 秒违例发生，停止比赛计时钟。

其他 24 秒规定按原规则执行。

设备上，24 秒钟与比赛计时钟完全断开，自行手动操纵开启和停止。

## 五、常见犯规及罚则

犯规是规则的违犯，含有与对方队员的非法身体接触和（或）违反体育道德的举止。犯规者的每一次犯规应被登记，记入记录表并相应被处罚。

### 1. 侵人犯规

侵人犯规是队员与对方队员的接触犯规，无论球是活球或是死球。队员不应通过伸展他的手、臂、肘、肩、腿、膝或脚来拉、阻挡、推、撞、绊、阻止对方队员行进，以及不应将其身体弯屈成"反常的"姿势（超出他的圆柱体），也不应放纵任何粗野或猛烈的动作。

罚则：

（1）应给犯规队员登记一次侵人犯规。

（2）如果对没有做投篮动作的队员犯规：①由非犯规的队在最靠近违犯的地点掷球入界

重新开始比赛。②如果犯规的队处于全队犯规处罚状态时，则应运用全队犯规处罚条款。

(3) 如果对正在做投篮动作的队员发生犯规，应按下列所述判给投篮队员若干次罚球：①如果投篮成功，应计得分并判给1次追加的罚球。②如果从2分投篮区域的投篮未中，应判给2次罚球。③如果从3分投篮区域的投篮未中，应判给3次罚球。

**2. 双方犯规**

双方犯规是两名互为对方的队员大约同时相互发生侵人犯规的情况。

罚则：应给每一犯规队员登记一次侵人犯规。不判给罚球。

**3. 违反体育道德的犯规**

根据裁判员的判断，一名队员不是在规则的精神和意图的范围内合法地试图去直接抢球，发生的接触犯规是违反体育道德的犯规。

判断违反体育道德犯规的原则。

(1) 如果一名队员不努力去抢球并发生接触，这是一起违反体育道德的犯规。

(2) 如果一名队员在努力抢球中造成过分的接触（严重犯规），则该接触应被判定是违反体育道德的犯规。

(3) 如果一名队员正做合法的努力去抢球（正常的争抢）发生了犯规，这不是违反体育道德的犯规。

罚则：

(1) 登记犯规队员一次违反体育道德的犯规。

(2) 应判给被侵犯的队员相应的罚球，以及随后在记录台对面的中线延长部分掷球入界，或在中圈跳球开始第一节的比赛。

(3) 罚球的次数的规定是：①如果对没有做投篮动作的队员发生犯规，应判给2次罚球；②如果对正在做投篮动作的队员发生犯规，如果中篮应计得分并加罚1次球；③如果对正在做投篮动作的队员发生犯规，并没有得分：应判罚2或3次球。

**4. 技术犯规**

技术犯规是包含（但不限于）行为性质的队员非接触的犯规。

罚则：

如果一次技术犯规发生：①由一名队员，应给他登记一次技术犯规，作为队员犯规并作为全队犯规之一计数；②由一名教练员、助理教练员或随队人员，给教练员登记一次技术犯规，并不作为全队犯规之一计数；③应判给对方队员2次罚球，以及随后在记录台对面的中线延长部分掷球入界，或在中圈跳球开始第一节的比赛。

**5. 取消比赛资格的犯规**

队员、替补队员、教练员、助理教练员或随队人员任何恶劣的违反体育道德的行为是取消比赛资格的犯规；一名队员被登记了2次违反体育道德的犯规时，该队员也应被取消比赛资格。

罚则：

(1) 应给犯规者登记一次取消比赛资格的犯规。

(2) 相应的罚球以及随后的记录台对面的中线延长部分掷球入界，或在中圈跳球开始第一节的比赛。

(3) 罚球次数的规定是：①如果对没有做投篮动作的队员发生犯规或如果是一次技术犯规，应判给2次罚球；②如果对正在做投篮动作的队员发生犯规，如果中篮应计得分并加罚1次球；③如果对正在做投篮动作的队员发生犯规，并没有得分，应判2或3次罚球。

# 第十一章
# 足　　球

## 第一节　足球运动概述

足球运动的发展源远流长，据有关史料记载，古代足球最早出现于中国，早在公元前的商代，中国就有了用脚踢球的游戏，到了战国时期（公元前 475～前 221 年），我国就有了有关足球运动的文字记载。

我国古代的足球运动称为"蹴鞠"或"蹋鞠"，"蹴"和"蹋"都是踢球之意，"鞠"是用皮革做的一种足球。汉朝时"蹴鞠"开展得比较普遍，到了唐代，我国的"蹴鞠"在场地器材方面也逐渐地完善，开始有了"充气的门"的设立，并发展到以射门为目标的两队对抗性比赛。到了宋、元、明 3 个朝代，逐渐地建立起球会组织，宋代民间的球会称为"齐云社"。清朝时我国已把足球运动作为专门训练王室军事的体育活动之一。

足球运动主要用脚支配球，又可以作合理冲撞，具有人数多、场地大、比赛时间长、对抗性强、技术复杂、战术多样等特点，集兴趣性、群众性、娱乐性于一体，经常从事足球运动，能有效地提高人体力量、速度、灵敏、耐力等身体素质，增强中枢神经系统、心血管系统、呼吸系统等的功能；还能培养人勇敢顽强、机智果断、坚韧不拔和团结协作、热爱集体、遵守纪律等优良品质。此外，现代足球还具有很高的商业价值。

当前，世界上规模最大、水平最高的足球比赛是奥运会足球赛和世界足球锦标赛（世界杯赛），这两大比赛均每 4 年举行 1 次。

现代足球运动诞生于 1863 年 10 月 26 日的英国伦敦。1904 年 5 月 21 日成立了足球国际性组织——国际足球联合会（FIFA）。较大规模的足球比赛有两个，一是世界足球锦标赛（1930 年起），另一个是奥运会的足球比赛（1900 年起），平均每四年举行一次。国际足球运动发展很快，目前已形成全攻全守、整体型的踢法。攻守较为平衡，并对技术战术、身体素质、心理素质、战斗意志、团队协作等方面提出很高的要求。每位队员正向全面化发展，既要能进攻，又要善于防守。全面、快速、灵活是现代足球运动发展的必然趋势。

1991 年 11 月在中国广东举行了首届世界女子足球锦标赛，开创了世界女子足球运动的新纪元。

现代女子足球运动起源于 16 世纪初的英格兰，并于 1894 年建立了女子足球俱乐部。20世纪 70 年代初期，欧洲凭借其雄厚的经济实力和广泛的群众基础，成为发展女子足球运动的先锋。亚洲现代女子足球运动从20世纪50年代起在新加坡盛行,中国台湾、泰国和印度也随之相继开展,1968年,亚洲女子足球协会在中国香港成立。

我国女子足球历史悠久,起源于东汉时期。唐代和五代时,女子足球游戏日趋普遍,北宋时,演变成2人或多人游戏,直到明朝末年,由于受封建社会歧视,至清代之后,其逐渐衰落。

现代女子足球在我国开始于20世纪二三十年代(当时上海建立了第一支女子足球队)。我国的女子足球运动发展于20世纪70年代,与欧洲同步。

## 第二节　足球基本技战术

### 一、基本技术

#### (一) 踢球技术

踢球是指运动员有目的地用脚的某一部位把球击向预定的目标。踢球的方法有脚内侧踢球、脚背正面踢球、脚背内侧踢球、脚背外侧踢球等。

**1. 脚内侧踢球**

用脚内侧部位(跖趾关节、舟骨和跟骨所构成的三角部位)击球,其特点是脚与球接触面积大、出球平稳准确,多用于短距离传球和射门。

动作要领:踢定位球时,直线助跑,支撑脚踏在球的侧方15厘米左右处,膝关节微屈,两臂自然张开,在支撑脚着地的同时踢球腿以髋关节为轴由后向前摆动,在前摆过程中屈膝外转,踢球腿的内侧正对出球方向,小腿加速前摆,脚尖稍翘起,脚掌与地面平行,用脚内侧部位击球的后中部(图11-1)。

向左(右)侧踢球时,支撑脚踏在球的后方,用右(左)脚内侧对准出球方向,提起大腿,并用以带动小腿由右(左)向左(右)横摆,同时身体重心向出球的相反方向移动,用推送动作将球踢出。踢空中球时,大腿在踢球前先屈膝抬起并外转,小腿拖在后面,脚内侧对准出球方向,以髋关节为轴,利用小腿的摆动平敲球的中部(图11-2)。

图 11-1

图 11-2

**2. 脚背正面踢球**

用脚背的正面部(楔骨和跖骨的末端)击球,其特点是踢球腿摆幅大、摆速快、踢球力量大,多用于长距离传球和射门等。

动作要领:踢定位球时,直线助跑,最后一步稍大,并积极着地,支撑脚踩在球的侧方12~15厘米处,脚尖正对出球方向,膝关节微屈,两臂自然张开。踢球腿在支撑脚前跨和助跑的最后一步离地面时,顺势向后摆起,膝弯曲,在支撑脚着地的同时,以髋关节为轴,带动大腿由后向前摆动,当膝盖摆至接近球的正上方的刹那,小腿作爆发式的前摆,脚背绷直,脚趾扣紧,以脚背的正面踢球的后中部,踢球腿随球继续前摆。

踢反弹球时,要判断好球的落点,当球落地时,踢球腿的小腿急速前摆,在球刚反弹离地时,踢球的后中部。

### 3. 脚背内侧踢球

用脚背内侧部位几个楔骨、趾骨末端击球,其特点是踢球腿的摆幅大、摆速快、踢球的力量大。由于助跑方向、支撑脚选位的灵活性较大,出球方向变化幅度较大,因此可踢出远距离弧线球等,也便于转体踢球,在比赛中多用于中长距离的传球和射门等。

动作要领:踢定位球时,斜线助跑,助跑方向与出球方向成45°角。支撑脚以脚掌外沿积极着地,踏在球的侧方20~25厘米处,屈膝,脚尖指向出球方向,身体稍向支撑脚一侧倾斜。在支撑脚着地的同时,踢球腿以髋关节为轴,大腿带动由后向前摆,在身体转向出球方向、膝盖摆至接近球的内侧正上方刹那,小腿作爆发式的前摆,脚尖稍向外转,脚面绷直,脚趾扣紧,脚尖指向斜下方,以脚背内侧部位击球的后中部(踢高球时,击球的中下部),然后踢球脚继续前摆(图11-3)。

图 11-3

踢过顶球时,支撑脚可踏在球的侧后方,踢球脚不必过于绷直,踢球的后下部,稍有下切的动作。踢球后,脚不随球前摆,使球产生向后的旋转,以控制球速,使球成抛物线下落,这种球可使接球人便于接球。

转身踢球时,助跑最后一步略带跨动作,支撑脚的脚尖和膝关节要尽可能地转向传球方向,利用腰的扭转协助摆腿和踢球。

### 4. 脚背外侧踢球

脚背外侧踢球与脚背正面踢球的动作基本相同,只是用脚背的外侧触球,在踢球的一刹那,脚背要绷直,脚趾用力下扣,脚尖内转,踢球的后中部(图11-4)。

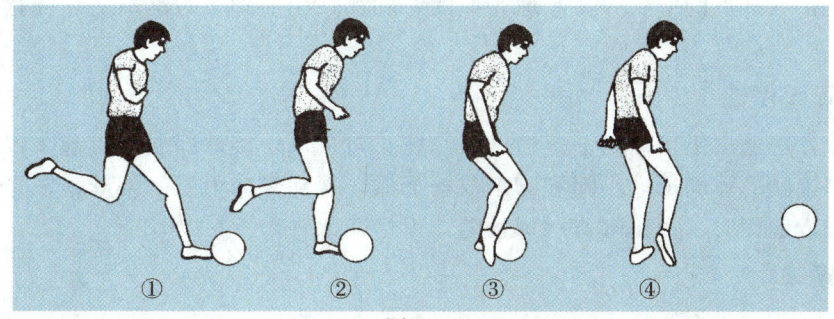

图 11-4

踢弧线球时，支撑脚踏在球两侧左右处，身体稍向支撑脚一侧倾斜，踢球脚的脚腕用力，并以外脚背切削球的侧后方。踢球后，踢球腿向支撑脚一侧的前上方摆出，以加大旋转力量。

## （二）停球技术

停球是指运动员有目的地用身体的合理部位把运行中的球停在所需要的控制范围内。在比赛中停球不是最终目的，而是为传球、运球、过人和射门做准备。常用的停球方式有脚内侧停球、脚底停球、脚背正面停球、胸部停球、大腿接球和腹部接球等。

**1. 脚内侧停球**

其特点是：脚接触球的面积大，易将球停稳，并且便于改变方向和结合下一个动作，多用来停地滚球、停反弹球和停空中球。

1）停地滚球

支撑脚正对来球，膝关节微屈，停球腿屈膝外转并前迎，脚尖稍翘起，当脚与球接触前的一刹那开始后撤，在后撤过程中用脚内侧接触球，缓冲来球力量，把球控制在衔接下一动作所需要的位置上。

2）停反弹球

支撑脚踏在球的落点的侧前方，膝关节弯曲，上体稍向前倾并向停球方向微转，同时停球腿提起，踝关节放松，用脚内侧对准来球的反弹路线，当球落地反弹刚离地面时，用脚内侧踢球的中上部。

3）停空中球

一种方法是，根据来球的高度，将停球脚前迎，脚内侧对准来球路线，在脚与球接触前的刹那开始后撤。在后撤过程中用脚内侧触球，缓冲来球力量，把球控制在所需要的位置上；另一种方法是，将脚提起至稍高于选择的停球点，在脚与球接触的一刹那开始下切，在下切过程中用脚内侧切于球的侧上部，将球停在地上。接空中球时，先提大腿，腿弓正对来球。触球时，小腿放松下撤。

**2. 脚底停球**

其特点是：脚底接触面积大，易将球停稳。比赛中多用于停正面来的地滚球和反弹球。

1）停地滚球

支撑脚站在球的侧后方，膝关节微屈，停球脚提起，膝关节自然弯曲，脚尖翘起高过脚跟（脚跟离地面稍低于球高），踝关节放松，用前脚掌触球的中上部。

2）停反弹球

支撑脚踏在球落点的侧后方，当球着地的一刹那，用前脚掌对准球的反弹路线，触球的后上部。

**3. 脚背正面停球**

这种接球方法适用于接高处下落的球。身体正对来球，接球腿屈膝提起，以脚背对准来球，当球与脚接触的一刹那，小腿和脚跟放松下撤，缓和来球力量，使球落在身前；另一种接法是在球接近地面时，用正脚背触球，随球下撤落地。

**4. 胸部停球**

胸部停球面积大、有弹性、位置高，适用于停高球和平直球。胸部停球有挺胸停球和收胸停球两种方法。

1）挺胸停球

其一般用来停高于胸部的下落球。身体正对来球，两臂前后开列，重心落在两脚之间，两膝微屈，两臂自然张开，上体稍后仰，收下额，当球与胸部接触前的刹那，脚跟提起，向上挺胸，使球弹起，然后落于体前。

2）收胸停球

其一般用来停胸部高度的水平球。身体正对来球，两脚前后开立，两臂自然张开，挺胸迎球。当球与胸部接触的刹那，迅速收胸、收腹以缓冲来球力量，把球停在身前。

**5. 大腿接球**

其适用于接高球。接球时，大腿抬起迎球，当与球接触的一刹那即随球下撤，使球落在身前，也可用大腿上抬垫球，使球平稳弹下，如做转体接球时，以支撑腿为轴向左（右）转体，把球接到身体左侧或右侧。

**6. 腹部接球**

其适用于接反弹球。身体正对来球，两脚平行站立，当球从地上弹起时，两臂张开，上体前倾，提气，收腹，缓冲来球力量，将球接在身前（图 11-5）。

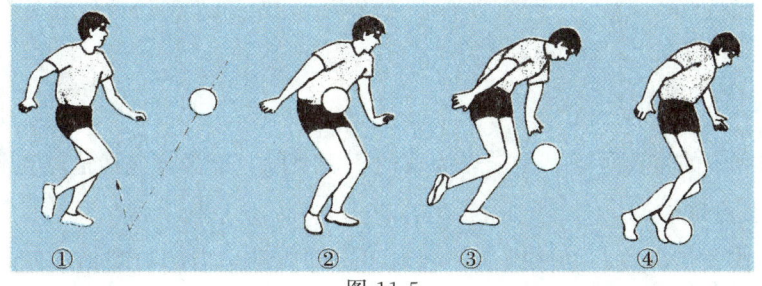

图 11-5

## （三）运球技术

运球是运动员在跑动中用脚连续推拨球，使球处于自己的控制范围内的动作，是完成个人突破与战术配合所必不可少的技术。常用的运球方法有脚背正面运球、脚背内侧运球和脚背外侧运球等。

脚背内侧和外侧运球灵活，便于迅速奔跑和改变方向，是比赛中常用的运球方法。跑动时身体自然放松，上体前倾，步幅可大可小。脚背外侧运球时，运球脚提起，脚尖稍向内转，以脚背外侧推球前进；脚背内侧运球时，运球脚提起，脚尖稍向外摆，以脚背内侧推球前进。

## （四）头顶球技术

头顶球是运动员在比赛中为了争取时间和取得空中优势，用头部的前额部位击球的动作，常用来传球、抢截球和射门，是进攻和防守中不可缺少的重要技术之一。头顶球分前额正面顶球和前额侧面顶球，这两个部位都可以做原地顶球、跑动中顶球、跳起顶球和鱼跃顶球等。

**1. 原地前额正面顶球**

身体正对来球，两脚前后开立，膝关节微屈，两臂自然张开，上体稍向后仰，眼睛注视来球。当球运行到身体垂直部位前的一刹那，后脚用力蹬地，身体重心由后脚跟移向前脚的同时，迅速向前摆体，颈部紧张、快速地摆头，用前额正面顶球的后中部，接着上体随球继续前摆（图11-6）。

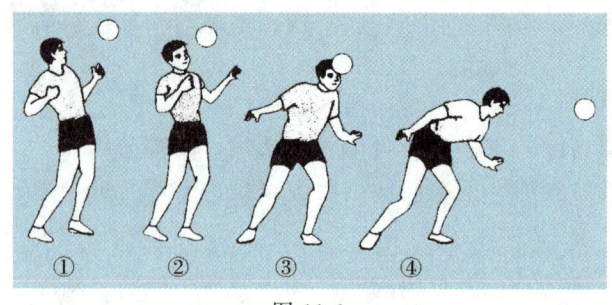

图 11-6

**2. 原地前额侧面顶球**

两脚前后开立，出球方向的同侧脚在前，两膝微屈，上体和头部稍向出球的相反方向侧屈，身体重心放在后脚上，两臂自然张开，两眼注视来球。当球运行到出球方向同侧肩上方的一刹那，脚用力蹬地，上体迅速向出球方向扭摆，同时颈部紧张地摆头，以前额侧面顶球的后中部。

### （五）抢截球技术

抢截球是防守中的主要行动，是转守为攻的积极手段。抢截球包括抢球和截球两个内容。

**1. 正面跨步抢球**

面向对手两脚前后开立，两膝微屈，在对手运球脚触球后即将着地或刚着地时，支撑脚立即用力后蹬，抢球脚以脚内侧对着球跨出，膝关节弯曲，上体前倾，身体重心移至抢球脚

图 11-7

上，另一脚立即前跨，如双方脚同时触球时，则要顺势向上提拉，使球从对方脚背滚过，同时身体重心要迅速跟上，把球控制好，如离球稍远可用脚尖抢截（图11-7）。

**2. 侧面冲撞抢截球**

当与对方平行跑争球时，身体重心要降低，两臂紧贴身体。当对方后侧脚着地时，可用肩和上臂做合理冲撞动作，使对方失去平衡，从而截获其球。侧面冲撞抢截用于抢截者和运球者平行跑动时抢截球。

**3. 侧后铲球**

防守人追到距运球人侧后1米左右，可用脚掌或脚背外侧进行铲球。当运球人将球拨动时，先蹬腿，抢球腿跨出，以脚掌或脚掌外侧在地面滑行，将球踢出，小腿、大腿、臀部、上体依次着地。

侧后铲球适用于对手运球刚越过防守者时。

### （六）假动作

假动作必须在接近对方适当距离时进行，假动作慢，真动作快、突然，真假动作衔接要

快速、适当,做到真真假假,使对方捉摸不定,防不胜防。

**1. 踢球假动作**

传球前可假向左(右)方做踢球动作,诱使对方向该方向堵截,待其重心移动后,突然向右(左)方踢球突破。

**2. 接球假动作**

接球前,如对方上前抢截,可假做向左(右)接球,诱使对方堵截左(右)侧,然后突然改为向右(左)接球。

**3. 运球假动作**

对方迎面抢截球时,可采用身体虚晃动作,使对方捉摸不定,从而越过对手。如果对手侧面抢截,则可以先快速带球前进,诱使对方追赶,这时带球人可突然降低速度或做假动作停球,使对手也放慢速度,然后突然加速甩开对手,带球切进,运球射门。

### (七)守门员技术

守住本队球门是守门员的主要职责,是全队的最后一道防线,同时守门员还要协助控制罚球区,并组织和指挥全队的防守和进攻,是具有特殊技术的队员。守门员可用身体的各个部位阻止对方将球射入本方球门。守门员出色的技能和顽强的斗志,不仅可以提高防守的稳固性和进攻的有效性,而且还能提高全队的士气和战斗力。由此不难看出守门员在一个球队中的重要作用。

守门员技术:位置选择、准备姿势和移动、接球、击球、发球等。

**1. 位置选择**

守门员为更好地守好球门,首先要选择正确合理的位置。位置的选择应根据对方的射门地点和射门时球所处的位置所形成的分角线上。

**2. 准备姿势和移动**

守门员为更好地封堵和接住对方的传球和射门,必须根据对方射门前球和人的位置变化而相应调整自己的位置。

**3. 接球**

接球是守门员的主要技术。包括接地滚球、接平直球、接高空球和扑球等。

**4. 击球**

准确判断来球运行路线,及时移动到位,握紧拳,在接近球的刹那迅速出拳击球。击球技术有单、双拳击球,单拳击球动作灵活,摆动幅度大,击球力量大。双拳击球接触球面积大,准确性高。

**5. 发球**

守门员获得球后要迅速将球发出,使本队由守转攻。发球技术分手掷球和脚踢球两类。

(1)手掷球。在现代足球比赛中,利用手掷球发动进攻,是使用最多也是最有效的方法。手掷球能更及时、准确地将球发至占据有利位置的同伴脚下,因此更有利进攻。

(2)脚踢球。脚踢球是守门员把获得的球和球门球直接传给远离自己的同队队员的技术动作。脚踢球分手抛踢球和踢定位球。

### （八）掷界外球技术

掷界外球时要充分发挥蹬地、腰腹和手腕的力量，整个动作过程要连续不断。

图 11-8

**1. 原地掷界外球**

手指自然张开，持球的后半部，两脚前后或左右站立，膝微屈，将球举在手后，上体后仰，掷球时两脚蹬地，收腹屈体，两臂快速前摆将球掷出（图 11-8）。

**2. 助跑掷界外球**

助跑时将球持于胸前，在最后一步迈到的同时，将球举至头后，蹬地、收腹、向前快速摆臂，并用扣腕力量将球掷出。

## 二、基本战术

### （一）进攻战术

**1. 个人进攻战术**

1）摆脱与跑位

本方队员一旦得球，就要发动一次进攻，同队其他队员的任务就是摆脱对手的紧逼，以便在没有干扰的情况下获得同队队员的传球，完成战术配合，把进攻推向对方球门，争取射门进球。

2）传球

传球是战术配合的基础，是完成战术配合、创造射门机会的主要手段。

传球的战术因素包括传球的目标、传球的时机、传球的力量。

（1）传球的目标。传球目标一般分为脚下传和空中传两种，但向前、向空位传球是主要的。

（2）传球的时机。比赛中传球有两种情况：一是传球在先，跑位在后，传球指挥跑位；另一种是跑位在先，传球在后，以跑位促使传球。

（3）传球的力量。一般地说，传球的力量应该适度，有利于接球者处理球，并且要准确。

**2. 局部进攻战术**

1）两人的局部进攻战术

两人的局部配合是集体配合的基础，在任何场区、任何位置都可以采用，而运用较多的是前场，在后场尤其在本方罚球区或罚球区附近后卫间应尽量减少不必要的传球配合。

2）两人传球配合对队员总的要求

（1）抓住战机：由于场上局部地区出现好的传球时机或二过一的局面往往是一刹那的时间，稍一迟缓，防守队员就会退守到位，变成二打二的局面，因此进攻队员必须抓住这一战机完成进攻战术配合。

（2）应根据防守队员的位置、场上空位以及接应队员的位置等情况合理采用两人传球配合方法。

(3) 随机应变：在进行两人传球配合过程中，控球队员一定要做传球配合或运球突破两手准备，一旦同伴接应发生困难或出现控球队员突破的良好时机时，应采用运球突破，这样才能得到良好的效果。

## （二）防守战术

**1. 个人防守战术**

(1) 选位：防守队员原则上是站在对手与本方球门中心所构成的一条直线上，与对手的距离要根据场区以及球所处的位置来决定。

(2) 盯人：其是指防守者本身所处的位置能够限制对手活动，及时封堵对手接球或传球路线。盯人有两种，即紧逼盯人和松动盯人。紧逼盯人是贴近对手，不给其从容活动的机会。松动盯人是与对手保持一定距离，以便随时上前抢截对手的球或在对手得球后能立即逼近对手进行紧逼盯人。

**2. 局部防守战术**

保护与补位：保护与补位是局部地区集体防守的基础，保护是补位的前提，没有保护也不可能拥有有效的补位。防守队员补同伴在防守中出现的漏洞称之为补位，它是防守队员间相互协助的集体防守战术。

**3. 整体防守战术**

整体防守战术包括盯人防守、区域防守和混合防守三种。

混合防守战术就是盯人防守和区域防守相结合的防守方法。混合防守是目前世界各国所普遍采用的一种防守战术，它集中了盯人防守和区域防守两者的优点，从而在防守中能够根据场上情况进行逼抢、盯人、补位，以达到稳固防守的目的，延缓对方进攻，快速退守到位，保持防守层次，紧逼盯人。球门前30米范围是全队集体防守的关键。

# 第三节　足球运动简易规则解析

## 一、比赛场地

**1. 场地尺寸**

足球比赛场地，必须是长方形，不论土质或草皮，必须平坦，松软适度，无障碍物，以不伤害运动员和不影响球的正常行进路线为原则。场地长90～120米，宽45～90米。国际比赛场地长100～110米，宽64～75米（图11-9）。

**2. 场地标记**

比赛场地是用线来标明的，这些线作为场内各个区域的边界线应包括在区域之内。两条较长的边界线叫边线，两条较长的线叫球门线。所有线的宽度不超过12厘米，比赛场地被划分为两个半场。在场地中线的中点处做一个中心标记，以距中心标记9.15米为半径画一个圆圈。

**3. 球门区**

在距每个球门柱内侧5.5米处，画两条垂直于球门线的线，这些线伸向比赛场地内5.5米，与一条平行于球门线的线相连接。由这些线和球门线组成的区域范围即为球门区。

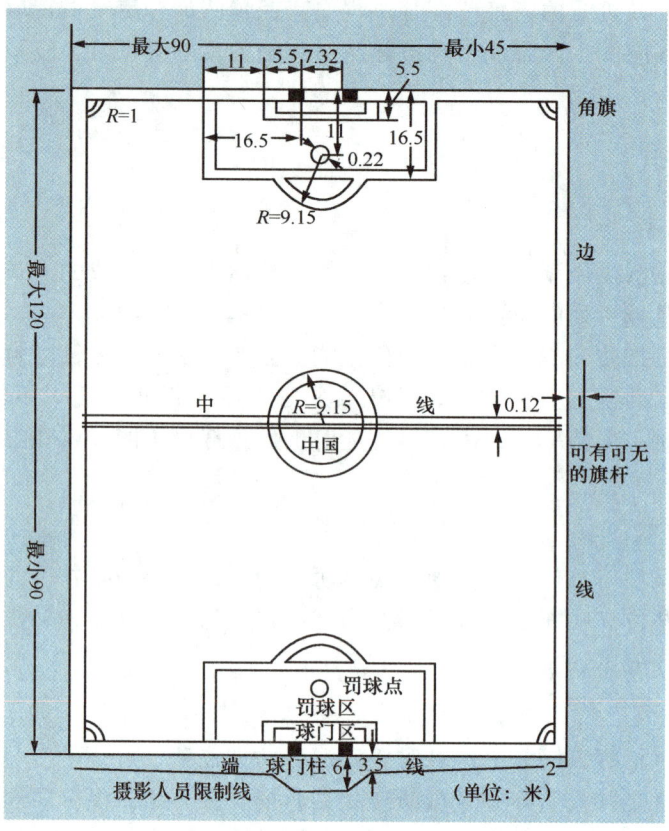

图 11-9

**4. 罚球区**

在距每个球门柱内侧 16.5 米处，画两条垂直于球门线的线，这些线伸向比赛场地内 16.5 米，与一条平行于球门线的线相连接。由这些线和球门线组成的区域范围即为罚球区。在每个罚球区内距球门柱之间等距离的中点 11 米处设置一个罚球点。在罚球区外，以距每个罚球点 9.15 米为半径画一段弧。

**5. 旗杆**

在场地每个角上各竖一根不低于 1.5 米的平顶旗杆，上系小旗一面。

**6. 角球弧**

在比赛场地内，以距每个角旗杆 1 米为半径画一个 1/4 圆。

**7. 球门**

两根柱子之间的距离是 7.32 米，从横梁的下沿至地面的距离是 2.44 米。

## 二、球

圆周不长于 70 厘米、不短于 68 厘米。重量在比赛开始时不多于 450 克、不小于 410 克。压力在海平面上等于 0.6~1.1 个大气压。

## 三、队员人数

一场比赛应有两队参加，每队上场队员不得多于 11 名，其中必须有 1 名守门员。如果任何一队少于 7 人则比赛不能开始。在由国际足球联合会、洲际联合会或国家协会主办的正式比赛中，每场比赛最多可以使用 3 名替补队员。被替补下场的队员不得两次参加该场比赛。替补队员只能在比赛停止时从中线处进场。

## 四、比赛时间

（1）正式比赛时间为 90 分钟，分为相等的上、下两半（各 45 分钟），上、下半场之间休息 5~10 分钟。

（2）每半场中因故损失的时间应予补足，应补的具体时间由裁判员决定。

（3）裁判员鸣哨结束比赛时不论处在何种位置，比赛即为结束。

（4）根据竞赛规程规定，比赛结果成平局后仍须决出胜负时，进行 30 分钟的加时赛，时间分为上、下两个半时，各为 15 分钟，中间只交换场地不再休息。如在决胜时间内仍为平局，则互罚点球决定胜负。

## 五、场地选择

通过掷币，猜中的队决定上半场比赛的进攻方向，另一队开球开始比赛。猜中的队在下半场开球开始比赛。下半场比赛两队交换比赛场地。

## 六、计胜方法

得分：当球的整体从球门柱间及横梁下越过球门线，而此前未违反竞赛规则，即为进球得分。

获胜的队：在比赛中进球数较多的队为获胜者。如两队进球数相等或均未进球，则比赛为平局。

加时赛：即在规定时间内未分出胜负而又必须分出胜负，而采取的上下半场各 15 分钟的比赛。上下半场间没休息时间，交换场地后继续比赛。在该加时赛中，任何一方先进球即为胜方，即为金球制胜法。

点球制胜法：即在规定时间和加时赛后仍未分出胜负时采取互罚点球，先由每队各派 5 人依次罚完点球，如还未分出胜负，每队各派一人罚球，依次进行，直至分出胜负的方法（任何场上队员不得在本方队员未罚点球前连续罚第二次）。

## 七、越位

（1）越位位置。队员处于越位位置本身并不是犯规。比赛中，当队员处于下列情况时，即为该队员处于越位位置：在对方半场；较球更近于对方球门线；在该队员与对方球门线之间，对方队员不足两人。在这三项条件中，若缺少任何一条，队员均不属于处于越位位置。

（2）攻方队员处于与球平行的位置，或攻方队员与对方最后第二名队员处于平行的位置上，或攻方队员与对方最后两名队员处于平行的位置上，则该队员均未处于越位位置。

（3）判断队员是否处于越位位置的时间是同队队员踢或触及球的一瞬间，而不是该队员接到球的一瞬间。

(4) 越位犯规。处于越位位置的队员，在同队队员踢或触及球的一瞬间，裁判员认为其就下列情况而言"卷入"了现实比赛中时才判为越位犯规：干扰比赛、干扰对方队员、利用越位位置获得利益。

(5) 处于越位位置的队员直接接到同队队员的球门球、角球、掷界外球时，则没有越位犯规。

## 八、踢球门球要点

由防守方从球门区内的任何一点踢球；对方应在罚球区外直至比赛进行；踢球队员在其他队员触球前不得再次触球；当球被直接踢出罚球区时，防守方对员才能碰球。

## 九、掷界外球者

面向比赛场地内掷球方向；任何一只脚的部分站在边线上或站在边线外的地上；使用双手将球从头后经头上掷出；在其他队员触球前不得再次触球。

## 十、罚点球要点

防守方守门员留在本方球门柱间的球门线上，面对主罚队员，直至球被踢出；除主罚队员以外的队员处于比赛场地内、罚球区外、罚球点后、距罚球点至少9.15米处。

## 十一、犯规与不正当行为

判罚直接任意球的十种情况：
(1) 踢或企图踢对方球员；
(2) 绊摔对方球员；
(3) 跳向对方球员；
(4) 冲撞对方球员；
(5) 打或企图打对方球员；
(6) 推对方球员；
(7) 为了得到球的控制而抢截对方球员时，触球前触及对方球员；
(8) 拉扯对方球员；
(9) 向对方球员吐唾沫；
(10) 故意手球（不包括守门员在本方罚球区内）。

判罚间接任意球的八种情况：
(1) 守门员用手控制球后，在发出球之前持球超过6秒；
(2) 守门员在发出球之后未经其他队员触及，再次用手触及球；
(3) 守门员用手触及同队队员故意踢给他的球；
(4) 守门员用手触及同队队员直接掷入的界外球；
(5) 队员动作具有危险性；
(6) 队员阻挡对方球员；
(7) 队员阻挡对方守门员从其手中发球；
(8) 违反以前未提及的任何其他规则，而停止比赛被警告或罚令出场。

被警告并出示黄牌的七种情况：

(1) 犯有非体育道德行为；
(2) 以语言或行动表示异议；
(3) 持续违反规则；
(4) 延误比赛重新开始；
(5) 当以角球或任意球重新开始比赛时，不退出规定的距离；
(6) 未得到裁判员许可进入或重新进入比赛场地；
(7) 未得到裁判员许可故意离开比赛场地。

被罚令出场并出示红牌的七种情况：
(1) 严重犯规；
(2) 有暴力行为；
(3) 向对方或其他任何人吐唾沫；
(4) 用故意手球破坏对方的进球或明显的进球机会（不包括守门员在本方罚球区内）；
(5) 用可判为任意球或点球的犯规破坏对方向本方球门移动着的明显的进球得分机会；
(6) 使用无礼的、侮辱的或辱骂性的语言及动作；
(7) 在同一场比赛中得到第二张黄牌。

# 第十二章 乒乓球

## 第一节 乒乓球运动概述

乒乓球运动是手握球拍在中间隔一网的球台上轮流击球的一项球类运动。它是由最初使用的赛璐珞球打在犊皮纸贴面的空心球拍或木制的球拍上发出"乒乓"之声而得名。乒乓球是一项深受青少年喜爱的体育活动，经常从事乒乓球运动，可以发展人的灵敏、协调等身体素质，提高动作速度和上、下肢活动的能力，改善心血管系统机能，还能发展人的机智勇敢、沉着冷静、敢于拼搏、敢于胜利的优良心理素质。因此，乒乓球被列为各级各类学校体育教学的主要内容之一。

乒乓球运动起源于19世纪后期的英格兰。它是由网球运动向室内发展而派生的，故又称为"桌上网球"。20世纪初，乒乓球运动在世界各地逐渐开展起来。1926年12月，在英国伦敦举行了有9个国家、64名男女运动员参加的第1届世界乒乓球锦标赛（简称世乒赛），同时成立了国际乒乓球联合会，并通过了乒乓球比赛规则草案。目前，世界性的乒乓球大赛有：世乒赛，每两年举行1届，设男子团体、女子团体、男子单打、女子单打、男子双打、女子双打、混合双打7个项目；世界杯乒乓球比赛，设男子团体、女子团体以及男子单打3个项目，每年分团体和单打各举行1次；奥运会乒乓球比赛，从1988年在汉城举行的第24届奥运会开始设立男子单打、女子单打、男子双打、女子双打4个项目，每4年举行1次。

乒乓球运动于1904年传入我国，最初只是在北京、天津、上海等几个大城市的上层社会流传，属少数人的活动，其技术水平当然很低。新中国成立后，乒乓球运动在全国各地迅速普及，其技术水平也很快提高。1952年，我国加入了国际乒乓球联合会，次年，首次参加世乒赛（第20届），并出手不凡，男队获得一级第10名，女队获得二级第3名。1959年，容国团在第25届世乒赛的男子单打比赛中为祖国夺得了第一个乒乓球比赛世界冠军。此后，我国的乒乓球运动迅速崛起，形成了具有"快、准、狠、变"独创风格的近台快攻技术和各种打法，并且我国乒乓球运动员不断在世界大赛中夺魁。庄则栋和李富荣在第26～28届世乒赛中连续3次分获男子单打冠、亚军；邓亚萍在第25、26届奥运会和第43届、44届世乒赛中连续获得女子单打冠军，有乒乓皇后之称。由第25届（1959年）开始至1999年为止，中国运动员参加了19次世乒赛（第29届、30届世乒赛因故没有参加）、3次奥运会和多次世界杯比赛，一共获得了109个世界冠军（金牌），其中在第36届（1981年）和第43届（1995年）世乒赛上囊括了全部7项冠军，并囊括了第26届奥运会乒乓球比赛的全部金牌，创造了世乒史上的奇迹。我国乒乓球运动的普及和提高，为世界乒乓球运动的发展做出了重要的贡献，赢得了"乒乓王国"的美称。

## 第二节　乒乓球基本技战术

### 一、基本技术

#### （一）握拍法

**1. 直拍握法**

以食指第二关节和拇指第一关节扣压拍前，虎口贴住拍柄，其他三指自然弯曲，中指第一关节顶在拍后中线，简称中钳式（图12-1）。

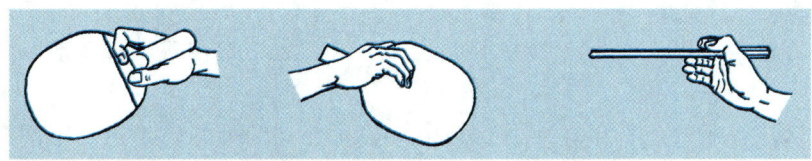

图 12-1

**2. 横拍握法**

虎口贴住拍肩，中指、无名指、小指握住拍柄，拇指放在正面，食指自然伸直置于背面。这种握法又称"八字式"（图12-2）。

图 12-2

#### （二）基本站位与基本姿势

**1. 基本站位**

乒乓球运动员的基本站位应当根据不同类型的打法来确定：一般左推右攻打法在近台中间偏左，两面攻打法在近台中间，弧圈球打法在中台偏左，横拍攻削结合打法在中台附近，以削为主打法在中远台附近。

**2. 基本姿势**

两脚左右开立，比肩稍宽；两膝微屈，稍内扣；上体稍前倾，重心置于两脚之间，并在前脚掌内侧；球拍置于腹前20～30厘米处。

## （三）基本步法

**1. 单步**

（1）移动方法：以一只脚为轴，另一只脚向前、后、左、右不同方向移动，身体重心随之落在移动脚上。

（2）实战运用：①接近网削球。②削追身球。③单步侧身攻，在来球落点位于中线稍偏左或对推中侧身突袭直线或对搓中提拉球时常用。

**2. 跨步**

（1）移动方法：一脚蹬地，另一脚向移动方向跨一大步，蹬地脚随后跟半步或一小步，身体重心即移到跨步脚上。

（2）实战运用：①近台快攻打法，用来对付离身体稍远的来球。②削球打法，左、右移动击球。③跨步侧身攻，当来球速度较慢，但离身体稍远时，完成侧身移动。

**3. 并步**

（1）移动方法：一脚先向另一脚并半步或一小步，另一脚在并步脚落地后随即向来球方向移动一步。

（2）实战运用：①快攻选手在左右移动中攻或拉球。②削球选手正反手削球。③并步侧身攻，多用于拉削球，右脚先向左脚后并一步，以便转体，随之左脚向侧跨一步。

**4. 跳步**

（1）移动方法：以来球异侧脚用力蹬地，两脚同时离地，向来球方向跳动。

（2）实战运用：①快攻选手左右移动击球，常与跨步结合起来使用。②弧圈类打法由中台向左、右移动时常用。③跳步侧身攻或拉，但在空中需完成转腰动作。④削球选手在接突击时常采用，但以小跳步来调整站位用得较多。

（5）交叉步：离来球方向较近的脚尖先由向前转向移动方向，并略移半步或原地调整一下重心；离远来球方向较远的脚向来球方向跨一大步，在身体前（侧）瞬间呈交叉状态。身体随之向来球方向移动，另一只脚再跟上一步，身体重心随手臂挥运方向略转。在远来球方向脚跨出一步将落地时进行击球，另一只脚移动时击球已完成。此步法移动范围大，侧身攻后打右方空当，或再从右大角回到反手攻球时常用。削球选手在前后移动时也经常使用。

## （四）发球与接发球技术

每一回合、每一局比赛都是从发球开始的，任何一种打法类型的运动员，都力求根据自己和对方的打法特点发出变化多端的球，给自己创造进攻的机会或限制对方第一板的抢攻。实践证明，发球在比赛中起着至关重要的作用，是连接整个乒乓球技、战术的重要环节。发球有平击发球、正（反）手发急球、正手发左侧上（下）旋球、反手发右侧上（下）旋球、正手发转与不转球、高抛式发球以及下蹲式发球等。

接发球是乒乓球技术中一个重要的组成部分，比赛中如果接发球不好，不仅会给对方较多的进攻机会，而且更重要的是常会引起自己心理上的紧张和畏惧，造成一连串的失误；反之，如果接发球接得好，不仅有时可以直接得分，而且还可以破坏对方的抢攻，从而为自己的进攻创造有利的条件。常用的接发球技术有挡、推挡、搓球、削球、抢攻、抢拉等。

**1. 正手发左侧上、下旋球**

正手发左侧上旋球时,手臂自右上方向左下方挥拍,球拍从球的右侧中下部向左侧面摩擦,手腕迅速上勾。正手发左侧下旋球时,球拍从球的右侧中下部向左下方摩擦。

**2. 正手发下旋球与不转球**

发下旋球时,持拍手向前下方挥摆,击球前拍面稍平,击球时手腕发力摩擦球的底部。发不转球时,持拍手向前下方挥摆,击球前拍面稍竖直些,击球时不是摩擦球体而是推打球的中下部(图12-3)。

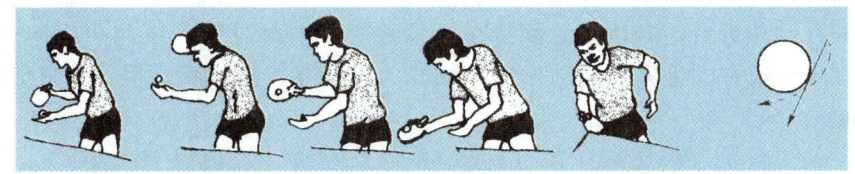

图 12-3

**3. 反手发右侧上、下旋球**

持球手将球抛起时,持拍手快速向左上后方引拍,以球拍引至左肘下方外侧为宜,手腕适当内屈,拍面向左上方,待球在高点下降时,即向前击球。向前击球分两部分动作完成:从左后上方向右前下方挥摆为第一部分;从右前下方向右前上方挥摆为第二部分。这样,当发右侧下旋球时,用第一部分动作最后阶段击球,拍面从球的中下部向右侧下摩擦,触球后仍做第二部分动作,也称假动作。当发右侧上旋球时,第一部分动作为假动作,不击球,用第二部分动作击球。触球时球拍从球的中下部向右上方摩擦(图12-4)。

图 12-4

**4. 反手发急上旋球**

发球时,持球手将球向上抛起的同时,持拍手迅速向左后方引拍,拍形稍前倾,腰稍向左转,待球从高点下降到低于球网时,用前臂和手腕发力,击球的中上部,同时,腰从左侧向右侧转动。

**5. 接平击发球**

由于平击发球不带有旋转,故接平击发球只要采用挡、推挡或攻球技术即可。

**6. 接左侧下旋球**

接左侧下旋球时,球触拍后向自己的右侧下方弹出,因此采用搓球回接时拍面应后仰,并略向左偏斜,触球时应用小臂和腕部发力,向前下方发力摩擦球。对方来球越转,回接时摩擦球的力度也应越强。

**7. 接左侧上旋球**

接左侧上旋球时,球触拍后向自己的右侧上方弹出,因此采用推挡回接时拍面稍前倾并略向左偏斜,击球中上部偏右侧的部位,用力向前推挡,以抵消来球的左侧上旋力。如对方的球发到你的正手,也可采用攻球技术进行回击,拍形适当下压。

**8. 接下旋球**

接近网下旋球时可采用搓、挑技术;接旋转强度较强的下旋球时,主要采用搓球技术;

击来球下降期时，引拍比接一般下旋球稍高些，延长球在拍面上的摩擦时间。如果攻球回接，应注意调节拍形前倾角度，适当向上用力提拉。

### （五）反手推挡

推挡是我国直拍快攻打法的基本技术之一，它在直拍左推右攻打法中占有极其重要的地位。

推挡技术的特点：站位近、动作小、速度快、变化多。它在比赛中常常会起到由被动变为主动的作用，所以推挡是乒乓球运动的最基本技术之一。

动作要领：站位近台，身体重心保持在两脚之间。击球时手臂快速向前伸，手腕外旋，食指压拍，在来球反弹的上升期向前击球，触球的中上部。击球后，手臂继续前送一段距离再还原（图12-5）。

图 12-5

### （六）搓球技术

搓球是用类似削球的动作，在近台回击对手下旋来球的一种击球方式。

搓球技术包括慢搓、快搓、摆短、搓侧旋四种技术，下面以慢搓和快搓技术为例。

**1. 慢搓球**

动作要领：站位近台，两脚左右开立。反手搓球时，向左上方引拍，拍形稍后仰。击球时，身体重心向前移动，同时前臂做旋内转动，由上向前下挥拍，在来球的下降期摩擦球的中下部。

**2. 快搓球**

动作要领：反手快搓球时，站位近台，引拍至身体左上方。击球时，上臂迅速前伸，前臂由上向前下方用力，手腕控制拍面稍后仰，在来球的上升期击球的中上部（图12-6）。

图 12-6

### （七）攻球技术

攻球技术是乒乓球的重要基本技术，是得分的主要手段之一，它包括快攻、快点、快带、快拉、突击、扣杀、杀高球等技术。下面以正手快攻和正手扣杀球技术为例进行讲解。

#### 1. 正手快攻

站位近台，转腰带动前臂向后引拍。根据来球的距离长短和高低情况调节好拍面的前倾角度，加速挥拍击球。击球时间在高点期或上升期，击球时拍面稍前倾，触球的中上部，向前下方用力。球击出后，迅速还原，准备下一次击球。

#### 2. 正手扣杀

站位的远近要视来球的长短而定，短的来球站位靠近台，长的来球站位靠中远台。击球前，腰部转动带动手臂向体侧后方引拍，加大球拍与来球的距离，以便获得更大的挥拍速度。击球时，拍形略前倾，在高点期或上升期击球，通过腰、腿同时发力以增大扣杀力量，在手腕向前下方挥拍用力的同时，控制球的落点和方向，击球的中上部（图12-7）。

### （八）弧圈球技术

弧圈球是以旋转为主要特征的进攻技术，是乒乓球比赛中进攻得分的主要手段。弧圈球技术的主要特点是上旋性强、稳定性高、速度快、威胁大。

#### 1. 正手拉加转弧圈球

左脚在前，右脚在后，两膝微屈，重心落在右脚上。手臂自然下垂，拍形略前倾，当来球从台面弹起时，右脚蹬地，腰部向左上方转动，带动肩、上臂、前臂和手腕发力。在来球的下降期摩擦球的中部或中上部，击球后身体重心移至左脚。

#### 2. 正手拉前冲弧圈球

左脚在前，右脚在后，两膝微屈，重心落在右脚上。引拍手向右后方引拍，引拍位置比拉加转弧圈球稍高。击球时间在高点期或下降初期，拍面的前倾角度要比加转弧圈球大些，摩擦球的中上部，击球后重心移至左脚（图12-8）。

图 12-7

图 12-8

## 二、基本战术

乒乓球战术是根据自己和对手的具体情况，正确而又有目的地把自己所掌握的各种技术有意识地组合起来，从而充分发挥自己的技术风格特点，抓住对方的弱点，采用合理的方法和手段战胜对手。

### （一）发球抢攻

#### 1. 正手发转与不转短球，配合发长球抢攻

正手发转与不转球至对方近网或中路，一般先发加转球，后发不转球，伺机抢攻，落点以

近网为主,配合底线似出台未出台长球,使对方难以接发球抢位或抢攻(图12-9)。

**2. 正手发急球,配合发近网短球抢攻**

正手发右侧上旋急球(奔球)至对方中路或右侧,迫使对方打对攻或后退削球,伺机抢攻、抢拉。如对方有所准备时,突然减力发近网短球以创造机会抢攻(图12-10)。

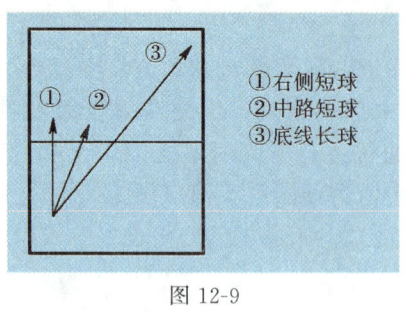

图12-9

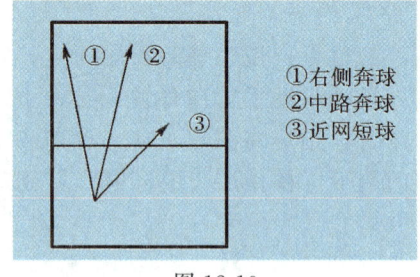

图12-10

**3. 反手发上、下旋急球,配合发近网短球抢攻**

反手发上、下旋急球至对方反手或中路,迫使对方打对攻或反手搓球,再伺机抢攻、抢拉。待对方站位远离球台时,突发近网短球,以创造机会抢攻、抢拉。

## (二)对攻

**1. 压反手,伺机侧身正手攻**

用快推、加力推、推下旋或反手攻压对方反手,伺机侧身正手进攻或推开角度,逼对方后退,侧身攻后要力争连续进攻,专攻两角(图12-11)。

**2. 压左调右,转攻两角**

用推挡或反手攻、拉压住对方反手位,迫使对方站位偏左,突变正手,伺机正手进攻两角(图12-12)。

**3. 连压中路,突变攻两角**

用推、拉、攻紧压对方中路,压出机会突变正(反)手两大角,压中路球应快速追身(图12-13)。

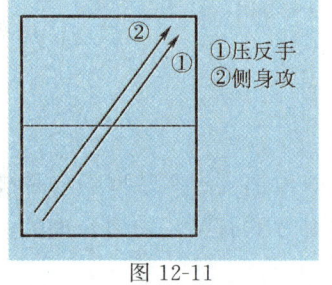

图12-11     图12-12

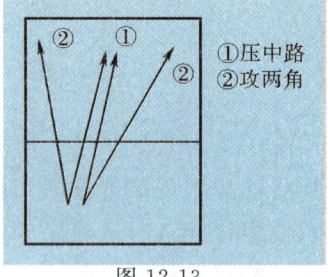

图12-13

## (三)搓攻

**1. 搓逼反手大角,突变直线,伺机进攻**

先用下旋搓球逼住对方反手位大角,视其准备侧身攻或将注意力集中在反手时,突变直线，伺机进攻。

**2. 搓转与不转球，创造机会，伺机进攻**

一般先以搓转球为主，然后用相似的动作搓不转球，伺机进行抢攻或拉弧圈球。在运用旋转变化时，最好能与落点相结合。

## 第三节　乒乓球运动简易规则解析

### 一、发球

（1）发球开始时，球自然地置于不持拍手的手掌上，手掌张开，保持静止。

（2）发球员须用手将球几乎垂直地向上抛起，不得使球旋转，并使球在离开不执拍手的手掌之后上升不少于 16 厘米，球下降到被击出前不能碰到任何物体。

（3）当球从抛起的最高点下降时，发球员方可击球，使球首先触及本方台区，然后越过或绕过球网装置，再触及接发球员的台区。在双打中，球应先后触及发球员和接发球员的右半区。

（4）从发球开始，到球被击出，球要始终在比赛台面的水平面以上和发球员的端线以外；而且从接发球方看，球不能被发球员或其双打同伴的身体或他们所穿戴（带）的任何物品挡住。

（5）球一旦被抛起，发球员的不执拍手臂应立即从球和球网之间的空间移开。球和球网之间的空间由球和球网及其向上的延伸来界定。

（6）运动员发球时，应让裁判员或副裁判员看清他是否按照合法发球的规定发球。

①如果裁判员对运动员发球的合法性有怀疑，在一场比赛中第一次出现时，判重发球，并警告发球方。

②此后，如果裁判员对该运动员或其双打同伴发球动作的合法性再次怀疑，将判接发球方得 1 分。

③无论是否第一次或任何时候，只要发球员明显没有按照合法发球的规定发球，无须警告，应判接发球方得 1 分。

（7）运动员因身体伤病而不能严格遵守合法发球的某些规定时，可由裁判员做出决定免于执行。

### 二、还击

对方发球或还击后，本方运动员必须击球，使球直接越过或绕过球网装置，或触及球网装置后，再触及对方台区。

### 三、比赛次序

（1）在单打中，先由发球员发球，再由接发球员还击，然后发球员和接发球员交替还击。

（2）在双打中，先由发球员发球，再由接发球员还击，然后由发球员的同伴还击，再由接发球员的同伴还击，此后，运动员按此次序轮流还击。

（3）在两名由于身体残疾而坐轮椅的运动员配对进行的双打中，发球员应先发球，接发球员应还击，此后残疾双打中的任何一名运动员可还击。然而，运动员轮椅的任何部分不能超越球台中线的假定延长线，如果超越，裁判员将判对方得 1 分。

## 四、重发球

**1. 回合出现下列情况应判重发球**

（1）如果发球员发出的球，在越过或绕过球网装置时，触及球网装置，此后成为合法发球或被接发球员或其同伴阻挡。

（2）如果接发球员或接发球方未准备好时，球已发出，而且接发球员或接发球方没有企图击球。

（3）由于发生了运动员无法控制的干扰，而使运动员未能成功发球、还击或遵守规则。

（4）裁判员或副裁判员暂停比赛。

（5）由于身体残疾而坐轮椅的运动员在接发球时，发球员进行合法发球之后，出现下列情况：①球在触及接发球员的台区后，朝着球网方向离开接发球员的台区；②球停在接发球员的台区上；③在单打中，球在触及接发球员的台区后，从其任意一条边线离开球台。

**2. 可以在下列情况下暂停比赛**

（1）由于要纠正发球、接发球次序或方位的错误。

（2）由于要实行轮换发球法。

（3）由于警告或处罚运动员。

（4）由于比赛环境受到干扰，该回合结果有可能受到影响。

## 五、1 分

除被判重发球的回合，下列情况运动员得 1 分：

（1）对方运动员未能正确发球。

（2）对方运动员未能正确还击。

（3）运动员在发球或还击后，对方运动员在击球前，球触及了除球网装置以外的任何东西。

（4）对方击球后，球没有触及本方台区而越过本方台区或端线。

（5）对方阻挡。

（6）对方连击。

（7）对方用不符合规定的球拍拍面击球。

（8）对方运动员或者他穿或戴（带）的任何东西使球台移动。

（9）对方运动员或者他穿或戴（带）的任何东西触及球网装置。

（10）对方运动员的不执拍手触及比赛台面。

（11）打时，对方运动员击球次序错误。

## 六、一局比赛

在一局比赛中，先得 11 分的一方为胜方。10 平后，先多得 2 分的一方为胜方。

## 七、一场比赛

一场比赛由奇数局组成。

### 八、发球、接发球和方位的次序

（1）选择发球、接发球和方位的权力应由抽签来决定。中签者可以选择先发球或先接发球，或选择先在某一方位。

（2）当一方运动员选择了先发球或先接发球，或选择了先在某一方位后，另一方运动员必须有另一个选择。

（3）在获得每2分之后，接发球方即成为发球方，依次类推，直至该局比赛结束，或者直至双方比分都达到10分或实行轮换发球法，这时，发球和接发球次序仍然不变，但每人只轮发1分球。

（4）在双打的第一局比赛中，先发球方确定第一发球员，再由先接发球方确定第一接发球员。在以后的各局比赛中，第一发球员确定后，第一接发球员应是前一局发球给他的运动员。

（5）在双打中，每次换发球时，前面的接发球员应成为发球员，前面的发球员的同伴应成为接发球员。

（6）一局中首先发球的一方，在该场下一局应首先接发球。在双打决胜局中，当一方先得5分时，接发球方应交换接发球次序。

（7）一局中，在某一方位比赛的一方，在该场下一局应换到另一方位。在决胜局中，一方先得5分时，双方应交换方位。

### 九、发球、接发球次序和方位的错误

（1）裁判员一旦发现发球、接发球次序错误，应立即暂停比赛，并按该场比赛开始时确立的次序，按场上比分由应该发球或接发球的运动员发球或接发球；在双打中，则按发现错误时那一局中首先有发球权的一方所确立的次序进行纠正，继续比赛。

（2）裁判员一旦发现运动员应交换方位而未交换时，应立即暂停比赛，并按该场比赛开始时确立的次序，按场上比分运动员应站的正确方位进行纠正，再继续比赛。

（3）在任何情况下，发现错误之前的所有得分均有效。

### 十、轮换发球法

（1）如果一局比赛进行到10分钟仍未结束（双方都已获得至少9分时除外），或者在此之前任何时间应双方运动员要求，应实行轮换发球法。

①当时限到时，球仍处于比赛状态，裁判员应立即暂停比赛。由被暂停回合的发球员发球，继续比赛。

②当时限到时，球未处于比赛状态，应由前一回合的接发球员发球，继续比赛。

（2）此后，每位运动员都轮发1球，直至该局结束。如果接发球方进行了13次还击，则判接发球方得1分。

（3）轮换发球法一经实行，将一直使用到该场比赛结束。

# 第十三章 网球

## 第一节 网球运动概述

网球运动起源于法国。早在十二三世纪，法国的传教士就用手掌击打一种小球来娱乐，当时，这种游戏被称做"掌球戏"。14世纪中叶，这种游戏传入英国，当时球的表面是用绒布做的，英国人将这种球称为"tennis"，并流传下来。

15世纪，人们发明了用线编制的网球拍，场地也已成雏形，并制定了相应的比赛规则。1873年，英国的菲茨德尔少校改进了早期的网球打法，规定了球网的大小和高低，创造了简易的草地网球比赛。1875年，英国板球俱乐部修订了网球的比赛规则后，于1877年7月举办了第1届温布尔登草地网球锦标赛。至此，现代网球正式形成，并很快在欧美盛行起来，成为一项深受欢迎的室外体育运动。1885年左右，网球运动传入我国上海、广州等地，并首先在教会学校中开展。

1896年，在希腊雅典举行的第1届奥运会上，网球单打与双打被列为正式比赛项目。后来，由于国际奥委会和国际网球联合会在"业余运动员"的定义上有些分歧，已经连续7届奥运会都进行的网球比赛被取消。直到1984年的洛杉矶奥运会上，网球才被列为表演项目。1988年的汉城奥运会上，网球又重新被列为正式比赛项目。

## 第二节 网球基本技战术

### 一、基本技术

#### （一）握拍法

在所有的网球技术中，最基本的是握拍法，它能直接影响球拍接触球的角度。目前，世界上最流行的握拍法有两种：东方式和西方式。专家在总结教学实践经验后得出结论，业余网球的基本技术首先应从东方式平地击球技术开始，这样效果最好，掌握得最快。所以，我们在此只向大家介绍东方式握拍的方法。

**1. 正手握拍法**

用左手握住拍颈，使拍面与地面垂直，拍柄底部正对身体，右手掌展开，放在拍面上，然后慢慢向拍柄底部滑动,到达拍柄底部后,五指自然分开,像握手一样握住拍柄。东方式握拍又称握手式握拍,此时由拇指与食指形成的"V"字形虎口对准拍柄把手的右上斜面。

**2. 反手握拍法**

东方式反手握拍法是在正手握拍法的基础上把手向左转动(或把拍子向右转动),使拇指与食指形成的"V"字形对准拍柄的左上斜面。

## (二)击球

**1. 正手击球**

网球正拍击球是指在本人握拍手同侧的地方对落地球的打法,它是网球基本中最常用的击球方法,正手击球的动作比较深长,击球有力,速度也快。根据球的旋转,分为平击球、上旋球、下旋球、侧旋球。

(1)准备姿势。面对球网,双脚向前自然分开与肩同宽,双膝微屈身体略向前倾,重心落在双脚的前脚掌上,右手握拍,左手轻托拍颈,双肘微屈,球拍舒适地放在身前,拍面垂直于地面,拍头指向对方,两眼注视对方来球,作好击球准备。

(2)后摆引拍。当判断来球需用正拍回击时,转动双脚,左脚跟抬起并向右倾前方上步,右脚向右转 90 度与底线平行,同时转肩转髋带动右手向后摆动引拍(此为关闭式步法,适用于初学者转体;另一为开放式步法,左脚不必上步,两脚平行站位,但需要更多的向右转体动作)。

(3)击球动作(前挥击球)。从后摆向前挥动时紧握球拍,手腕后伸、固定,用力蹬脚,转动身体和挥拍,正拍的击球点在身体的右侧前方不超过腰的高度,击球时的挥拍速度最快,球打在拍面的中心,击球挥拍时的拍头是自下而上的挥动使球稍带上旋球。

(4)随挥跟进动作。球触拍后,使拍面平行于网的时间尽量长些,挥拍沿着球飞行的方向前送,重心前移落在左脚,身体也随着转向球网,挥拍动作在左肩上方结束,拍头指向上方高出头部,如图 13-1 所示。

图 13-1

**2. 反手击球**

网球反手击球是指击打与握拍手相反的落地球打法,分为单手反手击球和双手反手击球。反拍的许多动作要领与正拍相似,只是方向相反,反拍击球是左眼和右手,由于三叉神经不协调,使人感到别扭。

(1)反拍双手握拍击球,两只手都是东方式握拍法,如果是右手握拍者,右手以东方式反拍握拍法握拍,手掌根靠近球拍柄的端部,左手以东方式正拍握拍法握在右手的上方。

(2)侧身转肩背朝网,向后充分引拍,以获得必要的击球力量,右脚向前跨出,身体重心在右脚,后引动作靠近身体腰部。

(3) 击球时回身扭腰,球拍由后下向前上方挥出,拍面垂直,触球的中部或中部偏下,使球产生上旋,击球点在右脚侧前方,利用双臂的伸展来增加击球力量,身体重心移向右脚。

(4) 击球后面向球网,随挥动作由后下向前上,动作在肩部结束,见图13-2。

图13-2

### 3. 双手反手击球

当判断出来球是飞向反手方向时,在移动到位的最后一步应保持右脚在前,身体右侧朝向来球方向。双手握球拍向左后挥摆,右臂伸展较大,左臂弯曲。在迎球过程中,挥臂与转体动作配合,使球拍由低向高挥动,击球点在右脚侧前方,拍面垂直,触球的中部。击球后双手随势挥至右侧头部高度,身体重心移向右脚。动作完成后,迅速恢复成准备姿势。

## (三) 发球

(1) 准备姿势:采用大陆式或东方式反手握拍法。侧身站立在端线外中场标记旁,左肩对着左边网柱,面向右边网柱,两脚分开约同肩宽,左脚与端线约成45°,重心在左脚上。

(2) 抛球与后摆:抛球与后摆拉拍动作是同步开始的,持球手的拇指、食指和中指三指轻轻托住球,掌心向上。当球拍从身后向头上方做大弧度摆动,身体做转体、屈膝、展肩时,持球手柔和地在身前左脚前上举,直至伸直高及头顶。此时右肘向后外展约同肩高,拍头指向天空,左侧腰、胯成弓形,身体重心随着抛球开始先移向右脚,然后平稳地开始前移。此刻,肩与球网成直角。

(3) 击球动作:当左手抛出球时,球拍继续向上摆起,这时候持拍手的肘关节放松。当身体向前上方伸展击球时,肩、手臂已经回转,双肩与球网平行。挥拍击球时,持拍手腕带动小臂有一个旋内的"鞭打"动作。

(4) 随挥动作:球发出后,身体向体内侧倾斜,保持连续的向前上方伸展的随挥动作。球拍挥至身体的左侧(美式旋转发球球拍随挥至身体的右侧),重心移向前方,做到完美自然地跟进并保持身体平衡。

## (四) 接发球

接发球是比较难掌握的技术,要接好发球必须掌握比较全面的基本技术,因为接发球之前无法判断对方发球的方向、旋转、力量和速度。在对手将球发出后就要迅速做出判断和反应,并且选择恰当的击球方式来完成接发球动作。

(1) 接发球站位一般位于端线附近,力求在接发球时向前移动击球。

(2) 在接发球的全过程中眼睛要始终注视来球,一直到完成还击动作。要认真观察对方的抛球动作,这样有利于判断发球的方向和旋转。

接发球时应注意，对方第一次发球时多采用大力发球，站位应偏后一些。第二次发球可略向前移。接大力发球时引拍动作不要过大，要控制好拍面角度并握紧球拍。还击球之前要观察对方的行动，选择回球的线路和落点。

## （五）截击球

### 1. 正手截击球

截击时站在网前 2.5～3 米的位置，准备姿势与一般击球基本相同，但球拍要举得高一些，约与眼部同高。截击时后摆动作要小，击球点保持在身体前方，拍触球瞬间手腕固定，用力握紧球拍，略加向前推击的动作。截击较近的球，左脚要跨出一小步，截击较远的球要跨出一大步（图 13-3）。

图 13-3

### 2. 反手截击球

准备姿势同正手截击球。击球点要比正手截击球靠前一些，因此要及早跨出右脚，重心也要置于右脚上。击球时手腕固定，用力紧握球拍，拍面稍前倾，触球的中上部，击球后右臂伸展，向前下方压送（图 13-4）。

图 13-4

## （六）高压球

凌空高压球：握拍采用大陆式，发现对手挑高球时，应立即侧身，右脚后撤，使身体侧对网，同时，直线引拍至右肩的后上方，拍头朝上，左臂上举指向来球，眼睛盯住球。继续保持侧身对网姿势，用快速的小步，调整到球将要降落之处的击球位置，作好高压的准备。

## （七）挑高球

挑高球是指还击的球越过上网队员的头顶，落入对方后场区域，分防守性挑高球和进攻性挑高球两种，有平击、上旋、下旋 3 种打法，基本打法是平击防守性挑高球。

平击挑高球采用东方式正、反手握拍法，击球方法类似于底线抽球。向来球移动的同时向后引拍，重心落在后脚上。击球时，手腕绷紧，拍面开放，以很陡的弧线击球的后下部，抬臂送球，完成随挥动作。正手随挥动作结束在头部右侧上方，反手则相反。

## （八）步法

### 1. 准备击球的步法

两脚分开与肩同宽，面对网，略弯腰，膝部微屈，脚跟微微提起，身体重心落于前脚掌。

### 2. 击球步法

侧身两脚前后开立，重心移到后脚。击球时，重心由后脚移至前脚，带动手臂、球拍及腰部动作，使全身力量协调地通过球拍击球。击球后，后脚自然跟进，保持身体平衡，恢复准备击球姿势。

### 3. 移动步法

其分为交叉步和垫步。交叉步如同走路，左、右脚一前一后跨步向前，不同时着地，步子大，速度快，适于左右或向前快速跑动。垫步时，若向左移动，先跨出左脚，带动右脚向左移动。垫步用于小范围内调整身体与球的距离。

### 4. 上网步法

上网时机一般应抓住以下几点：①发球后上网，是发急速旋转球后，借助球在空中飞行时间较长的特点，使自己有足够的时间向前移动上网；②随球上网，即乘机上网，是击球后，在使对方回球困难的前提下，给自己创造上网的机会。

## 二、基本战术

战术必须建立在熟练和正确地掌握一定数量和质量的技术动作的前提下，通过球员在比赛实践中，伺机在一定的时间和空间条件下，合理地、灵活地组合运用才能构成。技术是战术的基础，是组成战术所必不可少的基本要素。先进的技术必然促进战术的发展和变化。而战术的不断变化和发展，同样也反过来促进原有技术的更新与发展。它们之间存在着相互联系、互为影响、共同发展的辩证关系。

### （一）单打基本战术

网球运动单打的战术（打法）有上网型、底线型和综合型。

（1）上网型。上网型打法的常用战术有三种。①发球上网：利用快速有力和落点多变的发球，迫对方接发球难于主动发力，然后快速移步上网。②随球上网：对打中，利用一板低而深的球，使对方难于发力，然后快速移步上网。③接发球上网：在判断准确、及时的基础上，接发球即击快球、深球或对方站位空档，使对方失去主动。然后迅速上网。上网型打法应重视高压球技术，要求判断准、反应移动快；下拍坚决果断，落点好；保护后场的能力强。

（2）底线型。基本上保持在底线抽球（包括削球），利用球的速度、力量、落点和旋转变化出现机会时，偶尔上网。网前技术的使用率男子在25%以下，女子在20%以下，此打法原来偏于保守，较被动。近年来，在上网打法的影响下，产生了一种攻击性的底线打法，运用凶狠的底线双手抽球，使对方难以截击。此打法要求：积极快速，能攻善守；正反拍无明显差异，掌握上旋抽击，能连续进攻，具备强有力的破网反击能力；能运用强烈的上旋高球，在快速中有"搏"一板的技术；兼备处理小球和网前的能力；体力好，步法快。

（3）综合型。底线和上网两种打法的综合运用。网前技术的使用率男子约25%～40%，女子20%～35%，这种打法的技术特点和要求是：积极快速，以攻为主；正反拍都能打加力的上旋抽球，有连续进攻能力；能拉开对方，善于截击和高压球威力大、落点好、破网反击能力强。

### （二）双打基本战术

#### 1. 双打中发球方站位法

（1）前后站位：同伴站在网前，发球员发球后立即上网。

（2）澳大利亚式站位：即同伴在网前中线或靠近中线，发球员发球后根据同伴的要求进行上网。发球员的站位根据网前同伴的站位以及战术意图来及时调整自己，做到便于上网和便于封网，以达到发挥发球局的进攻优势，控制网前的目的。

### 2. 双打中接发球方站位法

（1）前后站位：即同伴站发球线与球网中间，接发球员站在底线后或底线内。

（2）双底线站位：接发球员与同伴的站位，应根据对方发球与网前的威胁，以及发球与网前的成功率来进行调整，在接发球破网的防守反击中伺机上网，抢占网前的有利位置。

### 3. 双打中的发球局战术

（1）发球上网战术：用80%的力量发出平击、侧旋或上旋等不同旋转的球，提高一发球命中率，不断变换发球落点，然后快速向网前迈进，第二发球也要利用旋转和落点的变化来为上网创造条件，上网后的中场第一拦网截击球要平而深或角度大，如起高球则对方网前同伴将会扑击抢网。

（2）发球上网抢网战术：运用抢网战术首先网前同伴可以在背后做手势。告诉发球员应发什么落点，抢与不抢，采取此战术可以干扰对方接发球，为发球上网得分及抢网得分创造条件，其次要强调发球员的发球质量，成功率和落点的变化。

（3）澳大利亚式网前战术：澳大利亚式网前战术能起到破坏对方接发球节奏，为发上网前截击得分和抢网得分创造有利条件。运用这一战术时，要求同伴给发球员手势，告知发落点和抢与不抢，另外发球员的第一发球命中率要高，这样战术才能得到充分的运用。

### 4. 双打接发球局战术

（1）接发球双上网战术：为了抢占网前有利位置，当对方发球时，接发球员判断准确，应向前，到底线里面去还击球，然后随接发球上网，由于是向前迎击球，因此回接球的速度比较快，能给对方发球上网截击或抢网造成很大的威胁，同时对接发球员的要求也比较高，要求接发球员判断好，移动动作小，并向前向下顶压击球，朝发球上网队员的脚底下或双打边线内击球。

（2）接发球抢网战术：在高水平的双打比赛中，接发球抢网战术经常被运用，此战术的运用能使对方发球上网者增加中场截击球的心理负担而产生回球失误或回球质量不高，在运用此战术时，接发球员与同伴配合密切，当接发球员接了一个质量高的低平球，对方发球上网者中场拦出一个质量不高球时，应立即补位，防止对方截击直线球。注意接发球同伴不要移动过早，以免被对方发现而击直线。

（3）接发球双底线战术：在双打比赛中，如对方发球有威胁，网前又非常活跃，为了破坏对方快节奏的进攻，可采用接发球双底线的战术，由于二人都退至底线，使对方网前截击产生一定的心理压力，不能马上得分，因此对接发球员来说，首先应注意接发球的成功率，然后再寻找机会进行反击，凶狠的破网打法，以破中路和两边小角为主并结合挑上旋高球。

## 第三节 网球运动简易规则解析

### 一、发球

#### （一）发球前的规定

发球员在发球前应先站在端线后、中点和边线的假定延长线之间的区域里，用手将球向空中任何方向抛起，在球接触地面以前，用球拍击球（仅能用一只手的运动员，可用球拍将球抛起）。球拍与球接触时，就算完成球的发送。

### （二）发球时的规定

发球员在整个发球动作中，不得通过行走或跑动改变原站的位置，两脚只准站在规定位置，不得触及其他区域。

### （三）发球员的位置

（1）每局开始，先从右区端线后发球，得或失一分后，应换到左区发球。
（2）发出的球应从网上越过，落到对角的对方发球区内，或其周围的线上。

### （四）发球失误

未击中球；发出的球，在落地前触及固定物（球网、中心带和网边白布除外）；违反发球站位规定。发球员第一次发球失误后，应在原发位置上进行第二次发球。

### （五）发球无效

发球触网后，仍然落到对方发球区内，接球员未作好接球准备，均应重发球。

### （六）交换发球

第一局比赛终了，接球员成为发球员，发球员成为接球员。以后每局终了均依次互相交换，直至比赛结束。

## 二、通则

### （一）交换场地

双方应在每盘的第1、3、5等单数局结束后，以及每盘结束双方局数之和为单数时，交换场地。

### （二）失分

发生下列任何一种情况，均判失分：
（1）在球第二次着地前，未能还击过网。
（2）还击的球触及对方场区界线以外的地面、固定物或其他物件。
（3）还击空中球失败。
（4）故意用球拍触球超过一次。
（5）运动员的身体、球拍在发球期间触及球网。
（6）过网击球。
（7）抛拍击球。

### （三）压线球

落在线上的球都算界内球。

## 三、双打

### （一）双打发球次序

每盘第一局开始时，由发球方决定由何人首先发球，对方则同样地在第2局开始时，决定由何人首先发球。第 3 局由第 1 局发球方的另一球员发球。第 4 局由第 2 局发球方的另一球员发球。以下各局均按此秩序发球。

### （二）双打接球次序

先接球的一方，应在第 1 局开始时，决定何人先接发球，并在这盘单数局，继续先接发球。双方同样应在第 2 局开始时，决定何人先接发球，并在这盘双数局继续先接发球。他们的同伴应在每局中轮流接发球。

### （三）双打还击

接发球后，双方应轮流由其中任何一名队员还击。如运动员在其同队队员击球后，再以球拍触球，则判对方得分。

## 四、计分方法

### （一）胜 1 局

（1）每胜 1 球得 1 分，先胜 4 分者胜 1 局。
（2）双方各得 3 分时为"平分"，平分后，净胜两分为胜 1 局。

### （二）胜 1 盘

（1）一方先胜 6 局为胜 1 盘。
（2）双方各胜 5 局时，一方净胜两局为胜 1 盘。

### （三）决胜局计分制

在每盘的局数为 6 平时，有以下两种计分制。
一是长盘制。即一方净胜两局为胜 1 盘。
二是短盘制。决胜盘除外，除非赛前另有规定，一般应按以下办法执行：
（1）先得 7 分者为胜该局及该盘（若分数为 6 平时，一方须净胜两分）。
（2）首先发球员发第 1 分球，对方发第 2、3 分球，然后轮流发两分球，直到比赛结束。
（3）第 1 分球在右区发，第 2 分球在左区发，第 3 分球在右区发。
（4）每 6 分球和决胜局结束都要交换场地。

### （四）短盘制的计分

（1）第 1 个球（0∶0），发球员 A 发 1 分球，1 分球之后换发球。
（2）第 2、3 个球（报 1∶0 或 0∶1，不报 15∶0 或 0∶15），由 B 发球，B 连发两分球后换发球，先从左区发球。
（3）第 4、5 个球（报 3∶0 或 1∶2、2∶1，不报 40∶0 或 15∶30、30∶15），由 A 发球，A 连发两球后换发球，先从左区发球。
（4）第 6、7 个球（报 3∶3 或 2∶4、4∶2 或 1∶5、5∶1 或 6∶0、0∶6），由 B 发 1 分球之后交换场地，若比赛未结束，B 继续发第 7 个球。
（5）比分打到 5∶5，6∶6，7∶7，8∶8……时，需连胜两分才能决定谁为胜方。但在记分表上则统一写为 7∶6。
（6）决胜局打完之后，双方队员交换场地。

# 第十四章 羽 毛 球

## 第一节 羽毛球运动概述

据有关资料记载，现代羽毛球运动起源于英国，它是由印度的"浦那游戏"逐步演变而成的。相传在19世纪中叶，印度的浦那城内有一种类似今日羽毛球活动的游戏十分普及，它是以绒线编织成球形并在球上插羽毛，人们手持木拍，隔网将球在空中来回对击。19世纪60年代，一批退役的英国军官把这种称为"浦那游戏"的活动带回英国，并逐步使它演变成一项竞技运动。

1893年，在英国成立了世界上第一个羽毛球协会。随着在世界上开展这项运动的国家越来越多，1934年成立了国际羽毛球联合会，总部设在伦敦。1978年2月，世界羽毛球联合会在中国香港成立。1981年5月，国际羽毛球联合会和世界羽毛球联合会正式合并，简称为国际羽联。目前，国际羽联已拥有100多个会员国。国际羽联管辖的世界性比赛有汤姆斯杯赛（男子团体）、尤伯杯赛（女子团体）、世界锦标赛（单项比赛）、全英锦标赛（非正式传统单项比赛）。

1981年5月，国际羽联重新恢复了中国在国际羽联的合法席位，从此揭开了国际羽坛历史上新的一页，进入了中国羽毛球选手称雄国际羽坛的辉煌时期。在1988年汉城奥运会上，羽毛球被列为表演项目，在1992年巴塞罗那奥运会，其被列为正式比赛项目，从此羽毛球运动进入了一个新的发展时期。在2000年悉尼奥运会上，中国羽毛球队在5个比赛项目中，夺得了4块金牌，并在女子双打比赛中同时升起3面五星红旗。目前，羽毛球运动具有世界水平的国家有中国、印度尼西亚、丹麦、马来西亚等。

## 第二节 羽毛球基本技战术

### 一、基本技术

#### （一）握拍法

**1. 正手握拍法**

动作要领：先用左手（以右手握拍为例，下同）握住球拍中杆，使拍面与地面垂直，张开右手使虎口对准拍柄窄面内侧斜棱,拇指和食指贴在拍柄的宽面上,其余三指并拢,自然握住拍柄,食指和中指稍分开,柄端靠近手掌的小鱼际,掌心与拍面之间应留有空隙,以便于击球发力(图14-1)。

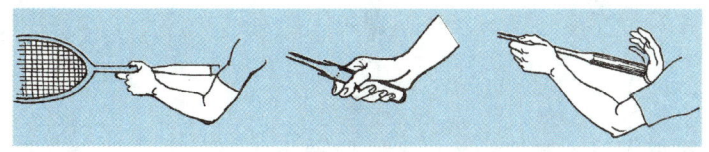

图 14-1

**2. 反手握拍法**

动作要领:在正手握拍的基础上,将拍柄稍外旋,食指向中指靠拢,拇指内侧顶在拍柄的宽面,下三指放松并拢握住拍柄,柄端靠近小指根,拍面稍后仰,掌心、拍柄、小鱼际间要留有空隙,以便于发力(图14-2)。

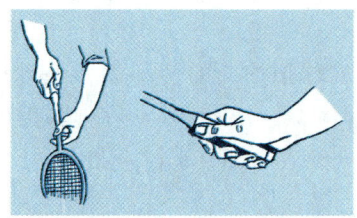

图 14-2

## (二)发球

发球可分为正手发球和反手发球两种。按球在空中飞行的弧线,其又可分为发高远球、发平高球、发平快球和发网前球等。

**1. 正手发球**

正手发球可以发任何一种飞行弧线的球,在单打、双打比赛中都普遍采用。

1)发高远球

发高远球时,使球向对方的后场上方飞行,飞行的线路与地面形成的角度要大于45°,在对方底线附近形成垂直下落。

2)发平高球

发平高球时,动作大体与发高远球相同,只是在击球的一刹那,前臂加速带动手腕向前上方挥动,球发得不太高,但能迅速地越过对方场地的上空而落到底线附近,球在空中飞行时与地面大约成45°角(图14-3)。

图 14-3

3）发平快球

发平快球时，要充分利用前臂和屈腕所形成的爆发力，使球在最短的时间内迅速越过对方场区到达底线附近，球的飞行路线应稍高于对方肩部，大约与地面成30°角，平快球速度快，具有突然性，在对付反应较慢、动作幅度较大的对手时，平快球往往可以直接创造得分的机会。

4）发网前球

发网前球时，站位靠前，握拍要放松，大臂动作要小，主要靠小臂带动手腕向前切送。球的弧线要贴网而过，落点在发球区的前发球线附近，发网前球可以避免对方接发球时直接大力扣杀，限制了对方的一些进攻战术。

**2. 反手发球**

反手发球主要靠挥动前臂和伸腕闪动发力，其特点是动作幅度小、出球快、隐蔽性强，一般在双打比赛中采用较多，主要发网前球和平快球。

1）反手发网前球

前臂向前挥动带动手腕，通过球拍拍面的切削动作使球落到对方场区的前发球线附近，球的最高弧线略高于网顶。发球时，重心在前脚，后脚跟提起，重心稍前倾，右手反握在拍柄的稍前部，肘关节部位提起，手腕稍前屈（图14-4）。

图 14-4

2）反手发平快球

发球时，动作与发网前球一样，但在击球的一刹那，手腕采用弹击的方法，拍面与地面垂直，将球击到双打后发球线附近。

## （三）接发球

**1. 接发球的站位和姿势**

单打站位：单打站位在离发球线1.5米处。在右发球区要站在靠近中线的位置，在左发球区则站在中间位置，主要是防备对手直接进攻反手部位。一般左脚在前，右脚在后，双膝微屈，收腹含胸，身体重心放在前脚上，后脚脚跟稍抬起。身体半侧向球网，球拍举在身前，两眼注视对方。

双打站位：由于双打发球区比单打发球区短0.76米，发高远球易被对方扣杀，所以双打发球多以发网前球为主。接发球时要站在靠近网前发球的地方，双打接发球准备姿势和单打的接发球姿势基本相同，略有区别的是身体前倾较大，身体重心可以随意放在任何一脚，球拍举得略高些，在球来到网上最高点时击球，争取主动。

## 2. 接发各种来球

对方发来高远球或平高球时，可用平高球、吊球或杀球还击。对方发来网前球时，可用平高球、高远球、放网前球、平推球还击；对方发来平快球时，可用平推球、平高球还击，以快制快。由于接球方还击的击球比发球方高，下压得狠，因此可以夺取主动；另外可以以高远球还击，以逸待劳，决不能仓促还击网前球，因为若击球质量稍差，有可能遭受对方的进攻。

## 3. 击球法

羽毛球技术中的各种击球法，使羽毛球在空中飞行的弧线（球自击球点至落点之间的飞行线）各不相同。认真研究球飞行的弧线，有助于提高击球的质量。

击球法依据其动作特点分为高手击球、网前击球和低手击球三种。

1）高手击球

高手击球具有击球点高、速度快、力量大、主动性强、进攻威力大等优点，是快攻打法的最基本技术。在双打中，为了发挥力量与速度，高手击球更有特殊作用。运动员们创造了半蹲式站姿，拍子尽量高举，其目的就是争取更多的高手击球。根据实战的需要，初学者学习击球法应先学高手击球。

（1）高远球。用较高的弧线把球击到对方底线附近，谓之高远球。击高远球是羽毛球技术的基本技术。对初学者来说，一般总是从学击高远球开始。在实战中因为打不好高远球，而被对方压在底线附近，老是被动挨打，直至败下阵来的例子是常见的。所以后场能否击好高远球是衡量一个羽毛球运动员技术水平的基本依据。

打高远球的作用，从进攻方面来讲，可逼迫对方退离中心位置，削弱对方的进攻威力，消耗对方体力，使对方回球时出现失误；从防守方面来讲，当对方连续进攻，自己的步法已显忙乱，充其量只能简单地把球回过去时，在此情况下必须首先争取尽快回到中心位置，而最有效的回击便是打高远球，因为高远球的滞空时间长，易于争取时间，摆脱被动局面。

（2）吊球。一般地讲，把对方击来的高远球，从后场还击到对方的网前区，就叫吊球。它是调动对方、打乱对方阵脚、组织战术配合的一种击球技术。在后场进攻中，当它和高远球、杀球结合运用，并尽量做到这三种击球的前期动作一致时，常能造成对方判断上的失误，因此，吊球具有较大的威胁性。吊球打法用力较小，但需较准确地把球击到对方前发球线以内、离边线 50 厘米附近的地方。

吊球可根据不同情况采用正拍或反拍、高手或低手来打。对于初学者，首先要学好高手吊球这个基本技术。

高手吊球按球飞行的弧线和击球动作的不同可分为劈吊和拦截吊球。

（3）扣杀球。在羽毛球技术朝着快与攻方向发展的今天，扣杀球便成为一项主要的进攻技术。实战中，攻与守、主动与被动是在多拍的争夺中互相制约、互相转换的。若双方技术水平相当，步法也都有基础，这时谁敢于积极进攻、创造大力扣杀的机会，谁就能在反复的争夺中取得胜利。

扣杀球是把高球在尽量高的击球点上斜压下去，因而击球力量大，弧线直，下落快，这对反应慢、防守差的运动员是一个很大的威胁，若能配合好落点和球路，即使是对手防守能力较好，也往往能使其措手不及，无法挽救。所以，掌握好扣杀球是很重要的。

扣杀球技术有正手、反手和头顶扣杀球三种。

2) 网前击球

网前技术是一项可以调动对方，使战术多变的击球方法。在当前防守力量加强、步法灵活的情况下，网前技术往往成为结束战斗的有力武器。双打中，网前技术的好坏，关系到前半场的主动权和战局的成败。

（1）搓球。搓球是网前技术中的高难击球技术，是放网前球技术的发展。它动作细腻，击球点较高（约与肩同高），利用"搓"、"切"、"挑"的动作，摩擦球托的底部，使球改变在空中的正常运行轨迹，沿横轴翻滚越过网顶，给对方回击造成较大的困难，从而创造进攻的机会。

搓球的要领是（以正手网前为例）：上网步法要快，左脚起蹬，右脚向网前跨步成弓箭步，侧身对网，重心在右脚，手臂向前伸出，出手要快，击球点要高，握拍的腕部和手指自然放松。击球时，拍面与网成斜面向前。注意用手指控制好拍面，同时用手指发力，使搓出的球尽可能贴网。

挥拍时腕部由展腕到收腕，带动手指向前"切削"球，使球呈下旋翻滚过网，腕部由收腕到展腕，带动手指离网"提拉"，球呈上旋翻滚过网（图14-5）。

图 14-5

（2）推球。推球是在网前将球快速推到对方的底线，它飞行的弧线较低平，是羽毛球技术中的一种进攻技术。

推球的动作（图14-6）与搓球基本一样，只是在击球的一刹那，拍面几乎与网平行，主要靠腕部的转动（经前臂的内旋与外旋）及手指的力量（正手推球多用食指的力量，反手推球多用拇指的力量）向前快速"闪"动。

图 14-6

3）低手击球

（1）正手挑高球。判断来球，快速上网，左脚积极蹬地，右脚跨步向前成弓箭步，侧身对网，重心在右脚。正手握拍，手臂自然向右前方伸出，小臂外旋伸腕，左臂自然后伸，起平衡作用。击球时，以肘关节为轴，小臂带动手腕、手指快速由右下方向前上方成半圆形挥拍击球（图14-7）。

图 14-7

（2）反手挑高球。判断来球，快速上网，左脚积极蹬地，右脚跨步向前成弓箭步，重心在右脚，侧身背对网。反手握拍，手臂向左前方伸出，小臂内旋屈肘屈腕，左臂自然后伸，起平衡作用。击球时，以肘关节为轴，小臂带动手腕、手指快速由左下方向前上方成半圆形挥拍击球。

**4. 步法**

1）上网步法

根据上网时脚步移动方法的区别，上网步法可分为跨步上网、垫步上网和蹬步上网。

（1）跨步上网。站位于球场中心稍靠后，两脚左右开立，右脚略前，上体稍前倾，两眼注视对方击球。当对方吊网前球时，在对方击球瞬间，脚跟提起轻跳并迅速调整重心至后脚，以协助快速起动。左脚迈一小步，用脚掌内侧蹬起，右脚向前跨大步，以脚跟和脚掌外侧着地滑步缓冲，脚尖外斜，右脚屈膝成弓箭步，左脚随即向前拖动，以协助右脚回蹬。击球后用并步或交叉步退回中心位置。如果对方来球较近时，可用左脚蹬地，随即右脚跨一大步上网。

（2）垫步上网。准备姿势同上。右脚先迈一小步，左脚立即垫一小步靠近右脚跟（或从右脚后交叉迈出一小步），并用脚掌内侧起蹬；右脚接着迅速向前跨大步（着地后的要求同上）。击球后用并步或交叉步退回中心位置。我国羽毛球运动员上网善于在垫步后跨大步，这种步法蹬力强、速度快，在被动情况下，有利于迅速调整重心，快速接应来球。

（3）蹬步上网。蹬步是为了提早击球时间，争取击球点在网顶上空，起到突击的作用，双打中常用于上网扑球。当自己站位靠前，思想上已作扑球准备，并判定对方发（放）过来的是网前球时，右脚稍向前，刚一点地便起蹬侧身扑向网前（也可左脚蹬地扑网前），球至网顶即行扑击，触球的同时右脚先着地，左脚随着身体的惯性在右脚后着地，并立即退回中心位置。

2）后退步法

（1）正手后退。其有侧身并步后退和交叉步后退两种。

侧身并步后退步法：在对方击球前的刹那间，脚跟提起轻跳，迅速调整重心至右脚。接着右脚蹬地快速向右后撤一小步，上体右转侧身对网，紧接着左脚并步靠近右脚，右脚再向后移至来球位置，在移动中做好手部动作准备，待来球在右肩上方下落时做正手底线原地击球或跳起击球，击球后并步或小步跑回中心位置。

交叉步后退步法：右脚撤后一小步后，左脚从体后交叉后退一步，右脚再后移至来球位置。

（2）头顶交叉步后退。与正手后退大致相同，只是靠一步的右脚蹬地后撤向左后方，上身转动的幅度比正手后退较大（上体左后仰，倒向左后场内）；左脚从体后交叉后退一步，右脚再移至来球位置做头顶原地或起跳击球。

不论正手后退或头顶后退，都要求先迈右脚，最后一步右脚在后，重心在右脚上。

调整身体重心后，右脚先后撤一步（或垫一步）；接着身体左转，左脚同时向左后退一步；右脚再跨出一步，背对网，在底线反手击球。如站位靠后，可采用上身向左后转，左脚同时后撤一步，右脚可垫一步，再接着左、右、左、右向后退，但不论是几步，反手后退击球的最后一步右脚应在后，重心落在右脚上。

3）两侧移动步法

（1）向右侧移动。两脚开立，脚跟稍提起；判断来球后，调整身体重心；上体稍倒向左侧，左脚掌内侧用力起蹬，右脚同时向右侧跨大步（注意髋关节的转动）。若距来球较远，左脚可向右垫一小步再起蹬，右脚同时向右侧转跨大步。

（2）向左侧移动。调整身体重心，上体稍倒向右侧，右脚掌内侧用力起蹬，左脚同时向左侧转跨大步（注意髋关节的转动）。来球较远时，左脚可向左侧移半步，上体向左转的同时右脚向左（前交叉）跨大步。对于两侧移动步法，最后一步哪只脚在前，重心就在哪只脚上。

## 二、基本战术

战术就是指运动员在比赛中根据双方的情况合理运用技术，有针对性地组织自己的球路以争取胜利的策略。在双方技术水平相当的情况下，合理运用战术就成了胜败的关键。所以，羽毛球运动员在抓好技术和身体素质训练的基础上，还必须重视战术意识的培养。

### （一）单打战术

**1. 发球战术**

（1）保持发球技术动作的一致性。做到各种发球技术的前期动作一致，就能使对方无法预先把握发球的时机和意图，迫使接发球队员多方防备而造成回球质量差，就有机会发动主动进攻。

（2）要掌握发球的时间差。每次发球，从准备发球到球发出去（球从拍面弹出）的时间长短可有差异，这样往往会造成对方判断错误而被动接球或接球失误（但应注意不要发生击球违例的现象）。

（3）要机动地变换发球点和发球的弧线。将球发向对方接球能力最薄弱的部位，诱使其失误、失分。

（4）要善于发现和把握对方接发球的习惯和球路，重点防范，抓住战机，争取尽快结束战斗。

**2. 接发球战术**

要全面掌握接发球技术，充满信心地迎击各种发球。在接球时能一拍制胜是最理想的，但也不要在条件不允许的情况下勉强进攻。接发球要力争不让对方有直接进攻的机会，把球回击到远离对方所站位置的落点上,或者回击到与对方移动方向相反的位置上,又或者回击到对方击球技术薄弱的部位上,迫使对方被动回球。为此,要求在接发球时做到思想高度集中、见机行事、出手果断。

### 3. 发球抢攻战术

一般以发网前球结合发平快球、平高球开始,以高质量的发球和发球线路的变化迷惑对手,使其判断失误,一旦对方接发球质量较差时,第三拍就应主动进攻,夺取主动权。

### 4. 压后场战术

对后场还击能力较差的对手,可以攻击对方后场底线的两个角落(尤其是反手场区),待回球质量差时,果断发动进攻,或在对方注意力只顾及后场时突然吊网前球。

### 5. 攻前场战术

对网前技术较差的对手,可多以吊球和放网前球为主,使其在网前的对抗中失误,或对方勉强回击成高球时进攻其后场。

## (二) 双打战术

双打比赛不仅仅是竞赛双方在技术、战术、体力上的较量,同时也是双打同伴相互间配合的默契程度的较量。因此,在学习双打战术之前,首先要了解两人之间站位形式上的配合。

一般情况下,有两人一前一后站位和两人分边(左、右)站位两种形式。一前一后站位即站在后场的人分管后半场的球,站在前场的人则负责前半场的球。这种站位形式有利于进攻,而不利于防守。所以,一般在本方进攻时多采用此站法。分边站位多在防守时采用,这样,各人分管半个场地,在防守时就没有什么空当了。站位形式不是固定不变的,它在比赛中随着进攻与防守之间的不断转换而变化。

### 1. 发球、接发球战术

双打的发球往往是决定胜负的关键。发球要根据对手的情况,选择好站位,注意球路、落点、变化,争取主动。因双打接发球区比单打短76厘米,不利于发高球,往往以发网前球为主。接发球时,如果对方发网前球弧线较高,最好能快速上网扑杀,不能扑杀的则争取以搓、推技术回击,迫使对方向上挑球,为后场进攻创造机会。接发球应尽量不用挑高球,以避免发球方的进攻。接发球的球路要有变化,不要只用习惯性的固定球路回击。

### 2. 攻人战术

集中攻击对方中有明显弱点的人,并伺机攻击另一人因疏忽而露出的空当,或对此人偷袭。双打比赛中的配对选手的技术,一般总有一人好,另一人稍差些,即便两人水平相差不大,但若能集中力量攻击其中一人,也可给其造成很大的心理压力,从而使其出现失误。

### 3. 攻中路战术

当对方分边站位防守时,将球攻击到对方两人的中间;当对方前后站位防守时,可将球下压或平推两边半场。这样可使对方防守时互抢或互让而出现失误。

### 4. 攻后场战术

遇到对方后场扣杀能力差的对手,可采用平高球、平推球、挑底线,把对方一人紧逼至底线两角移动。当对方还击被动时,则大力扑杀。若另一对手后退支援时,即可攻网前空当。

### 5. 后攻前封战术

当本方处于主动进攻前后站位时，后场队员逢高球必杀，迫使对方接杀挡网前，为本方前场队员创造封网扑杀机会。前场队员要积极封锁前场，迫使对方被动挑高球，遇挑高球不到后场，就会为本方创造再进攻的机会。

### 6. 防守反击战术

在防守中寻找反攻的机会，以便摆脱困境，转被动为主动。例如，挑底线高球，即不论对方从哪里进攻，本方都应设法把球挑到进攻者的另一边底线。如对方正手后场攻直线，就挑对角线，如对方攻对角，就挑直线。这是一种较容易争得主动的防守战术，在女子双打中运用更为有效。时机有利时，即可运用反抽或挡网前回击对方的杀球，从守中反攻，争得主动权。运用此战术时，要注意挑高球一定要挑到底线，否则将会出现对方连续攻杀而本方无力反击的局面。

## 第三节　羽毛球运动简易规则解析

### 一、场地

球场为一个长方形，用宽 40 毫米的线画出。线的颜色最好是白色、黄色或其他容易辨别的颜色，所有线都是它所确定区域的组成部分。从球场地面起网柱高 1.55 米。当球网被拉紧时，网柱应与地面保持垂直。

### 二、计分方法

**1. 单打**

（1）每场比赛采取三局两胜制。
（2）率先得到 21 分的一方赢得当局比赛。
（3）如果双方比分打成 20∶20，获胜一方需超过对手 2 分才算取胜。
（4）如果双方比分打成 29∶29，则率先得到第 30 分的一方取胜。
（5）首局获胜一方在接下来的一局比赛中先发球。
（6）当一方在比赛中得到 11 分后，双方队员将休息 1 分钟。
（7）两局比赛之间的休息时间为 2 分钟。

**2. 双打**

（1）改双打发球权为单打发球权。
（2）后发球线保留，现行规则适用。
（3）比赛开始前，双方通过投掷硬币的方式确定由哪一方来选择是先发球或后发球。

### 三、合法发球

（1）发球员和接发球员应站在斜对角的发球区内，脚不触及发球区和接发球区的界线。
（2）从发球开始直到球发出之前，发球员和接发球员的两脚必须都有一部分与球场地面接触，不得移动。
（3）发球员的球拍应首先击中球托。

（4）在发球员的球拍击中球的瞬间，整个球应低于发球员的腰部。

（5）在击球瞬间，发球员的拍杆应指向下方，使整个拍头明显低于发球员的整个握拍手部。

（6）发球开始后，发球员的球拍击中球或者未能击中球均属发球结束。

## 四、发球与接发球站位

**1. 单打**

（1）发球员的分数为0或双数时，双方运动员均应在各自的右发球区发球或接发球。

（2）发球员的分数为单数时，双方运动员均应在各自的左发球区发球或接发球。

**2. 双打**

（1）一局比赛开始和每次获得发球权的一方，都应从右发球区发球。

（2）每局比赛首先发球的一方只有一次发球权（即第一发球），后面则依次有两次发球权（即第一次发球和第二次发球）。

（3）每局开始首先发球的运动员，在该局本方得分为0或双数时，都必须在右发球区发球或接发球；得分为单数时，应在左发球区发球或接发球。

（4）运动员发球顺序和接发球顺序不得错误，一名运动员在同一局比赛中不得连续两次接发球。

（5）一局胜方的任一运动员可在下一局先发球，负方的任一运动员可先接发球。

# 第十五章 健 美 操

## 第一节 健美操运动概述

健美操是集音乐、舞蹈、体操、美学于一体的新型体育项目。它以其自身固有的价值和魅力，风靡世界，深受学生和群众的喜爱。

健美操的起源应追溯到两千多年前。古希腊对人体美的崇尚举世闻名，他们认为，在世界万物之中，只有人体的健美才是最匀称、最和谐、最庄重、最有生气和最完美的。他们提出了"体操锻炼身体，音乐陶冶精神"的主张。古希腊人喜欢采用跑跳、投掷、柔软体操和健美舞蹈等各种体育项目进行人体美的锻炼。这些形式的锻炼，既是现代体操的雏形，也是现代健美操的起源。

早在19世纪，欧洲一些国家便出现了以身体活动和音乐伴奏相结合的韵律体操，并开办培养音乐体操教师的学校，将音乐体操作为体育教育的手段逐步传播。20世纪80年代初，美国、英国、法国等一些西方国家的健美操得到很快推广，电视节目中健美操成为"热点"，学校的体育教学大纲也将此列入其中。英国在1956年就建立了大不列颠健美操协会，该协会通过举办健美操教师训练班，向学员讲授解剖学、人体造型学、教学法以及大量的体操和舞蹈动作，为健美操的广泛发展奠定了基础。

现代健美操实际上是从20世纪60年代初开始萌芽的，最初是美国太空总署医生库帕博士为宇航员设计的体能训练阿洛别克（Aerobic）项目，1969年杰姬·索伦森综合体操和现代舞编创了健美操，这种健美操带有娱乐性，简单易学，深受人们欢迎，在美国迅速兴起，并掀起热潮。美国自20世纪60年代以来兴起了一种健身舞，健身舞把徒手操和有扭动动作的现代舞结合起来，在节奏强烈、情绪欢乐的摇滚乐的伴奏下，做伸展身体各部位的动作。据报道，美国跳健美操的人数超过1800万人，几乎与打网球的人数不相上下。从1985年开始，美国还多次举行全国性的健美操比赛，使健美操发展到了竞技性阶段。目前，美国健美操运动处在世界领先地位。法国在美国之后也开始盛行健美操运动，应运而生的健美操中心遍布其全国各地，仅在巴黎就有一千多个。据报道，法国目前做健美操的人数已超过法国体操联合会的人数，达到四百多万人。在日本、菲律宾、新加坡、中国香港等亚洲国家和地区，健美操也很流行，包括徒手健美操、艺术杂耍、韵律健美操、健身操、爵士健美操、迪斯科健美操等，形式多种多样。

现代健美操在我国的兴起应该是在20世纪80年代初，1981年1月4日，《中国青年报（星期刊）》发表了陆保钟、牛乾元的特约稿《人体美的追求》。1982年2月，中国青年出版社出版了印数近29万册的《美·怎样才算美》一书，选登了陈德星主编的《女青年健美操》和牛乾元主编的《男青年哑铃操》，从此"健美操"一词迅速被广大体育工作者采用。在各种新闻媒体的大力宣传下，健美操在我国拉开了序幕，随着健美操的深入开展，健美操从社会进入了学校，并根据国家教育部对体育教学的要求被列入各级学校体育教学大纲之中。目前健美操已成为我国各级各类学校体育课或课外活动中一项深受师生欢迎的教学内容和锻炼方法。

## 第二节  健美操基本运动及组合

### 一、健美操基本运动

#### （一）身体各部位基本运动

**1. 头、颈动作，由屈、转、绕和绕环动作组成**

屈：指头颈关节角度的弯曲，包括前屈、后屈和左右屈。

转：指头颈部绕身体垂直轴的转动，包括左转和右转。

绕：指头以颈为轴心的弧形运动，包括左绕和右绕。

绕环：指头以颈为轴心的圆形运动，包括左、右绕环。

要求：上体保持正直，头颈移动的方向要准确，颈部被动肌群充分伸展。

**2. 肩部动作，由提肩、沉肩、绕肩和肩绕环动作组成**

提肩：指肩胛骨做向上的运动，包括单肩提、双肩同时提和依次提。

沉肩：指肩胛骨做向下的运动，包括单肩沉、双肩同时沉和依次沉。

绕肩：指以肩关节为轴做360°及360°以上的圆形运动，包括单肩向前、后绕环，双肩同时或依次向前、后绕环。

要求：提肩时要尽力向上，沉肩时要尽力向下，动作幅度大而有力。绕肩时上体不能摆动，颈与头不能前探。

**3. 上肢动作，由举、屈、绕、绕环、振、旋等动作组成**

举：指以肩为轴，臂的活动范围不超过180°，而停止在某一部位的动作，包括单臂和双臂的前、后、侧、侧上举及侧下举等。

屈：指肘关节产生一定的弯曲角度，包括胸前屈、胸前平屈、肩侧屈、肩上侧屈、肩下侧屈、肩上前屈、腰间屈、头后屈（图15-1）。

绕：指双臂或单臂向内、外、前、后做180°以上、360°以下的下弧形运动。

绕环：指以肩关节为轴，双肩或单肩向前、向后、向内的绕环。

振：指以肩为轴，臂用力摆至最大幅度，包括上举后振、下举后振和侧举后振。

旋：指以肩或肘为轴做臂旋内或旋外动作。

要求：上体保持正直，位置要准确，幅度要大，力求达到身体最远端。

**4. 胸部动作，由含胸、挺胸和移胸动作组成**

含胸：指两肩内合，缩小胸腔。

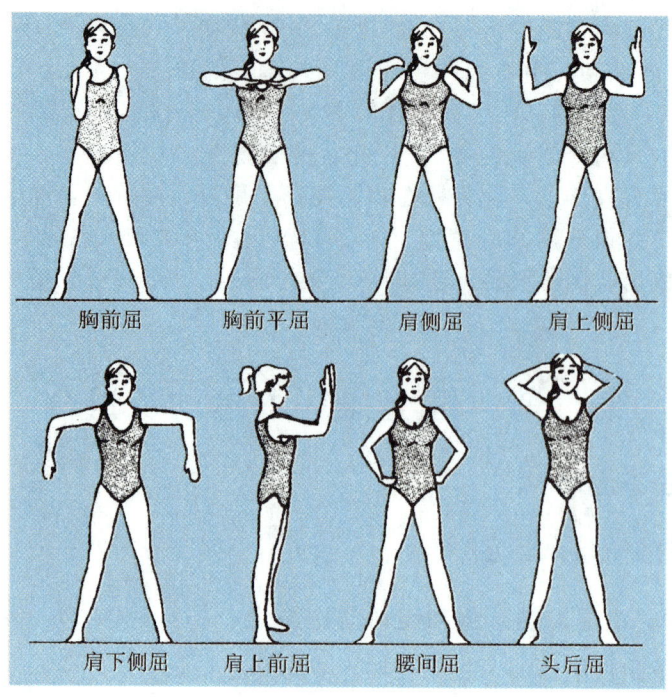

图 15-1

挺胸：指两肩外展，扩大胸腔。

移胸：指髋部固定，做胸左、右的水平移动。

要求：含、挺、移胸要到最大极限。

**5. 腰部动作，由屈、转、绕和绕环动作组成**

屈：指下肢不动，上体沿矢状轴和水平轴的运动，包括前屈、后屈、左右侧屈。

转：指下肢不动，上体沿垂直轴的扭转，包括左转和右转。

绕、绕环：指下肢不动，上体沿垂直轴做弧形、圆形运动，包括左、右绕和绕环。

要求：身体远端尽力向外延伸，绕环幅度要大，且充分而连贯。

**6. 髋部动作，由顶髋、提髋、绕髋和髋绕环动作组成**

顶髋：指髋关节做急速的水平移动，包括前、后、左、右顶。

提髋：指髋关节急速向一侧上提的动作，包括左、右提。

绕髋和髋绕环：指髋关节做弧形、圆形运动，包括左、右绕和绕环。

要求：髋关节做顶、提、绕和绕环时应平稳、柔和和协调，稍带弹性（图15-2）。

**7. 下肢动作，由弹踢、踢、蹲、屈伸、内旋和外旋动作组成**

弹踢：指弹踢腿屈膝抬起（大小腿成90°），向各方向做弹伸的动作，包括向前、侧、后弹踢。

踢：指直腿向各方面做由下至上的加速摆动作，包括前踢、侧踢和后踢。

蹲：指全蹲时大小腿折叠，半蹲时大小腿形成夹角。

屈伸：指膝关节由直成屈再由屈伸直的动作，包括两腿同时或依次地原地和移动屈伸。

内旋和外旋：指以髋和膝为轴做腿的向内和向外的旋转动作，包括两腿同时或依次地内旋和外旋。

图 15-2

要求：弹踢时力求达到最远端，半蹲时上体立直，屈伸要有弹性，内旋、外旋时以膝带动腿旋转。

## （二）基本站立

基本站立由立（图 15-3）、弓步、跪立动作组成。

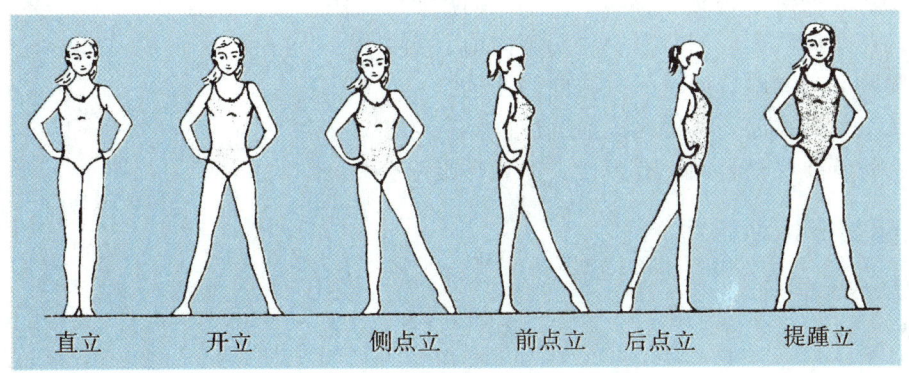

图 15-3

立：包括直立、开立、点地立、提踵立等动作。
直立：指头颈、躯干和脚跟纵轴保持在一条直线上。
开立：指两脚左右分开，与肩同宽或宽于肩。
点地立：指一腿直立（重心在站立脚上），另一脚向各方向伸直，脚尖点地，包括侧点立、前点立、后点立。

提踵立：指两脚跟提起，用前脚掌站立。

弓步：指两脚前后或左右开立，一脚绷直，另一脚弯曲，屈腿的膝部与脚尖垂直，包括前弓步、侧弓步、后弓步。

跪立：指大腿与小腿成直角的跪姿，包括双脚跪立和单脚跪立。

### （三）基本步伐

基本步伐由屈伸步、滚动步、并步、交叉步、磋步、踏点步、点弓步动作组成。

屈伸步：两脚同时或依次屈伸，可前后、左右、原地、一步或多步屈伸。

滚动步：两脚从前脚尖至全脚掌依次落地，两脚同时交替做。

并步：一脚向前（后、侧）出，另一脚跟进并拢。

交叉步：一脚向另一脚前或后交叉进行。

磋步：一脚向另一脚跟进，并带有轻微跳。

踏点步：一脚伸直，另一脚前（后、侧）点地。

点弓步：一脚向侧成弓步，另一脚跟进并拢，交替进行。

### （四）跑跳步

跑跳步由跑步、跑跳步、并腿步、开并腿跳、弹踢跳、高踢腿跳、后踢腿跳、膝腿跳、侧摆腿跳、弓步跳等动作组成。

跑步：两脚交替有短暂腾空过程。

跑跳步：两脚交替进行，跑后支撑阶段有一次跳地过程。

并腿步：双腿并拢，直膝或屈膝跳。

开并腿跳：并腿跳至开立，分腿跳至并立。

弹踢跳：单脚跳，同时另一腿屈伸向前、向侧弹踢。

高踢腿跳：单腿跳，同时另一腿向前、侧高踢。

后踢腿跳：两脚交替有短暂腾空，小腿向后屈伸。

膝腿跳：单脚跳起，同时另一腿屈膝向前、侧上提。

侧摆腿跳：单脚跳，同时另一腿向侧摆动。

弓步跳：并腿跳起，落地时成前（后、侧）弓步。

要求：跳跃要轻松自如，有弹性，注意呼吸配合。

## 二、健美操运动组合

预备姿势：直立。

### （一）第1个八拍

1～2拍向右转体90°，跳成右弓步，同时右臂屈肘上抬至右手平举于额前，左臂后举（掌心向右）。3～4拍同1～2拍，方向相反，但跳转180°。5～6拍向右转体90°，跳成开立半蹲，手臂同1～2拍。7～8拍跳成并腿半蹲，同时两臂斜后举（掌心向后）。

### （二）第2个八拍

1拍左脚向前跑，同时右腿后屈，右臂上伸（五指分开，掌心向前），左臂肩前屈（五指分开，掌心向前）。2拍同1拍，方向相反。3～4拍、5～6拍、7～8拍同1～2拍。

### （三）第3个八拍

1拍分腿跳成开立，同时两臂前举。2拍跳成并立，同时两臂下摆至体前（掌心向后）。3拍跳成开立，同时两臂侧举。4拍跳成并立，同时两臂下摆至体侧（掌心向内）。5～8拍同1～4拍（图15-4）。

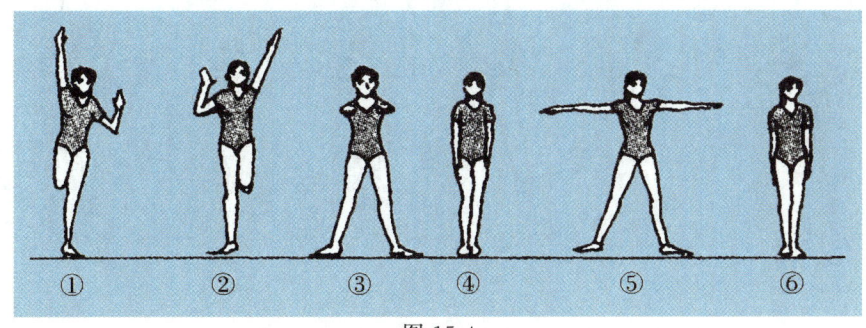

图15-4

### （四）第4个八拍

1拍左脚向前跑，同时右腿后屈，两臂经胸前屈向侧打开至肩侧屈（握拳，拳心向内）。2拍右脚向前跑，同时左腿后屈，两臂屈肘内收于胸前（拳心向后）。3拍同1拍。4拍前半拍同2拍，后半拍拍手。5～8拍同1～4拍。

### （五）第5个八拍

1拍右腿原地跳，同时左腿屈膝上提，左手叉腰，右臂胸前屈（握拳，拳心向后）。2拍左腿还原，同时右臂屈肘旋内向打开至肩侧屈（拳心向前）。3拍右腿原地跳，同时左腿前踢，右臂前伸（五指分开，掌心向左）。4拍同2拍。5～8拍同1～4拍，方向相反。

### （六）第6个八拍

1拍向左转体90°，同时右腿跳起，左腿前踢，右臂前伸（五指分开，掌心向左），左臂屈肘置于腰后。2拍左腿还原，右臂下摆至体侧。3～4拍同1～2拍，方向相反，但转体方向不变。5～8拍同1～4拍，但方向相反。

### （七）第7个八拍

1～2拍向左跑两步，臂自然摆动。3～4拍左腿跳转180°成左腿支撑、右腿前举，同时左臂上举，右臂侧举。5～8拍同1～4拍，方向相反。

### （八）第8个八拍

1～2拍左脚跳两次，同时右腿向侧摆，右臂体前下伸（五指分开，掌心向内），左臂体侧屈肘上提。3～4拍同1～2拍，方向相反。5拍同1～2拍，但左脚仅跳1次。6拍同5拍，方向相反。7～8拍同5～6拍。

## (九) 第9个八拍

1~2拍左右脚依次交替后踢腿跑两次，同时左臂向内绕环成肩侧屈（握拳，拳心向内）。5拍向左转体跑，同时两臂胸前屈。6拍向左转体跑，同时两臂屈肘扩胸。7拍同5拍。8拍向左转体跑，同时两臂上举，拳心相对（图15-5）。

图 15-5

## (十) 第10个八拍

1拍右腿跳，同时左腿屈膝上提，两臂肩侧屈（握拳，拳心向内）。2拍左腿还原，同时两臂上举（拳心相对）。3拍右腿跳，同时左腿向前上方踢起，两臂侧举（五指分开，掌心向前）。4拍左腿还原，两臂上举（握拳，拳心相对）。5~8拍同1~4拍。

## (十一) 第11个八拍同第10个八拍，但换右腿做

## (十二) 第12个八拍

1拍分腿跳成开立，同时两臂由内向外大绕环。2拍跳成并立，同时两臂落于体侧。3~4拍同1~2拍。5拍跳成开立，同时两臂高举。6拍跳成并立，同时两臂还原。7拍跳成开立，同时两臂胸前平屈（屈腕，手背相对）。8拍跳成并立，同时两手伸腕合掌于胸前。

## (十三) 第13个八拍

1拍跳成开立，同时两臂上伸（两手合掌）。2拍跳成并立，同时两臂胸前平屈。3~4拍同1~2拍。5拍跳成开立，同时合掌推至右侧。6拍跳成并立，同时合掌还原于胸前。7拍跳成开立，同时合掌推至左侧。8拍同6拍。

## (十四) 第14个八拍

1拍拍手。2拍跳成左弓步，同时上体向左转90°，左臂肩前平屈（五指分开，掌心向下），右手向侧伸（五指分开，掌心向下），头向右转。3~4拍同1~2拍，方向相反。5~8拍同1~4拍（图15-6）。

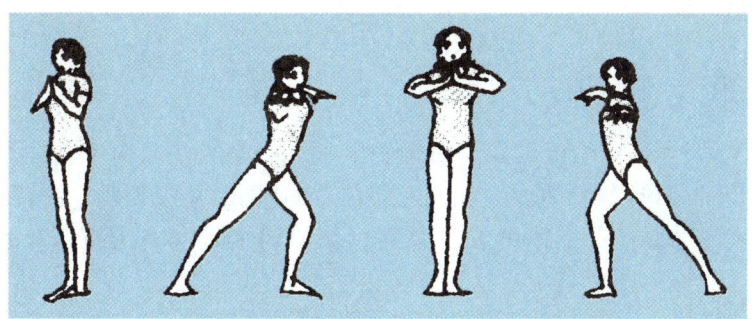

图 15-6

### （十五）第 15 个八拍

1 拍左脚向前跑，同时右腿屈膝后踢，两臂体侧屈（掌心向前，指尖向上）。2 拍右脚向前跑，同时左腿屈膝后踢，两臂体侧屈提肘（掌心向后，指尖向下）。3～4 拍、5～6 拍、7～8 拍同 1～2 拍。

### （十六）第 16 个八拍

1 拍右脚跳，同时左腿向前弹踢，右手向前冲拳（拳心向下），左手握拳置于腰间（拳心向上）。2 拍左腿还原，同时右手收至腰间（拳心向上）。3～4 拍同 1～2 拍，方向相反，并向右后转体 180°。5～8 拍同 1～4 拍。

### （十七）第 17 个八拍

1 拍并腿跳，同时两臂前伸击掌。2 拍跳成开立，同时两臂成侧举（掌心向前）。3～4 拍同 1～2 拍。5～8 拍向左转体 360° 跑 4 步，同时两手握拳置于腰间（拳心向上）。

### （十八）第 18 个八拍

1 拍左脚原地跑，同时右腿屈膝后踢，两臂体前交叉（掌心向右）。2 拍右脚原地跑，同时左腿屈膝后踢，两臂旋外至体侧斜下举（掌心向前）。3 拍脚同 1 拍，同时两臂肩侧屈（握拳，拳心向前，拇指触肩）。4 拍脚同 2 拍，同时两臂斜上举（拳变掌，掌心向前）。5～8 拍同 1～4 拍。

### （十九）第 19 个八拍

1 拍右侧摆腿跳，同时左臂肩侧屈（握拳，拳心向内），右臂侧下举（掌心向下），头向左转。2 拍还原跳成并立。3～4 拍同 1～2 拍。5～8 拍原地后踢腿跑 4 步，同时两臂左前上举，击掌 4 次。

### （二十）第 20 个八拍同第 19 个八拍，方向相反

### （二十一）第 21 个八拍

1 拍向左转体 45°，同时左吸腿跳，右臂经肩侧屈向前推伸（立掌，掌心向前），左手握拳置于腰间（拳心向上）。2 拍还原（两臂还原于体侧）。3 拍向右转体 45°，同时右吸腿跳，两臂侧上举（握拳，拳心向下）。4 拍还原（两臂体侧下摆）。5～6 拍同 3～4 拍。7～8 拍同

1~2拍。

### （二十二）第22个八拍

1拍向右转体45°，同时右吸腿跳，两臂侧上举（握拳，拳心向下）。2拍右腿还原，同时两臂侧下摆。3~4拍同1~2拍。5拍向左转体45°，同时左吸腿跳，右臂经体侧屈肘向前推伸（立掌，掌心向前），左手握拳置于腰间（拳心向上）。6拍还原。7~8拍同1~2拍（图15-7）。

图 15-7

### （二十三）第23个八拍

1拍分腿跳成开立，同时两臂侧举。2拍跳成并立，同时两臂下摆至体侧。3~4拍同1~2拍。5~6拍上体向左转90°，同时左臂侧下举（握拳，拳心向下），右臂经左向外绕环两周。7拍两手握拳于左侧，拳心向下。8拍向右转体90°，同时左腿直立，右腿屈膝并于左腿（脚尖点地），左臂侧下举（握拳，拳心向下），右手握拳置于腰间（拳心向上）。

## 第三节 时尚健美操套路

### 一、组合一：4﹡8﹡2

(1) 1~8：右脚开始，原地踏步8次。双手握拳，拳心相对，在体侧前后自然摆动。

(2) 1~4：右脚开始向前走3步，第4步左脚并于右脚。双臂前后自然摆动。
　　5~8：右脚开始后退3步，第4步左脚并于右脚。双臂前后自然摆动。

(3) 1~4：右脚开始向前走3步，第4步左脚并于右脚。双臂前后自然摆动。
　　5~8：右脚开始后退3步，第4步左脚并于右脚。双臂前后自然摆动。

(4) 1~2：双腿半蹲一次。双臂屈肘，双手握拳，拳心正对两肩。
　　3~4：双腿半蹲一次。双臂胸前平屈，双手握拳，拳心向下。
　　5~8：同1~4。

(5) 1~8：左脚开始，原地踏步8次。双手握拳，拳心相对，在体侧前后自然摆动。

(6) 1~4：左脚开始向前走3步，第4步右脚并于左脚。双臂前后自然摆动。
　　5~8：左脚开始后退3步，第4步右脚并于左脚。双臂前后自然摆动。

(7) 1~4：左脚开始向前走3步，第4步右脚并于左脚。双臂前后自然摆动。
　　5~8：左脚开始后退3步，第4步右脚并于左脚。双臂前后自然摆动。

(8) 1~2：双腿半蹲一次。双臂屈肘，双手握拳，拳心正对两肩。
　　3~4：双腿半蹲一次。双臂胸前平屈，双手握拳，拳心向下。

5～8：同 1～4。

## 二、组合二：4 * 8 * 2

(1) 1～2：向右侧并步一次。双臂经胸前平屈下压，双手握拳，拳心向下。
　　3～4：向左侧并步一次。双臂经胸前平屈下压，双手握拳，拳心向下。
　　5～8：同 1～4。

(2) 1～4：向右连续两次侧并步。双臂经体侧至上举两次，双手并掌，掌心朝前。
　　5～8：向左连续两次侧并步。双臂经体侧至上举两次，双手并掌，掌心朝前。

(3) 1～4：向右交叉步一次。双臂由侧平举经体前交叉至侧平举，双手握拳，拳心向下。
　　5～8：向左交叉步一次。双臂由侧平举经体前交叉至侧平举，双手握拳，拳心向下。

(4) 1～4：向右交叉步一次。双臂由侧平举经体前交叉至侧平举，双手握拳，拳心向下。
　　5～6：左脚向左侧迈一步，右腿后屈腿一次。双臂体侧屈肘前后摆动。
　　7～8：右腿向右侧迈一步，左腿后屈腿一次。双臂体侧屈肘前后摆动。

(5) 1～2：向右侧并步一次。双臂经胸前平屈下压，双手握拳，拳心向下。
　　3～4：向左侧并步一次。双臂经胸前平屈下压，双手握拳，拳心向下。
　　5～8：同 1～4。

(6) 1～4：向左连续两次侧并步。双臂经体侧至上举两次，双手并掌，掌心朝前。
　　5～8：向右连续两次侧并步。双臂经体侧至上举两次，双手并掌，掌心朝前。

(7) 1～4：向左交叉步一次。双臂由侧平举经体前交叉至侧平举，双手握拳，拳心向下。
　　5～8：向右交叉步一次。双臂由侧平举经体前交叉至平举，双手握拳，拳心向下。

(8) 1～4：向左交叉步一次。双臂由侧平举经体前交叉至侧平举，双手握拳，拳心向下。
　　5～6：右脚向右侧迈一步，左腿后屈腿一次。双臂体侧屈肘前后摆动。
　　7～8：左腿向左侧迈一步，右腿后屈腿一次。双臂体侧屈肘前后摆动。

## 三、组合三：4 * 8 * 2

(1) 1～4：右脚向前一字步。1～2 双臂屈肘，双手握拳，拳心正对两肩；3～4 双臂侧平举，双手握拳，拳心向下。
　　5～8：同 1～4。双臂击掌两次。

(2) 1～4：右脚开始的 V 字步。1 右臂前侧举；2 左臂前侧举；3 双臂胸前交叉，肘与肩同高；4 双臂还原至体侧。
　　5～8：同 1～4。

(3) 1～2：右脚的小马跳。右臂侧平举，右手并掌，掌心向下，左臂屈肘，左手并掌，掌心贴于后脑勺。
　　3～4：左脚的小马跳。左臂侧平举，左手并掌，掌心向下，右臂屈肘，右手并掌，掌心贴于后脑勺。

5~8：同1~4。

(4) 1~2：右脚向右侧迈一步，左脚侧点地。左臂向前侧方冲拳，拳心向下，右手握拳收于腰间，拳心向上。

3~4：右脚侧点地。右臂向前侧方冲拳，拳心向下，左手握拳收于腰间，拳心向上。

5~6：分腿半蹲。双手按在两大腿上，两肘外开。

7~8：右腿并与左腿，直立。

(5) 1~4：左脚向前一字步。1~2双臂屈肘，双手握拳，拳心正对两肩；3~4双臂侧平举，双手握拳，拳心向下。

5~8：同1~4。

(6) 1~4：左脚开始的V字步。1左臂前侧举；2右臂前侧举；3双臂胸前交叉，肘与肩同高；4双臂还原至体侧。

5~8：同1~4。

(7) 1~2：左脚的小马跳。左臂侧平举，左手并掌，掌心向下，右臂屈肘，右手并掌，掌心贴于后脑勺。

3~4：右脚的小马跳。右臂侧平举，右手并掌，掌心向下，左臂屈肘，左手并掌，掌心贴于后脑勺。

5~8：同1~4。

(8) 1~2：左脚向左侧迈一步，右脚侧点地。右臂向前侧方冲拳，拳心向下，左手握拳收于腰间，拳心向上。

3~4：左脚侧点地。左臂向前侧方冲拳，拳心向下，右手握拳收于腰间，拳心向上。

5~6：分腿半蹲。双手按在两大腿上，两肘外开。

7~8：左腿并与右腿，直立。双臂还原至体侧。

### 四、组合四：4*8*2

(1) 1~8：右脚开始，原地跑步8次。双手握拳，拳心相对，在体侧前后自然摆动。

(2) 1~4：开合跳一次。1~2双臂侧平举，双手握拳，拳心向下；3~4双臂体前交叉一次。

5~6：开合跳一次。5双臂侧平举，双手握拳，拳心向下；6双臂体前交叉一次。

7~8：开合跳一次。7双臂侧平举，双手握拳，拳心向下；8双臂还原至体侧。

(3) 1~4：右脚向前迈一步，左腿吸腿一次。两臂体侧屈肘前后摆动。

5~6：左脚向前迈一步，右腿吸腿一次。两臂体侧屈肘前后摆动。

(4) 1~2：右脚脚跟前点地。双臂屈肘，双手握拳，拳心正对两肩。

3~4：左脚脚跟前点地。双臂屈肘，双手握拳，拳心正对两肩。

5~8：右脚脚尖侧点地两次。5双臂侧下举，双手开掌，掌心向后；6双臂体前交叉；7双臂侧下举；8还原至体侧。

(5) 1~8：左脚开始，原地跑步8次。双手握拳，拳心相对，在体侧前后自然摆动。

(6) 1~4：开合跳一次。1~2双臂侧平举，双手握拳，拳心向下；3~4双臂体前交叉一次。

5～6：开合跳一次。5 双臂侧平举，双手握拳，拳心向下；6 双臂体前交叉一次。

7～8：同 5～6。

(7) 1～4：左脚向前迈一步，右腿吸腿一次。两臂体侧屈肘前后摆动。

5～6：右脚向前迈一步，左腿吸腿一次。两臂体侧屈肘前后摆动。

(8) 1～2：左脚脚跟前点地。双臂屈肘，双手握拳，拳心正对两肩。

3～4：右脚脚跟前点地。双臂屈肘，双手握拳，拳心正对两肩。

5～8：左脚脚尖侧点地两次。5 双臂侧下举，双手开掌，掌心向后；6 双臂体前交叉；7 双臂侧下举；8 还原至体侧。

# 第十六章 武　术

## 第一节　武术运动概述

　　武术是以技击动作为主要内容，以套路和格斗为运动形式，注重内外兼修的中国传统体育项目。武术的起源可追溯到古代人类的生产劳动，人类社会主要以狩猎等原始的生产活动为生，并从中学会了徒手或使用木棒、石头等器具击打野兽的方法，这些击打技能为武术的形成准备了一定的先决条件。到了原始社会末期，氏族部落之间有组织的战斗，更加速了原始武术的形成，并沿着自身的规律向武术方向发展，最终形成了完整的武术体系。

　　现代的武术运动不仅具有较高的健身、防身和娱乐功能，而且具有一定的修身养性、培养和完善人格的作用，是增强体质、锻炼意志、振奋民族精神的有效手段。武术的内容丰富、形式多样、风格独特，按运动形式可分为三大类，即套路运动、搏斗运动和功法运动。其中套路运动和搏斗运动在年轻人中开展得较为广泛，套路运动主要包括拳术、器械、对练、集体表演等，搏斗运动主要包括散打和太极推手。随着武术段位制的推行和国际性正式比赛项目的确立，植根于中国传统文化的武术，将以其丰富的内涵和多功能的价值越来越多地受到各个国家人民的青睐，最终立足世界，走向奥运。

## 第二节　武术基本功

### 一、手型和手法练习

　　手型和手法练习是运用拳、掌和勾三种手型，结合上肢冲、架、推、亮等运动方法，操练上肢手法的基本规律。

**1. 手型**

（1）拳：四指并拢卷握，拇指紧扣食指和中指的第二指节（图16-1①）。

（2）掌：四指并拢伸直，拇指弯屈紧扣于虎口处（图16-1②）。

（3）勾：五指第一指节捏拢一起，屈腕（图16-1③）。

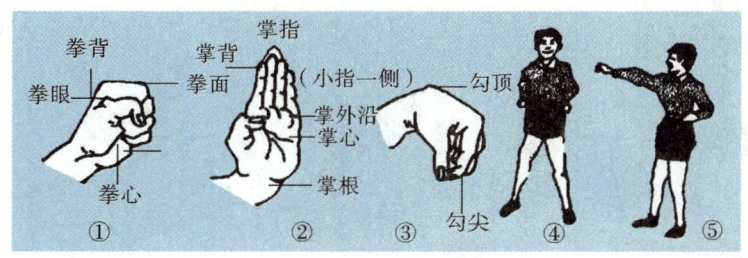

图 16-1

**2. 手法**

（1）冲拳：分平拳与立拳两种。平拳拳心向下，立拳拳眼向上。

预备姿势：两脚左右开立，与肩同宽，两拳抱于腰间，肘尖向后，拳心向上（图 16-1④）。

动作说明：挺胸、收腹、立腰，右拳从腰间向前猛力冲出，转腰、顺肩，在肘关节过腰后右前臂内旋。力达拳面，臂要伸直，高与肩平，同时左肘向后牵拉（图 16-1⑤）。练习时，可左右交替进行。

（2）架拳。

预备姿势：与冲拳同。

动作说明：右拳向下、向左、向上经头前向右上方划弧架起，拳眼向下，眼看左方（图 16-2①、图 16-2②）。练习时，可左右交替进行。

图 16-2

（3）推掌。

预备姿势：与冲拳同。

动作说明：右拳变掌，前臂内旋，并以掌根为力点向前猛力推击。推击时要转腰、顺肩，臂要伸直，高与肩平。同时左肘向后牵拉（图 16-2③）。练习时，可左右交替进行。

（4）亮掌。

预备姿势：与冲拳同。

动作说明：右拳变掌，经体侧向右、向上划弧，至头部右前上方时，抖腕亮掌，臂成弧形。掌心向前，虎口朝下，眼随右手动作转动。亮掌时，注视左方（图 16-2④、图 16-2⑤）。

## 二、步型和步法练习

### 1. 弓步

左脚向前一大步（为本人脚长的 4～5 倍），脚尖微内扣，左腿屈膝半蹲（大腿接近水平），膝与脚尖垂直。右腿挺膝伸直，脚尖内扣（斜向前方），两脚全脚着地。上体正对前方，眼向前平视，两手抱拳于腰间（图 16-3①）。弓右腿为右弓步，弓左腿为左弓步。

图 16-3

### 2. 马步

两脚平行开立（约为本人脚长的 3 倍），脚尖正对前方，屈膝半蹲，膝部不超过脚尖。大腿接近水平，全脚着地，全身重心落于两腿之间，两手抱拳于腰间（图 16-3②）。

### 3. 虚步

两脚前后开立，右脚外展约 45°，屈膝半蹲。右脚脚跟离地，脚面绷平，脚尖稍内扣，虚点地面。膝微屈，重心落于后腿上。两手叉腰。眼向前平视（图 16-3③）。左脚在前为左虚步，右脚在前为右虚步。

### 4. 仆步

两脚左右开立，右腿屈膝全蹲，大腿和小腿靠紧，臀部接近小腿。右脚全脚着地，脚尖和膝关节外展，左腿挺直平仆，脚尖里扣，全脚着地。两手抱拳于腰间。眼向左方平视（图 16-3④）。仆左腿为左仆步，仆右腿为右仆步。

### 5. 歇步

两腿交叉靠拢全蹲，左脚全脚着地，脚尖外展，右脚前脚掌着地。膝部贴近左腿外侧，臀部坐于右腿接近脚跟处。两手抱拳于腰间。眼向左前方平视（图 16-3⑤）。左脚在前为左歇步，右脚在前为右歇步。

## 三、五步拳

其动作包括拗弓步冲拳、弹踢冲拳、马步架打、歇步盖打、提膝仆步穿掌、虚步挑掌；预备姿势为并步抱拳（图 16-4①）。

图 16-4

拗弓步冲拳：左脚向左迈出一步，成弓步；同时左手向左平搂并收回腰间抱拳，右拳向前冲拳成平拳。目视前方（图 16-4②）。

弹踢冲拳：重心前移，右腿向前弹踢；同时左拳由腰间向前冲拳成平拳，右拳收回腰间。目视前方（图 16-4③）。

马步架打：右脚落地向左转体 90°，两腿下蹲成马步；同时左拳变掌，屈臂上架，右掌由腰间向右冲拳成平拳。头部右转，目视右前方（图 16-4④）。

歇步盖打：左脚向右脚后插一步，同时右拳变掌经头上向左下盖，掌外沿向前，身体左转 90°，左掌收回腰间抱拳。目视右手（图 16-4⑤）。两腿屈膝下蹲成歇步，同时左拳向前冲出成平拳，右掌变拳收回腰间。目视左掌（图 16-5①）。

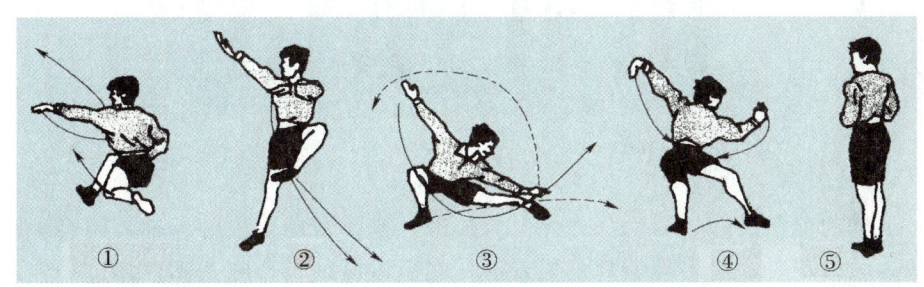

图 16-5

提膝仆步穿掌：两腿起立，身体左转。随即左拳变掌，掌心向下，右拳变掌，掌心向上，由左手背上穿出。同时左腿提膝，左手顺势收至右腋下。目视右手（图 16-5②）。左脚落地成仆步，左手掌朝前沿左腿内侧穿。目视左掌（图 16-5③）。

虚步挑掌：左腿屈膝前弓，右脚蹬地向前上步，成右虚步；同时左手向上、向后划弧成正勾手，略高于肩，右手由上向后下、向前顺右腿外侧向上挑掌，掌指向上，高与肩平。目视前方（图 16-5④）。

继续练习，动作相同，方向相反。

收势：两脚靠拢，并步抱拳（图 16-5⑤）。

## 第三节  简式太极拳

### 一、动作名称

第一组：1. 起势；2. 左右野马分鬃；3. 白鹤亮翅。

第二组：4. 左右搂膝拗步；5. 手挥琵琶；6. 左右倒卷肱。

第三组：7. 左揽雀尾；8. 右揽雀尾。

第四组：9. 单鞭；10. 云手；11. 单鞭。

第五组：12. 高探马；13. 右蹬脚；14. 双峰贯耳；15. 转身左蹬脚。

第六组：16. 左下势独立；17. 右下势独立。

第七组：18. 左右穿梭；19. 海底针；20. 闪通臂。

第八组：21. 转身搬拦捶；22. 如封似闭；23. 十字手；24. 收势。

### 二、动作说明

#### （一）第一组

**1. 起势**

要点：头颈正直，下颌微向后收，不要故意挺胸或收腹，精神集中。两肩下沉，两肘松垂，手指自然微屈，重心落于两腿中间。屈膝松腰，臀部不可凸出。两臂下落要和身体下蹲的动作协调一致（图 16-6）。

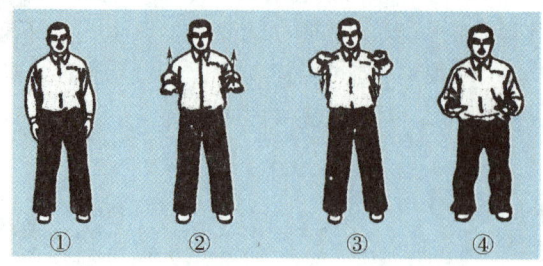

图 16-6

**2. 左右野马分鬃**

要点：上体勿前俯后仰，两手分开要保持弧形，身体转动要以腰为轴，做弓步与分手的速度要一致。做弓步时，迈出脚的脚跟先着地，然后慢慢踏实，膝盖不要超过脚尖；后腿稍后蹬，使该腿与地面保持约 45°，前后脚的脚跟在直线两侧，两脚横向距离（以动作行进的中线为纵轴，其两侧的垂直距离为横轴。下同）为 10～30 厘米（图 16-7）。

图 16-7

**3. 白鹤亮翅**

要点：胸部不要挺出，两臂上下都要保持半圆形，左膝要微屈，重心后移和右手上提要协调一致（图 16-8）。

图 16-8

## （二）第二组

### 4. 左右搂膝拗步

要点：手推出后，身体不可前俯后仰，要松腰松胯，推掌时须沉肩垂肘、坐腕舒掌，同时必须与松腰、弓腿协调一致。做弓步时，两脚跟的横向距离保持约 30 厘米（图16-9）。

图 16-9

### 5. 手挥琵琶

要点：身体要平稳自然，沉肩垂肘，胸部放松。左手上起时不要直向上挑，要由左向上、向前，微带弧形。右脚跟进时，前脚掌先着地，再全脚落实。身体重心后移与左手上举、右手回收要协调一致（图 16-10）。

图 16-10

### 6. 左右倒卷肱

要点：前推的手不要伸直，后撤手也不可直向回抽，仍走弧形。前推时，要转腰松胯，与两手的速度要一致，避免僵硬。退步时，脚掌先着地，再慢慢踏实，同时把前脚扭正，退左脚略向左后斜，退右脚略向右后斜，避免使两脚落在一条直线上。后退时，眼神随转体动作向左右看（约转 90°），然后再转看前手（图 16-11）。

## （三）第三组

### 7. 左揽雀尾

要点：出手时，两臂前后均保持弧形，分手与松腰、弓腿必须协调一致。下捋时，上体不可前倾，臀部不要凸出。两臂上捋须随腰旋转，仍走弧线。向前挤时，上体要正直，动作要与松腰、弓腿一致（图 16-12）。

图 16-11

图 16-12

## 8. 右揽雀尾

要点：均与左揽雀尾相同，唯左右相反（图 16-13）。

图 16-13

## （四）第四组

### 9. 单鞭

要点：上体正直，松腰。右臂肘部稍下垂，左肘与左膝上下相对，两肩下沉。左手向外推时，要随转体边翻边推，不要翻掌太快。全部过渡动作上下要协调一致（图16-14）。

图 16-14

### 10. 云手

要点：身体转动要以腰脊为轴，松腰、松胯，避免忽高忽低。两臂随腰运转，要自然、圆活，速度要缓慢均匀。下肢移动时，重心要稳定，眼的视线随左右手而移动（图16-15）。

图 16-15

### 11. 单鞭（图16-16）

图 16-16

## （五）第五组

### 12. 高探马

要点：上体自然正直，双肩要下沉，右肘微下垂（图16-17）。

图16-17

### 13. 右蹬脚

要点：身体要平稳，两手分开时，腕部与肩齐平。左腿微屈，蹬脚时脚尖回勾，脚跟和蹬脚须协调一致，右臂和右腿上下相对（图16-18）。

图16-18

### 14. 双峰贯耳

要点：头颈正直，松腰，两拳松握，沉肩垂肘，两臂均保持弧形（图16-19）。

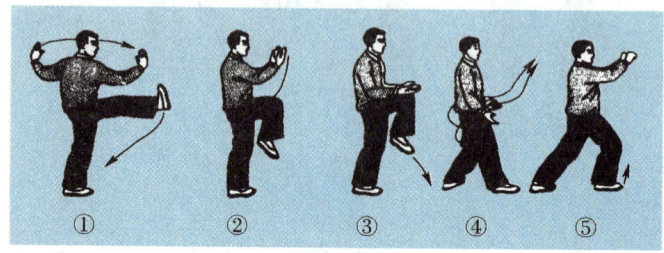

图16-19

### 15. 转身左蹬脚

要点：与右蹬脚式相同，唯左右相反（图16-20）。

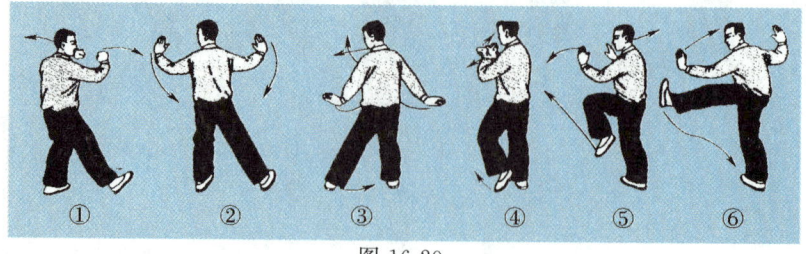

图16-20

## （六）第六组

### 16. 左下势独立

要点：右腿全蹲时脚尖微向外撇，左腿伸直时脚尖向里扣，脚掌全部着地。左脚尖与右脚跟在一条直线上，上体不可过于前倾。上体正直，独立的腿微屈，右腿提起时脚尖自然下垂（图 16-21）。

图 16-21

### 17. 右下势独立

要点：右脚尖触地后必须稍微提起，然后再向下仆腿，其他均与"左下势独立"相同，唯左右相反（图 16-22）。

图 16-22

## （七）第七组

### 18. 左右穿梭

要点：推出后上体不可前俯，手向上举时，防止引肩上耸。前推时，上举的手和前推的手的速度，要与弓步、松腰上下协调一致。做弓步时，两脚跟的横向距离以保持在 30 厘米为宜（图 16-23）。

### 19. 海底针

要点：身体要先向右转，再向左转，上体不可太前倾，避免低头和臀部外凸，左腿要微屈（图 16-24）。

### 20. 闪通臂

要点：上体自然正直，松腰、松胯，左臂不要伸直，背部肌肉要伸展开，推掌与弓步动作要协调一致（图 16-25）。

图 16-23

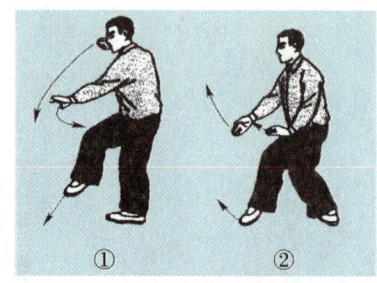

图 16-24

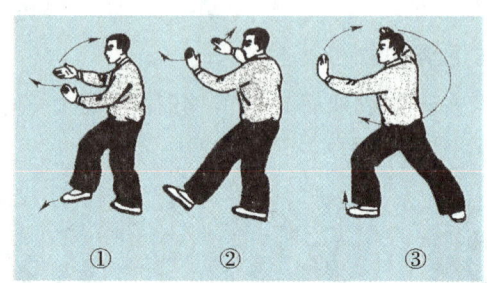

图 16-25

## （八）第八组

**21. 转身搬拦捶**

要点：右拳松握，前臂先慢慢内旋后收，再外旋停于右腰旁，拳心向上。向前打出时，右臂随拳略向前引，沉肩垂肘，右臂微屈（图 16-26）。

图 16-26

**22. 如封似闭**

要点：身体后坐时，避免后仰，臀部不可凸出，两臂随身体回收时，肩、肘部略向外松开，不要直着抽回，两手宽度不要超过两肩（图 16-27）。

**23. 十字手**

要点：两手分开和合抱时，上体勿前俯。站起后，身体自然正直，头微上顶，下颌稍向后收。两臂环抱时须圆满舒适，沉肩垂肘（图 16-28）。

图 16-27

图 16-28

**24. 收势**

要点：两手左右分开下落时，全身注意放松，同时气徐徐向下沉（呼气略加长）。呼吸平稳后，把左脚收到右脚旁，再走动休息（图 16-29）。

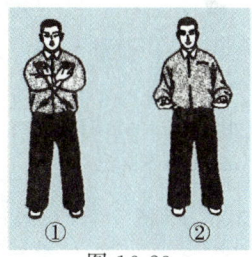

图 16-29

# 第十七章
# 跆拳道

## 第一节 跆拳道运动概述

所谓跆拳道，跆，意为以脚踢、摔撞；拳，意为以拳头打击；道，是一种艺术方法。跆拳道是一种利用拳和脚的艺术方法。它是以脚法为主的功夫，其脚法占70%。跆拳道的套路共有24套，另外还有兵器、擒拿、摔锁、对拆自卫术及10余种基本功夫等。跆拳道是经过东亚文化熏陶的一项朝鲜武术，以东方心灵为土壤，承继长久传统，以"始于礼，终于礼"的武道精神为基础。

跆拳道古称跆跟、花郎道，是起源于古代朝鲜的民间武艺。早在公元688年，新罗王国统一了朝鲜，经济繁荣，百业兴旺，建立了一种"花郎制度"。到真兴王时，便创立了"花郎道"。花郎道是花郎制度的组织形式，即将年轻人组织到一起进行武艺锻炼，其宗旨是"事君以忠，事亲以孝，事友以信，临阵无退，杀身有择"，以此磨炼人的意志，锻炼人的体魄，培养和造就了一批又一批忠君事孝、英勇顽强、无所畏惧的战士。一本描写新罗风俗习惯的书《帝王韵记》中有有关跆拳道活动的记载。

公元935年，勇敢善战的高句丽军队推翻了新罗王朝，建立了高句丽王朝。士兵们的战斗力来自平日的训练和对跆拳道的喜爱。他们平时常常用拳掌击打墙壁或木块，以磨炼手部的攻击能力。十分喜爱徒手搏斗的忠惠王曾专门邀请臂力过人、武功超众的士兵金振都（也有称金扼郁的）到宫廷表演手搏技艺，使跆拳道声望大振，并日渐被广大民众所接受。1392年，高句丽王朝被李朝取代，武功及跆拳道没有得到足够的重视，但在民间，这一活动却始终没有停止。1790年汇编成书的《武艺图谱通志》中收录了"手搏"、"跆跟"等武艺的技术与方法，以及动作图解和一些器械的使用方法，并将很多技击性很强的武术技艺融会到跆拳道的技法之中。1910年日本侵占朝鲜后，建立起殖民政府，一度下令禁止所有的文化活动，跆拳道自然在劫难逃，在朝鲜境内销声匿迹。一些不甘寂寞或被生活逼迫的人远离国土，到中国或日本谋生，同时把跆拳道延续下来，更为重要的是将其与中国武术和日本武道交融与结合，孕育了新的技术体系。第二次世界大战后，自卫术再度兴起，从异国他乡回归故土的朝鲜人也将各国的武道技艺带回本国，逐渐与跆拳道融为一体，形成了现在的跆拳道体系。1955年正式称朝鲜的自卫术为"跆拳道"。1961年9月韩国成立了唐手道协会，后更名为跆拳道协会，并成为全国运动会正式竞赛项目。1966年第一个跆拳道国际组织——国际跆拳道联盟成立。1973年5月在汉城成立了世界跆拳道联合会（简称世界跆联）。1975年世界跆联被国际体育联合会接纳为正式会员。1980年国际奥委会正式承认世界跆联。迄今为止，世界跆联已有144个会员国，有6500多万爱好者参加练习。1973年，世界跆拳道协会成立，有美国、中国香港地区及中国台湾地区、日本、马来西亚、新加坡、朝鲜、菲律宾、沙巴、柬埔寨、澳大利亚、象牙海岸、乌干达、英国、法国、加拿大、埃及、奥地利、墨西哥等20多个国家和地区加入，目前会员仍在不断增加。1988年，跆拳道在韩国汉城奥运会首次亮相后，为了适应国际重大比赛，跆拳道的技术在不断地变革和发展。世界跆拳道联盟的总部中有一特别技术委员会，其主要任务就是改进现今的跆拳道技术。当然，今日的跆拳道动作似乎不像以前那样圆滑流畅，也不似以前那样重视运动中身体的平衡。然而对当今跆拳道技术的检验并不在于它的外观，而是在于实战之中。具体地说，就是在实战对抗中或在大街上遭受袭击而被迫自卫的情形下，新型跆拳道的技术无疑要比拘于形式的老技术更胜一筹。

时代是不断变化的，随着它的变化，跆拳道也将不断地发展和延伸下去。

## 第二节　跆拳道基本技战术

### 一、跆拳道基本技术

跆拳道实战的基本进攻技术主要包括拳法、掌法、肘法、膝法和脚踢法，这些技法组成了跆拳道实战的基本形式。只有练好基本进攻技术，才能为以后掌握更高难度的动作打好基础，才有可能成为优秀的跆拳道选手和跆拳道实战家。所以，必须认真学习基本进攻技术，体会其动作含义，揣摩研究基本进攻技术的实际运用规律，打下扎实的功底，为今后的提高打下坚实的基础。

#### （一）拳的基本进攻技术

拳法是跆拳道实战中最基本而又非常重要的技术。运用拳法时，拳必须握紧，动作发力要迅猛而短促，完成击打动作后要立即收回，拳击出的过程中要做手臂的内旋动作，拳击至最远端时手臂伸直，拳向下，击打目标后放松收回。下面介绍几种主要的拳法。

**1. 冲拳**

（1）两脚开立，与肩同宽，两手握拳收于腰间，拳心朝上。

（2）左脚向前上步成左弓步；同时右拳从腰间由屈到伸，臂内旋向前平冲。用拳面击打对手的身体。除前冲拳外，还有侧冲拳、后冲拳。

（3）此拳通常用于对面部及下颚做上盘攻击，对胸部及腹部做中盘攻击，对下腹部、下肋部及阴部做下盘攻击。此外，除了向对方攻来的部位施以防御性的自卫外，还可主动击打对方手及脚部的肌肉、关节等，使其无法活动自如，抑制对手的攻势。

**2. 弹拳**

（1）两脚开立，身体右转；两手握拳，两臂屈肘置于腹前，右拳在外，左拳在内，两拳心均朝下，体左转。同时左臂屈肘提至胸前，以肘关节为轴使左拳由下颚向前弹击，力达拳背。

（2）此拳通常用于攻击人的上唇、人中穴或面部。

### 3. 鞭拳

（1）两脚前后开立；左手握拳，左臂屈肘上提至与肩同高，左拳置于右肩前方，拳心向内；右手握拳收于腰间。

（2）左臂以肘关节为轴，由里向外用拳背鞭打对手的面部或胸部。

（3）此拳通常用于攻击人的面部或胸部。

图 17-1

### 4. 劈拳

（1）两脚开立；同时左手握拳置于腹前，拳心朝内，右手握拳收于腰间。

（2）两脚不动；左臂由下向上向左直臂抡劈，用拳轮劈击对手的头部、颈部或胸部（图 17-1）。

### 5. 截拳

（1）两脚开立，身体微右转；同时左手握拳，左臂屈肘上提，左拳置于右肩上方，拳心朝内；右手握拳收于腰间。

（2）左脚向前上步成左弓步；同时，左臂以肘关节为轴，臂内旋向前，用拳轮横击对方的面部、胸部或肋部。

## （二）掌的基本进攻技术

掌法在跆拳道实战中是非常多见的。虽然正式的跆拳道比赛不准使用掌法，但是掌法在跆拳道品势练习、实战格斗以及防身自卫中，具有非同寻常的攻击效果，轻者致伤，重者致残、致命。因此练好掌法对增强实战格斗和防身自卫能力有着重大的意义。

### 1. 砍掌

（1）两脚开立，右臂屈肘上举，右掌提至右耳旁，随即边伸臂边用右手刀向前横砍，掌心朝上。

（2）右脚向前上步成右弓步；同时右臂由屈到伸向前横砍，用手刀砍击对手的颈动脉处，掌心朝上。

（3）砍掌分仰掌砍击、俯掌砍击。

### 2. 插掌

（1）两脚开立；握拳收于腰间，拳心朝上。

（2）右脚向前上步成右弓步；同时右拳变掌，掌指朝前，从腰间由屈到伸向前插击，用掌指末端插击对手的腹腔神经丛。

（3）插掌可分为立插掌和平插掌（图 17-2）。

### 3. 掌根推击

（1）两脚开立；两手握拳收于腰间，拳心朝上。

（2）右脚向前上步，同时右手成"熊掌"（四指并拢，第二指节卷屈，拇指扣于虎口处）屈腕向前推出，力达掌根，从腰间向前推击，用掌跟击打对手的面部。

图 17-2

### (三) 肘的基本进攻技术

肘关节由于骨结构本身的特点，使用肘的骨尖部其击打的力度和威胁都很大。尤其是在贴身的近距离攻击中，肘的威力更能充分发挥，给对方以强有力的打击。因为肘关节前后左右都可以使用，所以肘的进攻动作可以向多个不同方向击出。

**1. 顶肘**

（1）左脚开立侧向；左手握拳，左臂屈肘置于右胸前，拳心朝下；右臂屈肘，右拳贴附左拳拳面。

（2）准备姿势开始，左脚向前迈出一步成左弓步，同时左臂屈肘上提至胸前，左拳置于胸前，拳心向下；右拳变掌提到胸前，用右手掌推动左拳，以左肩关节为轴，左肘关节尖领先，将左肘向前顶击。

（3）攻击的主要部位是头面部、胸部、腹部和肋部。

**2. 挑肘**

（1）两脚开立；两手握拳收于腰间，左拳拳心朝上，右拳拳心朝下。

（2）准备姿势开始，左脚向前迈一步成左弓步，同时右拳自腰间上举，右肘关节弯曲收紧，肘尖自下向上挑起。挑肘动作可用左右肘完成，只是方向相反。

（3）攻击的主要部位有下颚和腹部。挑肘时要拧腰顺肩，以增加挑肘的距离和力量（图17-3）。

图 17-3

**3. 击肘**

（1）两脚开立；右手握拳，右臂屈肘置于右腹前；左手附于右拳面。

（2）右脚向前上步成右弓步；同时，右臂以肘尖领先由外向里弧形摆动，用肘部横击对手的腹腔神经丛。

（3）击肘时要尽量将身体重量作用于肘部，增加击肘的力量。

### （四）膝的基本进攻技术

膝关节在跆拳道实战格斗中是近距离攻击对方的主要武器之一。因为膝关节是人体关节中最具力量的一种，而且使用简单，一旦击中会致敌败。膝关节的主要使用技术是顶膝和撞膝技术。

**1. 顶膝**

（1）准备姿势开始，左脚上前迈半步成左弓步，同时双手自腰间前举，由拳变掌抓对方的肩部或衣襟；随即双手用力向下压拉对方的肩部或衣襟，同时提右膝向上顶击。

（2）顶膝的主要部位有腹部、裆部、头面部。顶膝时两手的下压、下拉用力和提膝上顶的力量协调进行，形成合力顶击对方（图17-4）。

图 17-4

**2. 撞膝**

（1）准备姿势开始，左脚掌为轴碾地，身体左转；同时右腿屈膝上提，自右下向左上侧用膝部撞击，两拳抱于腹前。

（2）左脚上步成左弓步；同时，双手抓住对手的双肩，使其身体前倾；右腿屈膝上提，用膝部冲撞对手的头部或腹腔神经丛。

（3）撞击的主要部位是腹腔神经丛和两软肋部。做动作时提膝、转体、撞击的动作连续协调，形成加速撞钟式的动作，以提高杀伤力。

## （五）脚踢的基本进攻技术

跆拳道实战中脚踢进攻时一般使用的部位包括脚前掌、脚趾、脚背、足刀、脚后跟、脚后掌（脚跟底部）。利用这些部位可以进行站立踢、跳动踢、助跑踢、转身踢和飞踢等不同形式的踢法进攻，每种踢法踢击的部位各有不同。实战过程中，要根据具体情况，如对方所处位置、暴露的部位、防守的姿势以及双方的距离，选择不同的踢法。

**1. 前踢**

（1）实战姿势的基本姿势开始，右脚蹬地，髋关节向左旋转，双手握拳置于体侧；同时，右腿以髋关节为轴屈膝上提。

（2）当大腿抬至水平或稍高时，髋关节向前送，将要踢的那只腿弯曲举起，并把膝盖抬到胸前，待脚的位置与目标成一直线后，再用弹性力从膝盖发力去踢。另外还可将脚趾向后弯曲，用脚底去踢对方。

（3）膝关节夹紧，小腿放松，要有弹性；髋往前送，高踢时髋往上送；小腿回收与前踢的速度一样快。主要攻击部位有面部、下颚、腹部、裆部。前踢亦可用于防守（图 17-5）。

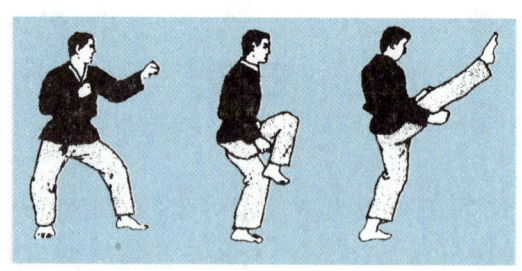

图 17-5

**2. 侧踢**

（1）以实战的基本姿势开始；右脚蹬地，右腿以膝关节为轴屈膝提起，两手握拳置于体侧,身体侧向对方站立。

(2) 左脚以前脚掌为轴外旋180°,髋关节向左旋转,右腿以膝关节为轴向前蹬伸,右脚快速向右前上方直线踢出,力点在脚跟,发力后沿起腿路线收腿、放松,重心落下(原处或向前均可),再次回到实战姿势。

(3) 起腿时大小腿、膝关节夹紧;踢出发力时头、肩、腰、髋、膝、腿和踝成一直线;大小腿直线踢出,按原路线收回。侧踢动作主要攻击部位有膝部、腹部、肋部、胸部和头面部(图17-6)。

图 17-6

## 二、跆拳道基本战术

运动员在比赛中根据自己和对手的情况,充分发挥己方特长,限制对方特长,为战胜对手而采取的计策和方法,即为战术。

跆拳道战术的实质在于使运动员能在跆拳道比赛中根据各种可能发生的情况,运用自己平时训练中所练就的各项技能,最有效地发挥自己的优势,去战胜对手。在运用战术的过程中,要树立正确的战术思想,体现以我为主、快速灵活的方针,要遵循跆拳道的技术发展变化规律,使战术训练有明确的目的性。

### (一) 跆拳道比赛的战术原则

跆拳道比赛的战术原则,是制订战术计划、实施战术方案必须遵循的准则。其主要的战术原则有以下几种。

**1. 根据跆拳道比赛技术动作的特点和功能设计战术**

技术,是实现战术的基础,战术又是通过一定的技术动作实现的,不同技术动作的组合表达了不同的战术意识。因此,根据跆拳道比赛技术动作的特点和功能设计战术是合理、有效地发挥技术的战术原则之一。它能使人们从跆拳道技术的整体性、相对独立性、相关性、动态性、有序性和互变规律性的系统观点出发,正确地制定战术,而不是孤立地、片面地只考虑某一个战术环节和某一个战术动作的技术因素,产生单一的战术方案。跆拳道比赛的技术以踢法为主,制定战术时根据踢法的不同形式、方位、远近、高低以及动作之间的连接规律,按照不同动作的不同作用,充分运用竞赛规则允许的条件,制定不同的战术方案。

**2. 攻防兼顾的战术原则**

跆拳道的比赛紧张、激烈、刺激,如果比赛中只一味讲究进攻或单纯防守,就会攻防失调、顾此失彼。因此,比赛中一定要遵循攻防兼顾的原则,在瞬息万变的激烈对抗中临战不惧,临危不乱,保持合理的攻防节奏和效果。攻防兼顾原则是根据比赛时的具体情况灵活应用的，比赛时如果你面对的是强于自己的对手，你就要加强防守，运用防守反击战术与对手对抗；如果你面对的是弱于自己的对手，你就要采取主动进攻战术，争取主动战胜对方。如果两人功力相当时，要攻防兼顾，充分发挥你的智能，运用适当的战术，做到有序进攻、稳妥防守、抓住战机、猛烈进攻。

#### 3. 控制与反控制原则

在跆拳道比赛中，经常会遇到这样的情况，就是一名运动员虽然具有较好的专项身体素质和较高的技战术水平，但比赛中被对方控制得不能有效发挥，他的一举一动都被对方有效控制，因而导致比赛的失败。这种控制就是运用技战术扼制对方进攻的有效方法。如果你的控制能力好，运用技战术合理，你就会占据比赛的主动和优势；反之，你就会处于劣势和被动。但如果你具有更强的反控制技战术，你就会变被动为主动。

#### 4. 灵活多变原则

跆拳道赛场上的局势是千变万化的，比赛时如果利用为数不多的战术，甚至采用固定的战术，容易被对方摸到规律，使自己陷入被动挨打的局面。因此，在设计战术和进行战术训练时，要根据比赛中可能发生的情况，多考虑几种战术组合及其相互之间的衔接配合和变化运用。利用多种技战术方法，最大限度地体现不同的进攻方向和进攻点。利用比赛场上的时间、空间、角度、方向和位置，以及真假动作的交替变化，即利用一切可以利用的条件和规则，设计和练习灵活多变、形式多样的战术组合、战术意图。而且，这些战术一定要有针对性和实效性，否则，若只有华而不实的技术战术动作组合，形式再多，动作再漂亮，也不可能取得最终的胜利。

#### 5. 根据对方的实际情况设计战术

《孙子兵法》曰："知己知彼，百战不殆。"即只有正确地认识自己，清楚地了解对方的实际情况，才能百战百胜。跆拳道比赛中同样需要运用这一策略。要想战胜对方，就要了解对方的具体实力和各种优缺点，然后针对这些具体情况考虑设计相应的战术，实现运筹帷幄，决胜于比赛之中的战略战术意图。因此，在双方交战前一定要全面了解对手的具体情况。

### （二）跆拳道比赛的战术种类

跆拳道比赛的战术种类是指运动员在临场复杂多变的比赛中，根据比赛的规律和各方面的情况随机应变，有判断、有目的、有预见性地决定自己对付对手的思维活动策略。符合自己特点的战术容易掌握和运用，并可以达到有效使用的目的，而要切实提高战术的质量，则其战术要先进，要充分了解战术本身的优点和缺点以及对方的适应情况，挖掘发展潜力大的战术，不断地创造新战术。

#### 1. 技术战术

利用技术全面、熟练、有效果的特点，变化运用各种技术，发挥自己的得意技术，掌握比赛的主动权，抑制对手，达到取胜对手的目的。

#### 2. 假动作或假象战术

用逼真的假动作或假象欺骗对手，引其上当，分散其注意力，使其露出破绽，利用这个机会猛烈攻击而得分。

#### 3. 心理战术

比赛开始前，利用情绪、动作和表情等威慑对手，比赛中用气势压倒对手，或利用规则允许和基本允许的各种手段，干扰对方情绪，给对方造成心理负担，使对手技能战术发挥失常，挫伤对方的锐气，发挥自己的优势，在气势上战胜对方。

**4. 破坏战术**

使用黑招、重招使对手先受伤，失去正常比赛的能力，或用技术破坏对手技术，控制其动作的发挥，使对方进攻无效并且消耗体力、丧失信心，导致比赛的失败。

**5. 防守反击战术**

利用防守好的特点，在防守的基础上利用反击技术打击对方。

**6. 体力战术**

对于耐力好的运动员来说，要充分发挥体力比对方要好的优势，让对手和自己一直处于运动之中，与对方比拼体力，耗掉对方的体力而战胜对手。

**7. 规则战术**

在竞赛中，既有对攻击部位和攻击方法的限制，又有规则限制模糊的地方，可以利用规则允许或基本允许使用的各种制胜办法攻击对手，也可以利用规则的漏洞。

**8. 步法战术**

利用自己步法灵活和动作敏捷的优势，围绕对手游斗，引对手上当或扰乱其情绪；待对方反击时又迅速撤退或靠近对手，扰乱对手的情绪和攻防意图，破坏对手进攻而战胜对手。

## 第三节　跆拳道运动简易规则解析

### 一、比赛场地

比赛场地面积为12米×12米，水平的、无障碍物、正方形场地。比赛场地应为有弹性的垫子。

**1. 比赛区域划分**

（1）12米×12米的区域为比赛区，比赛区最外边有1米宽的、不同颜色地带，提醒运动员不要越出边界线。

（2）比赛区和注意区的表面应用不同颜色区分，如整个场地为同色时，需用5厘米宽的白线区分。

（3）划分比赛区和注意区的线称为注意线，比赛场地最外面的线称为边界线。

**2. 位置**

（1）主裁判位置：距离比赛区中心点向第三边界线方向1.5米处。

（2）边裁判位置：第一边裁判在第一边界线中心点，面向比赛区中心点向后0.5米处；第二边裁判在第二边界线底端角，面向比赛场地中心点向外0.5米处；第三边裁判在第四边界线顶端角，与第二边裁判对称处。

（3）记录员位置：第一边裁判位置向后至少2米处。

（4）临场医生位置：记录员位置向右6米处。

（5）运动员位置：由比赛区中心点面向第一边裁判左、右各1米处，右侧为青方位置，左侧为红方位置。

（6）教练员位置：位于本方运动员一侧的边界线中心点向后 1 米处。

（7）检查台位置：应位于比赛场地入口附近处，检查运动员的比赛护具。

## 二、比赛时间

男子比赛为 3 局，每局比赛 3 分钟，局间休息 1 分钟。女子和世界青年锦标赛比赛为 3 局，每局比赛 2 分钟，局间休息 1 分钟。然而，经世界跆联批准，男子比赛也可以设为每局 2 分钟。

## 三、跆拳道服装腰带的段位和腰带颜色的象征意义

白带（10 级）→白黄带（9 级）→黄带（8 级）→绿黄带（7 级）→绿带（6 级）→蓝绿带（5 级）→蓝带（4 级）→红蓝带（3 级）→红带（2 级）→黑红带（1 级）→黑带（1～9 段）未成年人练到黑带授予品（1～3 品）。

白带：没有色彩，代表练习者没有任何跆拳道的知识，一切从零开始。

黄带：大地的颜色，代表就像植物在泥土中生根发芽一样，练习者在这个阶段要打好跆拳道的基础。意味着学习基础阶段。

绿带：植物的颜色，代表练习者的跆拳道技术开始枝繁叶茂。意味着技术的进步阶段。

蓝带：天空的颜色，代表随着不断的训练，练习者的跆拳道技术逐步成熟，就像大树一直向着天空生长。意味着进度达到相当高的阶段。

红带：危险的颜色，代表练习者要注重自我控制和阻吓对手。

黑带：与白色相反，代表练习者跆拳道技术的成熟和专业。黑色也象征了跆拳道黑带不受黑暗和恐惧的影响。

## 四、允许的技术和攻击的部位

**1. 允许的技术**

（1）拳的技术：使用紧握的拳的正面食指和中指部分攻击。

（2）脚的技术：使用踝骨以下脚的部位攻击。

**2. 允许攻击的部位**

（1）躯干：允许使用拳和脚的技术攻击躯干被护具包裹的部分，但禁止攻击后背脊柱。

（2）头部：指头部除后脑外的部位，只允许使用脚的技术攻击。

## 五、有效得分

（1）有效得分部位为：①躯干，护具包裹的部位；②头部，包括双耳在内的整个面部。

（2）使用允许的技术，准确、有力地击中身体合法得分部位为得分。

（3）有效得分分为：①击中护胸得 1 分；②击中头部得 2 分；③运动员被击倒、主裁判读秒的情况下，再加 1 分。

（4）比分为两局比赛得分的总和。

（5）得分无效：使用禁止的动作攻击，得分无效。

## 六、犯规行为

（1）任何犯规行为将由主裁判判罚。

（2）处罚分为"Kyong-go"（警告）和"Gam-jeom"（扣分）。

（3）两次警告扣1分，警告次数为奇数时，最后一次不计。

（4）一次"扣分"扣减1分。

（5）犯规行为。

第一，以下行为属于犯规行为，下达"警告"处罚：①转身背向对手逃避进攻；②倒地；③回避比赛；④抓、搂抱或推对手；⑤攻击对手腰以下部位；⑥用膝部顶撞对手；⑦用手攻击对手面部；⑧伪装受伤。

第二，以下行为属于犯规行为，下达"扣分"处罚：①越出边界；②发出"Kal-yeo"（暂停）口令后攻击对手；③抓住对手进攻的脚将其推倒，或用手推倒对手；④故意用手攻击对手面部；⑤教练员或运动员打断比赛进程。

（6）运动员故意不服从竞赛规则或主裁判的命令，主裁判可在1分钟后判其"犯规败"。

（7）犯规累计扣减4分（-4）者，主裁判判其"犯规败"。

（8）警告和扣分按3局累计。

## 七、获胜方式

（1）击倒胜（KO胜）。

（2）主裁判终止比赛胜（RSC胜）。

（3）比分或优势胜。

（4）弃权胜。

（5）失去资格胜。

（6）主裁判判罚犯规胜。

## 八、主裁判和边裁判

### 1. 主裁判

（1）掌握和控制整场比赛。

（2）在比赛中根据场上情况即时宣布 Shi-jak（开始）、Ke-man（结束）、Kal-yeo（暂停）、Kye-sok（继续）、Kye-shi（计时）、Gam-jeom（扣分）、"Kyong-go"（警告），以及胜负的判定和进退场等。

（3）根据竞赛规则独立行使判决权力。

（4）主裁判不记录得分。

（5）比分相同或无分时，当场比赛所有裁判员根据3局的优势情况判定胜负。

### 2. 边裁判

（1）及时记录有效得分情况。

（2）如实回答主裁判的询问。

### 3. 裁判员的服装

（1）裁判员应穿着协会规定的服装。

（2）裁判员不得携带妨碍比赛的物品。

# 第十八章 休闲体育

## 第一节 游 泳

### 一、游泳运动简述

游泳是一种凭借自身肢体动作和与水的相互作用力,在水上漂浮前进,或在水中潜游而进行的有意识的技能活动。地球上布满了江、河、湖、海,人类在进行生产劳动、生活、娱乐和战争等活动的时候,都不可避免地要与水打交道,所以它是人类适应自然的一种结果。游泳与人类生存、生产劳动紧密相连,并随着人类社会的发展而不断发展,以满足人们对它的不同需要。如今,游泳已经成为人们健身娱乐的一项体育活动,成为我国贯彻"全民健身计划"的载体。我们有理由相信,随着我国经济和人民生活水平的不断提高,游泳运动将更加普及。

### (一)游泳运动项目分类

游泳成为体育运动项目后,其竞赛内容甚广,在现代奥运会和世界游泳锦标赛中,包括竞技游泳、水球、跳水和花样游泳四个部分,实际上它们都是独立的竞赛项目,但是这四个项目统归在国际游泳联合会的管理之下,所以中国游泳协会也分管这几个项目。在民间还流传着其他简单实用的游泳娱乐方式,如爬泳、侧泳、潜水等,它们都包括在游泳运动的范畴内。

**1. 竞技游泳**

现代游泳运动竞技项目有自由泳(爬泳)、仰泳、蛙泳、蝶泳四种泳姿,由这四种泳姿组成的混合泳也被列为正式比赛项目。从广义上讲,竞技游泳技术还应包括出发、入水、转身和终点触壁等技术。现在我国和国际上举行的各种竞技游泳比赛,正在促进竞技游泳朝着更高、更快、更强的目标不断发展。

**2. 水球**

水球是在水中进行的一项球类运动,比赛时每队7人出场,在设有球门的游泳池内进行。这项运动要求运动员掌握各项专门游泳技术,以及各种控制球的技术、战术,并具有良好的身体素质和意志品质。

### 3. 跳水

跳水是从不同高度的跳板和跳台上做各种跳跃、翻腾、转体等入水动作的运动项目。比赛时根据每个人的助跑、起跳、空中技巧和入水动作的正确性和熟练程度评比成绩。跳水运动对发展灵敏素质和培养勇敢、果断的意志品质有很大的作用。

### 4. 花样游泳

花样游泳又被称为"水上芭蕾",它在电影中诞生,现在已发展成为集游泳、舞蹈、体操等项目于一体的竞技体育项目。比赛分为单人、双人、集体3个项目,运动员在比赛时,利用肢体在水面上进行各种动作组合,并配合以音乐,展现美与技巧。花样游泳对运动员的身材、泳装、音乐及动作编排有较高的要求,它虽然没有激烈的竞赛场面,但带给观众的美好享受是其他体育运动无法代替的。

### 5. 其他游泳运动

游泳运动从古人的淋浴开始,继而到在水中嬉戏,逐渐形成古代游泳(泅水、涉、浮、潜水等多种形式),随着人类生产力和科学技术的提高,游泳的内容和形式越来越丰富。

1)大众游泳

其是以健身、实用、娱乐为目的的游泳项目,由于不追求严格的技术和速度,其形式简便多样,已越来越被人们重视,现已与竞技游泳并驾齐驱,成为现代游泳运动的一个重要部分。

2)游渡海峡

其是体现人类征服自然和冒险精神的游泳运动项目。从1810年著名诗人拜伦横渡了赫勒斯湾海峡,到张健横渡了渤海海峡(张健创造了男子横渡海峡最长距离的世界纪录,2001年7月30日,他经过12个小时的长游,又胜利横渡英吉利海峡),世界上的许多海峡都被人类征服了。

3)蹼泳

其是一种潜水运动,运动员穿戴特制的装具,在水下进行训练和比赛。项目有蹼泳、屏气潜泳、器泳、水中狩猎、水下定向、水下篮球、水下橄榄球等。蹼泳不归属游泳协会管辖。

## (二) 游泳运动的特点及作用

游泳是人类在水中的一项运动,它与其他陆上运动有很大的区别,其除了要克服空气阻力外,还要克服水的阻力和侧压力,同时又要充分利用水的阻力和浮力。

### 1. 游泳运动的特点

平时人们在陆地上习惯以直立姿势运动,而游泳则是平卧在水面上向前运动,因此,运动方向、运动轴和运动平面与我们平时在地面上的运动都有所不同。另外,因游泳是在不能作为固定支撑点的流体中进行的,它除了应用一般的力学原理外,还要应用流体力学原理。由于游泳时身体平卧在水中,水的压力造成了呼吸困难,运动中嘴在水面上吸气,而口和鼻在水中呼气,在吸气与呼气之间又有一刹那的憋气。这样的呼吸节奏与在陆地上相比要复杂得多。

### 2. 游泳运动的作用

(1)游泳时,人平卧在水中,由于水的浮力,游进时的负荷量比在陆地上活动对人体的刺激小，平卧在水中还可以减少血液循环系统的阻力和支撑器官的负荷，各种泳姿都要求脊柱充分伸展，这对防止驼背和脊柱侧弯有很好的效果。

（2）游泳能增加呼吸系统的机能。在水中，人的胸腔和腹部都受到水的压力，给呼吸带来了困难，长期的游泳锻炼，可以使呼吸深度增加，肺活量提高。

（3）参加游泳锻炼，可以提高人对水温、气温的适应能力，增强体质以及对冷的抵御能力。

（4）游泳还能有效地提高和改善人的心血管系统机能，尤其是从小参加游泳锻炼，可以促进心血管系统的发育，这一点是其他运动项目不可代替的。游泳时，人从站立变为平卧，体内流体静压被水的浮力抵消，会产生似失重的感觉。水的压力会把体表静脉中700毫升的血液压回胸腔，因此中心静脉压会明显增高。结果心脏中血液增多，心脏容积增大，心动频率相应减慢。长期坚持游泳，能有效地增加心容积，使安静时心率减少。游泳还可以使血管壁的弹性增加，毛细血管数量增加，明显提高血液循环系统机能，使血压状况良好，脉压明显加大。

（5）游泳能消耗体内脂肪，尤其是长时间地游泳。水温与体温相差约10℃，这会加速人体热量的散发，使消耗加大。实验证明，游泳比长跑、体操、摔跤运动的热能消耗大。在20℃的水温中游泳，热量的散发是基础代谢条件下的5倍。

（6）游泳是人们娱乐健身的好方法。人在水中游动，通过水流对身体的摩擦和冲击，形成一种特殊的按摩方式。这种自然的按摩使肌肉得到放松，紧张的神经逐渐松弛下来。长距离的游泳可以使人得到满足感，不良的情绪得到发泄。另外，游泳是一项社会性很强的体育运动，朋友们结伴参加游泳锻炼，谈天说地，相互照顾，可以缓解生活、工作的压力，使人恢复积极、健康的心理状态。

## 二、游泳基础技术和教学方法

游泳是和水打交道，但人对水的特性不是天生就能够掌握的，而是在不断实践中，逐步了解和掌握。因此，熟悉水性是初学游泳的第一步，是学习游泳的重要和必经阶段。熟悉水性的过渡练习，能够为学习各种游泳姿势打下基础。

熟悉水性的练习包括水中呼吸、水中浮体与站立、水中滑行和踩水。进行熟悉水性的练习时，应按照循序渐进的原则，由易到难，选择齐腰深的水，在同伴的保护下进行，熟练后可单人在齐胸的水中进行。

### （一）水中行走练习

初学者由于不熟悉水性，在初次下水时，往往会紧张、害怕、动作不协调，在水中头重脚轻，容易摔倒，不敢在水中移动。通过水中行走练习，使初学者体会水的阻力，消除怕水心理，学会用手拨水帮助行走，两手臂侧举维持身体平衡，加快在水中的走、跑、跳、转身、跃起、下沉等练习的速度。

**1. 练习方法**

（1）扶池边向前、向后、向两侧行走。

（2）两手维持平衡，向前、向后、向两侧行走。

（3）集体手拉手向各个方向行走。

（4）各种方向的走、跑、跳、转身、跃起和下沉。

（5）水中追逐游戏和水中排球。

**2. 教学提示**

在水中做各种队形、图案的变化、接力和游戏，可以使初学者提高兴趣，更快地掌握在水中行走的能力。

### （二）呼吸（水中换气）

游泳时，人体要长时间平卧在水面，能够顺利地在水面完成气体交换，可以使我们更好地进行各种练习，维持在水中游进的速度。通过水中换气练习，让初学者养成在水面上用口鼻吸气、在水中呼气的习惯，适应水中呼吸的节奏，消除头入水后带来的怕水心理。另外，无论学习哪种游泳姿势，掌握呼吸都是非常重要的。

**1. 练习方法**

（1）头入水憋气。用口吸气后头进入水中，憋气片刻，再将头露出水面。

（2）水上吸气后水下呼气。先站立在水中深吸一口气，然后下沉，将气体从鼻呼出。

（3）水上吸气，水下憋气再呼气。方法同上，不同之处是下沉后，憋气片刻再将气体呼出，连续做快节奏的吸、憋、呼动作。

**2. 教学提示**

（1）进行呼吸练习时，可根据初学者水性的不同，采用不同方式进行同样内容的练习。对于水性较好的初学者，要求其独立完成水中换气练习（图 18-1），对于怕水的初学者，可由同伴保护或者自己双手扶住水槽进行呼吸练习（图 18-2）。

图 18-1

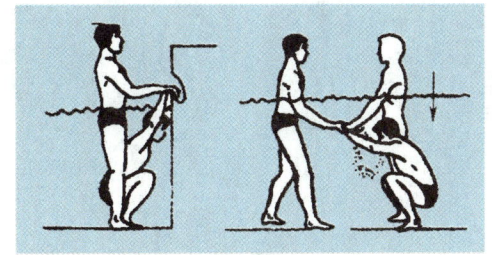
图 18-2

（2）呼吸是游泳教学的难点，呼吸练习应贯穿于教学的始终。在进行呼吸练习时，可以结合不同泳姿的呼吸动作、节奏进行呼吸的专项模仿练习。

（3）初学者怕头入水或者不习惯用口呼吸，可采用手捏鼻、带鼻夹的方式强制用口吸气，并要利用游戏和道具来进行诱导，帮助初学者适应新的呼吸方式，鼓励他们适当延长憋气时间，头出水后不要用手去擦，应从容不迫。

### （三）水中浮体练习

浮体是利用水的浮力来掌握水上漂浮的方法。根据身体姿势，浮体分为抱膝浮体和水平直体浮体练习，也可与专项技术结合起来，将水平直体浮体分为俯卧和仰卧。通过浮体练习，让初学者体会水的浮力，学会在水中掌握身体平衡，控制身体姿态，并能够浮体后站立。进行浮体练习时，先深吸一口气，然后在水中憋气，以增大人体在水中的浮力，浮体练习完毕后，再将气体呼出，并逐渐延长每次浮体的时间。

**1. 抱膝浮体练习**

原地站立深吸气后，下蹲、低头、抱膝。双膝尽量靠近胸部，前脚掌蹬离池底，呈低头抱膝团身姿势，自然漂浮于水中。站立时，两臂前伸，向下按压水并抬头，同时两腿伸直，以脚触池底站立（图18-3）。

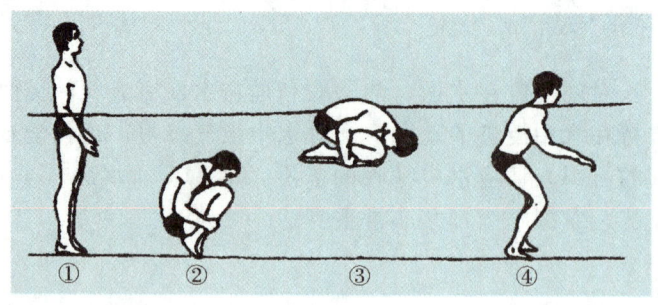

图 18-3

**2. 水平直体浮体练习**

两脚开立，两臂放松向前伸出，深吸气后身体前倾并低头，两脚蹬离池底，成俯卧姿势漂浮于水中，两臂双腿自然伸直。站立时，收腹、收腿，先团身，然后按照抱膝浮体后站立的方法，两臂向下按水并抬头，双腿伸直，脚触池底站立（图18-4）。

图 18-4

## （四）水中滑行练习

利用水的浮力和人蹬池底（池边）得到的推力，或者施加给练习者的推拉力，使初学者在水中向前滑行。一般先练习蹬池底滑行，当熟练掌握后，再进行蹬池边滑行练习。练习水中滑行可以让初学者体会如何保持身体流线型，并学会控制滑行姿态和身体平衡。

**1. 练习方法**

（1）池底滑行练习：两脚前后开立，两臂前上举。深吸气后上体前倒并稍屈膝，当头肩入水时，前脚掌用力蹬池底，随后两脚并拢，使身体成流线型向前滑行。练习的全过程与水平直体浮体练习相似，不同之处是滑行练习要双腿有力地蹬离池底，不仅要水平漂浮，还要向前滑行（图18-5）。

图 18-5

（2）池边滑行练习：背向池壁，一手拉水槽，一手臂前伸，同时一脚站立，一脚上抬贴池壁。深吸一口气后低头，上体在水中前倾成俯卧姿势，支撑脚向上收起，两腿的大小腿尽量收紧，臀部靠近池壁，拉水槽的一臂向前伸出，与前伸臂并拢，头夹于两臂之间，这时两脚水平发力蹬离池边，成流线型向前滑行（图18-6）。

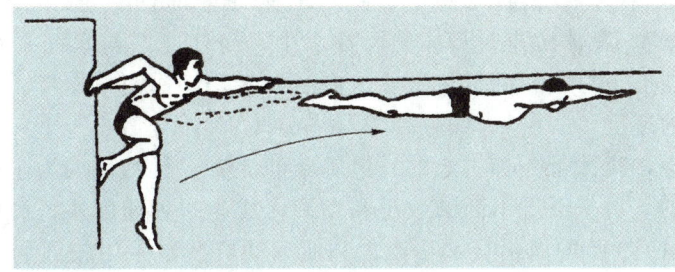

图 18-6

**2. 教学提示**

（1）滑行练习是熟练水性的重要练习，可采用外部施加推拉力来增加滑行距离，以充分体会水中滑行时水对身体的各种作用力。

（2）用游戏赛或者借助器具增加滑行练习的乐趣，让初学者更快地掌握水中滑行。

（3）滑行练习时身体适度紧张，适当延长憋气时间。

## （五）踩水

踩水是一种广泛采用的游泳方式和技能，它对初学者和游泳水平较高的人都非常重要，掌握踩水技术有利于克服进入较深水域时的恐惧心理，以便在特殊情况下能够进行自救。熟练掌握踩水技术，可在水中救助他人。因此，学习游泳一定要学会踩水技术。

**1. 练习方法**

（1）扶池槽踩水练习：初学者单手扶池槽，身体直立于水中，两腿向下对水做连续地蹬夹—收屈—蹬夹，另一只手向下按压水，维持身体直立状态。重点体会手和脚在水中时水的阻力。

（2）系浮带踩水练习：系上浮带，借助浮带的浮力，双手双脚向下压水，此时应注意动作的节奏和呼吸的频率。

（3）踩水练习：能够熟练完成上面的辅助练习后，便可在同伴的保护下进行踩水练习，可双手双脚同时向下压水，也可手脚轮换压水。通过踩水练习，进一步体会手和脚的水感以及动作的节奏（图18-7）。

图 18-7

**2. 教学提示**

（1）练习踩水应先在浅池中进行，逐渐过渡到深水中，最后做到独立地在深水中踩水。

（2）练习踩水应重点体会手脚对水的作用，做到自然发力与收回时的松弛放松，尤其是呼吸节奏要平稳，随手脚的配合进行呼吸。

## 三、游泳专项技术和教学方法

### （一）爬泳

爬泳是俯卧在水中，两腿上下交替打水，两臂轮流划水而使身体向前游进的一种泳姿，由于动作很像爬行，所以称为"爬泳"。按照规则要求，在进行自由泳比赛时，可以采用任何一种泳姿，爬泳是四种竞技游泳姿势中最快的，所以运动员几乎都采用爬泳游进，故而爬泳也被称为"自由泳"。爬泳游进时身体俯卧在水中，身体几乎与水面平行，在游进的过程中保持流线型，两腿上下打水，两臂依次轮流向后划水，动作简单连贯，动作配合协调，既省力又能发挥最大的速度。

竞技游泳姿势中，爬泳是一种古老的、最基本的泳姿，是古代人为了生存，在与自然界的不断斗争中诞生的，后来经过不断的改进和发展，成为一种速度快，又比较容易掌握的游泳技术。1908年和1912年的奥运会上，澳大利亚运动员开始采用较原始的爬泳技术，他们在比赛中取得了很好的成绩，实践证明他们的技术在当时是成功的，之后早期的爬泳被称为"澳大利亚式"爬泳，其特点是游进时头抬出水面，划水频率快，打水以小腿发力为主，每划水两次打腿两次或4次。这种技术最大的缺点就是游进时因身体和动作而带来的阻力过大，后来人们尝试把头放进水中，提高了下半身的身体位置，以减小游进时的阻力。在1922年，美国运动员韦斯穆勒率先使用了大腿带动小腿的鞭打打水动作，每划水两次打腿6次，划水采用后交叉配合技术，该技术成为现代爬泳的雏形。在爬泳技术的发展中，也曾出现过极端的爬泳技术，如在1932年的奥运会上，日本选手采用的前交叉式，即划水两次打腿8～12次的配合技术引起了人们的关注，这样的技术配合虽然将腿部打水的作用发挥出来了，但是忽视了手臂的作用（划水是爬泳前进的主要动力），因此采用这种技术违反了人体的自然规律。后来人们重新认识到划水的作用，而冷落了打腿技术，在中长距离的自由泳比赛中，很多选手采用不打腿或者两次划水打腿两次。目前，我国在女子短距离自由泳比赛中，已进入世界高水平的行列，其技术特点为游进时身体高平，保持很好的流线型，高肘抱水，划水效果显著，腿部打水小而密集。

如今，衡量一个国家的游泳水平往往以该国家自由泳水平的高低为标准。在游泳竞赛中，自由泳的比赛项目最多，共14项，占43%；在游泳的训练和教学中，爬泳是其他游泳技术的基础，所以，普及和提高爬泳技术有很重要的意义。

爬泳技术动作主要由臂部动作、腿部动作、呼吸等几部分技术配合而成。

**1. 身体姿势**

在游进的过程中，要想克服水带来的阻力，就必须采用合理的身体姿势，克服阻力的最佳途径就是动量上的保持加上良好的身体流线型，因此，游爬泳时，身体要保持俯卧的水平姿势。为了取得更好的动作效果，头部应自然稍抬，两眼注视前下方，头的1/3露出水面，水平面接近发际，双腿处于最低点，身体纵轴与水平面成3°～5°的锐角（图18-8①）。

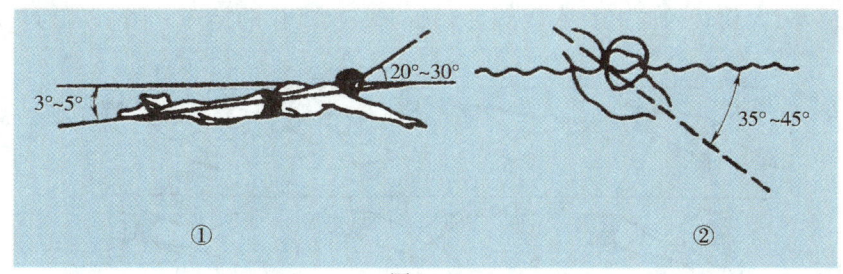

图 18-8

在爬泳游进中,身体还要随着手臂划水和呼吸动作有节奏地绕纵轴转动,角度应控制在 40°左右(图 18-8②)。身体合理绕纵轴转动有助于呼吸动作的完成,便于手臂的出水和空中移臂,而且有助于手臂在水中抱水和划水,更好地发挥上肢和肩带肌群的力量,并使手臂划水最有力的部分更接近身体中心的垂直投影面。但是过度的转动就会把前进的动能浪费在身体的摆动上。关于身体姿势,现在有新的观点认为,头的水平面与头顶齐平,较低的头部位置能使髋关节升高,从而身体更加水平,同时双肩略向上耸可以使胸部和腿部齐平,形成平滑流线型。

### 2. 腿的技术

爬泳腿部打水的作用一直是争论的焦点,现在较一致的看法是,爬泳时,腿能够抵消移臂时身体产生的偏离,维持身体平衡,使下肢抬高,保持身体位置,配合划水动作调节动作的频率,同时能够起到一定的推进作用。

腿部打水的技术要领是:两腿自然伸直,两脚稍向内扣,以增大打水面积,踝关节放松,髋关节先发力,以大腿带动小腿做鞭状上下交替打水,腿部打水的幅度以两脚跟的垂直距离 30~40 厘米为宜,脚不要打出水面,但可以溅起水花,打水时膝关节弯屈约 160°(图 18-9)。

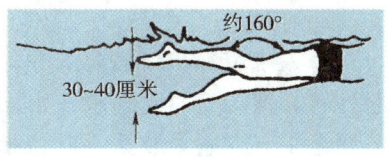

图 18-9

腿部打水动作可以简单地描述为"大腿带小腿,两腿鞭打水"。打水效果不但取决于鞭状发力,还和踝关节的灵活性有很大关系,向下打水时,踝关节尽量伸直,而不能勾起,使脚背朝后下方用力,使身体获得向前的反作用力和向上的升力(图 18-10①);如果勾脚打水,不但不能产生推动力,还会给身体一个向后的反作用力(图 18-10②)。

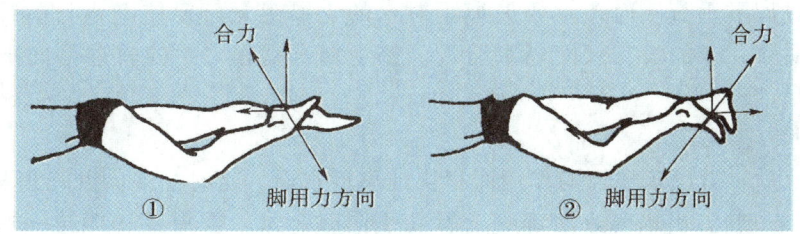

图 18-10

下面我们来描述一下打水动作周期的全过程。向上打水时,大腿带动小腿直腿向上移动,当整条腿移到水面并与水面平行时,大腿首先停止继续上移,转入向下打水,但此时小腿和脚由于惯性的作用仍在继续上移,使膝关节弯屈成约 160°,之后小腿和脚在大腿的带动下开始向下打水。当大腿向下打水到最低处并开始向上打水时,小腿仍未完成向下打水,直到小腿伸直，随大腿转入向上打水。然后开始下一次动作的循环（图18-11）。

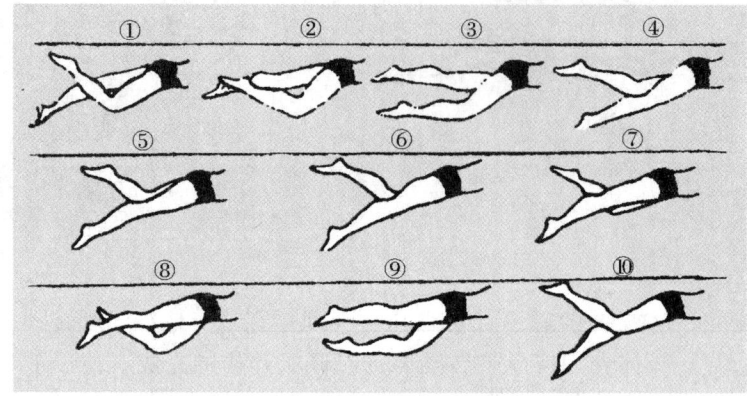

图 18-11

**3. 手臂技术**

游爬泳时，划臂是推动身体前进的主要力量。臂的技术由入水、抱水、划水、出水、空中移臂五个部分组成。

1）入水

臂入水时，肘关节略屈，高于手。手指自然伸直并拢，手指向斜下方切插入水或掌心稍向外侧切入水中，动作要自然放松。臂的入水点应在肩的延长线上或在身体中线和肩延长线中间。当身体转动时，正好臂屈到身体下面，使划水更加有力，臂入水的顺序是手—前臂—上臂。

2）抱水

臂入水后，积极插向下方，并逐渐开始屈腕、屈肘对水，肘关节通过肩关节的内转而屈肘外转，保持高肘到划水开始。手臂与水平面成40°时，手和前臂已经接近垂直对水，肘关节屈至150°左右，整个手臂像抱一个大圆球一样，使肩带肌群充分拉开，给划水创造有利条件。

3）划水

划水是指手臂与水平面成40°起，向后划至与水面成15°～20°止的这一动作过程，是获得推进力的主要阶段，这个阶段又分为两个部分，从整个臂部划至肩下方与水平面垂直之前称"拉水"，过垂直面后称为"推水"，从拉水到推水，应是连贯地加速完成，中间没有停顿，特别是经过肩下垂直线时，不要失掉手对水的支撑感觉，要使上臂与前臂同时向后划动，同时肩部后移，以加长有效的划水路线。整个划水动作，手的轨迹是向下→向后→向上。划水路线呈"S"形。

4）出水

在划水结束后，臂由于惯性的作用而很快地靠近水面，这时立即借助三角肌的收缩将臂提出水面（图18-12）。出水时，肩部和上臂几乎同时出水，但肩部稍微早一些，掌心向后上方。手臂出水动作必须迅速而不停顿，同时应柔和，前臂和手掌应尽量放松。

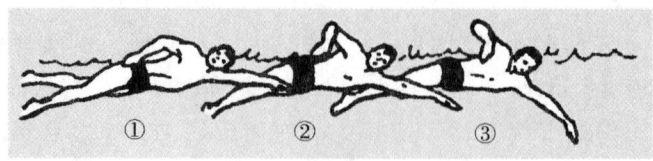

图 18-12

5）空中移臂

臂在空中前移的动作是手臂出水的继续，不能停顿，移臂时动作应放松自如，尽量不破坏身体的流线型，要和另一臂的划水协调一致（图18-13）。在爬泳划臂的整个周期中，动作是不停顿的，划水动作内部循环是有节

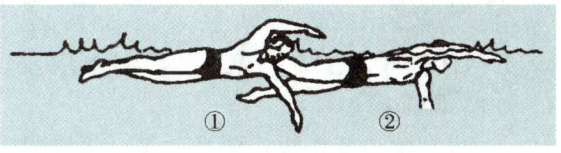

图 18-13

奏的，随着阶段的不同，各部分所用的力量也不同，动作速度也有所区别。

### 4. 两臂的配合技术

爬泳两臂的正确配合是保持前进速度均匀性的重要条件之一，划水时，依照两臂所处位置的不同，其可以分为三种基本形式，即前交叉、中交叉、后交叉（图18-14）。此外还有介于三者之间的中前交叉和中后交叉。

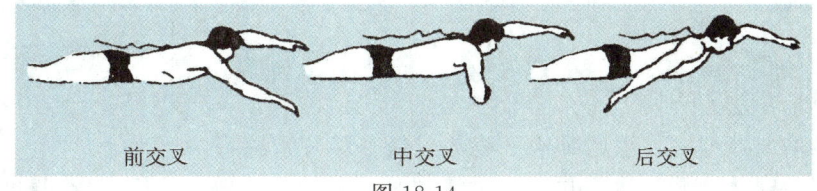

图 18-14

前交叉配合：当一臂入水时，另一臂处于肩的前方，与水平面成30°左右。
中交叉配合：当一臂入水时，另一臂处于肩下垂直部位，与水平面成90°左右。
后交叉配合：当一臂入水时，另一臂划水至腹部下方，与水平面成150°左右。

以上三种配合形式都有其各自的特点，对初学者来说，可以采用第一种形式，以便于掌握爬泳动作和呼吸，采用第二种和第三种有利于发挥两臂力量和提高动作频率，加快速度，保持连续的推进力。现代优秀的爬泳运动员多采用中交叉和中后交叉的配合形式。

### 5. 呼吸与臂的配合

游爬泳时，呼吸动作应有节奏地进行，一般是两臂各划一次做一次呼吸。以右臂动作为例，右手入水后，口鼻开始逐渐呼气，在水中呼气的结束部分，呼气速度加快，同时逐渐向右转头，右臂划水结束时提肘出水，嘴出水时，把剩余的气体呼出。这样能把嘴唇边的水吹开，以便立即吸气。右臂随之前移入水。

### 6. 腿、臂和呼吸完整动作配合

完整的配合技术，是运动员匀速地、不间断地向前游进的保证。目前，爬泳的配合动作中有两腿打水6次、两臂划水各一次、呼吸一次的配合游法，简称6：2：1。另一种是两腿各打水两次，两臂划水和呼吸各一次的配合，简称4：2：1。还有一种是2：2：1，即两腿各打水一次，两臂各划水一次，呼吸一次。爬泳的各种配合各有其优缺点：6次打腿配合技术能保证配合的稳定性，保持臂腿协调配合和身体的平衡，适用于短距离项目；4次打腿配合技术可以减少腿的负荷量；两次打腿配合技术有利于发挥两臂的作用，加快臂的动作频率。4次打腿和两次打腿技术在中长距离项目中比较多见。

### 7. 爬泳的教学方法

爬泳教学一般是先教腿，后教臂和呼吸，最后教完整配合动作。两腿打水的鞭状动作是

基础，两臂划水是主要动力，呼吸动作是关键。

1）腿部动作教学

其目的是建立打腿概念，学习和体会动作的过程。

(1) 陆上模仿练习方法。

a. 坐在池边或岸边，两手后撑，眼看稍内旋的两腿动作，做直腿打水练习（图11-15）。

b. 俯卧池边或岸边，做两髋展开、大腿带动小腿的打水动作练习（图18-16）。

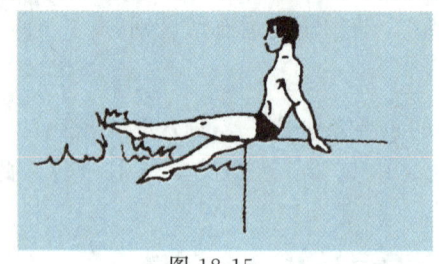
图 18-15

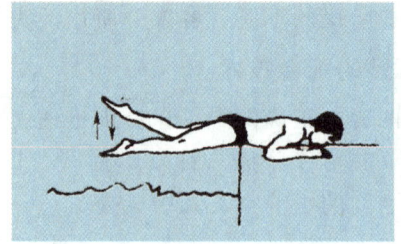
图 18-16

(2) 水中练习方法。

a. 手握池槽或撑池底。呈俯卧水平姿势，做直腿打水练习。

b. 蹬边滑行，先直腿打水，再逐步过渡到膝、踝关节，适度放松，弯屈鞭状打水。

(3) 教学提示。

a. 爬泳中腿的教学重点是以髋为轴，教学的难点是大腿带动小腿交替协调的鞭打动作。

b. 教直腿打水有利于体会大腿带动小腿动作，展髋、踝关节放松。不要急于过渡到屈腿打水。

c. 爬泳打腿练习枯燥，容易疲劳，应多变换方式和方法，如陆上坐、卧交替，扶边打水快、慢交替，滑行打水可单、双臂在前与双臂在后交替练习。随着打水距离的增长，其要和呼吸结合。

2）手臂动作和手臂与呼吸配合的教学

通过呼吸与手臂动作配合，使学生学习和体会动作过程，掌握抱水、拉水、推水、移臂的正确方法。

(1) 陆上模仿练习方法。

a. 原地两脚开立，上体前倾，做直臂划水模仿练习。重点体会空中移臂动作和臂入水动作，先单臂练，后两臂交替练习。

b. 屈臂划水练习，着重体会划水路线。除划水阶段用力外，其他动作放松。移臂时肘高于手。

c. 呼吸练习，两脚开立，上体前倾，两手扶膝。做同侧臂转头吸气练习（图18-17）。

d. 划水配合呼吸练习，在同侧臂开始划水时呼气，推水时转头吸气（图18-18）。

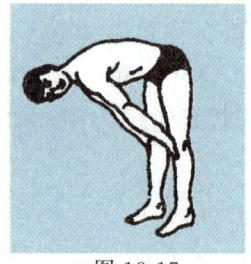
图 18-17

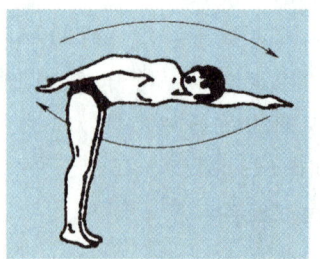
图 18-18

（2）水中练习方法。

a. 站立在浅水中，做同陆上练习的内容。

b. 水中走动练习。要求划水时适当用力，注意手掌推水，推水时掌心向后，体会划水路线及水感。

c. 两臂配合练习。蹬边滑行，后腿轻轻打水或大腿夹住浮板，帮助下肢浮起，身体平衡，做单臂划水，而后做前交叉、后交叉，最后过渡到完整的手臂划水。

d. 臂与呼吸配合练习。扶板打水，单臂划水，向同侧转头呼吸。转头时下巴向同侧肩靠近，不要抬头。滑行轻轻打腿，划单臂向同侧转头呼吸，要求划水路线要长。两臂配合，由分解过渡到前交叉加转头呼吸，最后是完整的手臂划水配合呼吸。

（3）教学提示。

a. 手臂动作的教学重点是屈臂高肘划水与呼吸的配合时机，教学的难点是呼吸动作。

b. 强调划水时保持高肘，使掌心和小臂内侧对水外，还应注意空中移臂、臂入水和抱水时，肘要处于较高的位置，为屈臂高肘划水创造条件。

c. 臂与呼吸的配合动作应强调臂领先，强调呼吸节奏，呼尽吸足。吸气转头应绕纵轴转动，不要抬头和向后吸气。

d. 爬泳臂的各部分动作的连贯性与节奏性强，不宜过多分解动作或者做长时间的分解练习。

3）完整配合动作教学

其目的是学习和体会完整配合的节奏、时机及要求。

（1）陆上模仿练习方法。

俯卧长凳上做臂、腿配合模仿练习，加呼吸动作配合。

（2）水中练习方法。

a. 滑行打腿，一臂前伸，另一臂划水。

b. 滑行打腿，配合两臂分解划水练习。两臂用前交叉或中交叉配合轮流划水练习。

c. 同上练习，从划臂多次、呼吸一次，逐渐过渡到两臂各划一次、呼吸一次。

（3）教学提示。

各种配合练习要强调不停地打腿。首先抓好臂与腿的配合，再加上呼吸配合。完整配合游泳时，教学的重点是臂与腿的配合，教学难点是呼吸动作。不一定非要6次打腿配合，只要臂腿配合协调，划臂和呼吸时腿不停地打水即可。

## （二）蛙泳

蛙泳是身体俯卧水中，依靠两臂对称向后划水，两腿向后蹬夹水，向前游进的一种最古老的泳姿，它是模仿青蛙的游泳动作形成的。蛙泳易学难精，它的动作对称，向前抬头呼吸，每个动作周期结束后，又都有一定的滑行放松时间，所以初学者容易学会蛙泳。但是蛙泳技术结构复杂，臂腿的变化方向多，手臂划水和腿的配合比自由泳要求更高，快速游进时如何克服水对身体的阻力是学习蛙泳的难点。

蛙泳的发展几经波折。早期的蛙泳，游进时身体上下起伏，划水和蹬腿幅度很大，不但浪费了力量，而且阻力大，前进速度不均匀，在只设有自由泳的比赛中，多数的运动员采用爬泳。在1904年以前，蛙泳技术发展滞后，险遭淘汰。第4届奥运会上，蛙泳成为独立的比赛项目，于是产生了"跑马式"、"平航式"、"高航式"等新的技术。后来规则改动，为了提高蛙泳的游进速度,允许空中移臂,诞生出一种新的"蝶式蛙泳"。采用蝶泳手、蛙泳腿后,速度得到提高,但是真正的蛙泳受到冷落。一直到规则再次修改,将蝶泳和蛙泳分开,成为独立的两个比赛项目,又禁止在蛙泳比赛中使用潜泳(除出发和转身可以做一次下水动作外,头不能没入水中)后,蛙泳才得以继续发展。现在,因为规则取消了游进中头不能没入水中的规定,"前冲式"、"波浪式"技术大大提高了蛙泳的速度,蛙泳已经被人们接受和重视。

**1. 身体姿势**

不同流派的蛙泳技术在游进时,身体位置和起伏不同,总的来说,身体必须保持较好的流线型,特别是在滑行阶段,一定要充分利用臂和腿产生的推进力,这时身体应水平地俯卧水中,头稍抬,身体纵轴和水平面成5°～10°,身体保持一定的紧张度,以维持较好的流线型。当抬头吸气时,下颌露出水面,肩部升起,同时腿部动作进入收腿阶段,这时身体与水平面的角度增大,约为15°(图18-19)。

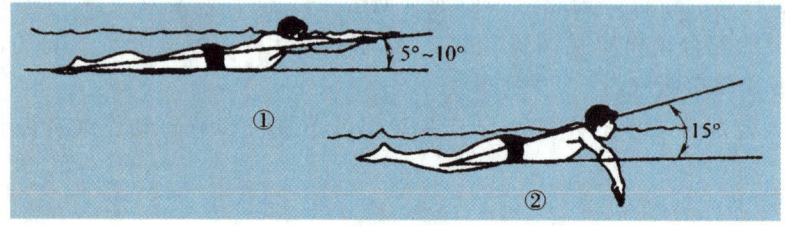

图 18-19

**2. 腿的技术**

蛙泳腿部动作是推进力的主要来源,由收腿、翻脚、蹬夹腿和滑行四个阶段组成,它们是紧密相连的完整动作,简称为收、翻、蹬、夹,正确又有力的蛙泳腿,可以大幅度提高蛙泳的游进速度。

1) 收腿

当滑行阶段即将结束,进入呼吸阶段时,两腿随着吸气动作自然向下,这时就要收腿。此时,因为大腿对水面积增大,会给身体带来阻力,所以克服阻力是关键。收腿时,力量要小,腿部放松要自然,两脚和小腿回收时要收在大腿的投影截面内,以减小回收的阻力。收腿结束后,大腿与躯干为110°～140°。

2) 翻脚

收腿快要结束时,脚应向臀部靠拢,这时膝关节稍向里扣,同时两脚向外侧翻开,增大蹬腿时的对水面积,为大腿发挥更大的力量、得到更大的推进力做好积极的准备。

3) 蹬夹腿

其也叫"鞭状蹬水"。蹬腿时,应先伸展髋关节,从大腿发力向后蹬水,小腿和脚掌做向下和向后的鞭水。腿在向后蹬的同时向中间夹紧,蹬腿结束时两腿应并拢伸直,踝关节伸直。

4) 滑行

蹬腿结束后,由于惯性作用,两腿有一个短暂的滑行阶段,这时两腿应尽量伸直并拢,腿部肌肉放松,踝关节伸直,以保持较好的流线型,为下一个阶段做好准备。滑行时间的长短因人而异,一般长距离蛙泳的滑行时间比短距离的要长,初学者因为动作不熟练,滑行的距离也比较长。

## 3. 手臂技术

蛙泳手臂技术可以产生较大的推进力,现代蛙泳技术强调充分发挥划水的作用。蛙泳的手臂整个划水轨迹像一个"倒心形"(图18-20)。

掌握合理的臂部划水动作是提高蛙泳速度的重要条件。蛙泳手臂动作可分为开始姿势、滑下、划水、收手和移臂,同腿部技术一样,这五个部分也是紧密相连的。

1) 开始姿势

蹬腿结束时,与水平面平行,掌心向下,身体保持流线型(图18-21)。

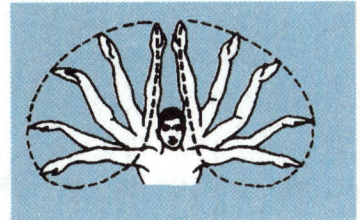

图18-20

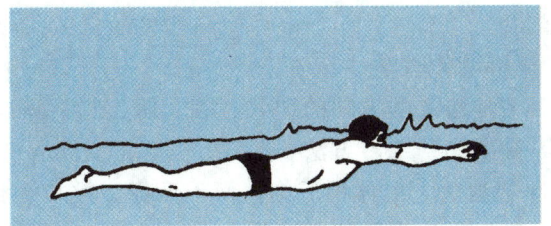

图18-21

2) 滑下

其也可形象地称为"抓水",两肩和手臂前伸,重心向前,前臂和上臂内旋,手腕向前、向外、向下勾手,感觉到水对前臂和手掌的作用力时,就开始抓水。抓水结束时,两臂分开约成45°。抓水可以为划水创造有利条件,还能使身体上浮和前进。

3) 划水

划水是产生牵引力的最有效阶段,划水开始时,两手外分,手臂向外旋转,屈肘屈腕,保持高肘抱水。肘关节弯屈角度随着划水的进行不断减小,到划水即将结束时,肘关节的角度约为90°,因为这个角度能更好地利用手臂、胸大肌和背阔肌的力量,此时手位于肩的前下方。

4) 收手

收手是划水阶段的继续,能产生一定的升力和推进力。手臂向外旋转,手同时向内、向上和向前快速运动,两掌心相对。整个收手动作过程中,手的动作要积极地、快速地、圆滑地完成,动作结束时,肘的位置低于手,肘关节弯屈成较小的锐角(图18-22)。

5) 移臂

它是在收手的基础上完成的,通过向前伸肩和伸肘,两臂前移至开始姿势。可以在水下完成移臂,也可以在水面上完成。移臂的时候,要注意因手臂前伸而带来的阻力(图18-23)。

图18-22

图18-23

## 4. 呼吸与臂、腿的配合技术

蛙泳的配合技术一般采用1∶1∶1,即一次蹬水、一次划水、一次呼吸。蛙泳呼吸采用抬头吸气，它和手臂划水动作紧密配合。学会了手臂技术，完成呼吸动作应该顺理成章，重点应放在呼吸时机的掌握上。呼吸技术分为早吸气和晚吸气（呼气都是在水下完成的）。早吸气是两臂划水开始时，头和口露出水面，迅速做深吸气，然后随着手臂前伸低头闭气。晚吸气是随着臂的有力划水，头和肩上升时吸气，初学者采用早吸气较为有利，优秀运动员适合采用晚吸气，这样可以更好地保持身体流线型。

**5. 蛙泳的教学方法**

同爬泳的教学顺序一样，蛙泳也是先教腿，后教手臂技术和呼吸，最后教臂、腿配合与完整的配合。

1）腿部动作教学

其目的是建立蛙泳腿的"收、翻、蹬、夹"概念，学习腿部的完整技术。

（1）陆上模仿练习方法。

a. 坐在池边，上体稍后仰，两手后撑，按口令做蛙泳腿的分解练习，体会收、翻、蹬、夹动作，最后做连贯的腿部动作。

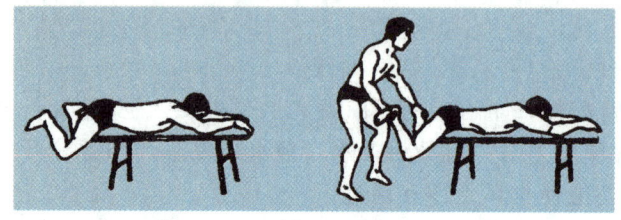

b. 俯卧出发台上，做蛙泳腿的模仿练习。先由同伴帮助自己做，被动体会，再由自己做，同伴纠正，最后自己独立完成。同样和上一个练习一样，由分解练习过渡到完整的动作练习，应注意动作的节奏和发力的角度（图18-24）。

图18-24

（2）水中练习方法。

a. 一手抓池槽，一手反撑池底，成俯卧姿势，由同伴帮助做腿部练习。

b. 两手扶浮板的中后部，两臂向前伸直的蹬水练习。先由同伴帮助纠正，熟练后独立在水中完成并逐渐加长游距。

c. 蛙泳腿和呼吸的配合练习。熟练用浮板做蛙泳腿打水练习之后，可以将呼吸配合在一起，在蹬夹动作结束时，抬头吸气，随后头没入水中闭气，接着再蹬腿，如此循环。

（3）教学提示。

a. 为了提高教学的效果和安全，应采用浮具帮助完成练习。

b. 蛙泳腿教学的重点是收、翻、蹬、夹，要求能够将4个动作连贯起来。

c. 教学的难点是及时而充分地翻脚。做到翻脚时用力勾脚，并保持到蹬夹结束前。

d. 大腿发力，蹬夹同时结束。最后转踝、绷脚、两腿伸直并拢。

2）手臂动作和手臂与呼吸配合的教学

其目的是学习臂和呼吸的动作技术，提高划水效果。

（1）陆上模仿练习方法。

a. 两脚开立，上体前倾，两臂前伸直相并，掌心朝下。先按划、收、伸分三拍做蛙泳动作，再将动作连贯起来一拍完成。

b. 同上练习加呼吸配合，当上面的练习能够正确熟练地完成后，就可以将呼吸动作与手臂动作配合在一起，使用早呼吸，开始划水时抬头吸气，伸臂时，低头闭气，然后呼气。

（2）水中练习方法。

a. 站立于齐腰深的水中，做划水练习的连贯动作。着重体会划水时的方向路线，收臂时动作不停，臂伸直稍停（图18-25）。

b. 走动中做同上的练习内容。

c. 由同伴抱住腿或大腿夹板，做臂与呼吸的配合练习（图18-26）。

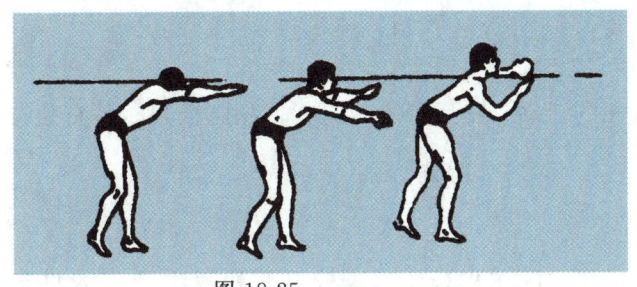

图 18-25

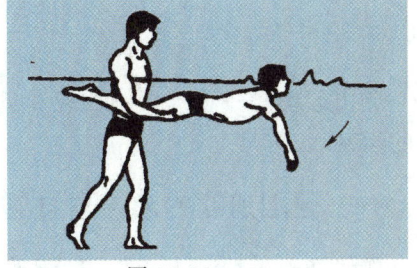

图 18-26

（3）教学提示。

a. 采用浮具教学时，可做腿夹板的臂与呼吸的配合。强调臂领先，划臂不宜过大和过后。

b. 蛙泳臂（配合呼吸）的教学重点是划水的方向路线和臂与呼吸的配合时间，教学难点是呼吸动作与节奏。

c. 教蛙泳臂的动作不宜分解过多，分解练习不可以做得过多，注意收手时不要停顿。

3）完整配合动作教学

其目的是学习正确的臂与呼吸及腿的配合技术，掌握手、腿依次用力的相互关系，并能游进一定的距离。

（1）陆上模仿练习方法。

站立，两臂向上伸直并拢。一腿支撑，一腿做模仿的分解练习。

两臂向两侧划水；收手的同时收腿，收腿即将结束时翻脚；臂将伸直时蹬腿；臂、腿伸直稍停。然后逐渐连贯起来做。

（2）水中练习方法。

a. 滑行后闭气做臂、腿配合的分解练习。即先结束一次划臂动作后，再做一次蹬腿动作，臂和腿依次交替进行，以建立臂先腿后的动作概念。

b. 闭气滑行，做划臂腿伸直、收手又收腿，臂将伸直再蹬腿，臂腿伸直后滑行的配合练习。

c. 同上练习加呼吸配合。由多次蹬腿、一次划臂逐渐过渡到一次划臂、一次蹬腿和一次呼吸的完整配合。

d. 逐渐增加游进的距离，在长距离的练习中改进技术。

（3）教学提示。

a. 利用浮具教学，可以利用腰带浮漂在水中成半蹲姿势，两臂并拢前伸于水中，微屈臂，掌心向下。然后脚蹬池底向前上方跳起，同时伸臂，接着滑下（抓水），划水（小划臂）到还原姿势，这样反复练习，一直过渡到完整的配合练习。当掌握了技术并能游进一定距离时，取掉浮具。如在深水教学，最好带上浮漂，既保证安全又便于体会配合动作。

b. 教配合游泳时，宜在一段时间内强调慢频率、低游进、小划臂，并明确滑行动作，以保证练习者集中注意力，体会臂领先腿和呼吸的配合技术，同时也便于练习者掌握呼吸的节奏。

c. 能完整配合游一段距离后，应强调练习者加长游近距离。当划水、蹬水能产生一定效果后，则应学习晚吸气配合技术，并加大臂的划水幅度。

## 第二节 登 山

登山运动是一项极具挑战性和危险性的活动，是一项挑战自我、超越极限、具有独特魅力的运动。

### 一、登山运动的起源与发展

现代登山运动诞生于18世纪欧洲西部的阿尔卑斯山区。较可靠的说法是，18世纪中期，阿尔卑斯山以其复杂的山体结构、气象和丰富的动植物资源，吸引了越来越多的科学家的注意。1760年，日内瓦一位名叫德索修尔的年轻科学家，在考察阿尔卑斯山区时，对勃朗峰的巨大冰川发生了浓厚的兴趣。然而，他自己的攀登却未能成功，于是便在山脚下的沙莫尼村口贴了这样一张告示："为了探明勃朗峰顶上的情况，谁要是能够登上它的顶峰，或找到登上顶峰的道路，将以重金奖赏。"告示贴出后，一时无人响应，一直到26年后的1786年，才由沙莫尼村的医生帕卡尔邀约当地石匠巴尔玛，结伴于当年8月8日登上了勃朗峰。一年后，德索修尔自己身带所需仪器，由巴尔玛为向导，与几位科学界友人一行19人，于1787年8月3日上午11时登上了勃朗峰之顶，揭开了现代登山运动的序幕，验证了帕卡尔和巴尔玛的首攀事实，现代登山运动便由此诞生。《英国大百科全书》的"登山"条目下，采用的便是这种说法。由于现代登山运动兴起于阿尔卑斯山区，世界各国的登山运动便又被人们称之为"阿尔卑斯运动"，把德索修尔、帕卡尔和巴尔玛誉为世界登山运动的创始人。此后，登山逐渐发展成为一项为大家所喜爱的运动。

### 二、登山运动的健身价值

登山是古今中外广为推崇的一项亲近大自然、强身健体的活动。在攀登过程中，手的抓、拉和下肢蹬、踏、跨越等动作，可增强全身肌肉、关节的力量和柔韧性。登山时，人体需要大量的氧气，从而可使心脏搏动和呼吸加快加深，有助于锻炼心肌和呼吸肌，防治心血管系统和呼吸系统疾病。

### 三、登山运动入门与基础

#### （一）登山装备

登山装备是登山活动中集体和个人所使用的专用装备、保障装备和日用装备的总称，它与登山食品、燃料一起构成登山活动的整个物质保障。

**1. 专用装备**

专用装备即直接与登山活动有关的必须匹配的装备，包括被服装备、技术装备和露营装备。

（1）被服装备：主要是常用的保暖、防护等一系列物品，如岩石衣裤、岩石鞋、御寒服装、风雪衣、高山靴、行囊及防护眼镜等。

（2）技术装备：主要是进行技术操作时的必需装备，如冰镐、冰爪、铁锁、安全带、主绳、辅助绳、雪崩飘带、钢锥、雪铲等。除此之外，可根据每次任务的具体路段情况，改进、制备一些相应的增效技术装备，如上升器、下降器、走雪橇、金属梯、小挂梯、滑车等。

（3）露营装备：主要是提供休息、饮食的装备，如帐篷、睡袋及灶具等。

**2. 保障装备**

保障装备不是登山运动专用，而是为了应付各种意外情况及其他目的而备用的一些器材和用具，如氧气装备、通信器材、摄影器材、自卫武器、交通工具、观测仪器、救护器材和一般用品等。保障装备的种类和数据配备要根据任务性质和队伍规模而定，有时要从简，有时则要加强，其中较重要的有氧气装备、通信器材和摄影器材。

**3. 日用装备**

日用装备包括起居用品、卫生用品、简单工具、常备药品、辨向图仪、娱乐用品、纸张文具、缝纫用品、灯火照明、体育用品等。在一次登山活动中，运动员在高山区活动的时间较长，有时可达一两个月，所以各种用品必须携带齐全。

## （二）登山技术

登山技术是指登山运动中为克服在复杂地形上遇到的各种困难而采取的科学的操作方法。在登山时遇到的各种地形困难是运动员行动的威胁和障碍。在同一客观困难面前，是战胜它去夺取胜利，还是陷入险境而酿成事故，其一般与登山运动员的技术状况、集体配合有很大关系，因此登山技术对于实现各种登山战术要求具有重要的意义。

登山技术主要分为结绳、保护、攀登、下降等技术。

**1. 结绳技术**

绳索之间、绳索与其他装备之间的连接，称为结绳技术。在登山进行过程中，相互保护、越过障碍、攀登岩石或冰雪陡壁、渡过山涧急流，都离不开绳索，所以绳索是登山中所使用的最重要的装备。

结绳方法依其用途的不同可分为：

（1）固定用的绳结：即将绳索一端直接固定于自然物体上。固定时多采用布林结、牵引结和通过结。

（2）接绳用的绳结：即根据要求，将短绳接成长绳时使用的绳结。多采用平结、交织结（分单双交织结）和混合结。

（3）保护用的绳结：即使绳索之间或绳索与铁锁之间能够产生摩擦和滑动的一种连接。多采用单环结和抓结。

（4）操作用的绳结：主要有双套结，用于特定攀登、下降技术中的操作用结和收绳缠绕后固定绳头的用结。

**2. 保护技术**

为防止登山过程中因动作失误而引起意外险情所进行的各种操作，统称为保护技术。在攀登、下降、渡河、救护等技术操作中，为保证安全，都需要各种保护技术配合。保护技术主要分为固定保护、行进保护和自我保护三种。

（1）固定保护。根据保护与被保护者的相对位置，固定保护有交替、上方和下方三种保护方式。

①交替固定保护：结组通过较陡峭的冰坡时，多采用这种保护。具体要求是，一个结组

内同时只能有一个人行进,其他人停止行进,将冰雪锥或冰镐打入坡面,作为牢固支点,并将主绳在它上面按特定的要求缠绕。与行进者相邻的运动员做了上述操作后,还要根据行进者的速度做收绳、放绳动作。行进者走完主绳间隔那一段距离后,停下来,重复做保护者的动作,第二人便开始行动。依次反复行进。

②上方固定保护:因固定保护者处于被保护者上方而得名,多用于攀登峭壁的保护中。保护者在峭壁顶部,利用钢锥或自然物将主绳一端牢牢固定,然后将身体牢固地结于主绳的相应位置,构成自我保护装置,以免攀登者失误脱落时被牵动。最后,将主绳另一端抛给峭壁底部的攀登者,攀登者将绳端牢固地结于自己身上,通知上方后便可以行动。保护者随着攀登者的行进要不断地做收绳动作,勿使主绳松弛。

③下方固定保护:第一人攀登峭壁时,因上方无人,只能采用下方攀登保护,即保护者的位置在攀登者的下方。其装置也是将主绳的一端于保护者附近固定,另一端交攀登者系在身上。攀登者在行动过程中要不断地把主绳挂到自己打入峭壁的新支点上,保护者要随着攀登者的上升不断做放绳动作。在攀登者失误滑落时,因牵动保护者的拉力来自上方,对保护者构不成威胁。故一般情况下,下方保护者可不设自我保护装置。

(2)行进保护。行进保护是指行进中不需要预设专人保护,而只是在出现险情后依靠保护装置所采取的一种应急保护技术。最简单的方法是用主绳将2~5名运动员的身体连接牢固,构成一个结组。结组行进中,一旦有人失误滚坠,同组其他人都要利用保护装置进行保护性操作,即立刻以最方便的姿势和最快速的动作,将冰镐全力插入冰雪、碎石或裂缝中,以期通过固定自己的身体而拉住滚坠者。

(3)自我保护。不管是行进保护还是固定保护,攀登者一旦失误,都不能消极地依赖别人的保护,而要尽量做出各种自救动作,这叫做自我保护。特别是在采用行进保护的情况下,若失误滑坠,就要向同伴高呼"保护",同时迅速将身体转成俯卧姿势,并用全力使冰镐尖与坡面摩擦,以降低下滑速度。

**3. 攀登技术**

根据不同地区的地貌特点,可将攀登技术分为岩石作业和冰雪作业两大类。在两类作业技术中,一般是根据地形的不同程度运用相应技术。攀登技术主要有以下几种:

1)攀登岩石、峭壁技术

(1)垂直路线的攀登:对于垂直路线,即只要攀上的岩壁坡度为90°,属十分陡峭难攀的路段,就必须采用"三点固定"攀登、抓结攀登及上升器攀登法。

所谓"三点固定"攀登法,即双手、双脚握(或蹬)牢3个支点后才能移动第4个点。这是攀登岩石峭壁常用的基本方法。在攀登陡峭的岩石壁,而没有可抓握支点的情况下,可在主绳上用辅助绳打上抓结,另一头打上双套结,然后脚踩双套结,手推抓结向上攀登;也可利用上升器的咬齿与主绳的摩擦,使之只能向上推动而不能向下滑脱,从而逐渐上攀。

(2)缘绳攀登:在攀登小于90°的岩壁和陡坡时,可将第一人上方固定好的主绳扔至下方,攀登者可双手抓绳、脚登岩壁而上,为了安全还可打抓结将身体与主绳连接,手推抓结向上攀登。

(3)双人结组攀登岩石峭壁:遇到攀登路段过长,一次登上有困难的情况时,可两人交替保护攀登。第一个攀登者要带足所需器材和设备,按双人结组装置连接,特别要注意绳套和铁锁。

(4)人工攀登岩石峭壁:遇到岩壁陡峭光滑,无任何可利用的自然支点,或岩壁成屋槽状的情况时，就必须采取人工攀登的方法。这种方法就是把准备好的挂梯交替向上挂在相应的人工支点上，攀登者用挂梯做支点向上攀登。

2）攀登冰陡坡技术

在冰雪作业中，主要困难来自超过 45°的冰陡坡。在这种路段上攀登时，脚下容易滑脱，平衡较难掌握。一旦滚坠，下滑速度很快。因此，不仅要在脚下佩戴冰爪，而且在一般情况下要用绳索结组，在固定保护下轮流单人攀登。如路段不长，下方又无危险地形，也可结组同时攀登。攀登时，双手在胸前横握冰镐：一只手握镐头三通处，镐尖朝下；另一只手握冰镐下方 1/3 处（双手距离约等于肩宽）。双臂用力将冰镐尖扎牢于冰面，然后依次移动双脚，反复进行。踏脚时也要用力使冰爪扎牢于冰面，或者采用双手各握一把短小冰镐向上攀的方法。在攀登 45°以下冰坡以及各种雪坡时，脚下佩带冰爪，在冰镐辅助下自然上攀即可。只是在冰坡上行进时要用力踏足，以使冰爪扎牢于冰面。

**4. 下降技术**

根据路线的坡度，下降分为缓坡、中坡、陡坡、峭壁四种不同难度的技术。其中，在 45°以下的缓坡、中坡下降。因危险性小，一般不需要特殊装备和技术，在冰镐辅助下，根据体力情况，自然下降即可。

### 四、登山运动的练习方法

简单而言，要从事登山活动，在练习中必须要具备装备、体力、知识三大要素，然后前往任何的山区活动，才会是安全、快乐与健康的。

#### （一）体力

在登山运动中，体力是至关重要的。体力的训练方法是：首先要准备一双慢跑运动鞋，使慢跑者不易造成运动伤害。可在运动场、公路等地方，以最舒适的速度进行练习，并尽量跨大步伐，从 1000 米跑开始，最好每天都跑，每天加一些距离，当距离已达 3000 米或 5000 米时，再将速度慢慢加快，同样地要以舒适为佳，不可超越个人的体能状况。当然，除了慢跑之外，再进行一些重量训练、柔软度训练，那就更佳了。在登山运动者中，许多人或多或少都有些运动伤害，这些运动伤害多与体力、重量训练不足有关。

#### （二）知识与技术

从事登山运动，必须进行相关知识的学习，并接受各项训练，这样才能得到安全保障。知识的学习，除了增加安全之外，更能增加乐趣与情趣，那该去读哪些书或听哪些课呢？例如，与安全息息相关的毒虫和蜂的防治、气象学、地图与指北针的认识和使用、运动医学、高山医学、食用植物、登山装备的分析、大型动物的认识等，还有地形地质学、植物学、鸟类的识别、动物昆虫的识别、摄影技术等。技能训练上，包括求生训练、攀岩训练、急救训练、雪地技术等，甚至连救难方法也是需要学习的。

### 五、登山运动的有关规定和成绩确认

登山是一种运动，但不是体育比赛。登山没有人们规定的像高尔夫球赛和足球赛那样的比赛规则。当然，登山运动也有其另外的一种规则，如果忽视这些规则就会出现危险。

国内登山团队应当遵守下列规定：

（1）按照国家体育总局登山运动管理中心和山峰所在省、自治区、直辖市体育行政部门核准的山峰和路线攀登，不得攀登其他未经批准的山峰和路线。

（2）使用山峰的名称、高度，应以国家有关部门最新正式公布的名称、高度为准。

（3）保持登山路线及营区的环境卫生，妥善处理登山垃圾，如地方有具体的环保规定，按地方规定执行。

（4）登山团队在登山过程中出现重大事故时，必须及时向审批单位及俱乐部注册登记部门报告，及时采取相应措施。登山活动结束后，由山峰所在省、自治区、直辖市体育行政部门验定成绩并出具证明，报国家体育总局登山运动管理中心备案。成绩验定合格后，发给国家体育总局登山运动管理中心统一制作的登顶（登高）证书。达到等级运动员标准的，可按国家体育总局规定的登山运动等级标准申报等级运动员称号。

## 第三节　街　　舞

### 一、街舞概述

街舞是爵士舞的一种，或者说，街舞是爵士舞发展到 20 世纪 90 年代的产物。它起源于美国，是从 20 世纪初至今流行于欧美的娱乐性舞蹈，形式多种多样，如迪斯科（Disco）、霹雳舞、劲舞、摇滚等。健康街舞是以上述流行舞蹈为素材，依照体育健身的原则、方法形式，而形成的一种独具魅力的体育健身形式。它以强烈劲爆的音乐和热情奔放的动作深受青年朋友的喜爱，其特点是爆发力强，在舞动时，肢体所做的动作亦较其他舞蹈夸张。其最吸引人之处，是以全身的活力带来热情澎湃的感觉。

街舞动作优美、随意。同时，跳街舞还有瘦身的功效，因为街舞是一种中低强度的有氧运动，在一个小时的运动中，其消耗全身脂肪的能力是相当强的。此外，街舞训练是小肌肉群的运动。

街舞的独特魅力在于其自由的风格和脚步动作的迅速多变。其音乐特征除了较强的低音效果，更以切分音的大量使用为标志，多数动作在音乐的弱拍完成。做好街舞动作虽需全身动作协调，但上肢动作不被过分强调。在身体姿态方面，想跳好街舞就必须做到全身尽量放松，时刻将双膝保持在弯曲的弹性状态。

### 二、动作示例

（1）向左转体 90°，右脚向前下方蹬出。

（2）依次绕肩，左肩上提，头向左转。

（3）向右转体 90°，两脚向两侧蹬出，同时扩胸。

（4）右腿提膝，同时转体 180°向左。

（5）右腿提膝后下蹬至左侧，后脚踵落地。

（6）左腿向左侧迈出，两脚开立，双膝内扣，含胸的同时双臂交叉。

（7）左腿提膝后下蹬，同时转体 180°向右。

（8）右腿向右侧迈出，两脚开立，同时脚踵向外转动，两臂张开并扩胸。

### 三、学习街舞的要求

（1）练习街舞时所用的音乐是非常有特点的，所以大家在练习前首先要熟悉并适应伴奏音乐的特点。如果一听到音乐，就可以很准确、自如地踏上步点并与音乐合拍，那便可以开始学习街舞了。

（2）街舞强调的是随意性，要求动作松弛，所以练习时要尽可能放松自己的肌肉、关节，让它们更灵活。

（3）在学习时，有一定的程序：①耳听音乐，熟悉节奏；②眼盯住教练的脚，学会步伐；③下肢动作熟悉后，可以学习躯干和上肢等部位动作；④全身各部位动作的同步性是关键，也就是说把下肢动作与躯干和上肢等部位动作结合好。

### 四、具体评分的根据、评定

以跳街舞中的 Breaking 为例说明。

（1）基本功。

（2）动作难度：看 Freeze、Powermove、动作连接等几个方面，不是说你一个 Freeze 能定 3 秒就一定比定 1 秒的厉害，还须考虑动作是否完成得干净利落等。在 Powermove 方面比如都是同样的动作所组成的 Combo，那 Windmill–1990 就比 Flare–1990 难了。

（3）独创性：动作不是抄袭的，有自己的东西，能带来全新的创意。

（4）舞感和气势：动作和节奏要融合，要有激情，在场上能控制局势和赢得观众，动作安排合理。

以上是用来评定一场比赛的最基本的四个方面，每次评分为 0～4 分（0 分是一塌糊涂，4 分是非常完美），可以请四位裁判每人评一个方面，评基本功的就专门看基本功，评动作难度的就专看动作难度，如 A 方的第一位出场的 B-boy 四个方面的得分依次是 2、4、1、3，B 方第一位出场的 B-boy 的得分依次是 3、1、3、3，这样每个 B-boy 的得分就出来了。如果这场比赛双方各出了五位 B-boy，最后把他们的个人得分相加就是全队最后的得分了。

### 五、街舞的种类

从舞蹈学的角度看，街舞包含直率利落的舞姿和变化繁多的动作，可以迅速提高人体的表现力。从运动的角度看，舞者在完成轻松的舞蹈的过程中同时锻炼了身体，把提高身体素质训练中的枯燥单调与优美多变的舞蹈动作结合起来，不仅起到了有氧锻炼的作用，更兼备趣味性和娱乐性（表 18-1）。在动作快速变化的同时参与者不由自主地集中精神，力求把每一个动作都完成得流畅、漂亮，而这种专注也放松了大脑神经，将紧张的日常生活暂时抛在一边，从而在舞蹈中体会着与众不同的快乐。

表 18-1　街舞分类一览表

| 分类标准 | 分类 | 内容及风格 |
| --- | --- | --- |
| 按动作类别 | 技巧型 | breaking（霹雳舞） |
| | 舞蹈型 | popping、locking、electric、turbo、wave、house 等 |
| 按年代顺序 | 旧流派 | locking（锁舞）、popping（机械舞）、breaking（霹雳舞）、wave（电流）等 |
| | 新流派 | 除了 breaking（霹雳舞）以外的各种新街舞 |
| 我国大陆分类 | 健身街舞 | 流行街舞内容中最基础、最简单，并且有利于身心发展的部分提炼出来组合而成的 |
| | 轻器械街舞 | 踏板、健身球、篮球、轮滑等 |
| | 流行街舞 | 男、女单人（dancer 男和女，或 b-boy 与 b-girl）、集体（hip-hop crew、breaking crew）、斗舞 battle（集体和个人） |
| 港台地区 | 综合型 | hip-hop、locking（锁舞）、popping（机械舞）、breaking（霹雳舞）、new jazz（新潮爵士）、house（浩室）、free style（自由风格）等 |

## 六、现代舞同街舞的不同之处

现代舞从意义上讲是针对古典舞而言的，古典舞是以开、蹦、直为主要表现形式。现代舞却突出自由、流畅、舒展，主张突出个性和独特的创意与表现形式。最早的爵士乐和爵士舞蹈是被非洲奴隶带到美国的，在第一次世界大战末期，爵士舞逐渐发展起来。经历了 20 世纪三四十年代的却尔斯登舞、摇滚狂舞，又经历了 20 世纪五六十年代的摇摆舞、队列舞之后，到了 20 世纪 70 年代，爵士舞的主要风格是迪斯科舞，当时盛行的有氧舞蹈也在很大程度上受其启发；20 世纪 80 年代是以太空舞为主要代表；到 20 世纪 90 年代，最耀眼的爵士舞就已是今天的街舞了。

# 第四节　体育舞蹈

体育舞蹈产生于人类的生活、劳动和情感，是一种人体文化。它随着人类社会的演变和文化进程而发展，经历了原始舞蹈—公众舞—民间舞—宫廷舞—社交舞—新旧国际标准交际舞等发展阶段。体育舞蹈的前身就是社交舞，也称交际舞、交谊舞。

体育舞蹈是一门融体育、音乐、舞蹈为一体，以双人或集体配合练习为主要运动形式的娱乐健身型体育运动项目。它具有普及性、实用性、流行性及自娱性等特点，通过练习及比赛，使人精神焕发，陶冶情操，同时其还有独特的艺术魅力和社交、观赏作用。

在高等院校，体育舞蹈已成为对学生进行美育、体育教育的重要内容，并且深受广大青年的喜爱。

体育舞蹈分为两大类，即大众性体育舞蹈和竞技性体育舞蹈（国际标准交谊舞），如图 18-27 所示。

## 一、体育舞蹈基本舞步

初学体育舞蹈，首先从基本舞步开始。这里介绍四种基本舞步，即走步、侧步、平衡步及摇摆步。在体育舞蹈中，按常规来讲男士先出左脚，女士先出右脚，男女动作基本相同，但动作方向相反。

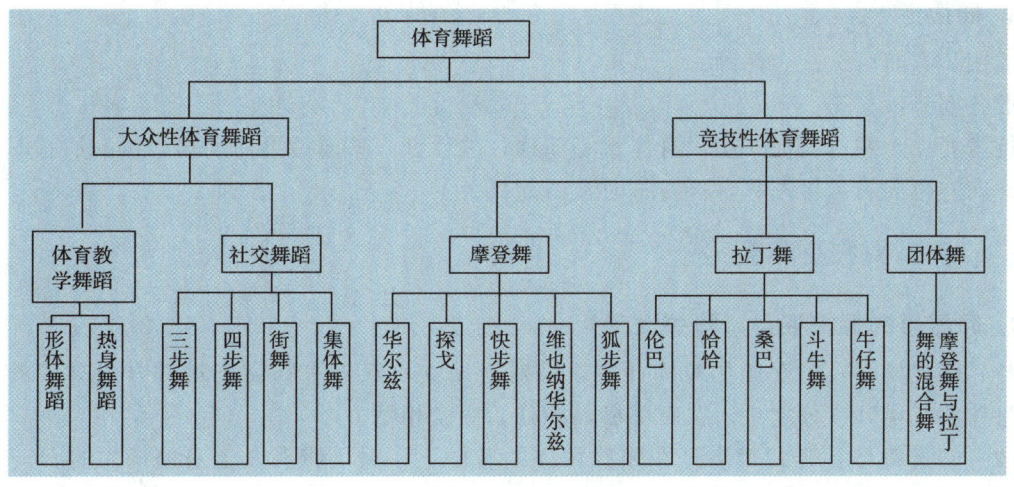

图 18-27

## 1. 走步

走步（常步）分前进步和后退步两种。

准备姿势：立正。

技术要点：左脚向前走三步，右脚后退三步。前进时用前脚掌触地，然后随着脚趾抬起过渡到脚跟擦地向前，着地后再过渡到脚趾，身体重心移到前脚上（图 18-28）。后退动作相反。

## 2. 侧步

侧步有左侧步和右侧步两种。

准备姿势：立正。

技术要点：左脚向左一步，右脚向左脚并步。然后左脚向左侧迈一步，右脚向右侧迈一步，接着左脚向右脚并步，右脚再向右侧迈一步（图 18-29）。

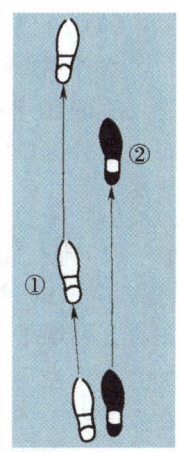

图 18-28

## 3. 平衡步

平衡步（前、后、左、右平衡步）由走步和踏步构成。

准备姿势：立正。

技术要点：左脚向前一步，右脚向前上步，用前脚掌踏在左脚侧；右脚后退一步，左脚同样后退，用前脚掌踏在右脚侧；左脚向左一步，右脚向左脚并步，用前脚掌踏在左脚侧；右脚向右一步，左脚向右脚并步，用前脚掌踏在右脚侧（图 18-30）。

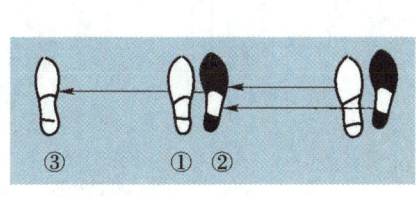

图 18-29

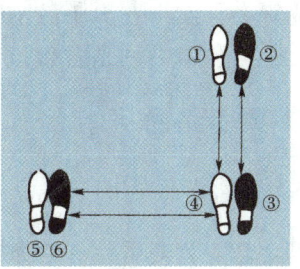

图 18-30

**4. 摇摆步**

摇摆步有前后、左右两种。

准备姿势：立正。

技术要点：左脚向前一步，身体重心前移，然后重心移向后再向前移、再向后移时前后摇摆；向左再向右，再左移，再右移时左右摇摆。

## 二、体育舞蹈基本姿势

**1. 摩登舞的握抱姿势（除探戈舞）**

（1）闭式舞姿：男女舞伴双脚并齐，面对面站立，双方右脚尖正对对方两脚尖的正中间，身体相互错开三分之一，在腹部横隔膜处，微微相贴。

（2）开式舞姿：开式舞姿是在闭式舞姿的基础上，男士将头及上身略向左打开，女士将头及上身向右打开，男士身体的右侧与女士身体的左侧相贴靠，男士、女士头向同一方向看齐。

（3）外侧舞姿：外侧舞姿又分为右外侧和左外侧舞姿。

右外侧舞姿：男士的右脚在女士的右脚外侧，双方身体右侧相贴靠，处于反身动作位置，手的握持同闭式舞姿。

左外侧舞姿：男士的左脚在女士的左脚外侧，双方身体左侧相贴靠，手的握持同闭式舞姿。

**2. 拉丁舞的握抱姿势**

（1）闭式舞姿：舞伴相对而立，相距约 20 厘米。站立时，男女舞伴上体稍向前倾，头正直，两眼平视前方。男士左小臂与女士右小臂相贴靠约 90°，男士右手扶在女士左肩胛处，女士左手搭在男士右肩处。双方重心向前倾，侧看成 A 字形；男士左手虎口张开，握在女士右手外缘，女士右手四指并拢，搭在男士左手食指的上方。

（2）开式舞姿：男女相对而立，不交手握持，分离较远，或单手相拉，或双手相拉，或不拉手。

（3）并行舞姿：在拉丁舞中，男女握抱交手但不贴身，相当于现代舞的侧行位舞姿，即并行位舞姿。在闭式舞姿的基础上，男女舞伴分别向左向右转体 90°，两脚一前一后，相握的手向前平伸，形成并列行进的姿势。

（4）并肩舞姿：以男士为基准，男士左肩与女士右肩相并的叫"左并肩位"，男士右肩与女士左肩相并的叫"右并肩位"。

（5）影位舞姿：女士在男士的前方偏右或偏左的位置，并靠近男士，就像男士为女士的影子一样，女士居前偏右的是右影位，居前偏左的是左影位。

## 三、基本舞步组合

### （一）华尔兹舞（八拍一组）

预备：男女两人背对背站在四条边线的中间。

前奏：①～④左脚起向前做四次华尔兹，两臂前后自然摆动；⑤向左并步转 360°；⑥两人在四个角上相遇后，手拉手行屈膝礼（图 18-31）。

（1）①～④两人手拉手左脚起向前做四次交叉行进华尔兹（图18-32）；⑤～⑧左脚起向后做交叉华尔兹四次。

（2）①向前华尔兹，两人内侧手举至斜上方；②后退华尔兹，内侧手摆至体后；③～④女做两次转体华尔兹，男做两次前进华尔兹；⑤～⑥同①～②；⑦～⑧男做两次转体华尔兹，女做两次前进华尔兹（图18-33）。

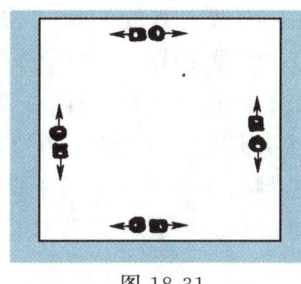
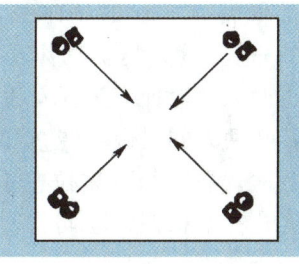

图18-31　　　　　　　　　图18-32　　　　　　　　　图18-33

（3）①全体面向圆心，向左做侧华尔兹，两臂向左摆动；②同①，方向相反；③并腿半蹲做一次向左的躯干绕环；④同①；⑤～⑧同①～④，方向相反。

（4）①面向逆时针方向，向圆心做一次侧华尔兹，两臂摆至左斜上方，上体稍后倾；②向右做侧华尔兹，而臂摆至右侧，上体左倾；③～④同①～②；⑤～⑧全体做后退华尔兹四次（图18-34）。

（5）①两人面对面拉右手，做前进华尔兹（两人靠拢）；②后退华尔兹，右手拉直，上体稍后仰（图18-35）；③前进华尔兹，两人交换位置；④再交换位置，返回原位（图18-36）。

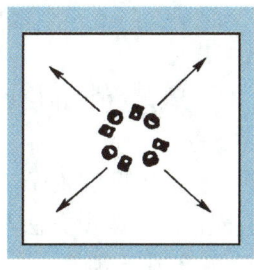

图18-34　　　　　　　　　图18-35　　　　　　　　　图18-36

（6）①两人右手在上交叉握手，同时向前做华尔兹；②后退华尔兹，两手拉直；③女向右转180°，两人成并列式（图18-37），队形如图18-38所示；④后退华尔兹；⑤左手松开，女做转体180°华尔兹面向男方，男做前进华尔兹；⑥男继续前进，女向右做一次转体360°华尔兹；⑦男前进，女后退（面对面）；⑧男前进，女转180°（图18-39）。

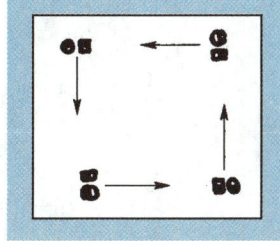

图18-37　　　　　　　　　图18-38　　　　　　　　　图18-39

(7) ①左手相握上举，右手相握侧举，女前男后，向右做交叉华尔兹；②右脚向左做交叉华尔兹，右手相握上举，左手相握侧举；③女转体180°，两人面对面成交叉握手；④后退华尔兹；⑤～⑧同①～④。最后一拍两人并列，内侧手放在对方的背后（图18-40），男站左，女站右。

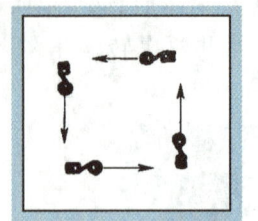

图 18-40

(8) ①两人出内侧脚向内做转体180°的华尔兹；②同①；③女出左脚向左前做转体360°的华尔兹，男出右脚做向右的侧华尔兹（两人交换位置）；④同③，男女动作互换；⑤～⑧重复①～④的动作。

(9) ①两人面对面，男托女手，做交叉华尔兹（图18-41）；②同①，方向相反；③两人同时做右转90°的华尔兹，两臂上举（图18-42）；④做侧华尔兹一次，右手松开，拉左手；⑤左脚向左做侧华尔兹，两人背对背交换位置，同时两手在背后换成右手相握；⑥同⑤，方向相反；⑦～⑧两人背对背逆时针转，做华尔兹两次（图18-43）。

(10) 后退华尔兹四次，退回原位置（图18-44）。

图 18-41

图 18-42

图 18-43

图 18-44

### （二）恰恰舞

恰恰最早是由非洲黑人传入拉丁美洲，后来在古巴发展起来的。因此恰恰和伦巴一样都是起源于古巴。

恰恰的音乐节拍是4/4拍，第一拍是重拍。恰恰舞是4拍跳5步，因此它的节奏是第一步占1拍，第二步占1拍，第三步和第四步各占半拍，第五步占1拍。其运步方法与伦巴相同，"要先出胯，后出步"，呼数为"2，3，4，1"。舞步的力度重在重拍上展现。

**1. 基本步**

(1) 男子舞步及编号说明（图18-45）。

①左脚向前，快（1拍）。

②右脚略横步，快（1拍）。

③左脚并右脚点步，快（1拍）。

④左脚后退，快（1拍）。

⑤右脚后退，快（1拍）。

⑥左脚略横步，快（1拍）。

⑦右脚并左脚点步，快（1拍）。

⑧右脚向前，快（1拍）。

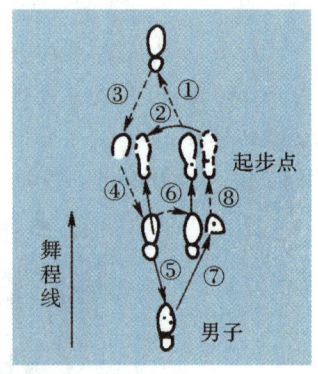

图 18-45

(2) 女子舞步及编号说明（图 18-46）。
①右脚后退，快（1拍）。
②左脚略横步，快（1拍）。
③右脚并左脚点步，快（1拍）。
④右脚向前，快（1拍）。
⑤左脚向前，快（1拍）。
⑥右脚略横步，快（1拍）。
⑦左脚并右脚点步，快（1拍）。
⑧左脚后退，快（1拍）。

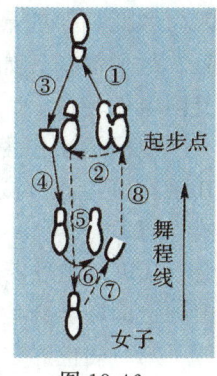

图 18-46

**2. 右半转，左半转**

(1) 准备姿势：男子面对舞程线。
(2) 男子舞步及编号说明（图 18-47）。
①左脚向前，向右做 180°转身，快（1拍）。
②右脚略横出一步，快（1拍）。
③左脚并右脚点步，快（1拍）。
④左脚向前一步，快（1拍）。
⑤右脚向前，向左做 180°转身，快（1拍）。
⑥左脚略横出一步，快（1拍）。
⑦右脚并左脚点步，快（1拍）。
⑧右脚向前一步，快（1拍）。

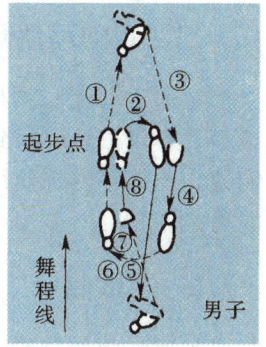

图 18-47

(3) 女子舞步及编号说明（图 18-48）。
先跳基本舞步中女子舞步的 1、2、3、4 步法。
①右脚向后，向左做 180°转身，快（1拍）。
②左脚略横出一步，快（1拍）。
③右脚并左脚点步，快（1拍）。
④右脚向后一步，快（1拍）。
⑤左脚向后，向右做 180°转身，快（1拍）。
⑥右脚略横出一步，快（1拍）。
⑦左脚并右脚点步，快（1拍）。
⑧左脚向后一步，快（1拍）。

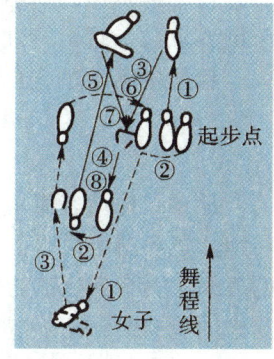

图 18-48

## 第五节　定向运动

### 一、定向运动概述

定向运动起源于瑞典。19 世纪末 20 世纪初，欧洲北部斯堪的纳维亚半岛广阔而崎岖不平的土地上覆盖着一望无际的原始森林，散布着无数的湖泊。城镇和村庄稀疏散落，当地人们出行主要是依靠双脚穿越那些隐现在林中、湖畔的弯弯曲曲的小路。生活在这样的地理环境中，人们理所当然地更需要地图和指北针，否则，要想穿越那莽莽林海是十分艰难的。正因为如此，那些最经常在斯堪的纳维亚半岛山林中行动的军队，便成了开展定向运动的先驱。他们深知，如果不具备在山林地辨别方向、选择道路和越野行进的能力，就不能完成保卫国家的使命。

定向运动作为一种体育项目的开展是从20世纪初在北欧开始的。到20世纪30年代，其已在芬兰、挪威、瑞典、丹麦立足。1932年举行了第一次世界定向运动比赛。1950年挪威人（Knut Vaistad）成功绘制出第一张定向彩色地图并于当年使用。1961年国际定向联合会（IOF）在丹麦哥本哈根成立，确定了一系列的比赛规则和技术规范，现有成员国63个。国际定向联合会是世界定向运动的行政实体，是国际体育联合会总会之一。1966年在芬兰举行了第一届世界定向锦标赛。1978年，芬兰世界定向锦标赛第一次使用国际标准的控制点说明。1995年以后，世界各国逐渐深刻认识到定向运动在现代生活中的意义，所以定向运动的举办频率和规模越来越大。目前，定向运动也已发展成为国际承认的奥林匹克体育项目之一。

## 二、定向运动器材

定向运动是一项利用一张详细精确的地图和一个指北针，依次逐一到达地图所示的各个检查点，以最短时间到达所有点标者为胜的运动。参与者需要具备较强的识别、使用地图的能力，要能够熟练使用指北针，快速选择移动方向的途径，并具备细心判别点标器序号等的能力。

### （一）指北针

定向运动最重要的仪器就是人的大脑，而指北针是定向运动可使用的唯一合法帮助。发明于中国的指南针在定向中被称为指北针。与指南针不同的是，指北针红色的指针永远指北。指北针多由组织者提供，如要求自备，则可能会对其性能、类型做出原则上的规定。当今世界上已出现的指北针类型主要有简单式、液池式、透明式、照准式、电子式。

目前国际上的定向越野比赛常使用由透明有机玻璃材料制作的指北针。

### （二）地图

地图是地球表面从空中鸟瞰的简缩景。地图图廓一般包括图名、指北线、比例尺注记、等高距注记和图例说明。地图是定向越野最重要的器材，它的质量的好坏直接影响到运动员比赛的成绩和关系到比赛的公正。因此，国际定向联合会专门为国际间的定向越野比赛制定了《国际定向运动图制图规范》（Drawing Specifications for International Orienteering Maps）。

### （三）国际定向越野地图

地图幅面的大小根据比赛区域的大小确定，赛区以外的情况不必表示；比例尺通常为1∶1.5万或1∶2万，当需要时也可采用1∶1万或1∶2.5万；等高距通常为5米，当需要时也可采用2～10米，但在一幅图上不得使用两种等高距；精度至少要使以正常速度奔跑的运动员没有任何不准确的感觉；内容的重点应详细表示与定向和越野跑直接相关的地物、地貌；要利用颜色、符号等，详细区分通行的难易程度。

**1. 地图上的比例尺**

比例尺是地图必须标示的符号，它用来显示地表实际距离与地图显示的距离的比例相关性。地图上所标明的比例尺说明了地图被缩小的倍数。

比例尺 1∶1000 说明地图上的 1 厘米相当于实际地形上的 1000 厘米（10 米）。

1∶3000 中的 3000 即 3000 厘米（30 米）。

1∶4000 中的 4000 即 4000 厘米（40 米）。

1∶5000 中的 5000 即 5000 厘米（50 米）。

1∶10000 中的 10000 即 10000 厘米（100 米）。

一般来讲，大多数森林定向图比例尺为 1∶10000，大多数公园定向图比例尺为 1∶5000/4000，地图上表示高度的图例，左边坡陡峭，右边坡缓和。

**2. 地图上的颜色**

黑色——人造景观（建筑物、道路、小径）和岩石（大石头、悬崖峭壁）。

棕色——高线：等高线和符号（表示山丘和小坑）；沥青/砾石路：高速公路、主干道、宽行人道、篮球场等。

蓝色——任何有水的地方（湖泊、溪流、泥沼）。

绿色——植被、浓密而难通过的地区（绿色越深，越难通过）。

白色——普通的林区，易通过。

黄色——空旷地，易奔跑。

黄绿色——禁入私人区、果园、花坛。

紫色——路线。

**3. 地图上的符号**

不同的颜色符号表示不同的地或物。三角形为起点，圆为各点标，双圆为终点，圆中三角为起点和终点重合（一般情况下起点和终点离的不远）。

### （四）号码布

号码布一般不超过 24×20 厘米，号码数字的高不小于 12 厘米，字迹要清晰，字体要端正。正规的比赛还要求将号码布佩戴于前胸及后背两处。

### （五）检查卡片

检查卡片主要用于判定运动员的成绩。用厚纸片制成，分为主卡和副卡两部分。主卡由运动员在比赛中携带，并按顺序将每个检查点的点签图案印在空格中，到达终点时交裁判人员验证。副卡在出发前交工作人员留底和公布成绩时使用。检查卡片的尺寸一般为 21×10 厘米。现在大型比赛大多不用检查卡片了，也就是备用，一般都是电脑控制显示的，小型比赛用得多或主要使用。

### （六）检查点标志

检查点用于检验运动员是否按规定跑完全程，为此，应设置专门的标志。检查点应在地图上准确地表示出来。检查点标志是由三面标志旗连接组成的。每面正方形小旗沿对角线分开，左上为白色，右下为红色，旗的尺寸为 30×30 厘米，可以用硬纸壳、胶合板、金属板、布等材料制作。标志旗通常要编上代号（国际上过去曾使用数字做代号，现已规定使用英文字母），以便于选手在比赛时根据旗上的代号来判断他是否找到了正确的检查点（图 18-49）。

定向运动专用点标旗，采用防雨布料和不锈钢支架以及高密度的织带挂绳，符合国际标

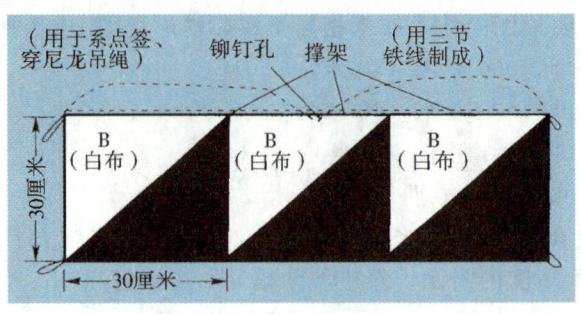

图 18-49

准。日晒雨淋不褪色、不生锈。

### （七）点签

点签（点标器、打卡器）是与检查点配合而起作用的，它提供给运动员一个到达位置的凭据。点签的样式很多，但最常见的还是钳式和电子点标器。检查钳是用弹性材料制成的，顶端装有钢针，钢针的不同排列使检查钳可以印出不同的图案痕。现在大型比赛多用电脑控制的电子点标器与指卡配合使用，一般电子打卡器出现问题时才用机械点签。

### （八）服装

定向越野比赛对运动员的服装都没有特殊的要求。根据经验，运动员对服装的选择应该是：衣裤紧身而又不至影响呼吸与运动，为防止树枝刮伤和害虫侵袭，最好穿面料结实的长袖衣和长裤甚至使用护腿。鞋轻便、柔软而又结实，为便于上下陡坡、踩光滑的树叶或走泥泞地，鞋底的花纹最好是高凸深凹的，加大与地面的摩擦。

### （九）红外通信

控制站使用红外线与 PC 通信，把红外线收发器与 PC 串口连接，收发器窗口与控制站"CHINAHEALTH"标签侧面（控制点的红外线收发窗口就在标签的下面朝前）正对，间距在 5～30 厘米，启动控制站及管理软件，连接自动建立。

## 三、定向越野所需技能

### （一）地图的识别能力和定向

首先，通过看地图上的颜色代表的区域标志和地图的图例来判别实物，查看地图的比例尺、等高距，在脑海中勾画大概的距离，找出标明地图指北方向的标志。

其次，看自己所在地图的大概方位，如出发点及标志，出发点边沿的明显道路、标志等，来确定自己的位置。

最后，在地图上找出大的、容易辨别的图案和标志，与地球上的实物相吻合，如山体、道路、湖泊、草坪等，给地图实物定位。找出自己要去的方向，选择经过道路的明显标志物。给地图定向，将地图与指北针置于水平状态，转动地图直到地图上的指北线与指北针的红色针平行，地图即被定向。

**1. 使用指北针给地图定向**

将戴在左手上的指北针放平，使红色的指针与地图上的红色指北图标平行或重合。计算和判断要去的目的地的大概距离，选择容易的路径。不断地查看主要实物并和地图对照，明白自己目前的地点，失去方向感后，即刻再用指北针判别方位，地图上连接两个点标间的直线方向就是要去的方向，再选择最佳路径。如果地图上没有连接两点间的直线，可以用指北针上的蓝色箭头指向要去的方向，转动自己，使红指针与红标志重合，蓝色箭头就是要去的方向。

**2. 识别辅助小图表的能力**

地图上黏附的小图标是具体的点标和方位标志，所以，大方位跑到后，迅速识别具体的辅助图，会很快找到点标器，否则会更费劲，原地打转更会让人紧张或丧失斗志。

**3. 计算和分析实际距离的能力**

根据比例尺和地图上量得的距离计算出陆地上的大概距离。许多人看距离太频繁而影响前进的速度，也有人只顾跑而偏离了目标，导致跑冤枉距离。

**4. 最佳路线的选择和良好的运动体力**

选择体力消耗少、不容易迷失方向和位置的路线，选择不浪费时间的地段通过，虽然有时候耗体力但容易通过的道路也是好的选择。总之，要根据自己的体力来决定。

坚持几个原则：

（1）有道路少越野，以防迷路耽误时间和艰难的道路消耗体力。

（2）选近路而不选远路，如果路况地形不险恶，且容易判断方向和通过，应选择省时间和距离的路途。

（3）浏览全图，提前绕难以通行的物体，如湖、河流等。

（4）走高处而不走低洼地，因为高的地方不容易迷路，看的范围较大，利于路线和方向的选择。

（5）看到点标后要迅速打点标和离开，因为这样节省时间，不为其他对手指明地点。

（6）没有障碍和难度的地段要快速移动，争取时间。

## （二）野外运动需要的技术

学会选择路径，右边的路线相对容易些，中间路线难度大、费体力和时间，地图的正上方往往指北方，那么，正下方指南，左西，右东。等高线越紧密，坡度越陡；等高线越稀疏，坡度越缓和（图18-50）。最简单的方法就是以大而有明显特征的地物做标志，如建筑物、道路、湖泊等。要有顽强的心理素质和野外跑步的体能，以及认真严谨的态度。

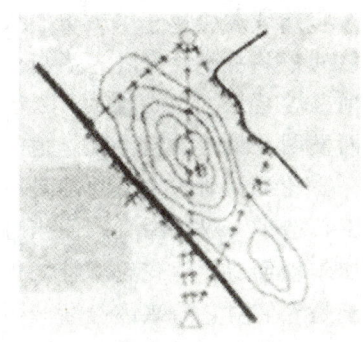

图 18-50

## 四、定向运动的比赛程序

### （一）大会集合处

运动员在比赛前被带到赛区的报到处，领取参赛号码布和指卡等。在会场内可查阅参赛队员的出发时间或有关该次比赛的资料。

## （二）指定出发区

参赛队员要在出发前十分钟到达出发区，通常出发区距离会场有数分钟的路程，参赛队员须依从赛会指引，以合适的时间前往，以免迟到。如因个人延误迟到，所损失的时间将不予补偿。

## （三）进行比赛

在个人赛中，各组的运动员一般每隔两分钟或若干分钟出发一队，出发后参赛队员必须离开出发方格，以免阻碍其他运动员出发。出发后须寻找所须到访的控制点，然后返回终点报到。

## （四）终点处

参赛队员通过跑道，越过计时器后，计时员会把他到达的时间记录下来，然后在地图收集处交回地图及指卡。参赛队员返抵终点后，需迅速离开，以免妨碍后来到达的运动员。

## （五）重返会场

参赛员可从布告板上查阅比赛成绩及在稍后时间取回比赛图留念。如有投诉，须于成绩公布后5分钟内提出，颁奖后，可各自离场。

# 第六节 轮滑运动

## 一、轮滑运动概述

### （一）轮滑运动的起源和发展

轮滑运动是一项历史悠久并具有国际性的体育运动。它诞生在18世纪初期，据说是荷兰的一名滑冰爱好者，当自然冰融化不能继续滑冰时，为解决自己在夏天也想滑冰的愿望，他冥思苦想，专心设计，自己动手将木线轴安装在皮鞋底下，在平坦的地面上滑来滑去，从而发明了最初的轮滑鞋。他的发明引起了人们的兴趣，使轮滑运动即此诞生。

轮滑运动的发展并不是一帆风顺的。据记载，1760年比利时的乐器师约瑟夫·默林手工打造了一双轮滑鞋，但当时媒体只是将其作为一种冒险的新闻予以报道。1815年法国人加尔森创造了轮式轮滑鞋，其虽然在法国新奇一时，但由于这种新的游戏带来了不少事故，于是人们对它的兴趣逐渐减弱。直到1818年旱冰运动在柏林的一家芭蕾舞台上出现，观众才开始把轮滑看成一种时尚。随后相继出现了法国人用木头、金属和象牙制成的轮滑鞋、澳大利亚人制成的"品"字形三轮轮滑鞋等，可是这些轮滑鞋都未能得到广泛的推广。1863年美国人詹姆斯·普利姆普顿发明了旱冰鞋的转动装置，开创性地使用金属轮子代替木质轮子，将滚珠轴承运用到了轮滑鞋中，并于1866年在纽约开办了第一个室内轮滑场，组织了纽约轮滑运动，他的一系列举动为轮滑运动的发展起到了积极的推动作用。1980年美国的冰球运动员斯考特·奥林和布莱恩·奥林兄弟首次使用了单排轮滑鞋。单排轮滑运动的发明问世，以其广泛的适应性，随即受到广大青少年的欢迎，并迅速在世界各地扩展开来。

## （二）轮滑运动的锻炼价值

经常参加轮滑运动有益于人体健康。轮滑运动是脚下支点移动的运动项目，该项目对人体平衡能力的要求较高。人们在进行轮滑运动时，人体要保持各种特殊的平衡姿势，做出各种高速度、高强度、高难度的技术动作，这就要求练习者有良好的肌肉力量和身体协调性、灵活性。因此，轮滑运动能较全面地发展人体的速度、力量、耐力、灵敏、柔韧、协调和平衡能力等身体素质，能够改善和提高人体的心血管系统和呼吸系统的功能，促进新陈代谢，增强各关节的灵活性，同时还能培养勇敢顽强的意志品质、积极果断的判断能力和集体主义的道德风尚。此外，其还能使人受到音乐和美的熏陶。

## （三）轮滑运动的种类

**1. 极限轮滑**

轮滑是一项休闲运动，但同时也是竞技项目，随着不断完善，目前已形成多项轮滑竞技项目。现代轮滑运动分为速度轮滑、花样轮滑和轮滑球三大项。

极限轮滑也叫特技直排轮，玩极限轮滑的人被称为 rollerblading。极限轮滑是现在年轻人的追捧项目。主要分为街式和专业场地，专业场地分道具赛和半管（U 型池）。

**2. 速度轮滑**

以单排、双排轮滑鞋为比赛工具的竞赛项目，分场地跑道比赛和公路比赛两种。世界锦标赛场地跑道正式比赛项目为：300 米计时赛、500 米淘汰赛、1000 米、5000 米、10000 米积分赛、20000 米积分赛；公路比赛包括女子 21 千米半程马拉松赛、男子 42 千米马拉松赛。场地跑道像自行车场一样呈盆形。

**3. 花样轮滑**

分为规定图形滑、自由滑、双人滑和双人舞 4 个项目。比赛在不小于 50 米长、25 米宽的场地上进行。参赛各队每项比赛可以参加 3 人，男女总计 12 人。根据动作的难易程度、舞姿的优美程度打分确定胜方。

**4. 轮滑球**

轮滑球看上去像是冰球和曲棍球的结合体，打法同冰球打法相似，比赛两队各上场 5 人，其中 1 名为守门员。运动员脚穿轮滑鞋，手执长 91~114 厘米的木制球杆在一块长 22 米，宽 12.35 米的长方形水泥质或花岗石制成的硬质地面球场上进行比赛。运动员可以传球、运球，通过配合把球攻入对方球门得 1 分，得分多者为优胜队。球门高 1.05 米，宽 1.54 米，分置于球场两端线的中间。比赛用球形如棒球，重量为 155.925 克。每场比赛分两局进行，每局 20 分钟。

**5. 极限运动和技巧**

利用 U 形台、滑杆等做各种各样的惊险、复杂技巧表演动作，分街道赛和半管赛，它也是轮滑竞技项目中最吸引人的一项。

**6. 休闲轮滑**

以休闲健身为目的，穿着单排轮滑鞋，在各种场地、环境中无拘无束进行各种滑法，最主要的活动是"刷街"，慢慢滑行，浏览着街景，沐浴着阳光，呼吸着新鲜空气，身心放松。

## 7. 自由式轮滑

最有代表性的就是，过桩的平地花式。不同于花样轮滑（一般是指双排轮滑），平地花式讲究过桩的足部花式技巧，同时也要有全身性的节奏感，具有非常高的观赏性。

## 二、轮滑基本技术

### （一）基本姿势和站立

**1. T字站立法**

两脚成T字步站立，前脚跟卡住后脚的脚弓，两膝微屈，重心稍偏于后脚上，上体稍微前倾。由于前脚跟顶在后脚的轮架上，两脚都不易产生滑动，因此比较稳定。

**2. 八字站立法**

两脚脚尖自然分开，形成自然开角，两脚跟靠近。上体稍前倾，两膝微屈，两臂自然下垂。重心落在两脚中间，可避免两脚的前后滑动。

**3. 平行站立法**

两脚分开，相距10~20厘米，两脚尖稍内扣，保持两脚平行。膝部微屈，上体稍前倾，身体重心落在两脚中间，平稳站立。

### （二）适应性练习

**1. 原地左右移动重心**

在两脚平行站立的基础上，上体向一侧移动，并逐步将身体重心完全移至这一支撑腿上，另一脚只负担很小的重量，辅助维持平衡。待平稳后，上体再向另一侧腿上移动，并将身体重心完全移到该腿上。要反复练习，因为这是滑行中横向移动重心的重要基础。

**2. 原地踏步练习**

在八字站立的基础上，重心移到左脚上，另一腿微屈上抬，使脚离地5~10厘米，再落下。重心移到右脚上，左脚再抬起，交替连续做，这是向前迈步行走的基础。

**3. 原地蹲起练习**

两脚平行站立或八字站立，做向下蹲再起来的动作。开始时可半蹲，逐渐加大蹲的程度，最后可做深蹲。开始时可慢做，然后逐渐加快并连续做。

**4. 单腿支撑平衡练习**

在双脚平行站立的基础上，将身体重心完全移到一条腿上，然后慢慢将另一腿抬起，脚稍离地即可，停留3~10秒。支撑腿微屈，重心要平稳地落在支撑脚上。平稳地停留一定时间后，抬起的脚落地，再换另一脚练习，两脚交替进行。

**5. 两脚原地前后滑动**

在两脚平行站立的基础上，两脚前后交替地来回滑动。两臂做前后摆动，像走路一样与两脚配合。两脚滑动时始终保持平行。重心要始终保持在两脚中间，两腿伸直，由大腿发力做前后滑动。这是提高对重心的控制能力和对滑动的适应能力的练习。

**6. 原地高抬腿练习**

在原地踏步的基础上，每次抬腿逐渐加高，最后抬至大腿与地面平行。抬腿时上体同时稍做前倾，与身体协调配合，保持重心稳定，防止重心后仰。这一练习应在已具有了初步滑行技术，同时又具备了一定的控制重心能力时再做。

### （三）行走和初步滑行

**1. 迈步移动重心练习**

初学者能够在原地做到较好地移动重心时，就应进行向前和向左右移动重心的练习。正确地移动身体重心和迈步，是掌握正确滑行的基础。

1）向前八字走

用T字步站立或八字步站立，在原地踏步的基础上，一脚稍抬起向前迈出一小步，脚尖稍抬起向前迈出一小步，脚尖稍偏外仍呈八字形落地，同时身体重心迅速跟上，待脚落地重心即压上，然后后脚抬起再向前迈出。两脚交替向前迈步走。

2）左右迈步移动

在平行站立的基础上，左腿向左横迈一小步，随之身体重心迅速跟上，然后右脚向左脚靠拢着地。稳定后，右脚向右靠拢横迈一步，随之身体重心迅速跟上，左脚再向右脚着地。左右反复做，这是在滑行中横向移动重心的基础。

3）横向交叉步移动

这是弯道滑行时交叉压步的重要基础动作。可在学习弯道压步之前进行练习。动作基础同横向移动一样，所不同的是，右脚收回时不仅是靠拢，而且是从左脚前上方越过，在左脚的左前方落地成交叉步，并继续向左侧移动重心，然后左脚从右腿后收回来，继续向左侧横向迈步，接着右脚再收回做交叉步。可练习做多次连续交叉步。对于练习花样轮滑、轮滑球、自由式轮滑者，还应练习向右做交叉步，动作要领与向左做交叉步相同，方向相反。

**2. 初步滑行练习**

1）走步双滑练习

在向前八字走的基础上，每次连续走几步即可产生一定的惯性，然后两脚迅速并拢，并由八字变为两脚平行，借助惯性向前滑行，体会身体向前滑行的感觉。然后再走几步，再并拢双脚滑行，力争连续做多次。

2）交替蹬地交替滑行

双脚呈八字步站立，膝、踝微屈，上体稍前倾。开始时，双脚同时向两侧蹬地形成双脚同时开始前滑，重心随之马上移向左腿，左腿成支撑腿，右脚再稍多做一点向侧蹬地动作后迅速收回向左脚靠拢，脚尖稍偏外侧，落地自然形成八字步，同时重心向右腿上移，左脚开始侧蹬地，蹬地后也迅速收回，脚尖外分落地，再承接重心由右腿蹬地。两脚交替蹬地，即可连续滑行。

3）交替蹬地接双脚惯性滑行

当初步做到两脚交替蹬地交替滑行后，可把其与双脚惯性滑行结合起来练习。方法是交替蹬地3~4步或5~6步，取得一定的前进惯性后，双脚并拢并平行，借助惯性向前滑行一定距离，然后再交替蹬地几步，再惯性滑行，反复练习。

### （四）连续滑行和全身配合动作

**1. 连续滑行时的侧蹬和倒移重心**

当左脚开始侧蹬时，重心位于右腿之上并稍偏外（右）一点；左腿边蹬，重心边向左回移,当左腿蹬直时重心位于支撑腿(右腿)的正上方;当左腿向回收腿时(大腿带小腿,脚向后内方向放松地绕一个小圈后收回到右脚处),重心继续左移到右腿的左上方,此时左脚收回,于靠近右脚处落地,落于重心的右下一点,同时右脚向右前方滑出并开始向右侧蹬地,而此时重心位于左腿之上并稍偏外(左)一点,由左腿支撑重心向前滑行。右脚边蹬,重心边向右回移,当右腿蹬直时重心位于支撑腿(左腿)的正上方;当右腿向回收腿时(大腿带小腿,脚向后内方向放松地绕一个小圈后收回到左脚处),重心继续右移到左腿的右上方,此时右脚收回,于靠近左脚处落地。两脚交替地侧蹬和交替地支撑重心滑行,即形成了轮滑的直线向前滑行技术。

**2. 上体及两臂的配合动作**

1)上体的配合动作

在学习滑行的初始阶段,上体只要稍前倾,注意放松即可。当能够连续滑行时,上体前倾要稍大些。在与蹬腿和移动重心配合时,要清楚重心在臀部,左右移动重心时要上体整体同时移动,千万不要头和上体的上半部分左右摆动很大,而臀部移动很小甚至不动。移动重心时腰部要放松且灵活,起到协调、帮助和控制动作的作用。

2)两臂的动作

在学习滑行的初始阶段,两臂只要放松下垂,随着身体和腿的动作稍做保护性的姿势。当能够连续滑行时,两臂可做一些摆臂动作以帮助和配合腿的动作。摆臂的方向是正前和侧后,向前摆时上臂与地面垂直时停住,小臂继续摆至脸的前下方;向后摆时摆至身体侧后方臂伸直,摆的高度和幅度视滑行时身体姿势的高低及滑步的幅度而定。摆臂的方法是:左腿向左侧蹬直时,左臂向前摆至最高点,右臂向后摆至最高点;左腿做后引、收腿、脚落地的过程是两臂回摆的过程,当脚落地同时另一腿蹬地时,两臂向左侧摆,当右腿蹬直时两臂摆至最高点。

## (五)转弯滑行

**1. 惯性转弯**

惯性转弯就是利用原有的滑行惯性做转弯动作,是每个轮滑者必然要面对的问题,同时也是应该掌握的技术。惯性转弯可以分为高姿势惯性转弯和低姿势惯性转弯。

1)高姿势惯性转弯

当向前滑行取得一定惯性后,上体抬起,两腿接近伸直,两脚左右靠近,如果向左转弯,左脚在前,右脚在后,但要保持两脚的平行,重心在两脚之间的前1/3处。做好这个姿势后,全身向左倾斜,用轮子刃的左侧着地(特别是前脚),借助原有的惯性就会自然地向左转弯滑行。向右转弯时,其动作方法相同,方向相反。

2)低姿势惯性转弯

低姿势惯性转弯也可以称做急转弯,当需要紧急躲避人或物时,或者需要紧急地停下来时应用。其动作要领是:当滑行速度较快而具有较大的惯性时,上体抬起直立,重心降低,两脚前后较大地分开,如果向左转弯,左脚在前,右脚在后,但要保持两脚的平行,重心在两脚之间的前1/3处。做好这个姿势的同时,将重心(臀部)向左倾倒,但上体要保持直立,甚至有一点向右倾倒(即反向平衡的动作),以帮助重心向左倾倒。这样即可借助惯性向左侧急速转弯,甚至转一个圈而停下来。向右转弯时,其动作方法相同,方向相反。

## 2. 压步转弯

压步转变是在进行转弯或弯道滑行时不减速,并能增加速度的技术。其动作要领是:上体前倾,腿部弯曲。

### (六) 停止方法

#### 1. 转弯减速法

这是一种比较稳定,在各种场地条件下都不易摔倒的通用方法,也是最常用的方法。其动作方法就是用做惯性转弯的动作来消耗掉滑行的速度惯性,使其逐渐减速直至最后停止。

#### 2. "T"形停止法

当左脚支撑滑行时,上体抬起直立,右脚脚尖外转,右脚横放在左脚后面,两脚成"T"字形,使右脚的轮子与地面横向摩擦。摩擦时两腿弯曲并保持适当紧张,不要使两腿分开过大,同时重心要下降并逐渐向右脚加大摩擦,使之减速直至停止。也可以右脚在前左脚摩擦,用力方法相同。

这个方法停止速度较慢,动作简单,很适合初学者和在滑速较慢时使用。如果想急停,重心应更多地压在后脚上。

## 第七节 拓展训练

### 一、拓展训练概述

#### 1. 拓展训练的起源

拓展训练在国外被称为"outward bound",原意指一艘小船离开平静的港湾,勇敢地驶向未知凶吉的大海,并全力以赴地积极迎接挑战。拓展来源于第二次世界大战时期的英国,是人们为适应战争的需要而逐步发展形成的一种训练方法。

第二次世界大战期间,战争的严酷条件要求人们具有高度的生存技能。因此,体验式的心理拓展训练课程方法与内容受到了人们的重视,并在战时的各种生存训练中得到了广泛应用。但是最初制定的训练课程也只限用于海上的训练,是训练水兵的实用课程。

战争结束后,体验式训练的独特创意和训练方式逐渐被推广开来,训练对象由海员扩大到军人、学生、工商业人员等群体,训练目标也由单纯的体能、生存训练扩展到心理训练、人格训练、管理训练等。

#### 2. 拓展训练的发展

由于拓展训练适应了时代对于完善人格、提高素质和回归自然的需要,因此吸引了成千上万的人参加,并迅速发展成为素质教育的新时尚。目前,全世界已有百余所从事此类培训的机构。总部设在英国的户外拓展训练学校已在全球五大洲设立了四十多所分校,受训人员包括学生、家长、教师、企业员工和各级管理人员。

虽然20世纪90年代初拓展训练在我国才刚刚起步,但发展迅速,并逐渐被越来越多的企业接纳和认同,加入的培训机构也越来越多。这些培训机构多以企业营利为目的来开设拓展训练课程,内容主要包括挑战自我课程、团队建设课程、营销谋略课程、新人融入课程、卓越领导课程、自我管理课程和青少年素质拓展课程等。

进入21世纪后,中共中央、国务院、教育部针对学生身心健康和体育教育工作,先后下发了相关文件。在有关文件精神的指导下,随着拓展训练在我国的不断发展和国人对其学习方式和培训思路的认同,国内一些学校尝试性地将拓展训练引入学校体育教学,并取得了较好的效果。

## 二、拓展训练的功能

拓展训练的主要目的是把人的身心能力中最卓越的、最出色的部分升华到可能达到的顶峰。

(1) 树立明确的生涯目标。
(2) 培养敢于挑战自我、克服困难的毅力。
(3) 培养健康的心理素质和积极进取的人生态度。
(4) 培养团结合作的团队意识。
(5) 培养热爱自然和服务社会的精神。

通过拓展训练,受训者在以下方面将有显著的提高:认识自身潜能,增强自信心,改善自身形象,克服心理惰性,磨炼战胜困难的毅力,启发想象力和创造力,提高解决问题的能力,认识群众的作用,增进对集体的参与意识与责任心,改善人际关系,更为融洽地与群体合作,学习欣赏,关注和爱护自然等。

## 三、拓展训练项目介绍

### (一) 破冰行动

形成团队组建;展示团队文化;强化成员之间的熟悉程度;促进成员交流协作;创建友好的氛围,为下面活动的开展奠定良好的基础。

器材:破冰包两个(每个破冰包包括水彩笔一支、60×80厘米单色绸、一根针和若干线),两根1.5～2米的竹竿。

场地:一小片开阔地。

教学步骤:

(1) 利用循环报数的方法10～15人分成一个小组。
(2) 每个小组分配一个破冰包。
(3) 布置任务:每个队伍选出一位队长;用针线和绸布制作一面队旗,在队旗上用水彩画一个队徽;创造一个队名和一个团队口号;创作一首队歌。
(4) 项目实施。
①限定10～15分钟的时间完成任务。
②由队长带领小队成员向其他同学展示自己的团队建设情况,如介绍队员、队名、队旗、队徽和集体唱队歌。
(5) 讨论分享。
①你在团队的建设中发挥了多少能量?你的主见和贡献被团队接受后有何成就感?
②在团队的展示中你刻意去要求自己了吗?
③在教师给到大家一个时间限制的时候,大家对时间的分配是怎么看的?

## （二）变形虫寻宝

运用非常规的沟通方式让每个参与者体会信息传递的有效性；建立"家"式的沟通默契；每个人都应该注意体恤别人的处境；培养学员在有压力的情况下做出正确选择的能力，让每个人意识到个人只有通过系统思考与团队合作才能解决问题。

器材：眼罩若干。

场地：一片开阔地。

教学步骤：

（1）布置任务：除最后一个队员外，所有队员必须全部蒙上眼睛，后一位队员用手向前面队员传递信息并指挥整个队伍前进。

（2）项目实施。

①每个小队排成一个纵队，并用1分钟选出一个领导（不一定是队长）站到队尾。

②教师讲解规则：任何人不能出声；任何人不能偷看；全体同学手搭在前面一位同学的双肩上，双手不能同时离开肩膀。如有违规，罚停20秒。

③限定每个团队10分钟时间准备。

④教师描述队旗的位置特征后，在统一口令下同时出发。

⑤出发前教师根据场地情况讲解安全注意事项。

（3）讨论分享。

①领导者是怎样选择正确路线的？

②当团队的路线选择错误时，领导怎么决策？

③帮助大家回顾行进的路线和失误的原因是什么？

④排头、排尾和中间的同学各自有何感受？

## （三）众志成城

每个人会意识到个人只有通过系统思考与团队合作才能解决问题，在资源有限的情况下，应考虑如何向内拓展、向外延伸，以及资源分配在团队合作的重要性。只有想不到的事情，没有做不到的事情。

器材：4张大小相等的废旧报纸。

场地：一小片平整的开阔地。

教学步骤：

（1）情景设置：大家现在在一艘漏水的船上，正慢慢地往下沉。我们现在只有一个空间可以站立。请大家在最短的时间内完成。

（2）布置任务：每个团队发送1张报纸，要求所有的同学在最短的时间内全部都站到上面，不得有任何部分接触地面并保持30秒的时间。

（3）项目实施。

①讲解规则，宣布以小组竞赛的形式完成。

②项目开始前限定10分钟时间考虑对策。

③每完成一次项目后加大难度——报纸对折。

④对折几次后，以最后一次坚持时间的长短为评判标准。

(4) 讨论分享。
①大家觉得任务完成得怎么样？
②在讨论的时间里大家都在做什么？
③最终大家是怎样完成任务的？靠个人的力量可以完成吗？
④你在整个过程中担当了什么角色？做出了什么贡献？

### (四) 信任背摔

建立换位思考意识，消除沟通障碍，增进人与人之间的理解与信任和队员之间的向心力；培养个人的平常心以及自我控制力；感悟行为、语言、意识对建立团队信任的影响，信任是合作的基础。团队目标的实现需要每位队员共同努力，同心协力，共同战胜困难，增强团队的凝聚力。

器材：一条 60~80 厘米的柔软丝带。

场地：一个背摔台——1.5~1.8 米高的平台即可。

教学步骤：

(1) 布置任务：一名队员从 1.5~1.8 米的背摔台上，背对着队友向后倒，队员在下面用双手接住。

(2) 项目实施。
①让所有的学生摘下手表、戒指、眼镜、发卡等尖锐的物件，并把衣兜掏空。
②选一个志愿者，让他站到高台上，示意开始后倒。
③其他学生在高台下，面对面站成两排，伸平双臂，掌心向上，放在对面学生的肩上，右腿在前成弓步，头后仰，形成一个安全的接人区。
④教师站在平台上，要跌落者背对接人队伍，将跌落者双手绑住，防止跌落者在倒下时双臂张开伤到承接的学生，并调整他的位置，保证他跌落到接人区里。教师还要查看承接队伍是否按力气大小均匀排列，必要时让其重新排队。
⑤跌落者下落时要始终挺直身体，不能弯腰后坐下。
⑥跌落者准备好后，大声问台下的学生："我是×××（名字），我准备好了，团队准备好了吗？"台下的学生要大声回答："准备好了，我们都来支持你。"或者类似的语句，之后跌落者向后倒下。
⑦台下的学生接住跌落者后要始终抬着跌落者的身体，直到他双脚落地。
⑧刚才的跌落者这时变成队尾的接人者，靠近平台的学生变成了跌落者，以此方式循环下去，直到所有的人都参加完毕。

(3) 讨论分享。
①你在还没有倒下前有什么疑虑？
②当你平安落在团队伙伴的保护网上并安全落地之后，对整个动作前后有什么反差感受？
③身体悬空的感受是什么？
④当你在下面承接你的团队伙伴时，你的感受是什么？

# 第十九章 客家体育

## 第一节 客家体育概述

### 一、客家体育概念与项目分类

客家体育是指广泛流传在客家民间、约定俗成的体育活动现象。它是客家人在特定的历史时空和特定的社会生产、生活过程中形成和发展的具有自身特色的体育活动。

客家人世代以农耕为主，聚集在山区之中繁衍生息，所以，客家体育活动具有浓郁的农村乡土特色。活动以娱乐健身为本，游戏性与竞争性和谐统一。其内容丰富，种类繁多，主要有跳房子、跳皮筋、跳绳、扭秧歌、踢毽子、滚铁环、打陀螺、丢沙包、打石子、打石头仗（打野仗）、打铜钱、"兵捉贼"、打水漂、划龙船、武术、拔河、射弹弓、孵蛇蛋、舞龙、舞狮、竹篙火龙、九狮拜象、马灯舞、盾牌舞等几十种。其活动方式灵活多样，有单人、双人和群体等多种方式。

根据客家民间传统体育内容和形式的不同，我们将其分为跑跳类、投射类、水上类、舞蹈类、武艺角力类、室外游戏类和室内游戏类七大类（表19-1）。在高校体育教学中，因地制宜地引入客家传统体育项目，不仅可以丰富高校体育教学内容，为高校体育教学注入新的内容和活力，还对推广客家体育项目，弘扬客家传统体育文化具有重要的现实意义和历史价值。

表 19-1　客家传统体育运动项目分类

| 分类 | 名称 | 项目数量/项 |
| --- | --- | --- |
| 跑跳类 | 1. 跳绳；2. 跳皮筋；3. 踩高跷；4. 登山（爬山）；5. 跳房子；6. 打野仗；7. 跑风车 | 7 |
| 投射类 | 1. 打石头仗；2. 打水漂；3. 射弹弓；4. 丢沙包 | 4 |
| 水上类 | 1. 划龙船（龙舟竞赛）；2.（嬉水）游泳；3. 划木筏 | 3 |
| 舞蹈类 | 1. 舞龙；2. 舞狮；3. 扭秧歌；4. 竹篙火龙；5. 九狮拜象 | 5 |
| 武艺角力类 | 1. 武术；2. 箍腰跤；3. 拔河；4. 斗鸡；5. 掰手腕；6. 扁担顶力 | 6 |

续表

| 分类 | 名称 | 项目数量/项 |
|---|---|---|
| 室外游戏类 | 1. 踢毽子；2. 打陀螺；3. 荡秋千；4. 滚铁环；5. 爬竿；6. 骑竹马；7. 打牢钱；8. 放孔明灯；9. 骑马打仗；10. 孵蛇蛋；11. 攻城；12. 老鹰捉小鸡 | 12 |
| 室内游戏类 | 1. 打石子；2. 抓子儿；3. 挑棍儿；4. 翻绳；5. 手腕解脱；6. 吹气球比赛；7. 打手背；8. 六子棋；9. 鸡婆棋；10. 滴肚子；11. 打纸板儿 | 11 |

## 二、客家体育的健身特点

### （一）简单易学与简便易行性

客家体育中的走、跑、跳、投、丢、踢源于生产、生活，简单易学，不需要专门训练，项目多，参与面广。活动内容与方式多半是生产和生活方式的再现，与劳动技术教育自然结合；活动器材与家庭生活、生产工具密切相关，就地取材，简便易行；活动场地可大可小，室内、室外均可，不需要专门的规范场地，便于活动开展。

### （二）强身健体性

客家体育是客家人改造自然、改造社会、促进人类自身发展过程中的智慧结晶，对改善民族体质、提高人民身体健康水平起着积极的作用。经常参加客家体育活动能有效促进机体的生长发育，提高运动能力，改善中枢神经系统的功能，发展力量、速度、耐力、灵敏、协调等身体素质，全面发展身体，提高身体健康水平。

### （三）竞技性与集体性

客家体育项目蕴含着客家人勇敢向上的精神，激励人们克服困难、征服自然、改造社会，增强其群体意识和集体荣誉感。如赛龙舟、舞龙、舞狮、踩高跷、爬山、拔河、武术等活动多是以集体为参赛单位，参与者都具有强烈的竞争意识、获胜的心理和集体荣誉感。因此，协作精神使人们的群体意识得到加强，同时对增强民族认同感和凝聚力也起到重要作用。

### （四）趣味娱乐性

客家体育以游戏娱乐为主，趣味性与竞争性有机结合，注重人的身心需要和情感愿望的满足，使人们在这些娱乐性的活动中，得到令人愉快的情感抒发。舞龙、舞狮、盾牌舞、花灯、踩高跷、扭秧歌、踢毽子、跳皮筋等客家体育活动，以其独特的魅力和积极健康的娱乐方式吸引着人们参与，深受人们的喜爱。

## 第二节 龙 舟

### 一、龙舟概述

赛龙舟是端午节期间汉族普遍流行的习俗,赛龙舟起源何时,众说不一,民间普遍传说其是为了纪念屈原。其实,《穆天子传》记载,在周穆王时(公元前1001~前947年)已有龙舟出现,比屈原投江的时间早600多年。也有人说龙舟竞渡起源于越王勾践。闻一多在《端午考》中则说:"端午节本是吴越民族举行图腾祭祀的节日,而赛龙舟便是祭祀仪式中的半宗教、半娱乐性节目。"唐宋时期,赛龙舟相当盛行。在清代,赛龙舟更是得到极大的发展,每到端午节,各族人民都举行划龙舟比赛。客家人的赛龙舟活动与全国各地大致一样,凡有较大河流水域的地方,均举行此活动,活动时间一天或数天不等。

赛龙舟分为民间比赛和正式比赛两种。民间比赛中龙舟的龙头、龙尾一般雕刻制作成龙的形状(图19-1),龙船涂成各种不同颜色。比赛时龙舟根据龙头的颜色和划船者头巾、服装的颜色分为黑龙、黄龙、白龙、青龙、红龙。比赛分两种形式,第一种是在规定的距离内比速度,每舟人数10~50人不等,比赛距离根据比赛场地及组织要求而定,在一定的距离内,以先到达终点者为胜。第二种是在第一种比赛结束后,各参赛队按要求将船向江岸、河岸靠拢或向湖的四周湖岸靠拢,指挥船在江、河、湖中心,根据比赛规模大小放数十只或数百只鸭子于水中,以各龙舟队抢鸭子的多少定胜负。比赛时,几十只披红挂绿的龙舟在江、河、湖中心直奔,锣鼓声声,烟花阵阵,再加上两岸数万名观众的呐喊助威,好不热闹。广东有些客家地区赛龙舟别具一格,大埔县的枫朗溪背坪和百侯新乐曾有"三山国王"游龙船活动。龙船歌曰:"打起锣鼓锵咚锵,国王起驾出游乡。三位国王成龙王,游乡达境压灾殃。"枫朗东城村用纸、竹扎成龙船,一人将其顶在头上,俗称"东船",一人擎龙伞伴着,八音吹打相随,走遍全村每个角落后,至白水石祭"烧船窑",将纸船烧掉。

图 19-1

赛龙舟也是赣南客家农民最喜欢和经常开展的一项体育活动。宋代以来,每年端午节各乡村均举行龙舟赛。"文化大革命"期间,赛龙舟活动中断,直到1978年后才得到恢复,每年由市(县)农民体育协会或市(县)体育局与各乡镇联合举办龙舟赛。1992年6月,赣州组织的3支龙舟队在北京颐和园昆明湖举行的申办2000年奥运会龙舟赛上获得了第四、第八名。

经常参加划龙舟活动和比赛,有利于身心健康,能调节情感,增长知识,有效地促进力量、灵敏、耐力等身体素质的发展,提高内脏器官的功能,增强体质,增强团结协作的集体荣誉感，同时还可以练就一套游泳的技能。目前，赛龙舟已经成为国际性的活动项目，越来越多的国家和地区开始开展赛龙舟活动。以龙舟为媒，能促进我国旅游资源的综合开发和利用，并已取得较好的社会效益和经济效益。

## 二、航道与器材

### （一）航道

（1）比赛场地应设在静水水域，航道要直。起航线与终点线必须平行，并与航道线垂直。

（2）根据参赛队数和场地条件设6或8道，每条航道的宽度可按9米、11米或13.5米布置，航道的编号按距离终点裁判位置最近的为第一道，次近的为第二道，依此类推。

（3）航道最浅处水深不得小于2.5米，航道内不能有水草、暗礁和木桩，航道外5米内应无障碍物，在航道一侧应设20~30米宽的附航道。

（4）航道浮标间距不得大于50米，离航道末端100米内的浮标全部使用红色，间距不得大于12.5米。起点线和终点线两端的延长线必须没有明显的航道标志杆。最后一个浮标设在终点线内2米处，各航道终点线外2米处靠近终点台一侧的航道延长线上设置0.8~1.0米高的白底黑字的三角航道牌。

### （二）器材

**1. 小型龙舟**

（1）龙舟的规格：长15.5米（不含龙头、龙尾），宽1.1米，重0.9吨（最重的不超过0.95吨，最轻的不低于0.85吨）。

（2）人数规定：舵手、锣手、鼓手各1人，划手20人。

**2. 中型龙舟**

（1）龙舟的规格：长21米（不含龙头、龙尾），宽1.2米，重1.5~1.6吨。

（2）人数规定：舵手、锣手、鼓手各1人，划手30人。

**3. 船桨和划桨**

（1）船桨：总长1.55米，其中叶长0.40米，叶前沿宽0.24米，上端长0.22米（图19-2）。

（2）划桨：总长有1.05米、1.15米和1.25米三种，三种皆通用。其中叶长均为0.38米，叶前沿宽0.18米，上端长0.16米（图19-3）。

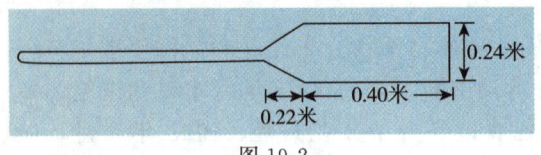

图 19-2

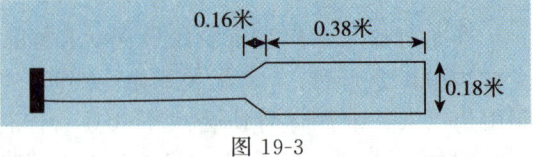

图 19-3

### 三、龙舟比赛项目与基本技术

#### （一）比赛项目

（1）男子：1000 米、2000 米、4000 米直道竞速。

（2）女子：600 米、1000 米、2000 米直道竞速。

（3）民间竞赛可以根据当地实际情况和条件改变距离及人数，还可以按照定时竞速等传统竞赛项目进行。

#### （二）划龙舟基本技术

**1. 技术名称**

从划龙舟队员的职能来划分，其队员可分为划手、鼓手、锣手、舵手。

划手的身体姿势可以分为坐姿、站姿、单腿跪姿。从力学角度讲，坐姿较为合理，站姿、单腿跪姿多在民间的比赛中出现。合理的身体姿势可以减少划水的阻力，有利于两臂的活动，使动作配合更协调、更有力，但其他姿势在民间比赛过程中出现，可以增加比赛的趣味性和气氛。

鼓手的姿势可分为站立打鼓、坐打鼓、单腿跪姿打鼓。鼓点、鼓法各有不同，与当地传统有很大关系。

锣手的姿势可分为站立打锣、坐着打锣。民间比赛中锣手常男扮女装。但正式比赛中锣手要和队员统一着装，不许做多余的动作。

舵手的姿势有站立把固定舵、站立把活动舵、坐着把活动舵。民间比赛的舵长短不一，舵手还可以参加划水，但正式比赛的舵有统一规格，舵手不能参加划水。

**2. 技术方法**

划手动作方法由握桨、坐姿、入水、拉水、御水、空中移桨和集体配合、节奏等技术组成。

（1）握桨。右排的划手左手先放在桨把的上端，四指从外向内并拢，掌心紧贴桨把上端，大拇指从内向外包住桨把。右手在桨的下端（桨叶与桨把的交界处），四指从外向内并拢，大拇指从内向外包住桨把。划行时要自然放松，不能握得太紧，以免手心起泡。左排坐姿的握桨要领与右排一样，只要左、右手换位即可。

（2）坐姿。右排划手的身体保持坐姿，右大腿外侧紧靠船边，右腿弯曲，脚掌后撑自己座位下的隔板，左腿半屈，脚掌前撑前排隔板（左、右腿也可互换）。左排划手的坐姿与右排相反（图 19-4）。

技术关键：合理利用两腿前蹬后撑的力量，稳定身体重心。利用身体前俯，躯干扭转，充分做伸肩动作。拉水时脚要前蹬，移桨时脚要后撑。

（3）入水。左排划手划水时，身体前倾，转动躯干，右肩前伸。背部、肩部发力传给左臂，左肘关节微屈，抬肘，形成高肘动作。在桨入水瞬间，左臂用力向下压桨至拉水完毕。桨入水时右臂向前伸直，桨入水的角度以 80°～90°比较合理，桨入水后，右臂后拉，肘关节不能向外伸，整个动作类似火车轮的传动臂（图 19-5）。

技术关键：桨入水的角度一定在 80°～90°，桨入水时，左臂下压，右臂后拉。

(4) 拉水。桨入水后划手马上要拉水，拉水时右臂后拉，左臂向下压桨，右腿（或左腿）前蹬隔板，躯干有后移动作，拉水距离为 1～1.2 米，拉水时桨要垂直水面。

技术关键：拉水距离要尽量长，拉水时间尽可能短而快。

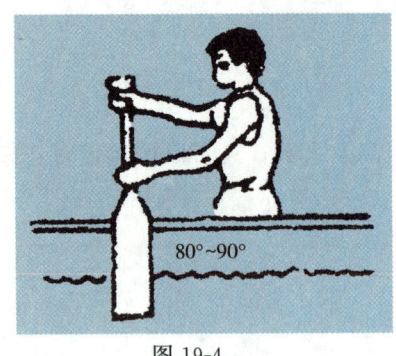

图 19-4

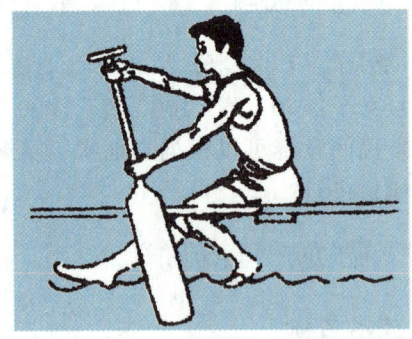

图 19-5

(5) 桨出水。其是在桨拉水结束后的出水动作。出水时，左臂放松，上抬提桨。右腕内扣，上抬提桨，使桨叶御水。

技术关键：左、右臂放松上抬提桨，桨不能提得太高，刚过水面就可以了。

(6) 前推移桨。比较常用的有以下两种方法：

①左手下压，使桨几乎与水面平行，接着右臂往前推桨，然后入水。这种方法适合风浪较大的比赛场地，队员身材不高，但手臂力量要大。

②左、右臂上抬前推。前推过程中桨叶不能碰着水面，以免产生阻力，也不能提得太高，以免影响向前伸展手臂、入水时间以及划行的速度。

技术关键：移桨过程中左、右臂一定要放松，为拉水过程作准备。

### 四、龙舟动作技术练习方法

#### （一）划手动作技术练习方法

教师在教学过程中，先讲解，进行完整的动作示范，再进行分解动作示范，使学生明确动作要点，然后在陆地上做模仿练习。模仿分徒手练习、持桨划水练习。经过多次的模仿持桨练习后，再经完整连贯的配合练习，达到掌握划水动作节奏的目的。由鼓手打鼓指挥，节奏由慢逐渐加快，然后练习慢节奏划水（60 桨/分钟）、中等节奏划水（90～100 桨/分钟）和快节奏划水（120 桨以上/分钟）三种节奏划水，再练习起动划水技术，由于船在静止中起动，故起动划水技术和途中划水技术不一样。起动划水一般采用深插后拉技术，具有桨叶吃水深，拉水时两腿前蹬、后撑，拉水距离长的特点。起动桨一般用 8～10 桨可以进入途中桨。

#### （二）鼓手动作技术练习方法

鼓手通常站在船头，是全队队员的指挥中心，鼓手指挥的好坏直接影响比赛成绩的好坏。鼓手要求个子较小、体轻、灵活、节奏感强，因此在选人方面要求较高。鼓手的练习顺序是：单手打鼓—双手打鼓。鼓点练习顺序是：40 桨/分钟—60 桨/分钟—80 桨/分钟—90 桨/分钟—120 桨/分钟，力求练习到鼓点误差不超过 2 桨/分钟。

常见错误：鼓点声音时大时小，前臂发力过硬，抬手打鼓时高时低，腕力控制不好。

动作关键：打鼓时思想集中，鼓点心中有数，控制腕力，落鼓快，鼓声不拖泥带水，声音清脆。

### （三）锣手动作技术练习方法

锣手在整个比赛中，起着传递鼓手与舵手之间的信息以及平衡船的作用。打锣有三种方法：第一种是配合鼓手。鼓声响说明队员桨入水，当御水提桨时，锣声即起，形成一个划水周期一鼓一锣的声音。第二种是鼓手和锣手同时打，形成双音节奏。但锣声不要太大，队员以听鼓声为主。第三种是以2~3个划水周期打一次锣。这一种适合于经过锣手训练的替补队员打锣。鼓手、锣手之间的默契程度表明该队训练素质的高低。

### （四）舵手动作技术练习方法

舵手是龙船前进、调度的指挥中心，舵手的素质影响全队的比赛情绪。对舵手的要求是：身材适中，灵活，头脑清醒，注意力集中，有临危不惧的性格。目前全国比赛的舵有固定舵、灵活舵。

练习方法：不管是固定舵还是灵活舵，舵手均要学习向左偏、向右偏、向左弯、向右弯、向左后转、向右后转、直线进行。

舵手掌舵时，眼看前方，注意鼓手、锣手的反应。身体稍弯腰前俯，两腿前后开立成弓步。当队员拉水时，两腿用力向前蹬船。

## 五、龙舟比赛规则

### （一）裁判员

正式比赛应该有总裁判长1人，副总裁判长2人，编排记录裁判长1人；编排记录员2人，检录长1人，检录员2人，起点裁判长1人，起点裁判员每航道1人，发令员1人，助理发令员1人，取齐员1人，终点裁判长1人，终点裁判员每航道1人，计时裁判长1人，计时员每航道3人，检查裁判长1人，检查裁判员3人，广播员1人，监察员2人。

### （二）比赛规则

**1. 起航**

（1）起航的龙舟数应根据水面的宽度来确定，通常采用6条航道比赛，每条航道的间隔不小于10米。各航道及起点线、终点线均应有明确的浮标标志。航道的编号，以离终点席裁判最近的为第一道，依次向外排列航道次序。

（2）起航道，比赛的龙船必须固定在起航线后取齐。

（3）发令员发出"预备"口令或"响号角"后，参加当组比赛的龙舟即作好起航准备，划手把桨举离水面（舵手除外）。各龙舟都处于稳定时，发令员再发出起航信号，各龙舟听到起航信号后，划手才把桨入水，违者则判抢航犯规。

（4）连续两次抢航的龙舟应取消其该场比赛资格，发令员发现抢航，即鸣枪或鸣哨召回龙舟重新组织起航。

（5）每组比赛的抢航总数不得超过三次，超过三次起航时仍有抢航者，不管该龙舟是第几次抢航，均取消其该场比赛资格。如已鸣枪，才发现抢航，即继续比赛，不再召回龙舟；

如在鸣枪前即发现抢航，则暂停鸣枪，取消抢航龙舟后再发令起航。

（6）出现抢航后，凡拒绝发令员或监察员召回至起航线者，取消其该场比赛资格。

（7）比赛队员自身起航失误，或器材准备不足，不能作为重新起航的理由。

（8）如气候恶劣，危及参赛者安全时，裁判长有权决定停止比赛。

**2. 途中**

（1）所有龙舟自始至终应在本航道内划行，如船穿越其他航道，但并未干扰其他龙舟并及时划回本航道者，不判其犯规；已干扰其他航道正常划行或从其他航道到达终点者，应判其犯规。

（2）不能用任何方式干扰阻碍其他龙舟前进（包括道德行为），否则判其犯规。

（3）在比赛时，禁止任何舟艇在航道外伴随划行或接受任何方式的场外指导。

（4）在比赛中，由于自身原因引起翻船，允许比赛队员在不依靠外力的情况下重新上船继续比赛。但必须在该组比赛时间内到达终点，方视为有效。

（5）在比赛中，如有龙舟队故意将龙舟弄翻或撞坏其他龙舟，则取消比赛资格，并负责打捞、修理，情节严重者按罚款处理。

**3. 终点**

（1）当龙舟的龙头前沿部位到达终点线时，即算该龙舟划完全程。裁判应及时按表计时。

（2）如有比赛队员落水不在龙舟上，龙舟到达终点线成绩无效。龙舟到达后，应及时到指定地点，接受裁判员的检查。

（3）如果一场比赛中，在决定参加复、决赛最后一名时，出现两只以上龙舟成绩相同，则成绩相同的龙舟应增加一次比赛，优胜者参加下一轮比赛。

**4. 编排与名次**

（1）报名参加龙舟比赛数超过规定道数时，应进行分组预赛，选出优胜队参加下一轮比赛（即复赛或决赛）。

（2）预赛编排可采用抽签的方式或根据以往比赛的名次，合理安排组别及航道。复赛、决赛的组别及航道，在预赛抽签前编排妥当。

（3）名次的决定均以时间成绩为判定依据。每次比赛录取前几名，由大会规定，并在规程中写明。一般是三取一、四至六取二、七至九取三、十队以上取五名。

## 六、龙舟教学建议

（1）划龙舟教学大部分时间在船上进行，船在水面上左右摇晃使得初学者坐立不稳，易产生怕水心理，并且船摇晃不定使初学者不易掌握平衡，这增加了初学者的学习难度。因此，确保安全是划龙舟教学首先应考虑的问题。对于初学者，要让学生先熟悉船在水中的环境，使学生逐渐适应环境，克服怕水心理，然后再进行技术教学。

（2）划龙舟教学必须以练习为主，辅以语言和直观的方法。一般采用分解教学法，即把一个完整的龙舟划手动作合理地分成入水、拉水、御水、空中移桨四个部分，然后逐步地进行教学，最后达到使学生全部掌握的目的。

## 七、赛龙舟的安全措施

赛龙舟比赛场面壮观，引人注目，非常热闹。但因江湖水深，特别是江河之中多暗礁险滩,危险性较大,必须做好安全防护工作。

(1) 赛前要摸清比赛地点水的深浅,江、河、湖底的情况以及风力、气候变化的情况,做到心中有数。

(2) 组织人力,做好各种安全防护准备工作(包括各种救护器材),要准备好航道救护船只,如第一救护船不齐,第二救护船应能及时抢救。

(3) 凡参加比赛的队,应按大会要求准备好本队的救护物资和工具,一般应有救生衣和救生圈。

(4) 本队划手之间、队与队之间严禁开玩笑或故意造成创伤,各队应严格按有关规则的规定参加比赛。

## 第三节 舞　　龙

### 一、舞龙概述

#### (一) 舞龙的起源与发展

舞龙,又称"龙舞"、"舞龙灯"、"耍龙灯"、"玩龙灯"、"龙灯会"等(图19-6)。关于舞龙的起源至今尚无定论,仍是一个悬而未决的问题。从目前的资料和研究看,龙的起源远远早于舞龙的出现,舞龙仅仅是龙之历程的一个后发现象。相传,早在黄帝时期,在一种《清角》的大型歌舞中,出现过由人扮演的龙头鸟身的形象,其后又编排了六条蛟龙相互穿插的舞蹈场面。

图 19-6

清代是我国龙舞运动发展史上的最高峰,娱乐性舞龙越来越多,常见于史料文献和诗词中。清人姚思勤的《龙灯》诗曰"灯街人似海,夭矫烛龙蟠。雷虩千声鼓,琉珠一颗丹。擘天朱鬣怒,照夜火鳞乾。衔曜终飞去,休同曼衍看",生动细致地描述了龙身在龙珠的引导下,腾挪跳跃,以及鼓乐震天、观者似海的热闹场面。汪大伦的《龙灯》诗曰:"鳞甲攸喷火,飞腾照夜兮。市场沸如海,人影从如云。"可见,清代舞龙追求形神兼备,讲究飞腾冲天之象,使龙舞达到相当高的艺术水准。

20世纪以来,特别是新中国成立后,舞龙在中国大地再度活跃起来,20世纪80年代以后,"龙的传人"之说更加深入人心。舞龙运动经过长期发展,各地形成了形形色色、风格各异的龙舞造型和姿势。按传统风俗习惯，各地在新春佳节期间多以舞龙欢庆，即使在其他节日或庆典时，也常以舞龙庆贺。

## （二）客家舞龙

舞龙也是各地客家人，特别是赣南、闽西、粤东一带客家人在春节、元宵、庙会等传统节日，以及平日的开张庆典、大型集会等场合中必不可少的表演节目。客家舞龙主要有灯龙、布龙、稻草龙、板凳龙、猪笼（龙）等。客家人的根在中原，舞龙的渊源也在中原地区，而闽、粤、赣毗邻地区，几乎村村舞龙，户户参与，人人热心，体现了客家人对龙文化的热爱和继承。客家舞龙有出龙、戏水、戏珠、盘龙等，龙的长度以七节、九节、十一节和十三节居多。由于舞龙以活动为主，因此，龙的制作要轻便，易于快走，龙头要小，便于飞舞。小型龙灯更是造型简捷，制作轻巧，舞动灵活，其长度仅有三至五节。长龙则随着栩栩如生的舞姿，展示各种生动活泼的画面，如游龙摆尾、滚龙戏珠、盘龙缠柱、舞龙套珠、龙云出水、团龙大吉等。客家大部分地区的舞龙都是以锣鼓伴衬。但在粤东北连平却有舞龙歌，包括《龙歌调》、《落马晒》、《牡丹调》、《洛阳桥调》等。在赣南的瑞金、安远一带则有《龙灯祝赞》、《龙灯赞语》等。

客家地区的舞龙，有用竹篾扎成龙头、龙身各节以及龙尾，上面糊纸，用彩色画成龙形象的分节龙灯，也称为段龙；也有用彩色绸布覆盖相连的布龙；有按颜色命名的青龙、黄龙、白龙、银灰色龙等；还有规模浩大、气势恢宏的游大龙等，可谓形式多样，丰富多彩。下面简要介绍几种在赣南客家地区流行较广、影响较大的舞龙活动。

客家地区的灯龙主要在夜间舞耍，有的地方也叫"夜龙"、"火龙"、"龙灯舞"。灯龙以竹篾扎成骨架，糊上棉纸，在棉纸上画成龙鳞形状，龙身七至九节，龙头一节，龙尾一节，共为九至十一节，每节中部备有点燃蜡烛（或油捻）的位置；另有圆球二至四个，俗称龙珠，龙珠亦以竹篾扎框，棉纸糊面，上绘花纹，中点蜡烛（或油捻）。舞龙灯一般在正月期间，每年腊月便开始作舞龙灯的准备。为了不断补充新人，提高舞龙技艺，许多村寨都会挑选一批身强体壮的年轻小伙子，利用空闲时间进行舞龙练习。因舞龙灯需要吹打乐伴奏，所以同时也组织一些人进行"牌子锣鼓"的练习。在即将正式开始舞龙之前，舞龙人高擎龙灯，先到后龙山上（本村的后山），点烛、烧香、鸣放鞭炮，然后，点燃龙灯内的蜡烛或油捻，再请为首者用墨笔给龙点睛，吹吹打打回到祠庙里，谓为"请龙"。

入夜，龙灯队点燃蜡烛，敲响锣鼓，龙身配合锣鼓节奏，左右摆动，徐徐前进，走村串户。当龙灯快要到一个村寨时，鸣三声响炮（在赣南一些地区俗称"三边铳"），声传数里，意为让村中各户做好接龙灯的准备。表演的技术有"走塘坎"、"缠桅杆"、"卷谷笪心"、"倒挂金钩"、"冲球"、"缠须"等套路。待龙队靠近门前时，主人即点燃爆竹、敞开大门，迎接龙灯进屋，他们认为龙灯会带来吉祥、平安、富足的好运。于是，前导人员引龙升堂参拜，恭贺新禧。龙灯进屋后，根据场地大小，或在厅中盘旋一番，或在"天地国亲师"牌位前龙头点三下，或者在锣鼓声中退出门外空地展开舞技。龙身随着龙珠，或仰首抢球，或俯首吞珠，左右盘旋，上下腾跃，呼呼生风，敏捷有神。龙身烛光或隐或现，或上或下，变化活跃，赏心悦目。主人则借龙灯的火点燃香烛，插在祖神牌位前的香炉中，然后将准备好的红包送给舞龙领头人，领头人则向主人发彩：人财两旺，万事如意等，然后相互致意而别。再往第二家、第三家等，至午夜方得散场。客家相传一句民谚"狮龙入屋，买田做屋"，所以，群众都喜欢迎龙入宅表演。今天，在赣南客家地区的许多城镇，正月里，店堂开张营业时，也常邀龙灯队在店堂舞耍，以祈求新的一年里开张大吉，生意兴隆，讨个好彩头。

舞龙灯是一项十分费体力的活动，一般都由青壮年男子参加。正月舞龙开始，首先在本村或本族的香火厅或祠堂中表演，然后再走村串户、拜年、表演，一直持续到正月十五。当正月十五过后，人们开始紧张的劳作时，舞龙人把龙身上的纸糊撕下来，敲锣打鼓送到河边焚化，将灰烬撒入河中，此谓"谢龙"，至此，正月舞龙就算结束，开始投入新一年的生产劳动。

布龙主要在日间舞耍，因此，有的地方也称其为"日龙"。布龙的制作方法是：先用木料制作骨架，以绢纱为衣覆盖，外饰华丽。龙身较长，节数较多，每节龙身须用绸布连接起来。表演时，以龙珠引导龙身舞动，或仰首，或俯体，上下起伏，腾跃翻滚。由于布龙身长体重，所以表演起来既吃力又精彩，场地要较宽敞，技艺更须熟练。表演前，通常需要选定人家先发拜帖，然后登门表演，恭贺新年，以示送去吉祥富贵。

在闽西、赣南等地区也有舞稻草龙的习俗。宋代吴自牧的《梦粱录》云："元宵之夜……草缚成龙，用青幕遮草上，密置灯烛万盏，看之蜿蜒如火龙之状。"清同治《会昌县志》载："或疫病大作，束草为龙，遍体插火香，鸣锣击鼓，沿家旋舞，以逐疠鬼，祛除不祥。"稻草龙的制作方法是：龙珠、龙头、龙身、龙尾均用稻草扎成，龙头至龙尾绳子贯穿起来，并在整条龙身及龙珠上插满点燃的线香，舞动起来别有韵味。由于舞稻草龙的大多为少年儿童，故龙的造型相对小巧。因稻草代表了"五谷神"，"民以食为天"，客家人崇拜"五谷神"，所以有的地方认为稻草龙比布龙的地位更尊贵。舞稻草龙的孩子们常常抢在布龙之前进入人家中，主人也会高兴地馈赠红包给孩子们。

板凳龙顾名思义，就是将板凳当做龙来舞耍。板凳龙有独凳龙和多凳龙两种，板凳龙的样式较多，常见的有用普通长条板凳作龙身，由三人抬举，其中两人在前、一人居后的简易板凳龙；还有的是用竹篾扎成龙头、龙身和龙尾各节，再糊上纸或绸布，绘好鳞片，把扎好的各节龙身放置于板凳上而成。在赣南的石城、兴国等地的一些乡镇，几乎村村寨寨都有板凳龙舞，而且家家户户都乐于参加。这些地方的板凳龙与其他地区的板凳龙有所区别，通常由若干条无腿长板凳组成（每户至少出一条板凳），板凳龙一般选用长约1.5米，宽20~30厘米，厚约数厘米的条形木板作为龙身。其制作方法：首先，在木板两端中央凿出两个直径

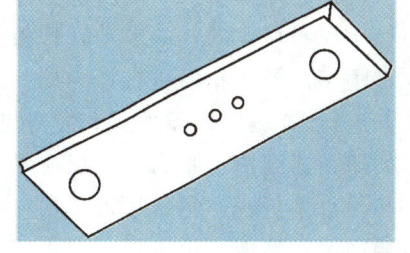

图 19-7

为3~5厘米的圆孔，在木板中部凿出三个直径较小的圆孔（图19-7）。其次，将前后两块木板首尾重叠，将一根直径与木板两端圆孔直径相同，长约数十厘米的木棍插入两块木板的圆孔中，将其连接起来，（木棍既作板凳连接用，舞动时又可作扶手用），若干条板凳相互连接便成了一条板凳龙。其长短要看参加舞龙者人数的多少，少的由十几条板凳连接而成，多的则有几十条，甚至上百条，长达数百米。另外，板凳中部的三个小孔是为点缀装饰龙身用的，其中，最中间的小孔一般插上一支点燃的蜡烛，两侧的小孔则可以根据各家各户的喜好挂上不同的装饰物，如灯笼（灯笼上一般写有灯谜）、对联、铃铛等，以烘托节日的喜庆气氛（图19-8）。

图 19-8

客家板凳龙的舞法是，通常将每家每户制作好的一节龙身（每户至少出一节龙身，1人参加）连接起来，连接的方式可以是随机连接，也可以按编号或规定顺序进行连接，但龙头必须由本村的族长、年长者，或威望最高的人担任。开始舞动时，每人肩扛自家的一节龙身，手扶木棍，在龙头的带领下，先来到村中"风水"最好的地方转三圈，然后，按预先制定的路线，分别到各家各户巡游。游龙时，许多大人、小孩都跟随左右，有说有笑，场面十分热闹。在舞龙日，每家每户都要做好接龙的准备，看见龙的到来，都要点燃鞭炮，迎接祥龙的到来，祈愿龙在降妖伏魔、驱灾避邪的同时，能在新的一年里给自家带来吉祥、富贵、太平、安康的好运。龙到每家每户时，领头人都要向主人发彩，如"万事如意"、"富贵吉祥"、"财源广进"等吉祥的话。当每户都游遍之后，再回到出发时的"风水宝地"转上三圈，舞龙才算结束，随后散去。

在石城县的一些乡镇，舞板凳龙还有一些地方传统习俗。首先，这些地方舞板凳龙只在有闰年闰月的年份进行，为期三天，而且，必须在正月十五结束（一般在正月十三到正月十五进行）；其次，舞龙头和龙身者必须是成年人，舞龙尾者必须是青少年（青少年具有步法灵活、速度快、眼力好、反应灵敏等优势），有利于龙尾的灵活多变；再次，参加舞板凳龙必须心情舒畅，尽情投入其中；最后，舞动者在舞动时，可以根据自己的喜好和自家龙身的装饰，尽情地自由发挥，以表现龙的生气和活力。

### 二、舞龙的场地与器材

民间舞龙对场地的要求并无十分明确的规定，通常根据表演的目的、内容、表演方式、表演人数以及龙身长短等而有所不同。参加人数多、龙身较长、行进游走动作多、幅度大、变化多的舞龙表演，通常需要较大的场地；表演人数少、龙身较短、舞动幅度较小时，一般不需要很大的场地，甚至在各家厅堂或禾坪（客家地区住宅门前的平整空地）也能做简单表演；但对于参加人数特别多、龙身特别长的舞龙表演，则通常安排在操场表演或采用在村寨、街道巡游的方式。如一些客家地区开展的板凳龙表演，其参加者近百人，甚至数百上千人，这样规模浩大的表演一般都在宽阔的操场进行，或者在街道、村寨之间巡游。

客家地区的舞龙表演，除了需要一条制作精巧华丽、长短粗细适宜的龙外，通常还要有锣、鼓、钹等伴奏器材，有的地方表演舞龙时，还配备一把"三边铳"，其构成是：在一根较长的钢管一端，将三节数寸长短、一端封口的钢管并列焊接在一起而成，三节钢管内装好火药备用。"三边铳"的作用是，在舞龙队临近某一村寨时，点燃其中一节钢管内的火药，其爆炸声传遍数里，每间隔数分钟点爆一铳，共响三次，目的是要提示村中各家各户，龙队即将进村，做好接龙准备。另外，舞龙表演时，一般都要求表演者所穿衣、裤、鞋、头饰等与龙身颜色相匹配。

### 三、舞龙动作技术与基本方法

#### （一）舞龙动作技术

客家舞龙单个动作主要包括"8"字舞龙动作、游龙动作、穿腾动作、跳龙动作、滚翻动作等几类舞龙动作。

**1. "8"字舞龙动作**

舞龙者将龙体在人体左右两侧交替做"8"字环绕的舞龙动作。"8"字舞龙动作包括原地"8"字舞龙、行进间"8"字舞龙，而且，其动作可以结合伴奏锣鼓的节奏做快慢变化。同时，也可以充分利用舞龙者的身体姿势变化，如单跪、靠背、跳步、抱腰、绕身等身体姿势下做各种不同的"8"字舞龙。做"8"字舞龙时，龙体的运动轨迹要顺畅、圆润，人体的各种造型姿势要优美，快速舞龙要突出速度、力量，并保持龙体运动轨迹流畅。做"8"字舞龙动作时，经常容易出现动作不圆顺，队员的速度不一致，龙体运动与人体不协调、不统一，造成人龙脱节，龙体触地，舞动速度太慢等错误动作。

教学中应遵循由慢到快，由原地逐渐过渡到行进间练习，有了一定基础后，再做各种身体姿势变化下的"8"字舞龙，并逐渐增加动作难度。同时，训练中应注意加强力量、速度、意识和队员的协同配合训练，使龙体在舞动中时，龙头、龙身各节与龙珠协调配合，舞动流畅，生动优美，充分展现龙的精、气、神、韵。

**2. 游龙动作**

游龙是舞龙者在快速奔跑游走过程中，通过龙体运动的高低、左右、快慢的起伏行进，充分展现龙的婉转回旋、左右盘翻、屈伸绵延等龙的动态特征。游龙动作主要包括直线行进、曲线行进、走圆场、起伏行进、行进中越障碍等动作。龙体在行进中应遵循圆、弧、曲线的运动规律，舞龙者应协调地随龙体起伏行进。

教学中应遵循动作技能的形成规律，按照由易到难、由简到繁、由慢到快的顺序反复进行练习。同时，对练习中出现的龙身打折、脱节、塌肚，各节速度不一，人龙运动不协调等错误动作应及时指出，采用适当方式加以纠正，并注意加强身体素质训练以及与鼓乐节奏的配合训练。

**3. 穿腾动作**

穿腾包括穿越和腾越两种方式。龙体动作线路呈交叉形式，龙珠、龙头、龙身各节依次从龙身下穿过称为"穿越"。龙珠、龙头、龙身各节依次从龙身上越过称为"腾越"。穿腾动作主要包括穿龙尾、龙穿身、越龙尾、首尾穿肚、穿尾越龙身、腾身穿尾、龙脱衣、龙戏尾等动作。在做穿越和腾越动作时，龙形应保持饱满，穿腾动作流畅不停顿，速度均匀，轻松利索，不拖地，不碰踩龙身。

教学中，应加强身体素质训练，提高弹跳能力等专项素质，应反复练习穿腾动作和队员之间的配合，并注意奔跑跟进能力及意识训练、心理训练、熟练掌握舞龙的穿腾动作。

**4. 跳龙动作**

龙体呈立圆或斜圆状运动，展现龙的腾跃、缠绕等动势，当龙身到舞龙者脚下时，舞龙者向上腾起依次跳过龙身，称为"跳龙"。做跳龙动作时，应注意掌握起跳的时机，以及跳起的高度和远度，防止踩碰龙身，并保持龙身饱满，运动轨迹流畅。

教学中，应根据龙身离地面的高度和龙身离舞龙者身体的距离等，适时地跳过龙身，尽可能做到轻松利索，因此，应特别加强弹跳能力训练。

**5. 滚翻动作**

当龙身运动到舞龙者脚下时，舞龙者利用滚翻、手翻等动作从龙身越过，称为"滚翻动作"。做滚翻动作时，必须在不影响龙身运动的速度、幅度、美感的前提下，及时完成，而且，所做滚翻动作应干净利索，规范准确，并保持龙身运动轨迹流畅圆顺，龙形饱满。

舞龙的滚翻动作技术要求较高，难度较大，因此，在练习舞龙的滚翻动作时，应特别注重滚翻的徒手动作技巧练习，并在熟练掌握徒手的滚翻动作后，逐渐转入手持把杆舞龙的滚翻动作练习，直到规范、准确、轻松、熟练时为止，并不断地加以巩固。

## （二）舞龙的基本方法

**1. 舞龙珠**

持龙珠者，即为龙队指挥者，在鼓乐伴奏下，引导舞龙者完成龙的游、穿、腾、跃、翻、滚、戏、缠、组图造型等动作和成套动作，整个过程要生动、顺畅、协调。舞龙珠的目的是引导龙队出场，认清出场方向；了解比赛场地的大小，熟悉表演动作的方位，避免表演时出现方位不正或场地利用不充分；舞龙珠者必须熟悉本队套路中的各种队形的变化以及必要的场上应变能力。舞龙时要求双眼随时注视龙珠，并环视整队及周边环境的情况变化，与龙头保持协调配合，并与龙头保持1米左右的距离；同时，龙珠还应保持不停地旋转。

**2. 舞龙头**

持龙头者身材必须高大魁梧、有力。舞动时，龙头动作紧随着龙珠移动，龙嘴与龙珠相距1米左右，似吞吐之势，注意协调配合，应时时注意龙头不停地摆动，展现出龙的生气与活力、威武环视之势。舞龙头的目的是在龙珠引导下，紧随其后移动，从而带动龙身的摆动；龙头左右摆动时，一定要以嘴领先，显示出追珠之势。要求龙头替换时，不能影响动作的发挥；因龙头体积较大，在左右摆动时不得碰擦龙身或舞龙者，与龙珠保持1米左右的距离。

**3. 舞龙身**

舞龙身者，必须随时与前后保持一定的距离，眼观四方，紧跟前者，走定位，空中换手时尽量将龙身抬高，甚至可跳起；舞低时，尽量放低，但千万别将龙身触地，在高低左右舞动中，龙翻腾之势即展现其中；还必须随时保持龙身蠕动，造成生龙活虎之势。在跳与穿的动作中，应特别注意柄的握法，柄下端不可多出，以免刮伤别人。龙身在左右舞动时，龙身运动轨迹要圆滑、顺畅；龙身不可触地、脱节；龙体不可出现不合理的打结。

**4. 舞龙尾**

持龙尾者，身材需轻巧，速度快，龙尾也是主要部位，因为龙尾时常有翻身的动作，龙尾舞动时翻尾要轻巧生动、不拖泥带水，否则容易使龙尾触地，造成器材的损坏，而且会让人感到呆板。龙尾亦是时时成为带头者，因为有些动作必须龙尾引首，明确精练的头脑亦为必备的条件，龙尾亦是整条龙舞动弧度大小的控制者，持龙尾在穿和跳的动作里，更应注意尾部勿被碰撞或碰撞别人，最重要的是随时保持龙身的摆动。舞龙尾的目的是随着龙身的带动，龙尾时刻摆动着，体现出龙的轻巧生动。龙尾舞动时，要求不能触地，龙尾在舞动过程中始终保持左右的晃动，并控制左右舞动弧度的大小。

### 四、舞龙的鼓乐介绍

舞龙的配乐器材可分为锣、鼓、钹、唢呐等民族乐器。但客家舞龙的陪衬乐器，大部分地区都以锣和鼓为主。锣鼓伴衬在舞龙表演中具有烘托气氛、转换节奏、激励表演者情绪的重要作用。这里仅对锣、鼓作简要介绍。

#### （一）锣

关于锣的历史距今已有两千多年，中国的锣在世界上享有很高的声誉。锣的品种繁多，按锣的形体大小可分为大锣、中锣、小锣、云锣和其他五类。在舞龙中大锣、小锣用得比较多。大锣和小锣的表面多呈圆形弧面，中心部分向前拱起，谓之锣脐。

**1. 大锣演奏**

（1）持大锣的方法：左手提大锣（图19-9），右手执锣槌（图19-10）。

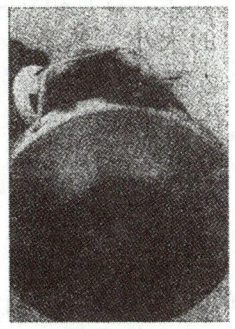

图 19-9

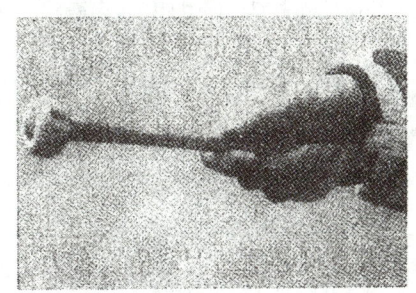

图 19-10

（2）大锣的闷击方法：①将大锣往后收，使锣边贴住腹部，敲击得闷音（图19-11）。②左手腕向后弯曲，让大锣贴住前臂和肘部，敲击得闷音（图19-12）。

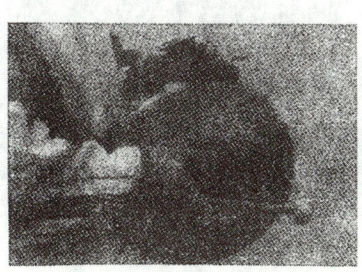

图 19-11

图 19-12

## 2. 小锣演奏

(1) 持小锣的方法：左手持锣（图19-13），右手捏往小锣片（图19-14）。

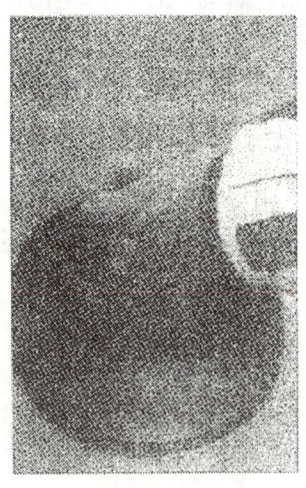

图 19-13

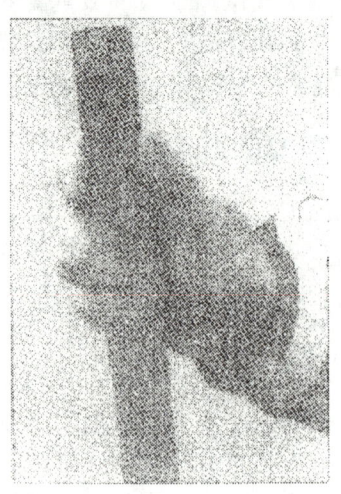

图 19-14

(2) 小锣的演奏方法：演奏时，右手凭腕力摇动，用小锣片下端的两侧斜棱正击锣门，切忌用死腕子和前臂动作敲击。小锣的重击与轻击在于右手的用力，以及锣片斜棱触锣门的角度。重击时斜棱与小锣锣门成条状，轻击时成点状。

## （二）鼓

鼓的历史悠久，在《礼记·明堂位》中已有记载。目前常见的鼓有大鼓（同鼓）、花盆鼓、单皮鼓（板鼓）、腰鼓、书鼓、太平鼓、八佾鼓、渔鼓、手鼓、铜鼓等。

### 1. 大鼓演奏方法的三个要点

(1) 敲大鼓时，两槌必须敲在同一点上，使双槌敲的音色统一。双槌上下运动呈两个"V"字形，即两鼓槌合拢成"八"字形（图19-15），两槌运动时则斜线上下成"V"字形。

(2) 槌敲击时与鼓面成45°（图19-16）。

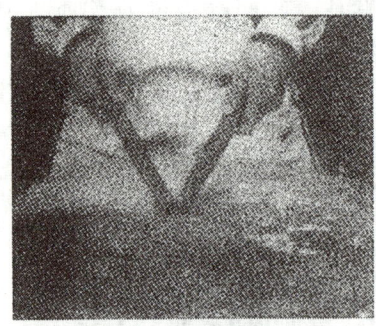

图 19-15

图 19-16

(3) 捏鼓槌使用拇指、食指和中指，松紧要适度。

## 2. 击鼓的动作方法

（1）以腕关节为活动中心的上下运动。这是最基本的一种击鼓动作。敲击时手腕上下运动，不用手指助力，前臂不能做上下运动。

（2）以肘关节为活动中心的上下运动。演奏慢速度和强力度时，采用肘关节为上下运动的中心，即把鼓槌的长度延伸至肘关节，将鼓槌、手腕、前臂连成一条直线，上下运动敲击鼓面，不附加手腕的上下动作。

（3）以肩关节为活动中心的上下运动。演奏特强的力度时，常以肩关节为中心挥动上臂。

（4）以三个指关节为活动中心的上下运动。这是一种难度较高的击鼓动作，其灵巧敏捷，演奏快速度时常用此法，民间称此为"捻"或"揉"。即通过拇指、食指、中指三指的协调配合完成的难度较高的击鼓动作。

总之，击鼓不能只用单一的方法，而应根据演奏的需要，运用多种方法，使鼓声在音色、音质和力度等方面丰富多变。

# 第四节　舞　　狮

## 一、舞狮概述

### （一）舞狮的起源与发展

狮子，亦称"狻猊"，并非产于中国，而是盛产于非洲和西亚。由于狮子外形雄壮，威武有力，是一种极为凶猛的野兽，即使老虎见了它，也只能俯首帖耳，不敢动弹，因此，人们给狮子冠以"兽中之王"的美誉，并用狮子来象征勇敢和力量，寄托驱除邪魔、保佑平安、祈求吉祥太平的愿望。因此，各地逐渐形成了在元宵节及其他重大活动时舞狮子的习俗（图19-17）。

图 19-17

狮子是作为西域的贡品传入中国的。据传说，狮子是汉武帝派张骞出使西域时，和孔雀等一同带回的贡品。狮子从西域引进中国后，其在人们心目中的形象由最初的"猛兽"、"异兽"，到后来的"瑞兽"，经历了一个漫长的转化、接受、喜爱和创新发展的过程，成为地位仅次于龙的灵兽。而且，历代的艺术家将狮子与中国的传统文化艺术有机结合，创作了大量的有关狮子的绘画、石刻、陶塑等,并形成了具有东方特色的狮文化。唐代的官服、绣袍中,皇子、亲王用"团龙"图案,一、二品武官穿狮子袍,狮子成为分别尊卑地位等级的标志。在民间,人们把狮子作为勇敢和力量的象征,认为它能驱邪镇妖,保佑人畜平安、天下太平。因此,狮子虽不产于中国,但在中国历代官府衙门前、豪门大户的宅门前、帝陵墓道、宫殿庙宇,甚至河桥栏杆、路边,以至生活用具上都可以见到大大小小的狮子的生动形象。在少数民族的艺术品中,也常有狮子的英姿,许多关于狮子的趣闻、故事更是广泛流传于民间。

舞狮的技艺却是引自西凉的"假面戏",也有人认为舞狮产生于南朝宋文帝时的一场战事。当时,交州刺史檀和之奉命讨伐林邑,林邑王范阳使用了象军作战,象军由于手持长矛骑在高大的象背上,前来讨伐的宋军吃了大亏。后来,宋文帝让大将军宋悫想办法制服林邑,宋悫说:"狮子乃兽中之王,百兽都怕狮子,当然大象也不例外。"于是连夜用布麻等做了许多假狮子,涂成五颜六色,并令其张大嘴巴。每个狮子由两个战士披架着,隐于草丛中,并在预定的战场周围挖了又深又大的陷阱,当对方驱象攻战时,宋悫则发号放出大批假狮子,张牙舞爪奔向大象,大象吓得没命似地掉头乱窜,有不少跌入陷阱。从此,舞狮首先在军队中流行起来,后来才传入民间。这两种说法都各有依据,今天已难以判断真假。不过,最晚应在唐朝已有了狮子舞,而且成为盛行于宫廷、军旅、民间的一种活动。唐段安节《乐府杂录》中说:"戏有五方狮子,高丈余,各衣五色,每一狮子,有十二人,戴红抹额,衣画衣,执红拂子,谓之狮郎,舞太平乐曲。"诗人白居易在《西凉伎》诗中对舞狮有生动的描绘:"西凉伎,西凉伎,假面胡人假狮子。刻木为头丝作尾,金镀眼睛银帖齿。奋迅毛衣摆双耳,如从流沙来万里。"此诗中描绘的正是舞狮的情景。

中国的舞狮经过一千多年的发展,今天已形成了南北两种表演风格,在狮子的造型上,南北各异,舞法也不尽相同,而是各有特色。北方舞狮分为文狮和武狮,文狮主要表演狮子的温驯神态,如舔毛、抖毛、搔毛、打滚等;武狮主要表演狮子的勇猛性格,如跌扑、爬高、腾跃、朝拜、滚翻、踩球等。"武狮"又称"瑞狮",即魏武帝钦定的北魏"瑞狮"。北狮的外形全身由狮被遮盖,舞狮者只露出双脚,下身穿与狮被颜色一致的裤子和金爪蹄靴,人们无法辨认舞狮人的形体,它的外形与真狮极为相似。南方舞狮也有文狮和武狮之分,以表演"文狮"为主。南狮的造型要大一些,狮子身体的装饰是大片鳞甲状的花纹,每个狮子也由两人表演,但舞狮人下穿灯笼裤,身披一块彩色狮被而舞。因此,舞狮人所做的动作可以露出来,表演时讲究表情惟妙惟肖,引人喜欢,但也有难度较大的技巧动作。南狮以广东地区的舞狮最具代表性,并风行中国港澳、东南亚侨乡,也称"醒狮"或"岭南醒狮"。

## (二) 客家舞狮

客家人自中原南迁,进入闽、粤、赣相毗连的地区后,形成的客家艺能都同中原艺能保持着千丝万缕的联系,寄托着客家儿女对中原故土的眷恋,体现了客家人民对中原文化的热爱和传承。舞龙、舞狮其渊源虽然都在中原,但闽、粤、赣毗连的客家地区,每逢春节、元宵、中秋或其他重大的节日,其庆典仪式上常有舞龙舞狮表演。舞狮也是客家人喜爱的表演项目之一,除了以广东舞狮为代表的南狮外,在其他客家地区也流传着舞狮运动,甚至南北舞狮并存。

在福建长汀一带,舞狮有"文狮"、"武狮"两种形式。"文狮"由五人表演。二人扮演狮子、一人滚球、一人扮笑和尚,另一人扮猴子。扮演狮子的二人,以身材高大强壮者舞狮头，身材矮小而灵活者舞狮身，笑和尚是一幅滑稽可笑的神态，猴子却灵活调皮，他们一起戏弄一头温顺的狮子，直到激怒它，向他们扑去，吓得猴子、和尚东躲西藏。文狮的动作主要有搔痒、舔毛、打滚、抖毛、抢球等，表演细腻、柔和，又有变化。"武狮"则注重武功，有跳跃、跌扑、腾翻、直立、盘桥探海、走梅花桩、窜桌子、爬梯、走索、叠罗汉等技巧，主要表现狮子威武雄壮、勇猛矫健的特点。

福建上杭的舞狮，昔有黄狮、青狮之分。黄狮着重于娱乐，青狮则以切磋拳脚功夫为目的。如今青狮技艺已失传，仅有黄狮。狮子由二人操作，第三人饰小鬼，戴假面，在小鬼的戏弄和挑逗下，狮子表演各种动作，时而追逐腾跃，时而假寐休憩，时而翻身怒吼，谓为"小鬼弄狮"。表演前，锣鼓先行，由小鬼引狮子登堂参拜，舞毕，则入室辞行。

福建宁化的舞狮也有"文狮"、"武狮"之分。"文狮"属游艺表演，为娱乐性活动；"武狮"俗称"打狮"，是以武术表演为主、艺术表演为辅的活动。游艺表演的青狮同样由二人表演，第三人则身穿汉装，头扎红绸巾，脚扎绑腿，腰系红绸节，手持红球，引逗狮子做各种表演。宁化"武狮"一般有青、黄、黑狮之分，但舞青、黄狮较多，一般人不敢贸然打出"黑狮"的招牌。因为青、黄狮虽然在表演舞狮技艺的同时，以武术表演为主，但一般不与人较量，而打出"黑狮"的旗号就不同，有自视天下无敌、傲人之嫌。

客家舞狮多以鼓、锣、钹等打击乐器伴奏为主，音响高低起伏，抑扬顿挫，快慢有致，轻重有别，特别强调伴奏音乐的轻重、快慢节奏与舞狮动作的配合。例如，小鬼右手执扇，左手持草，戏狮追逐时，锣鼓声铿锵紧凑；狮子欲稍事休息，小鬼跨坐狮背，扇和草插入上衣内，双手给狮子捉蚤子时，则鼓声徐缓，鼓钹声与小鬼提狮子头的情形相呼应。至小鬼变更主意，用草搔狮耳，狮子翻身怒吼时，锣鼓声大作，使正看得入神的观众突然惊醒过来；当小鬼花样百出戏弄狮子，狮子无可奈何时，又以轻快的锣鼓声伴衬，并会引发观众轻松喜悦的笑声。

## 二、舞狮的场地与器材

客家地区舞狮子的表演时间一般为10～20分钟，表演场地的大小应根据参与表演的狮子数量，并结合实际而定，一般的狮子表演在较宽阔平整的空地或草地上就可进行，如果是重要的集会或庆典表演，通常在搭建好的舞台、体育馆或露天广场进行。而且，在舞狮子表演时，为了表演者的安全和保护道具，通常在表演的舞台等场地铺设地毯或在草坪上表演。

客家地区所舞狮子的制作较为简单，狮子头是用竹子、铁丝扎成，然后糊上白布，并涂上颜色加以修饰。表演时，有的也会披上狮被，但扮演者一般不穿缝了毛的黄色衣裤，表演者的身体大部分露在外面。客家地区舞狮子与北方狮子有所区别，它以神似为基础，同武术相结合，摆脱了具体形态的局限。舞狮子除了需制作好一定数量的狮子外，还应根据舞狮子表演的需要，准备必要的表演道具和伴奏乐器，如绣球、梅花桩、大圆球、跷跷板、四方桌、爬梯、葵扇、鼓、锣、钹等。梅花桩一般用铁管或铝合金焊制而成，根据需要可大可小、可高可低，并无一定标准。大圆球一般用木质材料制作而成，直径通常在1米左右，跷跷板、四方桌、爬梯均用木质材料制成。

## 三、舞狮的基本技术与教学方法

### （一）狮子头的基本握法

单阴手单手握狮头，手背朝上，大拇指托狮舌，其余四指握在狮舌上方。
单阳手动作与单阴手相反，手心朝上。
双阴手动作与单阴手相同，两手握于狮舌两侧头角处。
双阳手握法与双阴手相反，握的部位相同。
另外，根据要表演的狮子神态的需要还有开口式、闭口式等握法。

### （二）狮尾的握法

单手握法：舞狮尾者一手用大拇指插入舞狮头者的腰带，其余四指轻抓腰带，另一手可做摆尾等动作。
双手握法：双手大拇指插入舞狮头者的腰带，做各种动作时应紧握。

### （三）舞狮子的基本步法

上步与退步：一脚向前迈步，另一脚跟上，成两脚平行站立，为上步；反之，则为退步。
侧步：包括左侧步和右侧步。一脚向同侧迈出一大步，另一脚跟上，成平行站立。
交叉步：包括左、右交叉步。移动方向的异侧脚向运动方向一侧跨出一大步（经两腿交叉），另一脚随即向运动方向一侧跨出一步，成平行站立。
跳步：可单脚跳，也可双脚跳，跳步的步法可根据实际情况向舞动方向任意跳跃。
另外，舞狮子的步法随表演需要，还有行礼步、两移步、弓步、开合步、扑步、虚步、跪步、小跑步、小跳步、跃步等。

### （四）舞狮子的基本动作

舞狮子至少有两人配合，一人扮狮头，一人扮狮尾，并通过两人的默契配合而完成各种动作。
摇头摆尾：两人配合做狮头与狮尾的摇摆动作，先做原地动作，然后再行进间做。
叩首：舞狮头者将狮头持于头上，用小跑步快速向前跑，舞狮尾者随之行进到预定位置后，两者配合做狮头叩拜动作，然后碎步退回。
滚翻：舞狮尾者抓住舞狮头者的腰带，两人同时蹬腿向一侧滚动，可做一个或几个滚翻动作。
叠罗汉：舞狮尾者站马步，舞狮头者两脚站于狮尾者的膝盖上，舞狮尾者扶住舞狮头者的腰，使其平衡、稳定，舞狮头者持狮头做各种动作。
舞狮子的技术动作有许多，舞动时，可根据舞狮者的身体素质、能力素质、训练水平和表演条件，以及各地的传统习俗，有选择地进行组合而编排成套路。

### （五）舞狮子的教学要点

（1）教学中应坚持按由易到难、由简到繁，先原地练习，再逐渐到行进间练习的顺序进行。
（2）教学中应突出基本动作的训练。
（3）教师应结合动作示范，讲解动作要领，反复进行练习。
（4）学生在教师的口令指挥下进行单个动作模仿练习。
（5）练习中，教师要仔细观察，善于发现学生练习中的错误，并及时进行纠正。
（6）对动作有了初步掌握后，应随伴奏音乐或打击乐的节奏进行练习。
（7）练习中，既要强调单人动作的练习，更要加强双人的配合练习。
（8）练习狮子的神意形态动作时，狮头与狮尾配合要默契，动作要协调一致，每个举动都要符合狮子的习惯，给人形象逼真之感。
（9）练习中，特别应突出狮子的喜、怒、哀、乐、动、静、惊、疑等神态。
（10）熟练掌握了基本动作方法后，可进行滚球、过跷板、跳方桌、爬梯等练习，进而练习桩上技术。
（11）单狮动作掌握后，进行两头狮子的表演，或者与逗狮人配合练习，或者根据表演需要进行多头狮子的表演训练。

## 第五节　荡　秋　千

### 一、荡秋千概述

荡秋千，也称打秋千，是我国的传统体育活动之一，具有悠久的历史。秋千以器材制作简单、形式多样、动作易于掌握等特点，深受各民族不同年龄层次群众的喜爱，在民间广为流行，特别是在朝鲜族、纳西族、阿昌族、苗族、哈尼族等少数民族和广大青少年儿童中较为普遍，其中尤以朝鲜族妇女最爱秋千比赛。在赣南客家山区，荡秋千作为民间娱乐休闲活动流行较广，在屋廊的横梁上挂上两根秋千绳，扎上脚踏板就可作为秋千，欢快而悠然自得地荡起来。甚至从深山老林里砍回几根老山藤，挂在树杈上，就成了一副天然的秋千。

关于秋千的起源有多种说法。一种说法是源于西域，明人王圻的《三人图绘》记载："百戏起于秦汉，有弄瓯、吞剑、走火、缘杆、秋千、高跷等类……皆西域来耳。"另一种说法是源于印度，当时为了感谢上天神灵的恩赐，将人荡到天空中去报答，故有了秋千活动。也有人说是源于山戎，如清人瞿灏的《通俗篇》记载："秋千本山戎之戏，自齐桓公北伐山戎，此戏始入中国。"还有说法是起源于汉武帝时代，如许慎的《说文》记载："秋千，武帝后庭之戏也，本云千秋，祝寿之词也，语讹传为秋千。"另有传说，秋千的起源是因为妇女下地劳动生产，为了孩子在家里有玩处，便在大门的横框上拴上两条绳子，让孩子荡着玩，从而不断发展形成一种盛行的体育活动。在客家山区，确实也有一些农家在繁忙无暇照看婴儿时，将婴儿置于悬挂的摇篮或箩筐中荡悠，小孩也因此不哭不闹，甚是安详。

传说荡秋千能消灾免祸，祛除疾病，男孩女孩荡秋千能长身体，老年人荡秋千能延年益寿，这只是人们的期盼和愿望，也许这就是荡秋千能在民间世代相传、经久不衰的原因。但是，作为一种体育娱乐活动，其确实颇有裨益，不但可以增加人的胆量，而且可以锻炼手臂和腿的力量，还有很好的欣赏效果。经常荡秋千，不仅对身体的神经、呼吸器官、心血管系统以及骨骼、肌肉有一定的作用，同时，荡秋千能使人迅速适应各种不同高度和位置的变化，提高人体维持身体平衡和适应各种环境条件的能力，对从事航空、航海、高空作业的人可产生积极影响。另外，从心理健康方面来讲，荡秋千可以消愁解忧、调节情感、娱乐身心，培养机智、勇敢、顽强的意志品质，丰富文娱生活。人们在尽情摆荡的过程中，一面做着舒展的动作，似飞燕凌空，一面唱着悠扬的歌谣，尽情娱乐，尽情放松，消除劳动所带来的疲劳以及日常生活中的烦恼，使人心旷神怡。

各民族各地区的荡秋千活动，其形式多种多样，按参加人数的多少，有单人、双人和多人三种；按秋千的类型，有磨秋、轮子秋、风车秋等；按荡秋千的动作形式，有立荡、坐荡两种；按动作的难易程度，有一般的摆荡和难度较高的秋千翻筋斗等。比赛形式通常有荡高和触铃两种。

## 二、荡秋千的场地与器材

荡秋千这一民族传统体育活动之所以在赣南客家地区民间广为流传，恐怕与其对场地要求不高、器材制作简单有直接的关系。在赣南城乡，许多学校、社区、公园、广场设有安全、简易的秋千，男女老幼把它视为一种娱乐消遣、休闲健身的手段，而乐此不疲。

### （一）场地

通常民间自发的荡秋千活动，其场地一般要求宽阔、平坦、安全、无障碍，甚至在平整的屋廊下或房前屋后的林子里，也可以进行荡秋千活动。但对于正式的荡秋千比赛，则对场地要求较高，一般要求场地的长不少于25米，宽不少于8米，场地上空15米范围内无障碍物。当然，对于学校、街道、社区开展荡秋千活动，则可以在确保安全的条件下，因地制宜，因陋就简，不必过分要求场地的规格。

### （二）器材

荡秋千的器材通常包括秋千架、秋千绳、脚踏板，对于举行荡秋千比赛，则还要设置起荡台、安全绳、系铃架等附属设施和安全设施。

**1. 秋千架**

学校、社区使用的秋千架通常由立柱、横杆两部分构成。其制作方法是：先将两根木头或铁柱（或钢管）竖立在地上作为立柱，然后，在两根立柱顶端架一圆木或钢杆作为横杆并固定，其高度和宽度可视场地条件灵活设置。在客家山寨，许多青少年在相邻数米的树杈上挂起秋千绳就可荡悠起来。

**2. 秋千绳**

秋千绳一般选择重量轻、弹性小、直径在2～3厘米、耐磨耐用的尼龙绳、棕绳、麻绳等，绳的两端分别系在横杆上。在一些居民小区、中小学校，为了确保安全，也常用铁链作秋千绳。在赣南客家山区，有的甚至从深山老林砍回几根老山藤，缠在一起作为秋千绳，进行荡秋千活动。

**3. 脚踏板**

通常选用一块板子作为脚踏板，板子要有一定的厚度，结实耐用，其长度和宽度通常是：单人秋踏板长30厘米，宽10厘米；双人秋踏板长40厘米，宽10厘米；踏板离地面高度为0.8～0.9米。学校、社区里的秋千通常选择长40厘米的脚踏板，踏板离地面高度应依据实际情况而定，一般高度在0.5～0.6米。

#### 4. 起荡台

荡秋千作为娱乐健身活动时，通常不设专门的起荡台，一般的起荡方法是先将脚踏板拉至一定高度，单脚踩上脚踏板，双手握秋千绳，另一脚再站上踏板开始起荡，或者在外力推动下起荡，有时也可站在高凳上起荡。但举行比赛时，应设置供参加者上脚踏板试荡的起荡台，其高度和宽度要适宜，一侧设上下用的台阶，并且底部装有可灵活移动的轮子，便于起荡后推开。

#### 5. 安全绳

秋千比赛一般设有两条安全绳，每条应能承受100公斤的拉力，安全绳分别系在两根秋千绳上，另一端分别套在两手腕关节部位，防止运动员脱手飞出，造成损伤。学校、社区的荡秋千活动一般不配备安全绳，因此更应注意加强保护，确保活动安全，以免造成不必要的伤害。

#### 6. 系铃架

系铃架是高度比赛和触铃比赛用的可升降，并系有铜铃的架子。系铃架由两根刻有尺度的钢管做成，立柱顶端延伸臂上是一根直径为2～3厘米，并挂着若干铜铃的横杆。延伸臂与立柱间的距离不应少于0.5米，两延伸臂之间的距离不应少于3米。学校、社区开展荡秋千比赛时，可根据实际情况设计制作较为简易的器材。

#### 7. 其他器材

正式的荡秋千比赛还应配备测量铃铛高度的高度尺和向运动员或观众显示比赛高度与触铃次数的显示板。这些测量与显示装置，在学校或社区开展秋千活动时一般较少配备，当然也可根据实际情况选择配备。

### 三、荡秋千的基本技术与教学方法

#### （一）荡秋千的技术原理与动作要领

**1. 荡秋千的技术原理**

（1）荡秋千是一个类似于物理学中单摆运动的摆动过程，因此人体如果能够正确合理地运用物理学和生物力学原理，便能使秋千很快地进入摆荡阶段，并保持或增加秋千荡起的高度，这是荡秋千技术的关键所在。

（2）荡秋千的过程也是物理学上动能与势能转化的过程。当秋千由低处向上升高时，人体与秋千的势能逐渐增加，动能逐渐减少，当秋千摆至最高点时，人体与秋千的势能达到最大，其速度和动能为零；当秋千由高向低摆时，人体与秋千的势能逐渐减少，动能逐渐增加，当秋千摆至最低点时，其势能最小，摆动速度最快，动能达到最大值。

（3）荡秋千的过程是人体与秋千互相协调统一的过程，只有人体所用的力与秋千的运动方向相配合，才能越荡越高，否则，摆荡的幅度将越来越小，秋千将越荡越低。

（4）双人或多人荡秋千时，用力必须协同一致，形成合力，才能在最少的试荡次数和最短的时间内，摆荡到最大的高度。

**2. 荡秋千的动作要领**

（1）起荡。起荡前，先将脚踏板提至一定高度（也可站于高凳或起荡台上），两手握绳，手心相对，与胸同高，两臂自然弯曲，一脚踩在脚踏板上做好准备，然后另一脚稍蹬地（或起荡台），顺势站上脚踏板，开始进入摆荡，称为立荡（坐于踏板荡秋千称为坐荡）。

（2）摆荡。进入摆荡后，秋千由后上方向前摆时，尽量使身体重心下降，屈膝下蹲，使人体和秋千的总重心远离轴心（即秋千架顶端的横杆），使摆动的速度加大（摆至最低点时，速度最大）；当秋千摆过垂直部位，由最低点向前上方最高点摆动时，两腿应蹬板，逐渐伸直，并向前送髋、挺腹；当秋千到达前最高点时，身体应接近直立。在整个由下蹲到站起成直立的过程中，应缓慢配合秋千的摆动，不要猛然站起，以避免破坏摆动的轨迹。由前上方向后摆时，屈膝下蹲，向后摆过垂直部位后，臀部应向后上方提起，并逐渐蹬直双腿。双手随前后摆荡而用力。正确掌握和合理运用动作技术，是保持和增加秋千摆荡幅度的最关键因素。

（3）下秋千。当荡秋千者准备终止练习或比赛结束时，应停止用力（或施加外力），使秋千的摆幅逐渐减小至完全停止摆动，再从踏板上跳下。在秋千完全停止摆动前，切不可贸然跳下，以免发生事故。

## （二）荡秋千的教学方法与步骤

**1. 教学方法**

1）讲解

在荡秋千的教学过程中，讲解是一个重要环节，教师首先应将秋千运动的技术原理、基本方法、摆荡的动作要领讲授给学生，使学生明白秋千摆荡过程中的用力方法和下蹲与起立的变化，懂得怎样才能用最短时间、最少摆荡次数使秋千荡到最高的道理，同时还应将上、下秋千的方法和安全事项给学生讲解清楚，确保教学安全有序。

2）示范

在荡秋千的教学过程中，教师要进行正确的摆荡示范，或者示范与讲解结合，或者边示范边讲解，让学生既能观察摆荡过程的几个环节，又能将动作要领与摆荡过程结合。另外，也可以根据需要进行正误对比示范，使学生既看清楚正确的动作方法，又对错误动作有所了解，减少练习时出现的错误，以便提高教学效果。

3）练习

在学生练习过程中，教师要善于对学生的进步与不足给予及时的表扬、鼓励和耐心的指导、帮助。对于领会动作要领快、掌握动作正确的同学要给予表扬，使其再接再厉，不断提高动作质量和摆荡幅度；对于掌握动作要领较慢、动作不熟练的同学要耐心地指导，并给予鼓励，不能批评、嘲讽；同时，对一些胆小、有惧怕心理，甚至不敢上秋千练习的同学，也可以采用直接帮助的方法，让他们逐步克服胆怯的心理压力，树立信心，以便使他们更快地掌握荡秋千的技术动作。

**2. 教学步骤**

1）起荡

教师示范并讲解起荡的准备动作以及握绳与踏板方法，学生反复练习如何上秋千起荡。

2）摆荡

摆荡练习应掌握幅度由小到大、用力逐步增加、逐渐加大摆幅的原则。

（1）小幅度的摆荡练习。使学生逐步适应起荡后身体所处空间位置的变化，体会摆动动作的要领。

(2) 随着摆荡要领的逐步掌握，动作不断熟练，可以逐渐加大用力，增大摆动幅度。

(3) 设置高度标志，让学生努力摆起，用脚（踏板、头、身体）触碰标志物（标志物的高度应符合实际，并逐步升高）。

(4) 在规定的时间或预摆次数内触碰标志物。

(5) 荡高比赛。看谁在最少次数或最短时间内摆到指定高度。

(6) 熟练掌握单人摆荡后，可以进行双人或多人的摆荡练习，提高学生练习的积极性。

### 四、荡秋千比赛规则

**1. 比赛方式**

根据民族传统习惯，荡秋千比赛一般只设女子项目。在学校或社区组织的秋千比赛，男子也可以参加，甚至可设男女混合双人比赛，以提高学生和社区居民对秋千运动的兴趣。比赛方式通常有高度和触铃两种，比赛形式有单人比赛、双人比赛，比赛种类有团体赛、个人赛。

高度比赛是在规定的试荡次数内，根据摆荡达到的最高高度来决定胜负。

触铃比赛是在规定的高度上和规定的时间内，根据参赛者触铃次数的多少来计算成绩，决出胜负。

**2. 比赛场地**

荡秋千比赛的场地为20米×8米的长方形平坦地面，秋千架高度为12米，起荡台高1.3米，场地上空15米内无障碍物。

高度比赛：单人或双人比赛均有6次试荡机会，铃杆的起始高度为6米，并逐渐升高，极限高度为单人10米、双人10.5米。

触铃比赛：铃杆高度为单人6.2米、双人7米，单人或双人触铃比赛均有一次试荡机会，时间通常为10分钟。

**3. 比赛方法**

1）高度比赛

在高度比赛中，每名参赛者有6次试荡机会，以试荡达到的最高高度作为其高度比赛成绩。如出现成绩相等，则先以达到该高度预摆的次数多少来决定名次，次数少者名次列前，如仍相等，则看试荡次数，次数少者名次列前。

2）触铃比赛

在触铃比赛中，每名参赛者仅有一次试荡机会，限时10分钟，在规定的时间内，以触铃次数多少来决定名次，次数多者名次列前。如出现触铃次数相等，则连续触铃者名次列前，如仍相等，预摆次数少者名次列前，如再相等，则名次并列。

3）团体赛

每队派两名队员先进行双人定时触铃比赛。然后，每队派4人参加个人高度比赛，其成绩计算方法是，将每队双人定时触铃比赛成绩得分与每队单人高度比赛3个较好成绩得分之和作为该队的团体比赛成绩。

4）个人比赛

个人比赛以每个参赛者在团体赛中个人高度比赛成绩得分与单人触铃比赛成绩得分之和

作为个人总成绩,并由此决定名次。

**4. 计分方法**

在单项比赛中,如取前六名,可按7、5、4、3、2、1计分。如取前八名,可按9、7、6、5、4、3、2、1计分。

## 五、荡秋千游戏及教学

### (一)荡悠

**1. 场地器材**

两副同样的秋千,如果没有,也可以在两副高单杆上分别安装一副简易秋千,其方法是:将秋千绳两头分别系于单杠两端,并固定,装上脚踏板,踏板高度酌情设置。

**2. 游戏方法**

游戏前,将学生分成人数相等的两队,分别站于秋千架外侧。游戏开始时,每队派一名学生同时上秋千起荡,试荡时间为2分钟。动作要领正确、摆荡技术好、摆动幅度逐渐增大者为胜,得1分。依次轮流至最后一名队员完成为止,得分多的队为胜队。采用五局三胜制。

**3. 游戏规则**

(1)听口令上板起荡,不得抢先上板。
(2)摆荡中手脚不能离开握点与脚踏板,违者判负。
(3)试荡时间到,即结束试荡。

**4. 教学建议**

(1)游戏目的主要是提高学生摆荡的基本技术,巩固动作要领,一般不作高度要求。
(2)也可采用坐荡的形式进行。

### (二)双人荡高

**1. 场地器材**

秋千一副,高度测量绳一根,并系于脚踏板下,用于测量荡起高度。

**2. 游戏方法**

两人一组,一人坐在脚踏板上,另一人站在他的后面。开始试荡后,以在规定时间或试荡次数内,荡得最高的组为第一名,其余名次依此类推。

**3. 游戏规则**

(1)摆荡中不能松开秋千绳,不能离开脚踏板。
(2)坐者不能站起。
(3)在规定的试荡时间或试荡次数内所达到的最高高度为其有效成绩。

**4. 教学建议**

此游戏也可以采用双人立荡(面对面或背靠背或并列)或双人坐荡的形式进行。

### （三）触铃比赛

**1. 场地器材**

宽阔平坦地面上秋千架一副，铃铛若干个，系铃绳（或杆）一根。

**2. 游戏方法**

游戏开始前，根据参加者的实际情况，将触铃悬挂于某一高度，以多数参加者能用脚触及为宜。参加者以立荡的形式进行，当上板起荡后，开始计时。在规定时间内，以脚踏板触及铃铛的次数多少决定胜负，次数多者为胜。

**3. 游戏规则**

（1）每名参加者只有一次试荡机会。
（2）在摆荡的全过程中，双脚不能离开踏板，必须用脚踏板触铃。
（3）在规定时间内脚踏板触及铃铛的次数为有效次数。

**4. 教学建议**

（1）铃铛高度可视参加者总体水平确定。
（2）铃铛可用其他物品代替，如气球、花、树叶等。
（3）人数较多时，可采用分组团体赛的形式进行。

## 第六节 踩 高 跷

### 一、踩高跷概述

踩高跷是我国民间一项传统的群众性体育娱乐表演活动，也是民间表演的一种舞蹈形式，深受广大人民群众的喜爱（图 19-18）。我国民间对高跷的称呼，唐以前叫长跷伎，宋时叫踏跷，清代开始才叫高跷。由于表演者双足踏在木跷上作舞，比一般人高出一截，观者需仰起头或站高处观看，因此，也有的地方把它戏称为"高瞧戏"。在赣南、闽西、粤北等客家聚集地区，踩高跷又俗称"缚柴脚"、"高脚师"、"拐子"等。

图 19-18

踩高跷在我国有悠久的历史，早在春秋时代就已出现。关于踩高跷的起源，有多种说法。一种说法是，踩高跷起源于古代先民采摘树上野果的一种跷技活动。在上古时代，农业很不发达，生活在山洞里的先民们，在长期的生存实践中，发现将长木棍绑于腿上时，不仅能自由活动，而且可以采摘到树上的野果。久而久之，这种生存手段便沿袭并演变而成踩高跷的风俗。另一种说法是，踩高跷起源于我国古代百戏中的一种技艺性表演，最早的文字记载见于《列子·说符》："宋有兰子者，以技干宋元。宋元召而使见其技。以双枝长倍其身，属其胫，并趋并驰，弄七剑迭而跃之，五剑常在空中。元君大惊，立赠金帛"，意思是说，古代宋国有个叫兰子的人，他踩着比他身体还高的木跷，在快速地舞蹈时，手中还拿着7支短剑并不停地抛起，其中5支常在空中。可见，早在公元前500多年，高跷就已流行。表演者不但以长木缚于足下行走，而且还能跳跃、舞剑等。又据《封氏见闻录》记载，唐代就有人踩着五六尺高的高跷，在绳上踏舞，可谓技艺高超，令人惊叹。

高跷分为高跷、中跷和跑跷几种，高的达一丈多，低的也有近尺。另外，有的地方还有"响铃高跷"（在跷腿上拴上铃铛，走动时响铃而得名）、"连腿高跷"（如二人合踩三只跷、三人合踩四只跷、四人合踩五只跷），以及文高跷、武高跷等。进行高跷练习，不仅能达到锻炼身体、增强体质的目的，而且还能提高人的身体素质、平衡能力、协调性，培养勇敢顽强、果断坚毅、敢于克服困难和战胜困难等良好的意志品质，同时也是一种积极有效的休闲手段，能丰富人们的业余文化生活，增进民族团结和友谊。由于踩高跷所需器材比较简单，取材方便，易于制作，受场地、气候、环境的影响较小，技术简单，容易掌握，运动强度较小，娱乐性强，在南北各地易于开展，所以其深受广大人民群众的喜爱。因此，比较适合当前我国正在大力开展的全民健身运动。

踩高跷的表演时间一般都在农历腊月、正月间。新年一到，人们便打起绑腿，踩着高跷，盛装出行，好不热闹。其表演形式多种多样，一个高跷舞队少则十几人，多则几十人，表演的灵活性、机动性大，行动比较自如，可以在广场空地中表演，也可走街串巷、进村入屋，观者如潮，笑逐颜开。

高跷舞中扮演的人物，有来自现实生活的，也有来自历史故事和神话传说的。有《白蛇传》中的许仙、白蛇，也有《水浒传》中的鲁智深，《西游记》中的唐僧、孙悟空，还有梁山伯与祝英台等。人物角色的服饰化妆大多模仿传统戏曲的人物扮相，如画脸谱、带髯口等。高跷舞队在表演时边舞边走出各种各样的图形和队形，称为大场；两三人表演则叫小场，还有各种特技表演和歌舞小戏。从扮演的人物和表演形式上看，它与秧歌有相似之处，因此，有的地方把高跷又叫做"高跷秧歌"。高跷秧歌中，扮演的人物有渔翁、媒婆、傻小子、憨媳妇、和尚、尼姑等，还有戏曲中的角色，如关公、张飞、吕洞宾、何仙姑、红娘、济公、神鬼等，他们随着锣鼓的节奏，或走或队列或慢跑，边走边唱，生动活泼，逗笑取乐，如履平地。

赣南客家的高跷表演吸收了赣南民间戏剧和客家灯彩的表演形式，多为"扮故事"，表演时间一般在农历腊月和正月，以表达丰收的喜悦，使过年的喜庆气氛更加浓烈，另外也经常在农闲时节和节假日表演，或者在企业开张、庆典等大型集会时表演以助兴。表演内容丰富多彩，充满浓厚的乡土气息。表演一般由12~16人组成，表演者常扮饰《八仙过海》、《西游记》、《水浒传》、《封神榜》中的人物，并特别注重人物服饰，服装颜色鲜艳亮丽，表演动作形神兼备、滑稽夸张，令人捧腹不已，十分有趣。同时，表演中多配以"灯"、"蚌壳"、"彩莲旱船"等，也常常手持表演道具，如灯笼、折扇，边走边舞，边走秧歌步，边变换各种队形和图形，或进行评说、演唱。

高跷均属木制品，即在刨好的光滑的木棍顶部或中部的适当位置钉上脚踏而成。赣南客家的高跷通常有两种，其结构均由圆木棍和脚踏板两部分组成。一种是在两根直径为5厘米左右、长度为 150~180 厘米的圆木棍上，距地面高度数十厘米处各钉一块踏板而成；另一种是在两根直径为 5 厘米左右、长度为数寸或数尺的圆木棍顶端各钉一块踏板而成。前者重心易于平衡，动作简单，易于掌握，多见于娱乐、健身、游戏和竞赛中；后者动作掌握有一定难度，需经专门训练，多见于集会庆典和节假日表演中。因此，这里主要介绍前者的练习和游戏竞赛方法。

## 二、踩高跷的场地与器材

### （一）场地

踩高跷对场地要求不高，通常地面平整即可。但根据不同目的和人数的多少，场地大小有所不同：集会或庆典表演通常在较大的广场空地上进行；自娱自乐、休闲健身则通常在房前屋后、村寨空地或小区院落中进行；游戏竞赛则根据不同游戏另作要求。

### （二）器材

**1. 高跷的选料**

高跷（图 19-19）由圆木棍和脚踏板两部分构成，其用料通常为直径 5 厘米左右、长度与人的身高接近（150~180 厘米）、结实的杂木棍和小木板（杂木不易折断，不易破裂，轻巧方便，经久耐用）。

**2. 高跷的制作**

将杂木棍刨至光滑圆润，在每根木棍距地面数十厘米高的地方，各钉上一块与脚掌宽度接近的小板子作为踏板（也可以设计制作多层脚踏），踏板的高度可根据个人需要确定，可高可低，高至数尺，低至数寸，但一副高跷的踏板高度必须一致，踏板的式样一般以既便于踩踏，又利于行走为宜。

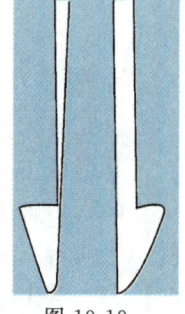

图 19-19

## 三、踩高跷的基本技术与练习方法

民间的踩高跷表演通常要表演者身穿各种戏服，并做装扮，而作为健身娱乐的高跷练习则一般不做特定装扮。踩高跷的动作通常包括直线行走、曲线行走、绕障碍走、上下台阶，以及各种跳跃和摇摆，有的还能结合手臂动作。熟练后可进行接力，定距计时，单、双足花样走等比赛。花样走包括侧身、转身、后退、单足支撑转体、跳跃等，有的高跷手还能完成各种翻腾动作，技艺水平非常高超。但踩高跷的基本技术通常包括持握高跷、上高跷、踩高跷和下高跷四个基本环节。

### （一）持握高跷技术

高跷的持握方法通常包括下握式和上握式两种。

**1. 下握式**

两脚开立与肩同宽，两臂夹紧木棍于腋下，两手下垂，虎口朝下，四指并拢与大拇指分开，与肋骨下端同高并紧握高跷，双臂内夹，两眼平视前方（图 19-20）。

**2. 上握式**

直立，将高跷立于体前，两高跷间距约为 50 厘米，两手虎口朝上，四指并拢与大拇指分开,握紧高跷上端(握点与肩同高)(图19-21)。

图19-20

图19-21

**3. 教学方法与步骤**

(1) 教师完整示范一遍持握高跷的动作,让学生对持握高跷的基本技术有初步的感性认识,并形成正确的动作概念。

(2) 教师讲解持握高跷的手法、部位,高跷的放置位置,用力方法,身体的用力部位,使学生获得一定的理性认识。

(3) 学生练习持握高跷。

(4) 在练习中,教师及时地纠正学生的错误动作。

## (二) 上高跷技术

**1. 下握式上高跷的动作要领**

持握好高跷后,一脚先踏上高跷的踏板,接着另一腿稍蹬地,迅速踏上另一踏板,同时两臂内夹控制好高跷,身体直立,两眼平视前方,并控制好身体重心,做到人跷合一,成为一个稳定的结合体(图19-22)。

图19-22

**2. 上握式上高跷的动作要领**

两高跷立于体前(距身体50厘米左右),持握好高跷后,一脚先踏上踏板,另一脚稍蹬地并快速踏上另一踏板,身体直立,眼平视,控制好重心,保持平衡,注意两手握实,两臂适度紧张,两跷不宜过分前倾。

**3. 教学方法与步骤**

(1) 教师先完整示范上高跷的动作。

(2) 教师对两种握法的上高跷动作分别进行示范,并结合讲解,注意突出动作关键。

(3) 两人一组,一人固定高跷,另一人练习上高跷动作。

(4) 两人一组,其中一人进行保护与帮助,另一人进行上高跷练习。

(5) 练习者站台阶上(高跷立于台阶下)进行上高跷练习。

(6) 练习者在平地上反复练习上高跷动作。

(7) 教学中注意加强保护与帮助，若发现错误动作应及时纠正。

### （三）踩高跷技术

**1. 动作要领**

站在高跷上，保持身体平衡，两眼平视前方，身体重心左右移动，同时将高跷提离地面，脚踩高跷向前、向后或向侧迈步。当左脚迈步时，重心右移，左手将高跷提起向前或向后迈出；当右脚迈步时，身体重心左移，右手将高跷提起向前或向后迈出。

**2. 动作关键**

注意重心左右移动，并保持身体平衡，提起高跷迈步时，脚不能离开高跷的踏板。

**3. 教学方法与步骤**

(1) 教师完整示范踩高跷前进或后退。

(2) 教师边示范边讲解动作要领。

(3) 两人一组，练习者站高跷上，另一人手扶高跷帮助练习者平衡重心。

(4) 两人一组，一人站练习者前，双手扶双跷，帮助练习者练习重心左右移动，并与手提高跷动作协调配合。

(5) 练习者原地独立练习移重心和提高跷动作。

(6) 按动作要领和要求练习踩高跷前进或后退。

(7) 加大练习难度。按教师发出的节拍信号进行有节奏的练习；根据熟练程度加快踩高跷的速度。

(8) 直线行走的技术熟练后，可进行转变走、曲线走、绕障碍走、上下台阶、跳跃等踩高跷练习。

(9) 花样踩高跷练习。如进行侧身、转身、单足支撑与转体、单（双）足跳、下前叉、后踢腿等。

### （四）下高跷技术

下高跷的方法有双脚下跷法和单脚下跷法。

**1. 双脚下跷法**

当练习者停止练习或到达终点准备下跷时，应保持身体平衡，手脚协调用力，两手紧握高跷，左手左脚、右手右脚同时支撑体重，双脚向前或向后跳下落地。

**2. 单脚下跷法**

当练习者要停止练习或到达终点准备下跷时，手脚协调用力，并保持蹬跷一侧身体重心平衡，另一侧脚先下跷，然后另一脚紧跟落地完成下高跷动作。

**3. 教学方法与步骤**

(1) 教师示范并讲解下高跷动作要领。

(2) 帮助下原地做下高跷练习。

(3) 在单人或双人的保护和帮助下进行行进间下高跷练习。

(4) 练习者在行进中独立练习下高跷动作。

(5) 交替练习双脚下跷与单脚下跷。

### 四、踩高跷游戏与竞赛

踩高跷游戏或竞赛，必须是在练习者能够熟练自如地完成上下高跷，踩高跷前进、后退、侧身、转弯、转体、跳跃等动作的基础上进行。为了提高学生练习踩高跷的积极性，进一步巩固和提高踩高跷的技术动作，根据练习者的情况，可以进行一些趣味性和竞争性较强的踩高跷游戏。在赣南客家地区，特别是广大的农村地区，青少年经常自发地进行各种踩高跷游戏，既娱乐了身心，又锻炼了身体，同时还能增进相互之间的友谊和感情。这里简要介绍在赣南客家地区较为流行的踩高跷巡游、踩高跷竞速、踩高跷接力、踩高跷越"障碍"接力、踩高跷角斗等游戏。

#### （一）踩高跷巡游

**1. 游戏方法**

全体参加队员按照预先规定的路线踩高跷巡游。在巡游的全程中掉下高跷次数最少者为第一名，其余名次依此类推。

**2. 游戏规则**

全程应踩在高跷上进行，若途中掉下，必须在落地处重新上高跷继续比赛，不得趁机前移。

**3. 教学建议**

（1）明确规定行进路线，巡游中不能抄近路。
（2）比赛场地视具体情况而定，城市可选择广场、公园、操场，农村可选择院落、街巷、晒场等空旷的地方。
（3）游戏应强调踩高跷行走的基本技术。
（4）游戏时应注意安全。

#### （二）踩高跷竞速

**1. 游戏方法**

在场地上画好等长跑道若干（宽约1米），比赛队员持握好高跷站在起点线后，听到口令（或信号）后同时上高跷出发，最先走过终点线者为第一名，其余依此类推（竞赛距离可根据场地条件灵活选择，一般以20~50米为宜，如图19-23所示）。

**2. 游戏规则**

（1）不能抢跑，否则判为犯规。
（2）必须在规定的跑道内进行比赛，不能串道影响他人，否则判为犯规。
（3）若在比赛途中掉下高跷，必须在落地处重上高跷继续比赛，不得趁机前移，否则判为犯规。
（4）犯规两次即取消比赛资格。

**3. 教学建议**

（1）此游戏应在参加者熟练掌握了踩高跷行走技术的基础上进行。

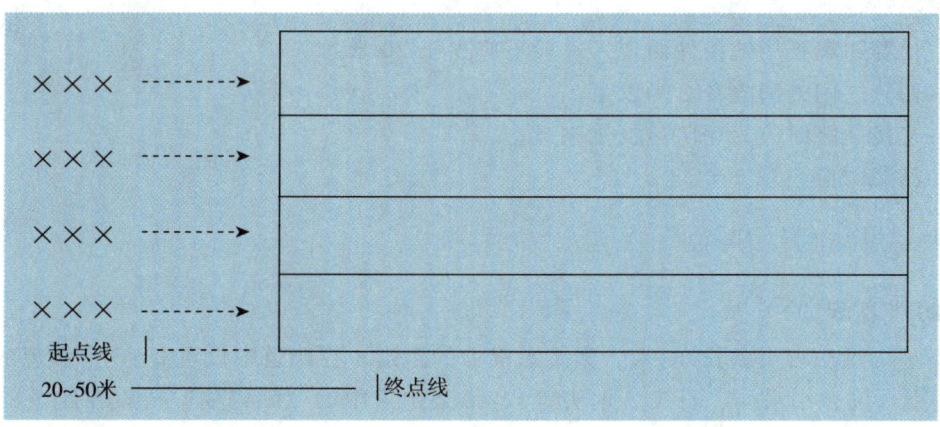

图 19-23

（2）参加者应注意安全，以免受伤。
（3）此游戏也可采用踩高跷单足跳竞速、后退走竞速、侧走竞速等形式进行。

### （三）踩高跷接力

**1. 游戏方法**

将参加者分成人数相等的若干个队，每队人数以 8～10 人为宜，各队排成一路纵队站在起点线后，每队一副高跷，排头持握好高跷，听到出发信号后上高跷出发，向前走 30 米绕过标志杆，并按原路走回出发点，走过起点线后下高跷，将高跷交给本队第二人，第二人按同样的路线和方法完成比赛，直到本队最后一名队员完成为止。以最后一人先走过起点线的队为获胜队，如图 19-24 所示。

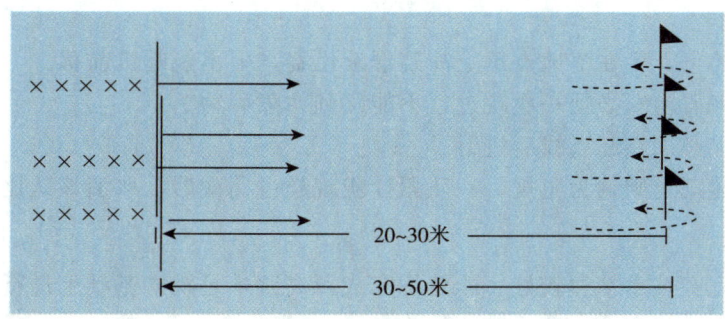

图 19-24

**2. 游戏规则**

（1）各队第一名队员必须听信号出发，不得抢跑。
（2）若途中掉下，必须在落地处上高跷继续比赛，不能趁机前移。
（3）必须走回起点线后才能下高跷交接。
（4）比赛中不能故意影响其他队的比赛。
（5）违反上述 4 条之一则为犯规一次，一个队累计犯规 3 次以上便取消比赛资格。

**3. 教学建议**

（1）比赛距离视场地条件而定，一般不应少于20米。

（2）两队之间的间隔在2米以上。

（3）交接高跷时应避免队员发生碰撞。

（4）游戏时应注意安全。

## （四）踩高跷越"障碍"接力

**1. 游戏方法**

在场地内画出若干条长30米、宽1米以上的跑道，在跑道中设置3～5个假想的"障碍物"（如小水坑、小水沟、石头、木头等），每条跑道中的"障碍物"要设在跑道的同一位置，大小相同（图19-25）。游戏开始前，将参加者分成人数相等的若干队，各队按一路纵队站在起点线后，每队一副高跷，排头持高跷做好出发准备，听到信号后上高跷出发，走过终点线后按原路返回。比赛中遇到"障碍物"时，必须踩高跷单足跳过，走回起点线后方可下高跷交接，到本队最后一名队员完成比赛为止。最后一人先回到起点的队为胜队。

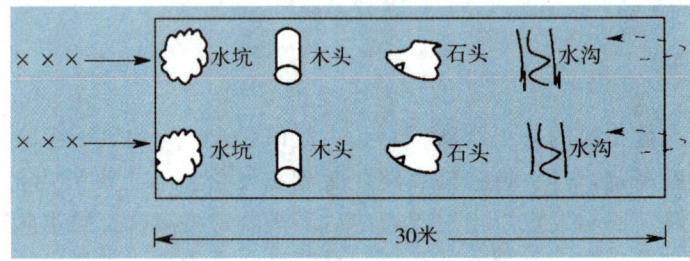

图 19-25

**2. 游戏规则**

（1）若途中掉下，可在落地点重上高跷继续比赛，但不能趁机前移。

（2）每个"障碍物"必须一次跳过，不能踩到"障碍物"。

（3）每次交接必须在起点线后进行。

（4）违反上述规定则判为犯规，一队累计犯规超过3次后，取消该队比赛资格。

**3. 教学建议**

（1）此游戏宜在技术掌握较好、能熟练完成踩高跷单足跳的基础上进行。

（2）游戏中应注意安全，防止跌倒致伤。

（3）"障碍物"大小要适宜。

## （五）踩高跷角斗

**1. 游戏方法**

画一个直径为10米的圆圈，并通过圆心画一条中线，两人站在中线两端准备，听到开始信号后，双方进入圈内进行角斗。可用身体顶、撞、挤或用高跷下端绊、扫等方法，迫使对方走出圈外或掉下高跷。

## 2. 游戏规则

（1）比赛必须在圈内进行，出圆圈者判为失败，负一局。
（2）比赛中两脚不能离开高跷，任何一脚在圈内触地均为失败，判为负一局。
（3）比赛中禁止袭击对方头部、腹部、裆部等要害部位和易伤部位。
（4）不准用拳、脚、膝、肘袭击对方。
（5）每局比赛结束，均须从中线两端重新入场比赛。
（6）采用五局三胜制。

## 3. 教学建议

（1）应特别强调比赛中不能用拳、脚、膝、肘等部位袭击对方。
（2）不能袭击对方的要害部位和易伤部位。
（3）此游戏也可分组进行，以获胜人数多的组为胜。
（4）游戏中应注意安全。

## 第七节 扭秧歌

### 一、扭秧歌概述

扭秧歌是在音乐伴奏下以扭身与踏步舞蹈相结合的一项民间传统健身娱乐活动。每逢佳节，城乡的街头巷尾都有各种各样、载歌载舞的秧歌队活动。秧歌最早是正月初一到正月十五的必备娱乐内容，是将舞、歌结合在一起的一种文体娱乐项目。秧歌也有只舞不歌者，是由锣鼓、唢呐伴奏。秧歌原是农村春天插秧时的一种活动，所以叫秧歌。据《广东新语》记载："农者每春时，妇女以数十计，往田插秧，一老挝大鼓，鼓声一通，群歌竞作，弥日不绝，是日秧歌。"

清吴锡麟《新年杂咏抄》记载："秧歌，南宋灯宵之《村田乐》也。所扮有耍和尚、耍公子、打花鼓、拉花姊（秧歌中的女角）、田公（村夫）、渔夫、装货郎、杂沓灯街，以博观者之笑。"由此可以看出，秧歌之源《村田乐》不仅表演形式多样，而且角色多种多样，农民占主导地位，表演内容多以农民生活和生产劳动为主，是歌颂农业劳动的田间舞蹈，是对劳动生产过程的模拟。

秧歌发源于农业生产劳动，它初始的活动范围在村乡。因为形式活泼，内容新颖，表演形式贴近百姓生活，所以为群众喜闻乐见。后来其逐渐发展到城市，普及城乡各地。

### 二、扭秧歌的基本技术

客家秧歌舞蹈动作主要是"扭"与"踏"。扭动时，以腰为轴，扭动肩胯，自然摆动双手与踩踏步子，并按照人体的生理构造特点及运动规律加以美化，轻松活泼，舒展优美。如十字扭步、三进一退扭步、二进二退扭步、前进扭步等，随着鼓点与唢呐声的节奏不断踩踏出各种步点。音乐的节奏基本以4/4拍与2/4拍两种节拍出现，与身体的扭动和双脚踩踏极为协调。

### 三、扭秧歌教学建议

（1）将学生分成人数相等的2~4列横队，教师讲解动作要领及方法，并进行示范。

（2）学生听教师口令，跟老师进行练习。

（3）学生在教师的指导下进行各种基本步法练习。

（4）学生自己练习，教师观察指导，纠正其错误动作。

（5）在教师的指导下进行秧歌基本队形练习，动作可由慢到快、由易到难。基本队形练习较熟练后，可进行队形的变换练习，注意练习的节奏感和基本步法的协调运用。

（6）在音乐或鼓点的伴奏下练习，注意整体队形的变换有序，步伐要整齐一致，全身协调配合，给人以欢快流畅之感。

# 第八节　竹篙火龙

## 一、竹篙火龙概述

竹篙火龙节，是江西省宁都县北部洛口乡南岭村八月中秋节期间举行的一项独特的大型民俗表演活动。今天的南岭村依然民风淳朴，古韵犹存。近三百年来，这里一直盛行游竹篙火龙的习俗。这项活动于农历八月初一拉开序幕，至八月十五中秋节之夜达到高潮，十六日凌晨结束，前后历时半个多月，活动以祭祀火龙神为主要内容，在八月初十至十六日凌晨还安排了多场社戏表演。南岭村村民主要是卢氏家族，现有卢氏后代千余人，共七房，竹篙火龙节就由这七房卢氏主办。

关于竹篙火龙节的由来，在南岭村（古时称南云，新中国成立后改为南岭）流传着一个妇孺皆知的故事。相传在几百年前，甚至更早以前的某年农历八月，南岭村瘟疫流行，大量人畜死亡。面对瘟疫，当时的南岭村民只好把消除瘟疫的生存希望完全寄托在神的身上，于是烧香、拜佛，祈求天神保佑。就在当月的中秋之夜，天空中突然出现了两条赤色的火龙，火龙在天空中与瘟魔展开了殊死搏斗，战至次日清晨，终于将瘟魔击败，瘟魔遍体鳞伤、狼狈而逃，火龙则融入绚丽的朝霞之中，从此，瘟疫在南岭村消失。由此，这里的村民认为是火龙神驱除了瘟魔，保佑了南岭村百姓的平安，称它们为"火龙神福主"，并认为两条火龙是两兄弟，哥哥叫火龙，弟弟叫火虎。南岭村人怀着感激之情，对火龙神顶礼膜拜，为了将这份对火龙神的情感世代传承，南岭村人在村里卢氏每个祠堂的梁柱上都雕刻了火龙、火虎的身体；村里修建了"火龙神庙"长年祀奉；还定下规矩，每年的中秋节期间要举行游火龙、火虎等祭祀活动。而且，当地人还把传统的中秋节改称为"竹篙火龙节"，也称"游火龙节"。在这个盛大的节日里，南岭村人都穿着节日的盛装，孩子们还佩戴着银制的长命锁等吉祥物，即使是外嫁他乡的女儿，也都会尽可能赶回来过火龙节。因此，农历八月十五这一天，南岭村热闹非凡，甚至比过大年还隆重热闹，全村人通宵达旦地沉浸在欢乐与喜庆之中。

## 二、竹篙火龙的制作与表演场地

竹篙火龙节期间的表演活动，一般包括游火虎、游火龙和演社戏三个组成部分。游火虎是由火虎手手持用竹子和稻草扎成的抽象的虎头道具，分别到宗房各家游闹；游火龙则是各房将扎好的火龙抬到卢氏主祠堂和火龙神庙前的大坪上，举行"请火仪式"和"点火仪式"后，先在卢氏主祠堂前大坪上有序游动，然后各队回到分房宗祠前祭祀，所以游火龙主要在各房宗祠进行；演社戏则是在村中的戏台进行。

**1. 火虎的制作**

火虎是用竹子和稻草扎成的抽象的半圆形虎头道具，每个虎头插上数十支点燃的线香。根据传统，卢氏七房每房要出一支火虎队，每队火虎手为 7 人，共 49 人，火虎手的选择非常严格，均由 6～12 岁的男童组成，如果没有，也可将女童化妆成男童代替，如图 19-26 所示。

图 19-26

**2. 竹篙火龙的制作**

选用一根长约 3 丈、围约 1 尺的巨长毛竹，并由上端开始，用小竹子（每根小竹子长约 1 米）往下扎出一层层相连的三角形分支，再在分支上扎上小火把，扎好的毛竹呈飞龙状，谓之火龙。对于每条火龙上所扎火把的数量有多种说法：有的说一般是 20 把，也有的说火把无定数，越多越好。竹篙火龙是按照卢氏宗房分组制作，现有卢氏七房，分成七班，每班做七条火龙，七七共四十九条火龙，如图 19-27 所示。

图 19-27

**3. 火把的制作**

火龙上所扎的小火把是用火龙纸和线香制成，并浇注了植物油。其做法是用火龙纸（一种普通的红色草纸）将若干支线香缠扎于火龙纸中间，再浇上植物油，以易燃烧，浇火把所用油通常为当地产的可食用的山茶油或菜籽油等素油。

### 三、竹篙火龙节的组织与表演形式

竹篙火龙节包括游火虎、游火龙、演社戏三个组成部分。游火虎只在农历八月初一至十五日的每天晚上进行，主要由火虎手当主角。游火龙只在农历八月十五晚上进行，也是整个竹篙火龙节的最高潮，主要由青壮年和村中有威望的老者充当主角。演社戏是从农历八月初十起到十六日凌晨邀请乡戏班子来演出。

竹篙火龙节的第一阶段便是游火虎。每年农历八月初一至八月十五是游火虎时期，这是南岭村的孩子们乐此不疲的活动。每天晚上有 7 支火虎队（每队 7 人，设一领队），他们每人手持一个火虎，并在火虎上点燃数十根线香，分别到宗房各家游闹，为每一户人家送去吉祥。在游走本房各户的过程中，一路上放着鞭炮，并口颂祝语：

火老虎上路，子孙一路；火老虎进村，生子生孙；

火老虎上坪，主师爷有灵；

火老虎进屋，发财做屋；

火老虎进问，钱财满缸；

火老虎进厅，有吃有添；

火老虎进庙，主师爷坐轿；

火老虎上坡，票子多多；

火老虎进巷，有吃有汤（"汤"为方言，意为剩余）；

火老虎进灶前（厨房），老年（吃了）转少年。

一句句祝福的颂语引得家家户户喜笑颜开，于是各家各户总会给孩子们回送一些礼物，如红包、线香、鞭炮、果品等。火虎队的孩子们则不分亲疏，不分贫富，每家每户都要游到，一家也不落下，直到把各家游完。农历八月十五这天晚上举行"送火虎"仪式，即把游完的火虎沉入村中水塘，这样，"游火虎"活动也就结束了。

演社戏是竹篙火龙节期间的活动内容之一，在农历八月初十到十六日凌晨期间进行，主要以演采茶戏为主。开演之前，先敲锣打鼓将火龙、火虎等诸神请至戏台对面的贡桌上，以示神与民同乐。社戏演出的安排是八月初十至十三日每天上午、下午各演一场，十四日演三场（加演夜场），而十五日则除了白天、晚上演出外，还通宵演出至次日凌晨。常见的演出戏目主要有"西游记"、"三国演义"、"武松打虎"、"观音送子"、"白蛇传"、"罗帕宝"、"福寿图"等。来观看演出的除本村人外，还有许多邻村人也到此观看，甚至还有外地游客、学者等慕名而来，多时达数千人，可谓人山人海，好不热闹。

游火龙是整个竹篙火龙节的最高潮，它只在农历八月十五日晚上进行。这天，卢氏七房将所扎好的火龙（每房做七条火龙，七七共四十九条火龙）扛到卢氏宗祠和火龙庙前的大坪上。到晚上八时（戌时），在司仪的主持下，村民们吹响唢呐，敲锣打鼓，燃放鞭炮，抬着贡品，举行"请火仪式"，火龙队来到火龙庙前请出"火种"，接着举行点火仪式。点火人一般为宗房里年长者或有威望者，点火的顺序在以前是按宗房大小进行，今天已改为抽签决定。每条点燃的竹篙火龙由两名青壮年男子（火龙手）高高举起，四十九条火龙把夜空照得如同白昼，劲风吹动着火苗，犹如四十九条舞动着的巨大火龙在与瘟魔妖邪搏斗，仿佛是历史一幕的重现；接下来，竖起的四十九条火龙先在卢氏宗祠前的大坪上有序地游动，以示祭祖；然后，按照抽签结果规定的顺序，各支火龙队依次绕着村子巡游，再回到分房宗祠前祭祀，围观的人群也自动分成七股追随。走在火龙队前面的是由七名儿童组成的火虎队，他们生龙活虎，天真烂漫。火龙队伍的后面是乐队，他们敲锣打鼓、吹唢呐，金乐齐鸣，和着不绝的鞭炮声，使得气氛既庄重，又热烈，火龙队伍所到之处，一片光明。火龙在路上时而直、时而斜、时而竖、时而横、时而侧、时而正地游动着。火龙上没有扎紧而掉到地上的小火把和人们抛在地上的小火把，犹如从地下长出来的一盏盏灯，像是北方放地灯的仪式。火龙队回到分房宗祠后，将火龙斜靠在宗祠的大门前，敲锣打鼓，目视火龙渐渐熄灭，好似在依依不舍地目送亲人。火龙游完后接着是社戏演出，社戏一直演到次日凌晨，以示送龙。社戏散场，整个火龙节也就结束了。

## 四、游竹篙火龙的排练

今天，游竹篙火龙作为一项民俗表演活动，已走出南岭村，逐渐受到人们的关注，有时竹篙火龙队还被邀请参加一些大型民俗表演活动。竹篙火龙是由巨长毛竹扎制而成，因而，火龙手一般要选择青壮年男子担当。游火龙是一项十分耗费体力的活，同时，参与表演的人员多达一两百人，在参加民俗表演前，通常要进行专门训练。训练的内容以力量为主，同时也会编排一些队形和图形的变化表演。训练时一般先按编排的线路徒手游走，快慢结合，待游走路线熟悉后，则高举竹篙反复进行练习，并适时地与鼓乐配合训练。

## 第九节 九狮拜象

### 一、"九狮拜象"概述

"九狮拜象"是流传于江西上犹营前一带（五乡一镇）客家民间的一种大型民俗灯舞表演活动（图19-28）。它以造型艺术为主要特征，由1条蛇龙、9头狮子、1头大象、1匹麒麟、1个牌灯和锣鼓彩亭组成，一般在每年正月初二到元宵节期间表演。"九狮拜象"起源于明末清初，是在当地龙灯、狮灯的基础上发展起来的大型灯彩，距今已有300多年历史，原多为"姓氏龙灯"，以显耀一个家族的政治地位、经济实力和文化修养，后来逐渐淡化了姓氏色彩，融入了祈福、驱邪、歌功颂德、展示威武强盛、喜庆娱乐等丰富内涵，体现了客家人对和谐、文明、进步的追求和向往。今天，"九狮拜象"不仅在春节期间表演，而且在重大的节日喜庆活动中也进行"九狮拜象"表演。如2002年参加赣南首届民间民俗艺术表演；2004年11月参加第19届世界客属恳亲大会开幕式表演；2005年65参加中国（江西）国际傩文化艺术周大型踩街表演等，得到了各地观众的赞誉。

图 19-28

"九狮拜象"隐喻为"万象回春、九州同乐、共庆升平"。龙和麒麟均为传统中的吉祥物，且狮象征狗，象象征猪，麒麟象征牛，因此，龙、狮、象、麒麟融为一体，也寓为"风调雨顺、五谷丰登、六畜兴旺"之意，在春节期间表演也有迎春接福、万象更新之意。

"九狮拜象"表演有许多规矩，简言之，正式表演前，首先由族长或地位、威望较高的人"点睛"，接着举行祭祀仪式，先到本姓祠堂（或制作单位）敬神（敬祖宗），然后正式出队，并按事先安排好的路线进行，一般不走重路。表演过程中碰到社官、土地伯公均要敬神，除烧香烛外，龙、狮、象、麒麟等要去拜社官和土地伯公。每到一姓氏（屋场），便燃放鞭炮迎人，一般在祠堂或厅堂表演，如祠堂或厅堂太小，也可以在坪下表演。每到一户，主人会在龙身上挂一条红布，外包一个红包（金额不限，随主人意），如恰逢吃饭，也可能被各户分别请去用餐。表演在白天、晚上都会进行，晚上一般到九、十点钟。若新屋落成，请龙"暖厅"，房主必须在正厅、厨房、牛栏、猪圈等处点燃香烛敬神，然后放鞭炮迎龙。龙狮耍到屋坪之后，要围新屋四周舞一番（意为驱邪）。然后进入厅内再舞，此时锣鼓跟进厅内，舞龙人将备用的一颗龙珠留赠主人（民间视龙珠为无价之玉，一珠在屋可驱邪纳福，保四季平安），主人以一段红布或红包回赠。到元宵节晚上，整个表演结束后，要举行"谢龙神"仪式，"谢龙神"要先在祠堂烧香敬神，然后在祠堂外面扯下龙、狮、象、麒麟身上的纸片，象征性地烧掉，骨架则留下以备来年再用，至此，春节的"九狮拜象"表演就算结束了。

### 二、"九狮拜象"表演场地与器材的制作

"九狮拜象"这一上犹营前一带特有的民间表演艺术，在过去，其表演除了在本姓氏宗族的祠堂、屋场进行外，如果有外姓邀请，也会前去表演。另外，正月初八营前开圩（营前

每逢农历二、五、八开圩），也到圩上去表演，或进入政府机关大院、学校等单位表演，今天，重大的节庆活动也组织"九狮拜象"到广场表演。

"九狮拜象"因表演所需器材较多，且制作较讲究，因此，表演前要制作好各种表演器物，一般每年腊月初便开始着手准备，各家各户分头筹办各项事宜。

龙的制作：龙多为9节或11节（一人擎一节），龙头、龙身各节和龙尾均用竹片扎成骨架，然后用红布或黄布覆盖缀接而成，再用金箔纸贴成龙鳞，鳞中贴小圆镜，有的也用金黄粉画成（忌用白色）。

狮子的制作：以竹片扎成如真狮子大小一般、形状各异的骨架（如牛头狮、狗头狮、猪头狮、猴面狮等），然后裹上一层粗布，再缀以染了不同颜色的苎麻而成狮被，狮身下面扎有把杆，腹部可点烛，并装有机关，可通耳、鼻、口、眼、爪各部（两人合擎一头狮子）。

白象的制作：以竹片扎成空心骨架，外裹粗布，象鼻、口有机关，可作前后、左右、上下蠕动，象身的毛片用苎麻或白纸剪成丝状粘贴而成，身下装有把杆，表演时由两人擎。

麒麟的制作：麒麟似鹿、独角、赤蹄、披梅花，颈部可以伸缩，其制作方法基本与狮象的制作相同，表演时由一人擎。

牌灯的制作：牌灯是一个制作精美的长方形立体彩灯，上方扎着蝙蝠图样或花篮，两旁装着贴有绘画图案和剪纸花纹的小灯笼，中间写着龙灯队伍的堂名或只写姓氏，今天也有写主办单位名或表示吉祥之意的字，如"福"、"富"等字，表演时由一人高举着走在队伍的最前面作前导。

锣鼓彩亭的制作：彩亭是放置锣鼓的"亭子"，实际是伴奏乐队的依附，表演时由两人抬着走。但锣鼓彩亭的扎制也很考究，亭内可扎出山水花鸟、民间故事人物的各种动作，如"八仙过海"、"鲤鱼跃龙门"、"水漫金山"、"刘海砍樵"等纸牌人物。

### 三、"九狮拜象"表演形式

"九狮拜象"是一种综合的表演艺术，它融音乐、绘画、舞蹈等多种艺术形式于一体，表演队伍一般由数十人，甚至上百人组成，队形庞大。表演时，由一人高举一只制作精美的牌灯走在队伍的最前面（其作用类似前导人员，牌灯走到哪里，表演队伍就要舞到哪里）。随后是放置锣鼓的彩亭（由两人抬着走，实际是伴奏乐队的依附）和伴奏队伍。接着是龙灯队（龙一般是9节或11节蛇龙，每节龙身间距数尺）。再后面是五彩麒麟和9头神态各异的狮子，狮子有4只狗牯狮子（狗牯狮子分红、青、蓝、白4种颜色，白狮子头上扎红布，以示吉利）、5只大黄狮子。狮的形象有蚕狮、猴面狮、猪头狮、狗头狮、牛头狮、猫头狮等。麒麟夹在群狮中间，大白象殿后（腰上加红布）。在锣鼓、唢呐和鞭炮的喧闹声中，队伍浩浩荡荡，前呼后拥，各色狮子咧嘴咋舌、摇头摆尾，并做出各种怪相，相互逗趣，狗牯狮子上蹿下跳、前翻后仰地戏弄蛇龙，来回穿插，在鞭炮的硝烟中时隐时现，呈腾云驾雾状；麒麟则伸劲缩腰，瞻前顾后；长达数丈的蛇龙在狮群中来回穿插；慈祥敦实的大象则甩动长长的鼻子，接受龙、狮、麒麟的簇拥和朝拜，整个表演场面十分壮观。

表演的手法主要有"金龙戏水"、"金龙缠柱"、"金龙穿花"、"龙狮相耍"、"群狮相戏"、"金龙戏珠"、"小狮戏金龙"、"麒麟献瑞"、"麒麟狮象团龙"、"迎神"、"回龙"、"辞神"、"九狮拜象"等，表演惟妙惟肖，栩栩如生。其中"群狮相戏"寓意万物争春，人寿年丰；"麒麟狮象团龙"寓意万众一心，团结和合；"九狮拜象"寓意必须尊重大自然，上天才会庇佑风调雨顺，国泰民安。

"九狮拜象"的伴奏乐队主要以民族吹奏乐和打击乐结合组成,最少两支,队伍前后各一。乐器主要有唢呐、大小锣鼓、大小钹、沙喇子(是一根细长铜管并带有小喇叭口的乐器,只能简单吹几个音符,但声音嘹亮)等。唢呐常吹奏的曲目有"三子对"、"将军令"、"满堂红"、"十杯酒"、"得胜歌"、"喇叭滚"、"状元游街"等,有时也吹奏"缝绣鞋"、"小桃红"、"茉莉花"等曲调。整个演奏具有广东音乐情调,旋律奔放优美,响亮欢快,听起来雄浑、激越、热烈、悠扬,催人振奋,为广大群众所喜闻乐见。

## 第十节 爬 竿

### 一、爬竿概述

爬竿是我国民间流行较广的一项运动,也是客家的传统体育活动,其历史悠久,早在东汉张衡《西京赋》中已有所记载。元代的《文献通考》中记载:"爬竿法有多种,虽各有异,要之同为缘木之戏也,唐日竿术,今日上竿,盖占今异名而实也。"爬法是以四肢或双手援长竿而上。可表演,也可进行比赛,表演是在爬竿时加入各种技巧动作,比赛则是在场地上竖立若干根竹或木柱,柱高相等,以两人或数人同时爬攀,先到达顶点者为胜。

爬竿也是生活在农村山区的客家人在日常生活和生产劳动中常用的技能。它是采用手或手脚同时攀登竿的一种锻炼身体的方法,看谁爬得高、爬得快,且动作敏捷,花样新颖,有的爬竿只用手不用脚,有的倒立着往上攀爬。传统爬法有手攀法、顺爬法、抱竿法、转爬法、倒爬法、爬蹬竿等多种。手攀法是用双手攀竿,两脚悬空,髋关节靠住竿用臂力向上攀登;抱竿法是手脚并用爬竿;倒爬法即头朝下,脚向上,手脚夹竿倒爬;爬蹬竿是指两脚抵蹬竿,两手攀竿,像蹲在地上走路的模样。通过爬竿练习能够发展练习者的悬垂力量和技能,增强上肢、肩带肌肉的力量和耐力,锻炼握力,培养勇敢顽强、勇于克服困难等优良品质。

### 二、爬竿的场地与器材

#### (一)场地

在爬竿架周围至少要有4米的空地。学校里开展爬竿活动是面向大多数学生,因此可因地制宜,以安全、简便、易行为原则。

#### (二)器材

**1. 爬竿架**

正式比赛所用的爬竿架高12米,可用木料或钢管制成。学校里安装的爬竿通常是一排数个,从经济实用角度出发,爬竿高度一般为8~10米。

**2. 铃铛**

在每根爬竿顶部30厘米处系一个铃铛,当攀登者爬至顶点,击响铃铛时,即完成一次爬竿。

## 三、爬竿的基本技术

### （一）手脚并用的爬法

手脚并用的爬法（抱爬竿）是爬竿方法中最简单、最容易的，男女均可使用。

图 19-29

练习方法：预备姿势为两手抱着竿身直臂悬垂，两脚夹住竿（图19-29①），练习开始利用手臂和腰腹力量，两腿弯屈向上提，使两腿尽量地接近手臂，并且夹紧竿身，防止下滑（图19-29②）。接着两臂引体向上，同时两脚和腿蹬杆，身体上升成屈臂夹竿悬垂（图19-29③）。然后两手依次向上换握成预备姿势，两腿和两脚仍夹紧爬竿（图19-29④），重复开始动作，依次进行下去，很快就能爬至竿顶。

练习要求：采用手脚并用抱爬时，手脚应协调配合，屈臂引体时两脚要用力夹住杆并迅速蹬直两腿，两手依次向上换握时不要放松两脚的夹力。动作应连续向上，中间不要停顿，以免消耗不必要的体力。

### （二）爬蹬的爬法

练习方法：预备姿势是用两脚抵住蹬竿，两手攀住竿，像蹲在竿上爬行走路的模样，然后一步一步向上攀登。

练习要求：采用爬蹬竿的方法爬竿时，由于只有手脚接触爬竿，身体其他部位悬空不接触爬竿，练习者主要靠脚的蹬撑力和手的拉力使身体保持平衡不下滑，因此，练习时必须加大两脚对爬竿的蹬踏摩擦力，同时，手配合协调，依次快速向上攀登（图19-30）。

图 19-30

### （三）子爬法

子爬法是只用双手攀竿，两脚悬空，完全靠臂力向上攀登的方法。这种方法比抱爬式和爬蹬式两种方法困难，需要较大的臂力和握力，锻炼的价值更大，但必须在掌握了前两种方式的基础上学习。

练习方法：第一种方法是由一只手握竿成直臂悬垂，另一只手握齐下颌处的爬竿位开始，两臂用力向上引体，使身体迅速上升，借助身体上升的惯性，下面的手迅速换至上面握竿（图19-31①），两手交替向上，整个动作过程中两腿伸直。第二种方法是由直臂悬垂姿势开始，两手用力上拉引体向上，使身体迅速上升，借助身体上升的惯性，两手交替向上换握（图19-31②），使身体不断上升，在整个过程中两腿始终伸直。

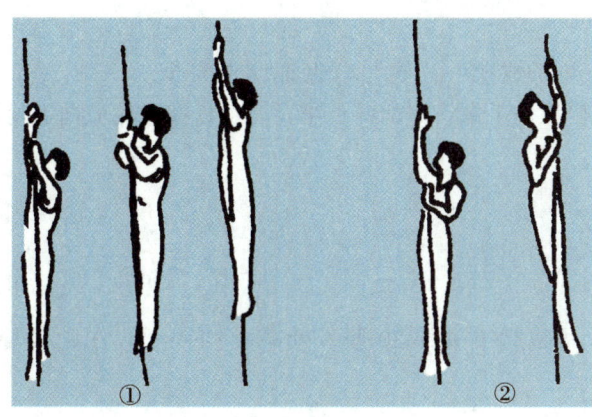

图 19-31

练习要求：只用上肢爬竿时，肩要保持紧张，如肩放松会造成肩下沉，身体下降。两手换握时要快，距离不宜太小，以免影响上升速度。平时要多做单杠上的引体向上和悬垂在竿上的引体向上等辅助练习，以增强手臂力量。

### 四、爬竿的教学建议

由于青少年的身体发育程度、参加体育活动的能力和自身的素质都存在着较大的差异，因此，在开展爬竿项目的教学训练和课外活动时，教师应本着简单易行的基本原则，使大多数的学生通过几次练习就能掌握爬竿的方法。目前，大多数的学校都只选择以手脚并用的抱爬式作为爬竿的基本技术进行教学，并以此为基础，再根据学生的身体素质和技术水平，有选择地向部分基础较好的学生传授爬蹬式或手爬式方法。而其他几种方法由于技术要求高、难度大，通常只在杂技表演中出现，不适合在学校开展。

### 五、爬竿的游戏方法

#### （一）爬竿接力赛

**1. 场地布置**

爬竿架一排数根，铃铛数个，每个爬竿顶部 30 厘米处系铃铛一个。在距爬竿架 15 米处画一条起跑线。

**2. 游戏方法**

将参加游戏的学生分成人数相等的若干个队，各队在爬竿架相对应的起跑线后成一路纵队站好。游戏开始，教师发令后，各队第一名学生快速跑向爬竿向上攀爬，爬至顶点击响铃后迅速下滑落地跑回本队，击第二名队员的手，第二名队员出发，按上述方法继续进行，直至全队完成，以各队全部队员完成所花时间的多少决定胜负，时间少者名次列前。

**3. 游戏规则**

（1）只能用规定的手脚并用抱爬式或爬蹬式进行。

（2）爬上竿顶必须击响铃声，并以击掌方式作为传接信号。后续队员未击掌先起动者为犯规。

**4. 教学建议**

（1）爬竿下面放一垫子或挖一沙坑，以保证落地安全。

（2）下滑要注意不要擦伤手掌，应两腿夹竿，两手松握或轮流向下换握，至接近地面时轻轻跳下。

### （二）个人爬竿竞速赛

**1. 场地布置**

爬竿架一排数根，每根爬竿顶部30厘米处系铃铛一个。在距爬竿5～10米处画一条起跑线。

**2. 游戏方法**

比赛时，各参赛者站在各自爬竿相对应的起跑线后，教师"开始"口令发出后，快速奔向爬竿向上攀爬，爬至竿顶击响铃铛后滑下，用时少者为胜。

**3. 游戏规则**

（1）个人赛可分为男子赛、女子赛和全能赛。全能赛要求参加者使用两种以上方法爬竿，以两种或三种方式爬竿所用时间总和少者为胜。

（2）从教师发出比赛口令"开始"时计时，到运动员滑落至地面或跑回起跑线时停表。

**4. 教学建议**

为保证安全，爬竿方式男子仅限以抱爬式、爬蹬式和手爬法三种，女子限用抱爬式和爬蹬式两种方法。

## 第十一节　打　陀　螺

### 一、打陀螺概述

陀螺在我国有着悠久的历史。早在4000多年前，我国就有了这种娱乐体育器材，陀螺由木、竹、石、陶等材料制成。1926年在山西夏县西阴村龙上岭发现的文物中，就有陶制的小陀螺。明朝《帝京景物略》一书中记载有木制陀螺的形状和玩法。现代陀螺有用金属和塑料制成的，在陀螺的尖底部装有圆珠或铁钉，以减少摩擦、加快转速。将陀螺放在光滑的地面上，用鞭子一下一下地抽打，使之不停地旋转。10世纪以前，陀螺由中国传入朝鲜、日本等国。随着社会的发展，陀螺在各地的发展也是形态各异、玩法多样，抽陀螺是客家地区广为流传并深受少年儿童喜爱的游戏竞技活动。客家人的陀螺是一种木制的圆锥体玩具，大小如拳头或鸡蛋，一般用质地坚硬的木头削成，顶部平滑，涂上色彩，矮脚，脚尖钉上铁钉，旋转时色彩斑斓，十分美观。玩时，用绳均匀地缠绕陀螺，猛然抽击，抛掷地上，陀螺则嗡嗡旋转不停。儿童余暇时，常聚成群抽击陀螺。客家儿童抽陀螺游戏比赛的方法主要有三种：一是以陀螺旋转时间的长短而决胜负；二是一方先抽击陀螺，少顷，另一方也抽击陀螺，使之彼此相撞，被击倒者为败；三是在规定的距离内进行抽陀螺竞速比赛，最先到达终点者为胜。抽陀螺比赛方法简单，场地器材要求不高，易于掌握和推广。开展抽陀螺活动能够丰富学校体育教学内容，激发学生的学习热情，有效锻炼身体，促进人体各器官的运动和中枢神经系统的活动，培养良好的意志品质。

## 二、打陀螺的场地与器材

### （一）场地

选择一块平整无障碍的空地，最好是光洁平滑的水磨石地面，也可以在篮球场、排球场或平整的水泥地面上进行。

### （二）器材

（1）陀螺：比赛一般采用木质平头陀螺。陀螺直径为9~10厘米，高度（含铁钉高度）为10~12厘米（图19-32）。锥尖可安装直径不超过0.4厘米的铁钉。陀螺不得填装金属（锥尖铁钉除外）或其他材料。

（2）鞭：鞭由鞭杆、鞭绳组成，鞭绳不得用金属材料制作，鞭绳的长短、粗细由参赛者自定。

图 19-32

## 三、打陀螺的基本技术

### （一）旋放陀螺

旋放陀螺的方法有两种，其一为挥放陀螺，先将短鞭系绳的末端紧贴于陀螺的上半截圆柱体部位，再把系绳按顺时针方向一圈圈环绕缠紧，直至系绳绕完，鞭体与陀螺相接触时为止（与系绳相连接的鞭体前端恰好横置于陀螺上半部圆柱体一侧），然后，将陀螺放在地上，用力抽拉鞭子，使陀螺在地上旋转；其二是右手单手旋放陀螺，即用右手的拇指、食指和中指握住陀螺的上端，将陀螺放在地上或稍离地面，然后按顺时针方向快速拧转使之旋转落地平稳转动。

### （二）抽打陀螺

为了使旋转的陀螺不停地旋转，必须用鞭子不断地抽打陀螺。抽打时，右手先向右上方举起，然后顺势向下、向左挥鞭抽打陀螺，抽打的方向、力度要控制好，这样才能使陀螺旋转平稳加快。抽打时，可根据需要改变抽打陀螺的部位、方向、力度，使陀螺在原地旋转或朝某一方向快速旋转前进。

## 四、打陀螺的游戏方法与教学建议

### （一）打陀螺竞时赛

**1. 场地器材**

平整的水泥地或硬地上。陀螺、绳鞭若干。

**2. 游戏方法**

给每人分一个陀螺和一根绳鞭。一种方法是练习者拿一陀螺，双手旋转陀螺使之在地上转动起来，再用鞭子抽打陀螺使之平稳转动。在陀螺即将停止转动时，再用鞭子抽打，周而复始，一直让陀螺保持转动状态，看谁的陀螺旋转时间长；另一种方法是将鞭子缠绕于陀螺上（缠两三圈），然后将陀螺放在地上，用力快速抽拉鞭子，依靠鞭子的拉力使陀螺在地上旋转，接着用鞭子不断地抽打陀螺，使它不停地旋转，以转动时间长短决定胜负。

**3. 游戏规则**

陀螺启动后，在规定的时间内用鞭子抽打陀螺，使陀螺旋转稳定后开始计时，陀螺转动维持时间长的一方为胜方。

**4. 教学建议**

（1）先要学生学会制作陀螺的方法。找一个长五六厘米、直径为 4 厘米的小木柱，将其一端削成圆锥形，在锥顶插进一根 1 厘米长的铁钉，其尖端外露 2 毫米。鞭和鞭杆各长 40～50 厘米为宜。

（2）此游戏在学生抽陀螺技术提高、可改为陀螺旋放后，每人只准击三次，然后看谁的陀螺旋转时间长，以旋转时间长短决定胜负。

## （二）打陀螺撞击赛（陀螺角斗）

**1. 场地器材**

水泥篮球场或比较平整的水泥场地上。陀螺、绳鞭若干。

**2. 游戏方法**

一方先旋放抽击陀螺，少顷，另一方也旋放抽击陀螺，双方各自抽打旋转的陀螺去撞击对方的陀螺，看谁能把对方的陀螺撞倒。撞倒后的陀螺，如果能用鞭子"救起"，使之继续转动，那么角斗继续进行，如果被撞倒的陀螺无法"救起"，则判为失败。

**3. 游戏规则**

陀螺启动后，用鞭子在规定的时间内抽打陀螺，使陀螺旋转稳定后，双方开始抽打旋转的陀螺去攻击对方的陀螺，直到被撞倒的陀螺无法再被"救活"，陀螺被撞倒的一方为负方。

**4. 教学建议**

（1）此比赛应在抽陀螺竞时比赛的基础上，当学生能较好地掌握抽陀螺技术后进行。

（2）等双方陀螺能稳定旋转后再开始进攻比赛。

## （三）陀螺竞速赛

**1. 场地器材**

水泥篮球场或比较平整的水泥场地上，长 22 米、宽 2 米共四根跑道。陀螺、绳鞭若干。

**2. 游戏方法**

在启动区内当听到枪声后，开始将陀螺发转（方法不限），用鞭子抽打陀螺，迫使陀螺向终点方向移动，直至终点，先到者为优胜（图 19-33）。

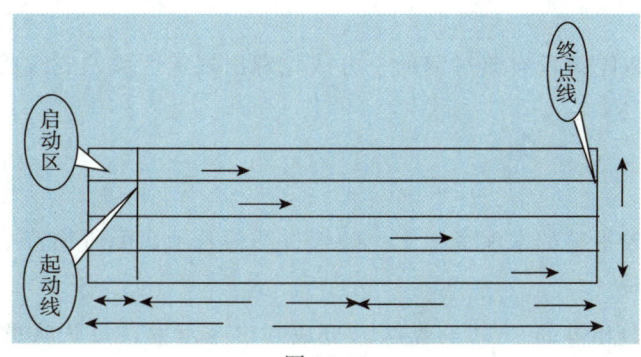

图 19-33

**3. 游戏规则**

（1）通过抽签确定比赛秩序与组次。

（2）比赛队员必须在自己的跑道里完成比赛。

（3）比赛队员抽陀螺过程中陀螺不得压线、过线，不得离地腾空旋转，否则判为违例，从违例处重新启动继续进行比赛。

（4）在比赛中比赛队员可以在其他比赛队员的跑道上抽打陀螺，但不得影响其他的比赛队员，否则判为犯规，取消比赛资格。

（5）陀螺不转为失误，不判违例与犯规，重发陀螺可继续进行比赛。

（6）比赛中鞭绳脱落，可重新装好继续比赛，陀螺假若在哪不转，就在哪重新启动继续参加比赛。

（7）在比赛中只能用鞭绳抽打陀螺，不得用棍或脚拍、打、搓、擦陀螺，否则判为违例，必须从违例处重新启动参加比赛。

（8）比赛以陀螺到达终点线瞬间的先后来判定名次，先到者为优胜。

（9）若时间相等，则以比赛中失误的次数判定，失误次数少者为优胜，若失误次数一样，则以违例、犯规次数少者为优胜。

**4. 教学建议**

（1）此游戏要在学生较好地掌握了抽陀螺技术之后进行。

（2）此游戏还可以进行迎面或返往接力比赛。

（3）抽陀螺竞速比赛的距离不宜太长，以 10～15 米为宜。

## （四）陀螺渡河

**1. 场地器材**

水泥篮球场或比较平整的水泥场地上。陀螺、绳鞭若干。

**2. 游戏方法**

在地上划一块长宽各为 5 米的正方形场地，中间取 2 米各画一条线为河。练习者站在自己的区域内活动，不得过对方半场。用一个陀螺，把陀螺一次抽到对方半场并过中间的河，往而复始。把陀螺抽出边线或者没有渡过河的为负一局（图 19-34）。

图 19-34

**3. 游戏规则**

陀螺渡河竞赛，以陀螺没有渡过河的一方或陀螺出规定区域的底线或边线的一方为负。

### （五）抽陀螺接力

**1. 场地器材**

水泥篮球场或比较平整的水泥场地上。陀螺、绳鞭若干，障碍物若干。

**2. 游戏方法**

将游戏者分成人数相等的 2～4 路纵队，听裁判口令出发，每队队员抽本队的陀螺向前跑动，绕过 10～20 米处的若干障碍物后返回，再把自己的陀螺交给下面队员，先完成的队为胜（图 19-35）。

图 19-35

**3. 游戏规则**

抽陀螺前进过程中，如果陀螺停止转动倒地，要重新起动陀螺后才能继续前进，先完成陀螺接力的一队为胜。

## 第十二节 滚 铁 环

### 一、滚铁环概述

滚铁环是中国传统体育运动，在客家少年儿童中广泛流行。铁环直径为 35～70 厘米，多用粗为 8 毫米的圆钢筋制成。手柄长 70 厘米左右，柄钩长 3 厘米左右。活动方法是用手柄推动铁环向前滚动，以柄钩控制其方向，可直走、拐弯。个人活动、集体竞赛均可，有竞带、过障、绕树丛、过独木桥等多种形式。经常参加滚铁环运动，不仅能发展奔跑、协调能力，同时能够增强手指、手腕关节的灵活性，培养机智顽强的个人品质。

### 二、滚铁环的场地与器材

#### （一）场地

选平整运动场或空地一块，在场地上画两条相距 30～60 米的平行线，分别为起点线和折返线，进行滚铁环往返跑，也可以不画任何线而推铁环绕场地循环跑。

#### （二）器材

选用粗为 5～8 毫米的钢筋弯成圆圈，制成直径为 20～50 厘米的铁环，客家人用来箍木桶的铁箍就是很好的铁环。再用相同材料弯成长 3 厘米左右的柄钩，绑在长约 50 厘米左右的木棍上，作为推铁环的工具。

### 三、滚铁环的基本技术与练习方法

推滚铁环跑是滚铁环的基本技术，练习者左手握铁环上端，右手执操纵杆，将铁环钩靠近铁环，右手向前推操纵杆，使铁环向前滚动，注意用手维护铁环，尽量不要让铁环倒地，速度可快可慢。铁环行走路线由操纵杆控制，可走直线，也可走曲线。

### 四、滚铁环的游戏方法

#### （一）滚铁环往返接力赛

**1. 场地器材**

在场地上画两条相距 30 米的平行线，分别为起点线、折点线。在折点线上插小红旗 4 面，旗面间距为 2 米。铁环 4 副，小红旗 4 面。

**2. 游戏方法**

将游戏者分为人数相等的 4 队，各成一路纵队，在起点线上与各自的折点小旗对应站立。准备，各队排头左脚在前，右脚在后，身体稍向前屈，目视前方，左手握铁环上方，右手执操纵杆，且将铁钩靠近铁环。当发出"开始"口令后，各队排头快速推铁环前进，绕过折点旗后返回，推着铁环过了起点线的瞬间，本队的第二名游戏者从本道右侧接过铁环再重复上述动作，直至最后一名游戏者冲过终点线（起点线），按各队完成 1 轮的时间长短排列名次，时间短者名次列前（图 19-36）。

图 19-36

**3. 游戏规则**

（1）抢跑两次罚下。

（2）推铁环跑途中，当铁环倒地或穿出本道时，如没有影响临道游戏者，应从失误处重新推环跑进。

（3）游戏者在铁环触终点线瞬间，下一位游戏者方可接推铁环跑出，若抢跑，则判为犯规。

（4）在游戏中，若发生串道、铁环互撞，可重新推铁环比赛。

**4. 教学建议**

（1）游戏的开展要在学生有一定的推铁环技术的基础上进行，否则影响游戏比赛成绩。

（2）第一棒游戏者要在控制铁环平稳的情况下加速跑，争取跑在前面，以鼓舞士气。

（3）各队的队形是集体站在本跑道起点左侧，以免妨碍游戏者返回交接铁环。

## (二) 滚铁环绕障碍接力赛

### 1. 场地器材

先画一条起点线，在离起点线 30 米处画一条平行终点线，在线上插 4 面小旗，小旗间隔 3 米，自起点线始，每隔 5 米画一个直径为 1 米的圆圈，共 5 个。直径为 30~40 厘米左右的铁环若干个，长 50 厘米的滚环柄若干根。

### 2. 游戏方法

将游戏者分成人数相等的 4 个队，各队成纵队站在起点线后。第一名学生持铁环，游戏方法分三种：①各队第一名学生推动铁环迅速向前滚动，绕过小旗后返回本队，在起点线上将铁环交给第二名学生，第二名学生按上述方法继续进行，直至全队完成。②各队第一名学生推动铁环，成蛇形路线绕过每个圆圈和小旗后返回，再次绕过每个圆圈，到达起点线后，将铁环交给第二名学生。③各队第一名学生滚环前进，每经过一个圆圈就围绕圆圈转一周，依此前进，绕过小旗后返回，到达起点线后，将铁环转交给下一名学生（图 19-37）。

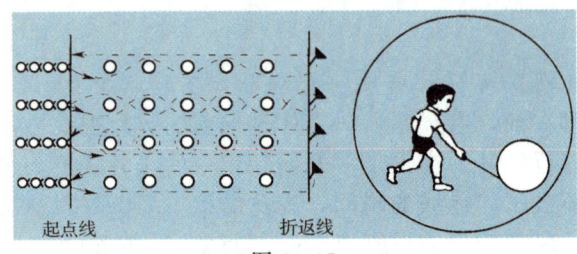

图 19-37

### 3. 游戏规则

（1）必须按规定的路线进行。
（2）要在起点线后交接铁环。

## (三) 滚铁环往返比赛

### 1. 场地器材

比赛共设 4 道，每道跑道宽 1.5 米，长 50 米。线宽为 5 厘米（不包括在此赛场地内），在远端 50 米处放置标志物一个。铁环 4 副，标志物 4 个。

### 2. 游戏方法

比赛队员手持铁环，站立在起跑线上，当听到比赛枪声后，从起跑线处开始滚动铁环，到达 50 米处绕过标志物返回起点，以到达终点的快慢来决定胜负（图 19-38）。

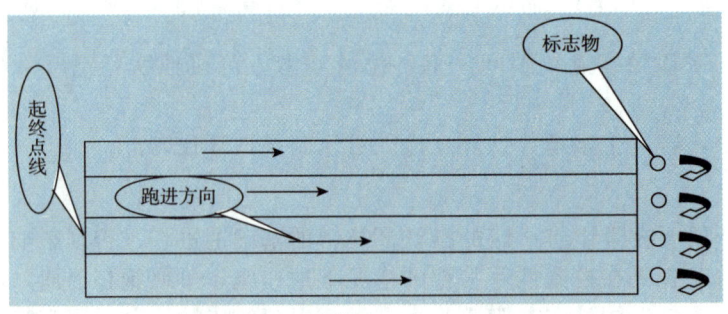

图 19-38